核拡散防止の比較政治

―核保有に至った国、断念した国―

北野 充
［著］

COMPARATIVE POLITICS
OF
NUCLEAR NON-PROLIFERATION

Countries who Went Nuclear and who Constrained Ambitions

ミネルヴァ書房

はじめに

なぜ「核拡散防止」に取り組むのか

本書は、核拡散防止をめぐる諸問題についてこれまでの各国の事例を比較しつつ明らかにしようとするものである。

「核のない世界」の実現は、多くの人々の願いである。その実現のためには、現在核を保有している国がこれを削減し、廃棄する「核軍縮」のプロセスとともに、核兵器を保有する国が広がっていくことを阻止する「核拡散防止」が必要である。

国際政治の現実からすれば「核のない世界」は簡単には実現しないと考える者にとっても、核拡散の問題は重要である。核兵器は、絶大な破壊力を持つため、従来、核を持っていなかった国が核保有をすることになれば、国際政治の地図が大きく書き換えられることになってしまう。

北朝鮮。イラン。

国際社会は、新たに核兵器を保有する国が広がっていかないかどうかを重大な関心を持って注視し、これを阻止するための行動をとってきた。過去の歴史から、核拡散は連鎖しうることが知られている。イランの核問題の帰趨によっては、中東諸国に核拡散の連鎖が起こることも懸念されている。核拡散は、国際政治上の重大課題である。

核拡散は、また、日本の安全保障にも多大な影響を与える。戦後日本の安全保障環境は、ソ連の核保有、中国の核保有によって大きな影響を受けてきた。北朝鮮の核開発は、そのミサイル開発と並んで、日本の安全保障にとっての深刻な脅威である。

このように、核廃絶を願う気持ちからも、国際政治の枠組みや日本の安全保障環境の観点からも、核拡散に目を向けないわけにはいかないのである。

核拡散の歴史

核拡散の歴史は、最初の核保有国であるアメリカの核開発にさかのぼる。アメリカは、第二次世界大戦中の一九四二年にイギリスやカナダとともにマンハッタン計画をスタートさせ、一九四五年七月一六日に世界で初めて核実験を行い、同年八月六日には広島に、八月九日には長崎に原爆を投下した。

アメリカは、自国以外に核保有国が広がることを阻止しようとしたが、それは、かなわなかった。一九四九年にはソ連、一九五二年にはイギリス、一九六〇年にはフランスが核実験を行った。

一九六〇年代に入ると、核拡散は、最も深刻な国際的な懸念の一つとなった。アメリカのケネディ大統領が一九六三年三月に「七〇年代までに世界に核兵器保有国が一五カ国から二五カ国存在するような事態に直面するのではないかという懸念に悩まされている」と記者会見で述べたのは、彼がこの問題をいかに深刻視していたかを物語るものである(1)。

その後、一九六四年に中国が核実験を行い、一九七四年にはインドが核実験を行った。さらに、冷戦終了後の一九九八年には、インドとパキスタンが相次いで核実験を行った。イスラエルは、表立った形での核実験は行っていないが、一九六六年末ないし一九六七年に核爆発能力を獲得し、事実上、核保有国になったものと見られている。

そして、北朝鮮、イランの核開発問題は、まさに目下の懸案である(北朝鮮は、二〇〇六年、二〇〇九年、二〇一三年、二〇一六年の四回にわたって核実験を行った)。

核拡散を止めた事例

こうした事例を見ると、核拡散を止めることはできないかのように思われがちであるが、実際には、その取り組みが功を奏した事例も多く存在する。

南アフリカは、アパルトヘイト政策を実施していた一九七〇年代に核兵器を秘密裏に開発し、核爆弾を保有するに至ったが、一九九三年に核兵器を廃棄したことを明らかにした。

イラクはサダム・フセインのもとで核開発を進めていることが長く懸念されていたが、これも阻止された。リビアもカダフィ大佐のもとで秘密裏に核兵器の開発を進めていたが、二〇〇三年にこれを断念し、核開発のための資機材、技術情報などの一切を廃棄した。ウクライナ、ベラルーシ、カザフスタンの三国は、一九九一年にソ連が崩壊したため、核兵器を保有したまま独立国となったが、その後、ロシアに核兵器を返還することに合意した。

一九六〇年代に持たれていた懸念は、日本、ドイツ、スウェーデンといった先進工業国が核保有に向かうのではないかというものであったが、こうした懸念は現実のものとはならなかった。韓国、台湾、豪州、ブラジル、アルゼンチン、エジプトなどは核開発ないしそれを疑われる活動を行ったが、結局これを断念した。

日本と核拡散を止めるための取り組み

日本は、核拡散を止めるべく最も活発に活動をしてきた国の一つである。

アメリカ、ロシア、イギリス、フランス、中国までを核兵器国として認め、それ以外の国は、非核兵器国として、核兵器その他の核爆発装置を製造、取得しないことを約束する核不拡散条約（ＮＰＴ）。国際原子力機関（ＩＡＥＡ）が各国の原子力活動について平和利用目的を逸脱するようなものとなっていないかをチェックする仕組みである保障措置。原子力技術を保有する国が原子力資機材・技術を輸出する際のルールをガイドラインとして定める原子力供給国グループ（ＮＳＧ）による輸出管理。日本は、こうした核不拡散レジームの重要な主導者であるとともに、核拡散を阻止するための個別の外交努力に参加してきた。

世界は、核拡散のリスクに直面している。

北朝鮮、イラン。今後ありうべき核拡散の連鎖。直面する核問題に対処し、将来の核拡散の連鎖を止めるために何をすればよいのか。日本の果たすべき役割は何か。

核廃絶を願う気持ちからであれ、国際政治の枠組みや日本の安全保障環境の観点からであれ、それを考えることは急務である。

本書の狙い

本書では、核保有に至った四カ国（中国、イスラエル、インド、パキスタン）、核拡散防止が功を奏して核を断念した四カ国（南アフリカ、イラク、リビア、ウクライナ）、国際社会が直面している当面の課題の二カ国（北朝鮮、イラン）を対象としつつ、次のような諸点について考えてみたい。

・核開発を行った国は、なぜそのような決断を行ったのか。核開発を止めた国の場合、なぜそのような決断を行ったのか。

・核開発を行った国はどのようなプロセスでこれを行ったのか。核開発を止めた国の場合、そのプロセスはどのようなものであったのか。

・国際社会の側は核開発を阻止するための取り組みとしてどのようなことを行ったのか。その際、何が有効であり、何が有効でなかったのか。

・核開発によって、どのような影響がもたらされたのか。核開発を止めた国の場合、それはどのような影響をもたらしたのか。

最も主要な狙いは、核拡散防止に向けた取り組みはなぜ時に成功し、時に失敗するのか、その要因を包括的に分析し、それをベースに日本として核拡散防止のために何ができるかを改めて考えてみることである。

それは、核廃絶への道筋を考察するうえでも、また国際政治の枠組みや日本の安全保障環境について考えてみるうえでも、不可欠な素材を提供することになろう。

注

（1）"The President's News Conference", March 21, 1968.（http://www.presidency.ucsb.edu/ws/index.php?pid=9124）

核拡散防止の比較政治——核保有に至った国、断念した国

目次

はじめに

序　章　四つの問題と分析枠組み……1

核開発に関わる決断の決定要因　核開発のプロセス　核開発阻止のための取り組み

核不拡散レジーム　外交的手段　非外交的手段（軍事行動）　核開発の影響

核態勢　本書の構成　用語の使い方

第Ⅰ部　核兵器の保有に至った国々……15

第1章　中国――歴史の転換点となった核拡散……17

1　核開発の動機……18

核開発の決定　核開発の背景　「人の侮りを受けない」との思い　中国内部の論争

推進要因、抑制要因、比較考量して判断する仕組み

2　核開発のプロセス……22

ソ連との協力　ソ連との決裂　自力更生による核開発

ウラン・ルートかプルトニウム・ルートか　核爆弾の設計と製造

3　核開発阻止のための取り組み……27

ケネディ政権の対応　ソ連との協調の試み

中華民国（台湾）を活用する方策の検討　ジョンソン政権の対応
核不拡散レジームの不在、レバレッジの欠如
4　核開発の影響……30
中国の核戦略　核爆発能力の「顕在化」　核爆発能力の兵器化、核能力の高度化
国際社会によるさらなる拡散懸念への対応　NPTと中国
世界および地域の平和と安定への影響　中国の核能力の拡充と核ドクトリン
各国との関係　軍縮・不拡散政策
第2章　イスラエル――最も不透明な核保有国……41
1　核開発の動機……41
スエズ戦争の勃発　軍事行動への参加とフランスとの原子力協力
ディモナ計画への発展　核開発の背景　ベングリオンの考え
2　核開発のプロセス……46
フランスの協力　ド・ゴール大統領の対イスラエル協力見直し
核兵器をめぐる将来のオプションについての議論　弾道ミサイル「ジェリコ」の開発
「あいまい」政策　核爆発能力の獲得　核をどう使うのか
第三次中東戦争とイスラエルの核
3　核開発阻止のための取り組み……52
ケネディ大統領の核不拡散政策　アメリカによるディモナの査察要求
ジョンソン政権によるディモナの「査察」　NPTをめぐる争い

「核兵器」とは何か、「持ち込む」とはどういう意味か
一九六九年九月のニクソンとゴルダ・メイアとの首脳会談　「査察」の有効性
国際的な核不拡散レジームの有効性　武器の供与の有効性
友好国の核開発への対応
4　核開発の影響……62
「秘匿化」の判断　「核を持つ決意」と「核についての慎重姿勢」の両立
五つの要因との関係　第四次中東戦争　「秘匿化」から「公知化」へ
イスラエルの核戦力　イスラエルの核態勢
中東地域における影響――イスラエルの視点
アラブ・イスラエル紛争の平和的解決との関係
中東地域における影響――地域的な視点　過剰軍備の問題
国家としてのガバナンス
第3章　インド――「平和的核爆発」から核ドクトリンへ……73
1　核開発のプロセス……73
複雑な歴史　重水減速炉の建設　「平和的核爆発」の研究開発へ　停滞と加速
一九七四年の核実験の実施　兵器化への逡巡　パキスタンの核開発の浮上
事実上の核兵器保有へ　二回目の核実験の決断
2　核開発の動機……82
「中国」の要因　「パキスタン」の要因　国家の威信　「核開発グループ」の圧力

抑制要因　「対内志向型の政策」「対抗的ナショナリスト」
3　核開発のプロセス……86
4　拡開発阻止のための取り組み……87
安全の保証の提供　NPTをめぐる論争　原子力供給国グループ（NSG）の発足
インテリジェンスの失敗
5　核開発の影響……90
「平和的核爆発」――「顕在化」と「秘匿化」の中間的形態　核ドクトリン草案
核開発と安全保障環境　安全保障のトリレンマ　核をコントロールできるか
「インド・モデル」の意味合い
第4章　パキスタン――二つの危険な核拡散……98
1　核開発の動機……99
ムルタン会議　推進派と慎重派　事態の変化　ザルフィカル・アリ・ブットー
核開発の推進要因と抑制要因　国家指導者の果たした役割
2　核開発のプロセス……104
第一期：ムルタン会議からカーンの活動の本格化まで　インドの核実験の影響
各国のパキスタンとの原子力協力の見直し
第二期：カーンの活動の本格化からソ連のアフガニスタン侵攻まで
キッシンジャーとブットーの対決　カーター政権とジアウル・ハク政権
ウラン濃縮作業の進展

第三期：ソ連のアフガニスタン侵攻からカシミールをめぐる緊張まで
核爆発能力の獲得　ベナジール・ブットーの時代
第四期：カシミールをめぐる緊張から核実験まで　ミサイル開発
北朝鮮との核ミサイル協力　一九九八年五月二八日
核開発のプロセスのまとめ　非正規の手段の台頭　関係機関間の競合・対立
3　核開発阻止のための取り組み……123
核不拡散レジームの役割　外交上の働きかけの限界
4　核開発の影響……125
「秘匿化」の判断　「公知化」から「顕在化」へ　パキスタンの核ドクトリン
核戦力の増強　パキスタンの核態勢　カーン・ネットワーク
核セキュリティー上の懸念　「パキスタン・モデル」の意味合い

第Ⅱ部　核兵器の開発・保有を断念した国々

133

第5章　南アフリカ――アパルトヘイト国家からの脱却……135
1　核開発のプロセス……135
南アフリカとアパルトヘイト政策　ウラン埋蔵大国の原子力開発　核開発への道
核開発の進展　「核抑止力」の開発指示　核爆発能力の獲得　核戦略の構築

2　核開発の動機……141
南アフリカを取り巻く国際環境　国際的な孤立感　核開発の抑制要因と南アフリカ
「対内志向型の政策」「対抗的ナショナリスト」　「秘匿化」の典型例
「核のほのめかし」に近い事例
3　核廃棄のプロセス……145
デクラークの大統領就任　核廃棄のプロセス　核廃棄の実施
4　核廃棄の動機……147
南部アフリカ地域情勢と国際情勢の変化　国際的な孤立からの脱却
核廃棄を実現した構図　「黒人に渡さない」との動機があったのか
「南アフリカ・モデル」の意味合い
第6章　イラク──武力行使による核開発阻止……153
1　核開発のプロセス……154
イラクの核開発計画の始まり　フランスの協力とオシラク研究炉　バビロン作戦
湾岸戦争までの核開発　イラクのクウェート侵攻　湾岸戦争後の査察
フセイン・カメルの亡命　「九・一一」後のイラク問題　イラク戦争へ
インテリジェンスの失敗
2　核開発の動機……162
イスラエルとイラン　威信に関わる要因、国内的な要因
核開発の抑制要因とイラク　「対内志向型の政策」「対抗的ナショナリスト」

3　核開発阻止のための取り組み……166
意図と結果の不一致　武力行使の課題　IAEA保障措置の強化
「イラク・モデル」の意味合い

第7章　リビア――テロ支援国家からの脱却……171

1　核開発のプロセス……172
カダフィの政権掌握と核保有への意思　各国へのアプローチ　ソ連との協力
核分裂性物質の入手の試み　「カーン・ネットワーク」の活用

2　核開発の動機……177
「アラブの核爆弾」　ネオリアリズム理論は妥当するか
国内の支配体制、アラブ諸国内の指導的地位　核開発の抑制要因とリビア
「対内志向型の政策」「対抗的ナショナリスト」

3　核開発放棄のプロセス……180
英米とリビアとの秘密交渉　イラク戦争、「BBCチャイナ」号　核開発放棄の発表
核開発放棄の実施

4　核開発放棄の動機……183
国際社会からの制裁解除と関係正常化　制裁の果たした役割
デモンストレーション効果

5　核開発放棄後のリビア……187
「リビア・モデル」の意味合い　カダフィ政権の終焉

第8章　ウクライナ――ソ連解体の決算……189
1　核放棄のプロセス……190
ソ連の崩壊　ウクライナの独立と非核化の動き　新しいタイプの核拡散問題
ロシアとの対立と非核化の後退　戦術核の移送　アメリカ政府による個別交渉
リスボン議定書　核保有か非核化か　『フォーリン・アフェアーズ』誌上の論争
クリントン政権の政策転換　三カ国声明　ブダペスト覚書、NPT加入、非核化の実現
2　核放棄の動機……199
安全保障上の考慮　国家の基本的な政策の方向性　議会の果たした役割
国際社会の対応　二〇一四年のロシアによるウクライナ侵攻と核拡散防止

第Ⅲ部　核問題が懸案となっている国々……205

第9章　北朝鮮――危機の連鎖……207
1　核問題の経緯……207
北朝鮮の核開発の始動　冷戦の終了と南北首脳会談　南北非核化共同宣言
第一次核危機の勃発――NPT脱退宣言　危機の再燃――燃料棒取り出し
軍事オプションの検討　カーター訪朝と「枠組み合意」　軽水炉事業の裏側
ブッシュ政権と北朝鮮政策　ケリー訪朝とウラン濃縮疑惑

第二次核危機の勃発――六者会合　バンコ・デルタ・アジアと最初の核実験
「初期段階の措置」と「第二段階の措置」　二〇〇九年以降の経緯
2　核開発の動機……224
安全保障上の要因　国内的な要因　威信に関わる要因　核開発の抑制要因
「対内志向型の政策」「対抗的ナショナリスト」
3　核開発のプロセス……228
4　核開発阻止のための取り組み……229
第一次核危機と阻止手段　外交的手段と非外交的手段　第二次核危機と阻止手段
なぜ武力行使は検討されなかったのか　二〇〇六年の核実験後の阻止手段
制裁措置の有効化
5　核開発の影響……234
「秘匿化」から「顕在化」へ　核能力、ミサイル開発　「北朝鮮モデル」の意味合い

第10章　イラン――国際社会との共存は可能か……240
1　核問題の経緯……241
パーレビ国王時代の原子力開発　イラン・イスラム革命の勃発
イラン・イラク戦争　核開発に向けての方向転換　パートナー探し　暴露と危機
二〇〇三年秋の決断　テヘラン合意、ウラン濃縮の停止
アフマディネジャードの大統領選出　ウラン濃縮の再開　舞台は安保理へ
軍事オプションと事態の悪化　ローハニの当選、交渉の進展

二〇一五年七月の合意　ミサイル開発
2　核活動の動機……254
イラン・イラク戦争の体験　安全保障環境　国家の威信、国内政治の要素
核活動の抑制要因　基本政策、国家指導者の性向
3　核活動のプロセス……261
4　核開発阻止のための取り組み……262
核不拡散レジーム　保障措置についての二つの課題　外交交渉　制裁
軍事オプション
5　核活動の帰趨と影響……268
周辺地域と国際関係への影響　モデルとしてのイラン

結論　日本としての取り組み……271

1　核開発に関わる決断の決定要因……271
三つの観点による分析モデル　安全保障上の要因　安全保障要因の欠如
戦争が核開発を生む　国家の威信　国内要因　核開発の抑制要因
規範的な要因　経済的な利害に関わる要因　外交関係に関わる要因
安全保障のジレンマ　基本的政策の方向性　国家指導者の性向
民主主義体制と独裁体制　核開発の動機・背景と時間の経過
2　核開発のプロセス……283
核開発への外国の支援　非正規の手段による技術調達　自力による技術開発

3 核開発阻止のための取り組み……286
NPTの果たした役割　IAEAの保障措置　NSGによる輸出管理
外交的手段――二国間交渉と多国間外交　六者会合とEU3＋3
関係性のジレンマ　安全の保証と拡大抑止　制裁　制裁が有効であるための条件
武力の行使　法的な根拠が得られるか　武力行使自体の難しさ
相手国からの報復攻撃への対処　武力行使の圧力
4 核開発の影響……300
核保有を顕在化させた国、秘匿化した国　核態勢　新たな核保有国への対応
拡散についての二つの見方　核不拡散レジームへの影響　核戦力の強大化の誘因
モデルとしての意味
5 日本としての取り組み――七つの方策……311
NPTの維持・強化　IAEAの保障措置　核開発のための調達の阻止
個別案件における外交努力　核実験の阻止　核を持つことの意味を問う
関連政策の核拡散防止への影響

注　321
主要文献案内　417
あとがき　431
主要関係年表　435
事項索引
人名索引

序章　四つの問題と分析枠組み

「はじめに」でも述べた通り、本書では、核保有に至った四カ国（中国、イスラエル、インド、パキスタン）、核拡散防止が功を奏して核を断念した四カ国（南アフリカ、イラク、リビア、ウクライナ）、国際社会が直面している当面の課題の二カ国（北朝鮮、イラン）を対象としつつ、⑴核開発に関わる決断の決定要因、⑵核開発のプロセス、⑶核開発阻止のための取り組み、⑷核開発の影響の四つの問題について検討していく。

序章においては、第1章以下で各国の事例について検討するのに先立ち、これらの四つの問題を検討するに際し、どのような分析枠組みで捉えていくかについて触れてみたい。

核開発に関わる決断の決定要因

本書で焦点を当てようとする第一の問題は、核開発に関わる決断の決定要因である。これは、核を断念した国の場合、なぜそのような決断を行ったのかの問題である。

核開発を行うという決断は、国際政治、国内政治、国内経済のどの側面で考えてみても、非常に大きな問題であるが、それぞれの国が核開発を行おうとする原因と動機は同じではない。また、核を放棄した場合でも同様である。

ここで、中国やイスラエルのように核保有に至った場合に核開発の推進要因だけを考え、南アフリカやリビアのように核を断念した場合に核開発の抑制要因だけを考えればよいわけではない。核保有に至った場合にも、核開発の抑制要因は働いていたはずであり、逆に核を断念した場合にも、核開発の推進要因は働いていたはずだからである。[1]

本書では、核保有に至った事例と核を断念した事例の双方を見ていくが、これらを包括的に捉えるために、(1)核開発の推進要因、(2)核開発の抑制要因、(3)これらを比較考量して判断する仕組みの「三点セット」の観点から捉えていくこととしたい。

まず、核開発の推進要因であるが、一般的には、スコット・セーガンが指摘したように、(1)安全保障の確保、(2)国家の威信、(3)国内政治上の要請の三つの要因が重要と考えられる。[2]

次に核開発の抑制要因としては様々な要因が指摘されるが、[3]一般的にいえば、(1)規範的な要因（核兵器は非人道的な兵器であり、持とうとすべきではないという核タブーの考え方や、核不拡散という国際的な規範の縛り）、(2)経済的な利害に関わる要因（核開発をすると、制裁などによって投資や貿易の促進にとって不利な状況を招くとの考慮）、(3)外交関係に関わる要因（主要国との関係悪化によって対外関係に不利な状況が生じるとの考慮）、(4)安全保障上の要因（近隣国の対抗措置によってかえって安全保障環境が悪化するとの懸念）、(5)財政上の負担の五つが重要と思われる。

さらに、これらを比較考量して判断する仕組みの問題がある。エテル・ソリンゲンは、対外志向型の経済政策を持つ国家と対内志向型の経済政策を持つ国家を比較し、前者においては、核開発が国際環境の悪化を招き、投資や貿易の促進にとって不利な状況をもたらすことを避けようとするのに対し、後者は、そのような配慮に重きを置かず、核開発に向かいやすいと指摘した。[4]また、ジャック・ハイマンズは、指導者の「国家アイデンティティ概念」が「対抗的」か「協調的」かの軸、「ナショナリスト」か「従属容認派」かの軸の二つで捉えて分析を行い、核保有は多くのマイナスをもたらすので、通常の国家指導者はそうした選択を行わず、「対抗的ナショナリスト」（国際関係を対抗的な性格のものと捉え、自国を他国と同等ないしよりすぐれた存在と見る者）のみがこうした方向を目指すと指摘した。[5]さらに、対象となる国家が民主主義体制か専制体制かは、核開発に関わる決断を行う際に様々な影響を及ぼすことが知られている。[6]このように、前記の核開発の推進要因と抑制要因を比較考量して判断する仕組みとして、基本的政策の方向性、国家指導者の性向、政治体制の三つが重要である。

本書においては、こうした視点を踏まえつつ、各国が核開発に関わる決断を行う際の決定要因を分析していきたい。[7]

核開発のプロセス

本書で焦点を当てようとする第二の問題は、核開発のプロセスである。

核開発は容易なものではなく、核開発を進めようとする国は、資金の調達、人員の育成、技術の開発・取得、国内的な意思決定、国際的な圧力への対応など様々な課題に直面する。なかでも特に困難なのが、核技術の開発・取得をどのように行うかである。

この核技術の開発・取得については、マシュー・クローニグなどの研究から、核技術を既に手にしている外国からの協力が大きな役割を果たすことが知られている。[8] 核爆発装置の設計図の提供すらも、こうした協力の対象となってきた。一方、外国からの協力といっても、すべての面倒を見てくれるわけではなく、途中で中断することもある。そうした場合には、自力での技術開発を行わなければならない。また、後述の国際的な核不拡散レジームが充実してくると、外国からの協力も得られにくくなる。そうした場合には、核技術の取得のための別の方途を考える必要性が生じてくる。本書では、こうした点に着目しつつ、核開発国の側がどのようにして核兵器の取得に至ったかを見ていきたい。[9]

核開発阻止のための取り組み

本書で焦点を当てようとする第三の問題は、核開発阻止のための取り組みである。

ここまでの二つの問題が核開発国の側から捉えたものであるのに対し、これは、国際社会の側から捉えようとするものであるが、核開発阻止のための取り組みとして重要なのは、次の諸要素である。

・核不拡散レジーム
・外交的手段（国際的な圧力）
・非外交的手段（軍事行動）

核不拡散レジーム

国際社会では、原子力の平和利用が活発化した一九五〇年代後半より、原子力の平和利用を担保するための仕組みが設けられていたが、核拡散防止の問題が深刻に捉えられた一九六〇年代以降、国際的な核不拡散レジームを発展させていった。[10]

この中で最も重要なものは、一九六八年に成立し、一九七〇年に発効した核不拡散条約（ＮＰＴ）である。[11] ＮＰＴは、現在、加入国は一九一カ国（二〇一五年末現在）となっており、[12] 国連憲章に次いで最も普遍性の高い多数国間条約となっている。ＮＰＴに加入していないのは、イスラエル、インド、パキスタン、南スーダンの四カ国のみであり、ＮＰＴへの加入圧力はきわめて強い（北朝鮮は脱退を宣言しているが、その効力については議論がある）。イランも、ＮＰＴの加入国である。ＮＰＴは、アメリカ、ソ連（現在はロシア）、イギリス、フランス、中国までを核兵器国として認め、それ以外の国は、非核兵器国として、核兵器その他の核爆発装置を製造・取得しないことを約束する内容のものであり、核拡散防止のための基本的な枠組みとなってきた。ＮＰＴの成立に至るまでの経緯を見ると、一九六四年の中国の核実験が大きな影響を及ぼしたことが注目される。冷戦のさなかではあったが、米ソ両国とも、さらなる核拡散を防止するための枠組みが必要であるとの認識で合致し、その後、国際的な議論を経てＮＰＴが作成された。

ＮＰＴを実体面で支えているのが、国際原子力機関（ＩＡＥＡ）の保障措置である。[13] 保障措置とは、原子力活動に関する計量管理や査察活動によって、平和利用目的を逸脱するような活動が行われていないかをチェックする仕組みであり、非核兵器国としてＮＰＴに加入する国は、当該国のすべての原子力施設に対してこうした保障措置の適用を認める包括的保障措置協定を締結しなければならないこととなっている（NPT第三条）。これは、隠れた形で核開発を行うことを困難にする仕組みであり、核拡散防止の強力なツールである。

また、IAEAの保障措置を補完するものとして重要なのは、原子力供給国グループ（NSG）による輸出管理である[14]。NSGとは、原子力技術を保有する各国の集まりであり、このグループにおいて、核不拡散にコミットしている国、すなわちNPT加入国以外には、原子力資機材・技術を輸出しないことを約束している。これは、一九七四年のインドの核実験を契機とするものであり、NPTに加入せず、核を保有しないとのコミットメントを行わなかったインドに対し原子力技術を輸出してきたことが新たな核保有国を生んだことに対する反省によって生まれたものである。さらに、核実験の禁止を定める部分的核実験禁止条約（PTBT）や包括的核実験禁止条約（CTBT）といった核実験禁止のための仕組みがある。これらは一般に、核軍縮分野の条約と捉えられており、その理解に間違いはないが、これらには、本書の各国の事例でも示されるように、核拡散防止上の意義もある。

このように核不拡散レジームは、NPTを中核に、原子力技術や核関連物資の軍事転用を監視するための保障措置、原子力技術や核関連物資の移転を管理するための輸出管理、核開発の出口とも言える核実験を抑えようとする核実験禁止のための仕組みなどの政策手段によって構成される。

このような核不拡散レジームは、核拡散を阻止する上で、どの程度有効なものなのだろうか。先行研究の中には、NPTをはじめとする核不拡散レジームの有効性に疑問符を付けてきたものが多いが、各国の事例の中で具体的に考えてみたい[15]。

外交的手段

今まで述べてきた核不拡散レジームは、いわば核拡散防止のためのインフラであり、各国を核開発に向かわせないための仕組みをなすが、核開発に着手しているのではないかと考えられる時には、それへの対処を行っていくことが求められる。前者が予防型アプローチであるとすれば、後者が対処型アプローチということになる[16]。そして、対処型アプローチの中で、まず検討されるのが外交的手段である。北朝鮮の核問題についての六者会合（中国（議長国）、アメリカ、ロシア、日本、韓国、北朝鮮の六者による会合）や、イランの核開発問題におけるイランとEU３＋３（EU、イギリス、フランス、ドイツにアメリカ、ロシア、中国が加わったもの）との協議も、外交的手段による問題解決の努力の例である。

核拡散防止のための外交努力について考える際には、「形式」と「内容」の双方から見ていく必要がある。この分野の外交努力においては、アメリカが果たしてきた役割が大きいが、アメリカが二国間交渉で働きかけるのか、他国を巻き込んで働きかけるのか、マルチ外交の仕組みを用いるのかの論点がある。これが、「形式」に関わることであり、アメリカと核開発国との関係や、影響力の大きな他の国を巻き込む必要性などによって左右される。

この分野の外交努力においては、「アメ」（見返り、恩恵）を用いる場合と、「ムチ」（罰、制裁）を用いる場合とがある。[17]「アメ」としては、安全の保証、拡大抑止の提供、武器（通常兵器）の提供などが用いられ、「ムチ」としては、禁輸などの制裁が用いられる。これが「内容」に関わることである。

こうした外交的手段が有効であるためには、前記で述べた核開発に関わる決断の決定要因に作用することが求められる。[18]「アメ」については、たとえば、安全の保証、拡大抑止の提供、武器の提供によって安全保障上の要請に応えるといったように、核開発の推進要因に作用し、核開発以外の方法で、推進要因に対する手当てを行うようにしなければならない。また、「ムチ」については、たとえば、核開発を継続する場合の禁輸などの制裁などによって、核開発の抑制要因に作用し、核開発を行う場合のマイナスを大きくするようにしなければならない。その意味で、外交的手段が効果を発揮するかは、核開発の推進要因、抑制要因、それぞれを比較考量して判断する仕組みの「三点セット」と密接な関係がある。

各国の事例に則し、こうした外交的手段がどのように用いられ、どのような場合に有効性を発揮したかを検討していく。

非外交的手段（軍事行動）

外交的手段で解決が図られない場合には、非外交的手段である軍事行動によって解決が試みられる場合がある。北朝鮮の核問題において、一九九〇年代の第一次核危機の際、アメリカが軍事行動の一歩手前まで行ったことはよく知られている。二〇〇二年以来のイランの核問題においても、イスラエルやアメリカの国内には、軍事行動を求める声が存在してきた。軍事行動の検討は、一九六四年の中国の核実験の前にも行われたし、イラクの核開発を阻止する際には、軍事行動が重要な役割を果たした。一方、一般的に言えば、核開発問題への対処のために軍事行動を行う際のハードルは低くない。

核開発問題の対処のために軍事行動を行うことについて、どのような場合にこれが可能か、どのような条件がそろう際に核開発阻止の手段として有効となるのかを考えていく。

核開発の影響

本書で焦点を当てる第四の問題は、核開発の影響である。核拡散の問題を核を保有する国の数が増えるかどうかの観点だけから見ると、ある国が核を保有するに至ると、それで問題は一段落ということとなる。ところが、核拡散の実際の影響は、むしろそこから始まる。

核開発の影響を考える際、まず考えるべき論点が、核開発国の側が核爆発能力を獲得した時に、それを対外的に明らかにしたのか（「顕在化」の事例）、それを隠したのか（「秘匿化」の事例）の問題である。これまで往々にして、ある国が核保有に至ったかどうかを判断するうえで、「核実験を行ったかどうか」が注目されることが多いが、核実験によって対外的に明らかにしつつ核爆発能力を獲得する事例もあれば、核爆発能力を獲得してもそれを秘匿した事例も存在する[19]。むしろ、核爆発能力の獲得が対外的に明らかになるような形で核開発を進めるか、それともそれを秘匿するような形で核開発を進めるかは、核開発における大きな分かれ道と言ってよい。ここでも、核開発の推進要因、抑制要因がそれに大きな影響を与えることとなる。

概括的に言えば、核開発の推進要因から核爆発能力獲得を「顕在化」させる力学が働き、抑制要因から「秘匿化」する力学が働くものと考えられる。一方、核開発を進めるかどうかを決断する局面と「顕在化」か「秘匿化」かを判断する局面とでは、(1)時点の相違、(2)「顕在化」か「秘匿化」かを判断する時点では核開発を進めるとの大きな決断は既になされていること、(3)核開発を行うかどうかは、国の行方に関わる大きな政治的な決断としてなされ、詳細な具体的な論点についての詰めを行うことなくなされることがあるが、「顕在化」か「秘匿化」かの判断は、核の存在を対外的に明らかにすることに伴う外交、軍事、経済など多面的で具体的な問題設定の下での検討が求められるものであるとの点で異なる性格を持つことは踏まえておかなければならない。

こうした点を踏まえて、「顕在化」か「秘匿化」かの決定要因について、本書で検討する作業仮説として次の五つの要因を考えてみたい。第一に、安全保障上の脅威への対応のため、核の存在を対外的に示す必要性に迫られているか（「脅威対応」要因）、第二に、国家の威信などの国際的地位の観点から、核爆発能力を獲得するに至ったことを対外的にアピールすることが求められているか（「国際的地位」要因）、第三に、国際的な規範の縛りないし国内の倫理観の観点から、核の軍事利用を表立って進めることに対して規範的な制約があるか（「規範」要因）、第四に、核の存在を対外的に明らかにすることが、外交関係上、耐え難いほどのマイナスをもたらさないか（「外交」要因）、第五に、戦略上の相手国の対抗措置によってかえって安全保障環境が悪化することを回避する必要が生じないか（「対抗措置回避」要因）の五つである。これらのうち、最初の二つが「顕在化」要因となり、後の三つが「秘匿化」要因となり、これら五つの要因の状況によって、「顕在化」か「秘匿化」かが選択されることになるのではないかとの考えによるものである。

核態勢

次に核態勢についてみる必要がある。ここで核態勢とは、核戦略、核ドクトリンと核戦力のレベルや構成などを含めた概念である。本書で取り上げるような後発の核保有国は、米露のように、核戦力をフルセットで持ち、核戦争を戦い抜くことを想定した核態勢を目指しているわけではなく、それぞれの事情に応じた核態勢を採用している。[20]これら後発の核保有国によって取られる核態勢には様々な種類があるが、本書では、次の三つの考え方に依拠したものを区別して分析を進めたい。[21]

・不透明・不活性抑止（核を保有しているかもしれないという不透明な状況やいざという時に核の運用がオプションとしてありうるとの状況によって、相手国の攻撃やエスカレーションを抑止しようとする考え方[22]）

・確証報復抑止（相手国が大量破壊兵器による攻撃を行う場合、核による報復が確証的に行われることを示すことにより、これを抑止しようとする考え方。[23]第二撃能力のみでよい。戦力レベルとしては、最小限抑止[24]から限定的抑止[25]まで幅がありうる）

・非対称型エスカレーション抑止（相手国の通常戦力による攻撃に対しても核使用を想定する考え方。[26]第一撃能力を保持）

ここで三つの考え方を挙げているが、現実には、これらの複数の考え方が併存することがしばしばである。一方、特定の国がある時期にどの核態勢をとっていたのかを判断する際には、核兵器の最も中核的な機能として何を想定していたのかによって区別することとしたい。

各国がこれらのうち、どのような核態勢をとるかは、前記の核爆発能力を対外的に明らかにするかどうか（「顕在化」させるか「秘匿化」するか）にも関わるが、その他にも、戦略上の相手国との間での通常戦力の戦力バランスなど様々な要因にも影響を受ける。本書では、核保有国となった国がどのような核態勢を取ったのか、それがいかなる考慮に基づくものであったかについて分析する。

ある国が核開発を行った際、それは、地域の安全保障環境にどのような影響を与えるのかとの論点がある。国際政治の研究者の中には、「拡散楽観論者」と呼ばれるグループと「拡散悲観論者」と呼ばれるグループがある。拡散楽観論者は、核拡散によって核兵器国の数が増えても抑止が働くので国際関係は不安定化しないと主張する。ケネス・ウォルツやジョン・ミアシャイマーがその代表格である。[27]一方、拡散悲観論者は、核拡散によって、国際関係のリスクが高まると見る。スコット・セーガンがその代表格である。[28]本書においては、個別の国の状況について検討する中で、どちらの議論が妥当するかを見ていきたい。

ある国が核開発を行う影響は、さらに核不拡散レジームにも及ぶ。前述のように、核不拡散レジームと各国の核開発との間には、核不拡散レジームが各国の核開発を制約するという関係とともに、各国の核開発が核不拡散レジームに影響を与えるという関係も存在する。本書の中では、各国の核開発の事例が核不拡散レジームにどのような影響を与えたかを検討していくこととしたい。

また、中長期的な観点からは、核を保有した国や核を放棄した国は、それ以降のモデルとしての意味を持つ。南アフリカやリビアのような核廃棄、核開発放棄の成功事例は、核拡散を阻止しようとする側にとってモデルとしての貴重な意味を持つ。また、核を保有したインドやパキスタンのような事例も、別の意味でモデルとしての意味を提供する。各国の事例が核問題においてどのようなモデルとしての意味を持ったのかを検討する。

本書の構成

本書の構成は、次の通りである。第Ⅰ部では、核保有に至った事例を取り上げる。順に、中国、イスラエル、インド、パキスタンの四カ国について検討する。

第Ⅱ部では、核拡散防止が功を奏して核を断念した事例を取り上げる。具体的には、南アフリカ、イラク、リビア、ウクライナの四カ国について検討する。南アフリカは、自発的に核を廃棄した事例であり、イラクは拡散防止のために武力の行使が行われた事例である。リビア、ウクライナは、外交的手段によって核拡散防止が実現した事例である。

第Ⅲ部においては、北朝鮮とイランという国際社会が直面している当面の問題を取り上げる。

最後に終章においては、これらの事例を踏まえて、どのような教訓を導くことができるのか、日本として核拡散防止のために何ができるかを検討する。

用語の使い方

本文の記述に入る前に、本書における用語の使い方についてあらかじめ述べておきたい。原子力活動は、平和目的のものと軍事目的のものがあり、本書の直接の関心は、軍事目的の原子力活動にある。これを進めるための活動を「核開発」と呼び、平和目的のものについては、「原子力開発」と呼ぶこととする。

イランについては、ウラン濃縮などの活動を行っており、イラン側は平和目的の原子力活動であるとしているが、そうした目的としては理解しがたい活動が行われてきたことから、核開発疑惑が持たれてきたものである。そうしたことから、イランの一連の活動は、「核開発疑惑に関連した活動」と言うべきものであるが、煩瑣であるので「核活動」と呼ぶ。

核開発のプロセスにおいては、前にも触れたように「核爆発能力」の獲得に着目する。[29] これは、核実験を行うか否かを問わず、核爆発を行うことが可能な能力の獲得をもってこの段階に達したものと考える。一部の国は、核実験によって核爆発能力を獲得しているが、それ以外の国は、少なくとも表立った形での核実験を行うことなく、核爆発能力を獲得している。どの時点でこの段階に達するかは判断することは容易なことではないが、核実験を行わずに実質的に核保有国となっている国は、いずれかの時点でこの段階に達していることになる。

通常、核開発国は、「核爆発能力」を獲得した後、「兵器化」のプロセスを進めることになる。兵器化は、核爆発装置を軍事的に実用的な形で用いることができるようにするための開発プロセスであり、小型化、軽量化、運搬手段とのマッチングが重要な要素となる。すなわち、前記の「核爆発能力」の獲得は、その時点で開発される核爆発装置が兵器として実用可能であるかどうかを問わない。多くの場合、最初に開発される核爆発装置は、大きすぎたり、重すぎたりして兵器として配備するには適しないものであり、兵器化はその後のプロセスとなる。

「核爆発能力」の獲得に関連する概念として、「核取得能力」（breakout capability）との概念が用いられる。特に、イランの核開発問題の文脈で用いられる概念であり、核取得の意思決定さえすれば、時を置かずしてそれを実現できる能力を指す。(30)すなわち、「核取得能力」を目指すということは、国際的に認められた範囲の原子力開発の活動や隠れた核開発の活動を行いつつ、できる限り「秘匿化」された核爆発能力の獲得に近いところまで持ってこようとする考え方である。

核兵器を保有する国には、ＮＰＴによって認められた国（アメリカ、ロシア、イギリス、フランス、中国）とそれ以外の国がある。前者については、「核兵器国」との用語を使い、後者の国をあわせて言う際には、「核保有国」との用語を使う。

本書においては、書名を含めて「核拡散防止」との用語を使っている。一般に同様の趣旨で「核不拡散」との用語が多く使われており、本書でも「核不拡散条約（ＮＰＴ）」、「核不拡散レジーム」、「核軍縮、不拡散」などの形で「核不拡散」の用語を使っている。双方とも核兵器を保有する国が拡散しないことが中心的な概念であり、その点で相違があるわけではないが、本書の記述の多くの場合、核兵器を保有する国が拡散していないとの静的な状態に着目しているというよりは、そのための措置、働きかけなどの動的な取り組みに着目していることから「核拡散防止」の用語の方がより適合するのではないかとの考えから、こちらを主に使うこととした。

なお、各国における核開発の経緯は、厳格に情報管理されている場合が多く、当事国の政府自身が認めている事実関係は限られている。一方、本書で対象とする各国については、研究者、研究機関の手によって、相当程度の事実関係が知られるようになっており、世界における核軍縮、不拡散分野の政策論議や分析は、こうした情報に依拠して行われるようになっている。そこで、本書においては、政策論議や分析を進める目的から、各国の核開発の経緯などを記述するに際しては、すべての関連箇所について「云々と指摘されている」、「云々とされている」といった煩瑣な記述を置くことはせず、信頼できると考えられる研究者、研究機関の記述や分析に依拠してこれを行っている。もっとも、個別の事実関係がどうであったかについて厳密な議論をする必要がある場合には、まずは当事国自身がどのような見解をとっているかを徴すべきところであろう。

なお、本書中の分析、判断は、筆者個人のものであり、筆者が属する組織によるものではない。

第Ⅰ部　核兵器の保有に至った国々

インドの核実験を受けて対応ぶりを検討するパキスタンのジェハンギル・カラーマト陸軍参謀総長（左）とアブドゥル・カディル・カーン博士（右）（1998年5月11日）（AFP＝時事）

第1章　中国――歴史の転換点となった核拡散

中国は、一九六四年一〇月に核実験を行い、アメリカ、ソ連、イギリス、フランスに次いで五番目の核保有国となった(1)。中国は、核不拡散条約（ＮＰＴ）上の「核兵器国」としての地位を得たので、現在では、中国の核保有自体を問題とする見方は少ないが、一九六〇年代当時、中国の核開発は、現在の北朝鮮やイランの核問題と同様に、重大な国際問題であった。中国の核実験の前、アメリカは軍事行動のオプションを含めてこれを阻止する方法を模索した。また、中国の核実験は国際的な核不拡散レジームを生み出す一因となった。さらに中国の核実験はインドの核開発を誘発し、これがパキスタンの核開発にも影響を及ぼすとの連鎖反応を生むこととなった。このように、中国の核開発は、核拡散の歴史の転換点となった。

また、近時、中国は世界の大国として存在感を強めているが、核戦力についても緩やかなペースながら増強を続けているとの見方が強く、中国の核は国際的な安全保障を考える際にも、また、核軍縮のあり方を考える際にもますます重要な要素となっている。

この章は、そうした中国の核開発について見ていきたい。

1　核開発の動機

核開発の決定

中国が核兵器開発を決断したのは、一九五五年一月一五日のことであった[2]。この日、毛沢東主席は、中南海で共産党中央書記処拡大会議を主宰した。会議には、周恩来（国務院総理）、朱徳（国家副主席）、彭徳懐（国防部長）、鄧小平（副総理）などの国家指導者が出席していた。原子力物理学者の銭三強らは、この会議の場に、ウラン鉱石の標本、放射性物質を探査するガイガー探査器を持ち込んで、指導者たちに説明した。ガイガー探査機がウラン鉱石を探知して音を出すと、皆は大きな歓声を上げた。

説明を受けた後、毛沢東主席は、次のとおり語ったという[3]。「これまでの間、われわれは、他の事業もあり、この問題（核兵器開発）に取り組むことができなかった。遅かれ早かれ、われわれは、この問題に取り組まなければならないが、今やその時がきた。日程に挙げて真剣に取り組めば、必ず成し遂げることができる。今では、ソ連がわれわれを援助してくれる」

毛沢東はそう語ると、「我が国の原子力事業のために乾杯」と祝杯をあげた。共産党政治局は、核兵器開発を決定した[4]。

核開発の背景

一九五五年一月というと、中国共産党が国民党との内戦に勝利して中華人民共和国の建国（一九四九年一〇月）を果たしてから約五年が経過した頃であった。この時点で中国が核開発を決意した背景について、ジョン・ルイスとシュー・リータイは『中国の核爆弾開発』（未邦訳）の中で、朝鮮戦争（一九五〇年六月～五三年七月休戦）の際にアメリカから再三にわたり核の威嚇を受けた経験、ドワイト・D・アイゼンハワー政権の誕生（一九五三年一月）によるアメリカの安全保障政策の転換によって核兵器が軍の運用の中核に位置づけられたこと、第一次台湾海峡危機（一九五四年九月～一九五五年二月）に際するアメリカと台湾との間の相互防衛条約の締結などにより、アメリカからの核攻撃を受ける事態に備える必要性が高まっているとの判断があったと分析している[5]。また、先ほどの毛沢東主席の言葉からも示されるように、ソ連から支援を受けられる見通しとなったことも一つの背景になったと思われる。

中国は、アメリカと朝鮮戦争を戦ったばかりであった。朝鮮戦争においては、アメリカによる核兵器の使用の可能性が様々な形で示唆された。中国人民解放軍が参戦し、共産側がソウルを再占領した一九五〇年一一月末、アメリカのトルーマン大統領は、原爆使用を含めてあらゆる措置を考慮していると述べた[6]。ハリー・S・トルーマン政権を引き継いで朝鮮戦争の休戦の実現を目指したアイゼンハワー政権は、膠着状態に陥っていた休戦交渉を打開するため、中国に対する核兵器の投下を示唆した[7]。

一九五三年一月に発足したアイゼンハワー政権は、冷戦に本格的に備えるため、安全保障政策を転換した[8]。アイゼンハワー政権は、共産主義勢力の攻撃に対して、アメリカの軍事計画が「自ら選ぶ方法と場所で、即座に報復できる巨大な能力」で対応するという大量報復戦略を採用した。「ニュールック」と呼ばれた新たな安全保障政策は、長期的、持続的に冷戦を戦うために、コストが安価と見られた核兵器を軍の運用の中核に組み込み、戦闘に際して核兵器の使用を想定するものであった。

また、第一次台湾海峡危機に際しては、中国大陸の沿岸に位置しているものの引き続き台湾が保持していた島嶼の支配をめぐって中台間で砲火が交わされた[9]。アメリカは、武力介入は行わなかったが、一九五四年一二月、台湾海峡危機に終止符を打つとともに、台湾海峡の安定を図るため、かねてから台湾との間で懸案となっていた米台相互防衛条約を締結した。これは、米側にとっては、中国の「台湾侵攻」と台湾の「大陸反攻」の双方を止めることを狙ったものであったが、中国にとっては、米台による軍事的圧力の増強と映るものであった。前記の一九五五年一月一五日の核開発の決断の後のことであるが、中国は、一九五五年三月、第一次台湾海峡危機をめぐってアメリカから核の威嚇を受けることとなった[10]。

「人の侮りを受けない」との思い

このようにアメリカからの核攻撃に備えるということが中国の核開発の大きな動機となったが、中国を核開発に駆り立てたものは、それだけではなかった。

毛沢東主席は、一九五六年四月二五日に中共中央政治局拡大会議で行った「十大関係を論ず」と題する講話で、「今日の世界では、人の侮りを受けたくなければ原子爆弾を持たないわけにはいかない」と述べた(11)。この言葉の奥には、一九世紀以来、諸外国によって半植民地化の憂き目を見せられた経験から、再び外国から侮りを受けることがないようにしたいとの思い、そのためには最強の武器である核兵器を保有することが必要であるとの考えが読み取れる。

中国内部の論争

中国は、このような背景から核兵器開発に踏み切ったが、中国にとって核兵器を開発するとの決定は簡単なものでも、自明のものでもなかった。経済的には貧困国であった当時の中国にとって、巨費を要する核開発は経済的に大きな負担であったことは間違いない(12)。

また、どのように軍事力を強化するかについては異論もあった。当時の中国の人民解放軍は、長期間の内戦、抗日戦、朝鮮戦争などを戦ってきていたものの、国防軍としての近代兵器と近代軍事技術を欠いており、空軍も海軍もなく、兵器は敵から奪取したものが多いため規格が一様でなく、そのほとんどは旧式であるなど様々な課題を抱えた軍隊であった(13)。

当時、国防部長を務めていた彭徳懐は、朝鮮戦争で米軍との近代戦を経験し、人民解放軍の近代化の必要性を認識していたが、ソ連の軍事援助・協力を得て、通常戦力の近代化・正規化を進めることこそが目指すべき路線であると考えていた(14)。

前記の毛沢東による核兵器開発の決断はこのような「近代化・正規化」路線とは別の道を歩むことを決めるもの

に他ならなかった。

推進要因、抑制要因、比較考量して判断する仕組み

こうした中国の核開発の決断を本書の概念に即して整理するならば、核開発の推進要因としては、安全保障上の要因が大きく、さらに国家の威信の要因もこれに加わっていたことになる。安全保障上の考慮としては、前記の彭徳懐のように通常戦力の近代化・正規化を目指す考え方もあったが、毛沢東は、アメリカからの核攻撃に備える必要性を重視し、核兵器は抑止力として通常戦力とは比較にならない力を持っており、通常戦力の近代化・正規化により巨大なアメリカの軍事力に対抗しようとするより経済的に合理的だと判断した[15]。

次に抑制要因の方を見てみよう。規範的な要因についていれば、毛沢東には核兵器は非人道的な兵器であり、これを持とうとすべきではないといった核タブーのような考え方はなかった[16]。また当時は、国際的な核不拡散レジームは整備されておらず、ましてや中国がそうしたレジームに参加しているわけでもなく（中国がNPTに加入するのは一九九二年のことである）、制約にはならなかった[17]。外交関係に関わる要因も、中国が核開発を行うことについては、同盟国であるソ連の支援があり、アメリカをはじめとする西側諸国とは対立関係にあるのでこれを顧慮する必要はなく、経済関係に関わる要因についても同様であった。財政上の負担はあるが、多くの人口を持つ中国にとって、一人ひとりの負担に直せば耐えられないものではなかった[18]。アメリカとの関係での安全保障の確保、西側陣営との対立が主に念頭に置かれていたため、近隣国の対抗措置によって安全保障上のマイナスが生じるといった考慮も特に見受けられなかった。

これらを比較考量して判断する仕組みに目を転じると、基本的政策はエテル・ソリンゲンがいうところの対内志向型の政策であり[19]、国家指導者の毛沢東はジャック・ハイマンズのいう「対抗的ナショナリスト」に当てはまる存在と考えられ、どちらも、核開発に結びつきやすい類型であった。さらに中国は、共産党独裁の体制をとっており、核開発という国家の存立に関わる大きな決定を指導層の間の討議のみで進めることが可能であった。

このように、推進要因と抑制要因のそれぞれの状況においても、これらを比較考量して判断する仕組みにおいても、判断の振り子は核開発の推進の側に大きく振れるものであった。

2　核開発のプロセス

ソ連との協力

中国は、ソ連からの援助を受けて核兵器開発に着手した[20]。具体的には、一九五五年からウラン鉱石の探査、原子物理学研究についてのソ連からの支援が開始された。さらに、一九五七年一〇月には、ソ連と中ソ国防新技術供与協定が調印され、原子爆弾の模型と図面資料が供与されることとなった[21]。

ソ連がこの時点で中国の核兵器開発への支援の約束に踏み切った背景としては、一九五六年のポーランドにおける政変、ハンガリー動乱による社会主義陣営の危機を背景として、ニキータ・フルシチョフ・ソ連共産党第一書記にとって国内で強まった反対勢力を抑えるために中国の支持を必要としたこと、この東欧の動乱の収拾に中国が貢献したことで中国のソ連に対する交渉ポジションが強まったことが指摘される[22]。

中国が前記の一九五五年一月一五日の時点で核開発を決めたのは、ソ連の支援が得られる見通しがついたことも一つの要因であったものと考えられる。これに先立ち、中国は、ソ連に核開発の支援を求め続けていた。前記の会議において毛沢東が「今では、ソ連がわれわれを援助してくれる」と発言しており、同会議の二日後の一月一七日、ソ連が原子力の平和的利用の研究を促進するために外国に科学技術および工業上の援助を提供する旨の声明を発表したのはそれを裏打ちしているものと思われる。

このソ連による中国に対する支援は、相手国が核開発を行おうとしていることを知りつつ、ウラン採鉱から核爆発装置の設計に至る包括的な支援を与えようとした点で、特筆すべきものと言ってよい[23]。中国は、一九五五年から五八年までソ連と六件の協定を締結して、核開発を進めた。これらの協定に基づき、ウラン鉱の探査、ウラン濃縮施設、プルトニウム生産炉、再処理施設などの建設が進められた。
一方、このような歴史上、類例を見ない全面的な核開発支援は、長続きしなかった。

ソ連との決裂

一九五七年から五九年にかけて、中ソ関係は悪化し、ソ連は中国への支援を手控えるようになった[24]。一九五七年一〇月の国防新技術協定によれば、ソ連は、中国に原子爆弾の模型と図面資料を供与することになっていたが、その約束は、なかなか果たされなかった[25]。ソ連は、秘密保全の観点から、専門の保管倉庫が必要であると主張し、それができあがると、秘密保全の条件が不十分であると指摘した。必要な秘密保全措置が取られても、先の段階には進まなかった。一九五八年一〇月、ソ連は、「原子爆弾の模型と図面資料を一一月に引き渡す」と約束したにもかかわらず、期日が来るとまた供与を遅らせた。

一九五九年六月二〇日、ソ連共産党から中国共産党に書簡が届いた[26]。ソ連は、アメリカ、イギリスなど西側諸国と核実験を禁止する協議を行っており、中国に原子爆弾の模型と図面資料を供与する協定の履行をしばらく延期したい、二年後に、状況の進展を踏まえてもう一度話し合おうという内容のものであった。これは、文言上は一時延期の通告であったが、中国側は、ソ連による核開発への協力の拒否の通告と受け止め、失望するとともに憤激した。中国は、後に最初の核爆弾を製造する時に、そのコードネームをこのタイミングにちなんで「五九六」（一九五九年六月）と名付けることとなる。

この一九五七年から五九年にかけての時期に、中ソ関係が悪化した背景は、多くの要因が複雑に重なり合ったものと見られる[27]。

まず、冷戦における基本的な戦略の相違があった[28]。ソ連は、フルシチョフ時代になり、対米「平和共存」路線を進めようとしていたが、中国は、億単位の人的犠牲をも辞さずとの毛沢東の特異な戦争観の下で対米強硬路線をとっていた。一九五八年の第二次台湾海峡危機への中国の対応は、こうしたソ連の中国への懸念をさらにかき立てるものとなった。次に、核拡散についての立場が大きく相違しつつあった。[29] ソ連にとっては、北大西洋条約機構（NATO）が多角的核戦力（MLF）構想（アメリカの核弾頭付きのポラリス・ミサイルで武装した潜水艦および水上戦闘艦からなる艦隊でNATO諸国の乗員が運用するものを創設するとの構想。アメリカの核の運用にNATO諸国を関与させる狙いがあった）を打ち出したことによって、西独の核武装の可能性が表面化し、中国の核保有が西独などへの核拡散につながる可能性を重視せざるを得なくなったが、中国には、そのような考慮が通じるはずもなかった。さらに中国として、ソ連の軍事態勢に組み込まれることを受け入れるかとの問題があった。[30] ソ連側から、中国に対して、中ソ共同艦隊を提案し、原子力潜水艦のための通信施設を中国国内へ設置することを要望したが、中国はこれらに応じなかった。ソ連は、こうした中国の対応に怒った。

このように中ソ関係の悪化には、様々な要因があったが、突き詰めて言うと、中国がソ連の下風に立つ従属した存在であるのか、独立した意思を持つ存在であるのかとの点にあった。[31] ソ連は前者を当然と考え、中国は後者を目指した。核兵器を持とうとすることは、独立した意思を持とうとすることにつながり、ソ連の支援の下での核開発を進めようとする過程でこうした矛盾が噴出したのは自然なことと思われる。平松茂雄は、ソ連の中国への核兵器開発への協力が「原因ともなり結果ともなって」、中ソ関係が悪化したと表現したが、[32] こうした事情を鋭利に捉えたものと言える。

一九六〇年六月、ルーマニアのブカレストで開催された共産党会議で、ソ連共産党と中国共産党との対立が公然化した。同年七月一六日、ソ連政府は、中国政府に対し、中国にいるソ連専門家全員を引き揚げることを決定したと通告した。[33] ソ連が中国の核開発への協力を見直す姿勢は、それ以前からも示されていたが、これに至って中ソの断絶はいよいよ決定的な段階に入った。こうしてソ連の中国への核兵器開発への協力をめぐる関係悪化をきっかけとして、一九六〇年代から八〇年代にかけての国際関係に大きく影響を与えた中ソ対立が激化していくこととなる。

自力更生による核開発

ここに至り、中国は、自力による核開発を決断した[34]。

一九五九年六月にソ連共産党からの書簡を受け取った後、中共中央は、「フルシチョフを相手にせず、自分の手で最初からやり、八年の時間を準備して原子爆弾を造る」ことを研究し、決定していた[35]。一九六〇年一月、中共政治局拡大会議において、外国の援助を受けずに核兵器の開発を継続することを決定した[36]。毛沢東主席は、「フルシチョフが先端技術をくれないことは非常によいことである。先端技術をくれるというのであれば、その返礼をすることは難しいことになったであろう」と述べた[37]。中央の決定により、第二機械工業部は、核工業の新情勢下の総任務「三年で突破（技術的問題を解決）、五年で掌握（核兵器を開発）、八年で（核兵器を）配備・蓄積」を提出した[38]。

一九六〇年代初頭というと、大躍進・人民公社が失敗し、「苦難の三年」と呼ばれたように三年連続（一九六〇〜六二年）で大規模な自然災害に見舞われ、中国が国内的に多くの困難に直面していた時期であった。そうした困難に、ソ連の援助停止が加わったため、核開発を継続することには反対論もあり、核開発の一時停止ないし中止を求める声もあったが[39]、こうした困難の中も、核開発は継続された[40]。

ウラン・ルートかプルトニウム・ルートか

核爆弾には、ウラン235を原料とするウラン爆弾とプルトニウム239を原料とするプルトニウム爆弾がある。ソ連が協力を打ち切った当時、中国はウラン爆弾とプルトニウム爆弾の双方の開発を追求していた[41]。

一九六〇年八月、ソ連の専門家が引き揚げた際、蘭州のウラン濃縮施設は、施設建屋はできあがっていたものの、濃縮装置は何台かが据え付けられている状態でしかなかった[42]。核爆弾用の高濃縮ウランを生産するためには、何千台という濃縮装置を組み上げなければならなかった。一方、それでも、プルトニウム生産よりは進んでいると言える状態であった。プルトニウム生産のために、酒泉にプルトニウム生産炉と再処理施設などからなる核複合施設を建設することが予定されていたが、ソ連の専門家の引き揚げの時点では、プルトニウム生産炉については土地造成と基礎工事の段階、再処理施設についてはまだ設計段階にあるに過ぎなかった[43]。一九六〇年四月、中国は、ウラン濃縮の方に優先度をおいて取り組むこととし、プルトニウム生産のための作業は、停止された[44]。

ソ連の技術援助打ち切りの後、中国は、独力で濃縮ウランの生産に取り組み、一九六四年一月一四日、中国は、濃度九〇％の濃縮ウランの生産に成功した[45]。

核爆弾の設計と製造

中国は、濃縮ウランの生産とともに、核爆弾の設計と製造の作業を進めた[46]。核爆発装置には、ガンバレル型、爆縮型と二つのやり方がある。ガンバレル型とは、臨界量未満の核分裂性物質の断片を砲身のような装置の両端にそれぞれ配置しておき、高性能爆薬で一方の端の断片をもう一方の端の断片に衝突させることで核爆発を起こさせる方式である。爆縮型とは、臨界量未満の核分裂性物質を球形に加工し、その回りを多くの高性能爆薬で囲み、周囲の爆薬を同時に爆発させて内側に向かって急速に圧縮させることで爆発的な核分裂反応を起こさせる方式である。広島に投下された原爆はガンバレル型のものであり、長崎に投下された原爆は爆縮型のものであった。核爆発装置の設計・製造の技術的難易度としては、爆縮型の方が難しいとされる[47]。

中国は、この二種類の方法を研究した結果、「高い技術を勝ち取り、低い技術を準備する」との方針に基づき、爆縮型を主に準備し、同時に砲身型についても研究を進めることとした[48]。一九六三年一一月二〇日、爆縮型によって、比例縮小された全体模型の爆轟実験に成功し、一九六四年六月六日、核分裂性物質を除いた実物大の爆轟実験に成功した[49]。

一九六四年一〇月一六日午後三時、中国は、核実験を成功させて、五番目の核保有国となった[50]。これは、日本では、国中が東京オリンピックの開催に沸いているさなかのことであった[51]。この核爆発の出力（イールド）は二二キロトンであり、この時の核爆発装置の重量は一五五〇キロと相当の重さのものであったとされる[52]。

3　核開発阻止のための取り組み

ケネディ政権の対応

それでは、中国の核開発を止めようとする側は、何を考え、どのように行動したのだろうか。アメリカの動きを中心に見ていきたい[53]。

中国が、ソ連の援助停止や国内の困難にもかかわらず、核開発に向かって進んでいったのは、アメリカでは、ジョン・F・ケネディ政権（一九六一年一月〜六三年一一月）の時期に当たる。ケネディ政権発足時は、中国の核開発についての情報は限られていたが[54]、一九六二年から六三年にかけて、インテリジェンス活動（U２偵察機と衛星による情報収集）によって、中国の核開発が本格的に進められていることが認識されるようになった[55]。

これを受けて、中国の核開発に対する政策対応の検討が開始された。国防省から統合参謀本部に対して検討を要請したのに対し、一九六三年四月、統合参謀本部は、外交的手段（外交上のキャンペーン、宣伝キャンペーンなど）、非外交的手段（浸透、破壊工作、国民党による侵攻、核施設に対する通常兵器による攻撃、中国の特定の目標に対する戦術核兵器の使用）といった幅広い政策オプションを提示した[56]。

このように軍事オプションも、政策オプションの中に加えられたが、アメリカが一方的に軍事行動をとることには、報復やエスカレーションの危険があることに加え、国際世論の理解を得ることも難しいと見られた。そうした中、有望なものと考えられたのが、ソ連と交渉中の大気圏内、宇宙空間及び水中での核実験を禁止する部分的核実験禁止条約（ＰＴＢＴ）を中国の核開発を抑止する手段として活用することであり、また、アメリカが軍事行動を取るとしてもソ連の支持の下にこれを行うことであった。いずれの場合にしても、ソ連との協調が重要であった[57]。

ソ連との協調の試み

一九六三年五月、マクジョージ・バンディ安全保障補佐官は、アナトリー・ドブルイニン在アメリカソ連大使との会談において、中国の核開発の問題を取り上げたが、ドブルイニンは、興味を示さなかった[58]。ソ連にとっては、NATOがMLF構想を打ち出したことによって、西独を含む西側のNATO諸国が核兵器の使用の決定権を持つことになりかねないことの方が重大問題であり、ドブルイニンは、そうした状況の下では、「ソ連政府として、中国の核の野望の問題について討議することは難しい」と固い対応を示した[59]。

ケネディ大統領は、なおあきらめず、一九六三年七月にアヴェレル・ハリマン国務次官をPTBT交渉のためにモスクワに派遣した際、この問題をフルシチョフとの会談で提起させた[60]。「核を持つ中国は、いかにその核戦力が小さいものであろうと、われわれ双方にとって非常に危険な存在となり得る」。それが、ケネディがハリマンに託して、フルシチョフに伝達させたメッセージであった。一方、フルシチョフはこれに取り合わなかった。いかに仲違いをしているといっても、社会主義の同朋に対抗する措置をアメリカと相談するのは、政治的に困難なことであった[61]。

中華民国（台湾）を活用する方策の検討

ソ連との協調の見込みが困難になる中、次にワシントンで浮上したのが、中華民国（台湾）を活用する方策の検討であった[62]。

一九六三年九月、台湾から蔣介石総統の長男の蔣経国が訪米し、三〇〇人から五〇〇人の台湾の戦闘部隊で中国の核施設を攻撃する可能性についてアメリカ政府関係者との間で討議を行った[63]。一方、これは、米政権内では、とうてい実現可能性がある作戦とは見なされなかった[64]。中国の核施設がどのような状況にあるのかのインテリジェンス情報が不足している中、安易な想定に基づいてこうした作戦を行うと、キューバ人のキューバ侵攻に加担して失敗した「ピッグス湾事件」の二の舞になりかねないとの懸念もあった。

ジョンソン政権の対応

中国の核開発への対応は、ケネディ大統領の暗殺によって、リンドン・ジョンソン政権（一九六三年一一月発足）に引き継がれた。

一九六四年四月中旬、国務省の政策企画局のロバート・ジョンソンは、「共産中国の核施設に対する行動の可能性の検討」と題する報告書をまとめ、(1)米軍の通常戦力による空爆、(2)中華民国による空爆、(3)中国国内の工作員を使っての地上作戦、(4)中華民国の破壊工作チームの空からの潜入との四つの軍事オプションについて検討した。(65)

ロバート・ジョンソンは、次の理由からこれらの軍事オプションをとるべきではないと論じた。第一に、中国の核開発についてのインテリジェンス情報が不足しており、捉えるべきすべての標的を確認し得ていないこと、第二に、軍事行動をとったとしても、せいぜい若干の時間を稼げるだけであり、中国側が地下施設を作って防空体制を強化すれば、根本的な解決にはならないこと、第三に、中華民国ないしアメリカの海外基地に対する報復攻撃の可能性を排除できないこと、第四に、こうした軍事行動に対しては、内外から厳しい批判が出ることは必至であるとの諸点であった。(66)

一九六四年九月一五日、米政府内での関係省庁会議が開かれ、挑発行為がない中でアメリカが一方的な軍事行動をとるよりも、中国に核実験を行わせる方がよいとの結論に至った。(67)

こうした考えに基づき、九月二九日、ディーン・ラスク国務長官は、中国の最初の核爆発が近い将来に行われるかもしれないとの見通しを示しつつ、「最初の核爆発装置の爆発は、核兵器の備蓄や核運搬システムの存在を意味しない。アメリカは、中国が核兵器分野に参入する可能性を十分に予想してきたし、われわれの軍事態勢や核兵器計画を決定する際に十分に考慮に入れてきた」と表明した。(68)中国の核開発を止めることができない以上、その影響を極小化することを考えざるを得ない状況であった。

このように、アメリカは、中国の核開発の動きに対し、有効な対応手段を見いだすことができないまま、一九六四年一〇月一六日の核実験の日を迎えることとなった。

核不拡散レジームの不在、レバレッジの欠如

　このようにケネディ政権からジョンソン政権にかけてのアメリカの対応を見てくると、中国の核開発を止めるために、国際的な核不拡散レジームが役割を果たしていないことが分かる。こうしたレジームの中で嚆矢といってよいPTBTがようやく構想され、採択され、発効したが（一九六三年八月採択、同年一〇月発効）、中国はこれに加入せず、中国の核開発を止める力にはなり得なかった。前述の通り、アメリカには、このPTBTを中国の核開発を止める手段として活用しようとする発想があったが、中国が加入する見込みのない国際条約によって中国の行動を止めようとすることには無理があった。国際的な核不拡散レジームについて言えば、後述の通り、むしろ中国の核開発がこうしたレジームを構築していくきっかけを作った。

　また、アメリカとして、中国の核開発を止めるためのレバレッジ（テコ、手段）に乏しかったことも留意を要する。これは、当時のアメリカにとって、中国は、いわば敵性国家であって、外交関係はなく、交流も制限されている国であり、影響力を行使しようにも、関係が希薄であり、レバレッジに乏しいという状況であった。こうした関係が希薄な国についてどのように影響力を行使するかは、今日の北朝鮮、イランにも通じる問題である。

　また、ケネディ政権からジョンソン政権にかけてのアメリカの対応の検討では、軍事行動の是非についての検討も興味深い。特に、前記のジョンソン政権発足当初のロバート・ジョンソンの考察は、核開発への対応策として軍事オプションを検討する際に直面する課題を端的に示したものと言ってよい。

4　核開発の影響

中国の核戦略

　それでは、この中国の核開発は、どのような影響を与えたのだろうか。まずは、短期的影響を見てみたい。

　中国は、一九六四年一〇月一六日に核実験を成功させると、声明を発表してそれを直ちに対外的に公表するとと

もに、自らの核戦略の一部を明らかにした[69]。中国は、この声明の中で、「中国が決して、いついかなる時にも、いかなる状況においても、核兵器を最初に使用する国にはならないことを厳かに宣言する」と先行不使用（no first use）を宣言するとともに、「非核兵器国ないし非核地帯に対して核兵器を使用しない」と、消極的安全保証（negative security assurance）の考え方を示した。

中国は、核戦略として、相手に核攻撃や核威嚇を思い止まらせるのに必要な最低限の損害を与える核能力を保持しようとする最小限抑止の考え方を取った[70]。毛沢東は、核兵器について、それを「持っていること、わずかにあること、よいものであること」が重要であると判断していたが[71]、前記の最小限抑止の考え方は、こうした毛沢東の核ミニマリズムといってもよい考え方に沿ったものであったと言えよう。

核爆発能力の「顕在化」

中国が、核爆発能力を獲得するや直ちに核実験を行い、これを公表し、核爆発能力を「顕在化」させたのは、中国以前に核爆発能力を獲得した国（アメリカ、ソ連、イギリス、フランス）と同様の行動ではあるものの[72]、中国以降に核爆発能力を獲得した国（イスラエル、インド、パキスタン、南アフリカ、北朝鮮）と対照的である。中国以降に核爆発能力を獲得した各国は、核爆発能力獲得の際、これを「秘匿化」するか（インド以外の四カ国）、「平和的核爆発」との名目を用いた（インド）。ところが中国については、その核開発の歴史を見てみると、核爆発能力の獲得について「秘匿化」を検討した形跡は見当たらない。

本書では、「顕在化」か「秘匿化」かの決定要因についての作業仮説として次の五つの要因を検討することとしている。第一に、安全保障上の脅威への対応のため、核の存在を対外的に示す必要性に迫られているか（「脅威対応」要因）、第二に、国家の威信などの国際的地位の観点から、核爆発能力を獲得するに至ったことを対外的にアピールすることが求められているか（「国際的地位」要因）、第三に、国際的な規範の縛りないし国内の倫理観の観点から、核の軍事利用を表立って進めることに対して規範的な制約があるか（「規範」要因）、第四に、核の存在を対外的に明らかにすることが、外交関係上、耐え難いほどのマイナスをもたらさないか（「外交」要因）、第五に、戦略上の相手国の対抗措置によってかえって安全保障環境が悪化することを回避する必要が生じないか（「対抗措置回避」要因）の五つである。これらのうち、最初の二つが「顕在化」要因となり、後の三つが「秘匿化」要因となり、これら五つの要因の状況によって、「顕在化」か「秘匿化」かが選択されることになるのではないかとの考えによるものである。

核爆発能力を獲得した一九六四年の中国は、「顕在化」要因が二つともそろっており、一方、「秘匿化」要因はいずれも成立していなかった状況と考えられる。「顕在化」要因の内、「脅威」要因について言えば、核開発を決定した一九五五年の時点でも、朝鮮戦争の際に米国から核の威嚇を受けていた経緯があったが、その後、中国は、一九六四年に至るまで、第一次台湾海峡危機（一九五四〜五五年）、第二次台湾海峡危機（一九五八年）とさらにアメリカからの核威嚇を受けており[73]、中国として、核の存在を対外的に示すことでそれに対応しようとしたものと考えられる[74]。また、前記の毛沢東の「今日の世界では、人の侮りを受けたくなければ原子爆弾を持たないわけにはいかない」との言葉からも示されるように、「国際的地位」要因は中国にとって重要であった[75]。次に、「秘匿化」要因について いえば、先に見た通り、「規範」要因も、「外交」要因も、「対抗措置回避」要因も、重要な考慮要因ではなかった。このような状況において、中国が「顕在化」を選択したのは、自然なことであったと考えられる。

核爆発能力の兵器化、核能力の高度化

中国は、核爆発能力の兵器化を素早く進めた。第一回目の核実験から約半年後の一九六五年五月一四日に第二回目の核実験を行い、爆撃機「ツポレフTu-4ブル」からの核爆弾の投下に成功した[76]。その翌年の一九六六年五月九日には、早くもブースト型核分裂弾（核融合反応により中性子を発生させることにより、核分裂の効率を高めるもの。核兵器の小型化・軽量化、威力の増大に資する）を爆撃機「轟炸六（H-6）」から投下することに成功した[77]。さらに同年の一九六六年一〇月には、四回目の核実験において、核弾頭を弾道ミサイル東風二号（DF-2）に搭載しての発射実験に成功し、核弾頭とミサイルの結合に成功した(78)。東風二号は、射程一二五〇キロ、ペイロード一五〇〇キロであり、ソ連のR－5（SS－3）ミサイルの派生型であった。この時の核弾頭の重量は一二九〇キロというから、最初の核爆発装置に比して、重量で一七％の削減に成功している(79)。核爆発能力の獲得から二年で、ミサイルによる核兵器の運用能力を獲得したというのはきわめて速いペースであった。

国際社会によるさらなる拡散懸念への対応

中国の核実験は、国際社会に対し、さらなる核拡散懸念へ対応すべきとの強い警鐘となった。アメリカにおいては、中国の核実験によって、核兵器を持つ国の増加を防ぐために、いかなる措置をとるべきなのかについての検討が活発に行われた(80)。

こうした検討は、様々な形で行われたが、代表的なものを挙げると、一九六四年八月末、ラスク国務長官の指示の下、国務省のレウェリン・トンプソン無任所大使を委員長として設置された「トンプソン委員会(81)」、一九六四年一一月、中国の核実験を受けて、ケネディ政権で国防副長官を務めたロズウェル・ギルパトリックを長として大統領府に設置された「ギルパトリック委員会」を挙げることができる(82)。

こうした検討の中では、インドや日本など核を持とうとする可能性がある国についてどのように対応するかが議論されたが、大きく分けて二つの考え方があった(83)。

一つは、拡散国がどのような国であれ、核を保有する国が増加するのは国際社会にとって危険であり、アメリカの利益に反するものであり、そうした核拡散が起こらないような仕組みを構築すべきとの考え方である(84)。これは、「普遍的核不拡散論」と言えるものである。こうした考え方からは、NPTの作成が提唱されることになる。

もう一つの考え方は、核拡散問題を考える際、拡散国がどの国であっても同じと考えるべきではなく、友好国が中国に対抗するために核保有をすることを認める余地があってもよいのではないかとの考え方である(85)。いわば「選別的核拡散容認論」と言ってよい。当時のラスク国務長官は、このような考え方を持っていたという。中国による侵略行為があった際のアジア諸国への二国間の核兵器援助の検討[86]、アジアにおける核備蓄、アジアＭＬＦの検討[87]は、こうした考え方に沿ったものであった。

日本に対してどう対応するかは、こうした検討の中で、インドと並んで強い関心を持って討議され、トンプソン委員会における日本委員会では、アメリカの核抑止に対する日本の信頼性を維持・強化すること、日本が核兵器製造の決定を行おうとする場合に備えて日本への影響力を維持すべきことが指摘された[88]。

ＮＰＴと中国

この「普遍的核不拡散論」と「選別的核拡散容認論」との争いは、アメリカの政策選択の観点から見ると「普遍的核不拡散論」に軍配が上がる形となった[89]。「選別的核拡散容認論」の主張するような政策は取られず、ＮＰＴの検討に拍車がかかった。

ＮＰＴについては、一九五七年のポーランドの外務大臣アダム・ラパツキーによる提案、一九五八年のアイルランド提案などにより議論が開始され、一九六〇年代初頭より、ジュネーブの一八カ国軍縮委員会での検討がスタートしていたが、中国の核実験の後、一九六五年八月にアメリカが条約案を提出し、一九六五年九月にはソ連が条約案を提出した。その後、アメリカのＭＬＦ断念を経て、一九六七年八月に米ソ両国により提出された条約案がベースとなって一九六八年に交渉がまとまり、条約が採択されることとなった[90]。

このように、中国の核実験は、ＮＰＴ推進の一つの大きな要因となった。

このＮＰＴにおいて、中国は、「核兵器国」としての地位を認められた。一九六七年八月の米ソ共同の条約案をベースとして、核兵器国を「一九六七年一月一日前」に核爆発を行った国との規定を置くことになったからである。アメリカにしても、ソ連にしても、中国の核開発は歓迎できるものではなかったが、「核不拡散体制において、核兵器国と非核兵器国を分離することは、その体制にとって不可欠」（黒澤満）のものであり、「そしてその分離の時期は早ければ早いほど好ましいものであった」（同上）からであった[91]。一方、中国は、一九九〇年代までＮＰＴを差別体制と批判し続けた。[92]

世界および地域の平和と安定への影響

中国の核開発は、様々な帰結をもたらしたが、見逃すことができないのは、世界および地域の平和と安定への影響である。

アメリカにおいて懸念が持たれたように、中国の核実験は、各国に核開発の誘因を与えた。アジア地域で言えば、南アジア、東アジアへの波紋をみる必要がある。南アジアでは、中国の核実験は、インドの核開発への誘因となった。[93]インドは、従来から原子力利用に取り組んできたが、一九六二年の中印戦争での敗北に加え、一九六四年の中国の核実験が、インドとしても核爆発能力の構築に向かわなければならないとの国内の議論を強めることとなった。さらに、インドの核開発は、パキスタンの核開発にも影響を及ぼすこととなった。[94]

また、中国の核実験は、東アジアにおいては、台湾、韓国における核開発の検討の要因となった。[95]台湾も、韓国も、アメリカの働きかけもあり、こうした検討は中途で断念されることとなったが、中国の核実験がこうした検討の引き金となったことは見逃せない。

日本も、中国の核実験によって、核開発の方向に進むかが懸念された国の一つであったが、アメリカは、日本が核開発に向かうことを回避するため、日本に対して、日米安保体制を通じて核抑止が働くことを再確認した。[96]日本においても、核開発の是非についての各種の研究は様々なレベルで行われた模様であるが、[97]政府の方針として核開発に向かうことはなかった。NPTについては、それに加入するプロセスでは、様々な議論が日本の国内では展開されたが、結局、日本は、NPTに加入し、自ら「非核」を選択するとともに、核不拡散レジームの一翼を担っていくこととなった。[98]

アメリカから中国への核威嚇が行われたのは、一九五八年の第二次台湾海峡危機の際が最後となった。[99]アメリカが核威嚇を行った事例は、アイゼンハワー政権時が最も多く、その後はいずれの国に対しても、核威嚇を行うことは稀となったので、アメリカから中国への核威嚇の不存在と中国の核能力との因果関係を直接に議論することは容易ではないが、一般的に言えば、核保有国に対して核威嚇を行うことは、相手からの反撃（第二撃）に対処する必要性を惹起するので、核能力、特に第二撃能力を持つかどうかは、核威嚇の際の考慮をまったく異なったものとすることは確かである。[100]

中国の核能力の拡充と核ドクトリン

これまで一九六四年の中国の核実験から約一〇年の範囲での短期的影響を見てきたが、もっと時間軸を長くとって長期的影響を考えると、どのようなことが言えるだろうか。

まず、中国の核戦力の拡充と核態勢について見ていこう。[101]

中国は、一九六四年の核実験の後、前述の通り、飛行機からの投下（一九六五年）、ミサイルによる発射（一九六六年）、ブースト型核分裂弾（一九六六年）や水爆（一九六七年）の開発と矢継ぎ早に核戦力の拡充を成功させた。[102]その後、重要となったのは、アメリカ本土に到達する大陸間弾道ミサイルの開発であった。

中国は、液体燃料による大陸間弾道ミサイルの開発を進めたが、一九八〇年に東風五号（DF-5、射程一万二〇〇〇～一万三〇〇〇キロ）の発射に成功し、これが一九八一年に配備されたものと見られている。これによって中国は、アメリカ本土に対する第二撃能力を持つに至った。[103]一九九九年には、これに比し残存性が高い固体燃料で移動式の東風三一号（DF-31、射程七二〇〇キロ）の発射実験に成功し、東風三一号は、二〇〇六年に配備された模様である。さらに、その射程を延長した東風三一号A（DF-31A、射程一万一二〇〇キロ）が開発され、二〇〇七年に配備されたと見られるが、これも、アメリカ本土を射程に収めるものである。

前記も踏まえて、中国の核態勢を考えてみると、中国は、一九六四年に核爆発能力を獲得して以来、確証報復抑止の構築を目指してきたと考えられる。[104]中国の場合、核実験によって核爆発能力を「顕在化」させた事例であり、戦略上の相手国（アメリカ）との間で、いざという場合の核攻撃ないし核威嚇を阻止することが重要であったため、確証報復抑止の構築が目指された。中国の核戦力は、東風五号の配備までは、「軍事的というよりは政治的兵器」であり、核兵器が存在することで抑止を効かせようとする「実存的抑止」とも呼ばれる状況であったが[105]、東風五号の配備により、中国の目指す「最小限抑止」が実体化する段階となった。さらに一九九〇年代後半から、各種の核戦力の充実を背景に、中国の核戦略は、相手の第一撃に対する生き残りを主眼とする「最小限抑止」から脱却し、限定的な核戦争遂行能力を保持しようとする「限定的抑止」に移行しているのではないかとの見方が出てきている[106]。

核弾頭の数については、ゆっくりしたペースながら継続的に拡充されていると見られる。二〇一五年時点で中国が保有する核弾頭の数は約二六〇発と見られており[107]、二〇〇六年の約二〇〇発、二〇一〇年の約二四〇発から増加していると指摘されている[108]。

このように中国の核戦力の実体については、様々な見方がなされているが、いずれも推定の域を出ていないものである。ロシアの研究では、中国の核戦力は、地下に隠されているものがあり、通常言われる数量の数倍の八〇〇発から九〇〇発の核弾頭があるのではないかと指摘するものも存在する[109]。

核兵器国における透明性の向上については、非核兵器国から強い要望が示されている。こうした声を背景に、二〇一〇年のNPT運用検討会議の行動計画は、核兵器国が標準的な報告形式に合意して同行動計画の進捗状況について報告を行うように求め[110]、五つの核兵器国の間でその報告形式についての調整が行われた[111]。このような作業を経て、五つの核兵器国が二〇一四年四～五月のNPT運用検討会議準備委員会に提出した報告書において、中国のものは、他の四つの核兵器国のものに比し、核弾頭や運搬手段の数を含め核戦力の内容への言及を避けた点で際立ったものであり、透明性の向上の点での課題が改めて浮き彫りになった[112]。

各国との関係

一九七九年の改革・開放政策の採用を契機に顕著な経済発展が進み、中国の国力は、充実の一途を辿っている。そうした中、中国の核戦力の拡充は、経済規模の増大に比してみれば、相対的に小さいものと言ってもよいが、冷戦終了後も、一貫して増強を続けているとされる点は、他のＮＰＴ上の核兵器国（アメリカ、ロシア、イギリス、フランス）に見られないものである。依然として、米ロの核戦力と比較すると、規模の面でも、運用手段の面でも、かなりの差があるものの、中国は、継続的な核戦力の拡充によって、米ロにとってもますます大きな存在になりつつある。

これは、アメリカ側との関係を見ると明らかである。アメリカの核態勢見直し（NPR：Nuclear Posture Review）は、これまで一九九四年、二〇〇二年、二〇一〇年と行われてきているが、その中での中国の位置づけは、明らかに重要性を増している。二〇一〇年のＮＰＲは、中国との戦略的な安定性を構築するために対話を行っていくことが記載されている(113)。この「戦略的な安定性」という概念は、もともとは冷戦期に米ソ間で核戦力のパリティ、相互脆弱性を前提として用いられた概念であり、そうした概念を米中間に用いることの是非についても議論がある(114)。

このような中国の核戦力の増強からすれば、中国が核軍縮交渉に参加することが期待されるが、中国は、圧倒的多数の核弾頭を保有する米ロが核軍縮を進めるべきとの立場を崩していない。

さらに、中国の核戦力の拡充は、アメリカを意識して行われてきている面が強いと思われるが、南西で国境を接するインドが核戦力を拡充し続けてきていることとの関係も念頭に置く必要がある。中国がアメリカを意識して核戦力を拡充することは、インドに対抗措置の必要性を感じさせることにもなる。今後、核をめぐる中国、アメリカ、インドの三者間の相互関係は従来以上に複雑な構図となってこよう(115)。

軍縮・不拡散政策

こうした中、中国がどのような軍縮・不拡散政策を取るかが、ますます重要になってきている。中国は、前記でも触れた通り、自己を核兵器国として特別の地位を与えたＮＰＴを差別的な仕組みであるとして批判し、長年背を向けてきたが、一九九〇年代に入ってこうした方針を転換し、一九九二年にＮＰＴに加入した(116)。中国のＮＰＴ加入は日本が重視して中国に対し強く求めてきたものであったが、中国がＮＰＴ加入を国際的に初めて表明したのは、一九九一年八月、海部首相の中国訪問の際のことであった。[117]

また、核実験に関しては、一九九六年七月に通算四五回目の核実験を行った後、[118]核実験モラトリアムを宣言し、同年九月に包括的核実験禁止条約（CTBT）に署名した。[119]一方、CTBTについての中国の姿勢は、アメリカの上院が批准を拒否したこともあって様子見に転じ、二〇一五年末現在、未批准のままである。

不拡散の分野での中国の行動には、不明な点が多い。特に、パキスタンとイランの核開発へのかかわり合いについては、これまで様々に取りざたされてきた。

中国のパキスタンへの協力は、インドが核実験を行った一九七四年に開始され、一九七六年に秘密の合意を取り交わして、これを定式化したと言われる。[120]また、一九八〇年代には、中国は、核爆発装置の設計図と核分裂性物質をパキスタンに供与したと指摘される。[121]また、中国が一九九〇年五月に行った核実験においてパキスタン製の核爆発装置が実験されたとの説も唱えられている。[122]この中国のパキスタンへの原子力協力は、ソ連の中国への協力、フランスのイスラエルへの協力と並んで、相手国の意図と目的を知りつつ行われた広範で機微な内容の核開発協力であったと見られている。アメリカは、一九九〇年代に、米中原子力協力を進めることをテコとして中国に対しこれを止めるように求め、一九九六年に保障措置がかかっていない施設への協力を行わないとのコミットメントを得た。[123]

また、中国のイランとの協力については、一九八〇年代から開始されていたが、一九九〇年代に入り、ウラン転換施設などの供与が合意されるに至った。[124]アメリカは、前記のパキスタンの事例と同様に、中国に対してこれを止めるように求め、一九九七年の江沢民国家主席のアメリカ訪問に際し、中国から、問題とされたウラン転換施設の供与を中止するとともに、今後、イランに対して新たな原子力協力を行わないとのコミットメントを得た。[125]

中国は、今や、NPTのメンバーであるだけではなく、原子力供給国グループ（NSG）、ザンガー委員会など、核不拡散を確保するための輸出管理レジームのメンバーとなっている。中国が、その国際政治上のパワーを核不拡散のためにどのように使っていくかが問われている。

このように中国の核については、核軍備の増強、多数国間核軍縮交渉への取り組み、透明性の問題、CTBTの批准、核不拡散への取り組みなど多くの課題が指摘される状況にある。

第2章　イスラエル――最も不透明な核保有国

イスラエルは、核開発の歴史の中で独自の位置を占める。(1) 核不拡散条約（ＮＰＴ）の枠外で核保有に至り、それを続けてきていることにおいては、インド、パキスタンと共通するものの、一貫して核保有について肯定も否定もしないという「不透明」政策を取ってきたこと、中東という周囲の国と厳しい緊張関係にある地域において核を保有してきたことは、他には見られないイスラエルの特徴である。

イスラエルの核保有は一九六〇年代後半以来のことではあるが、中東における大量破壊兵器の問題、イランの核開発問題といった今日的な課題を考える際、イスラエルの核の問題を避けて通ることはできない。

この章では、そうしたイスラエルの核開発について見ていきたい。

1　核開発の動機

スエズ戦争の勃発

イスラエルが核開発に向けて本格的に動き出したのは、一九五六年一〇月のスエズ戦争をきっかけとするものだった。(2)

スエズ戦争とは、第二次世界大戦後に中東で起こった戦争としては、一九四八年のイスラエル建国時の第一次中東戦争に次ぐ、二度目のもの（第二次中東戦争）だが、これは、一九五六年七月二六日にエジプトのガマール・アブドゥル・ナセル大統領がスエズ運河国有化を発表したことが引き金となって起こった。[3] スエズ運河運営会社の株主でもある英仏両国はこのナセルの決定に反発し、イスラエルと協議し、これに対処するための軍事行動を計画した。

この三カ国の計画は、一〇月二九日のイスラエルによるシナイ半島侵攻、一一月五日の英仏による軍事介入によって実行に移されたが、結局、失敗に終わった。支持を当てにしていたアメリカがこれを強く非難し、国際的な非難を浴びたからである。ソ連は、イギリス、フランス、イスラエルの三国に対して、核兵器の使用を含む軍事行動を取ることを辞さない旨の強い警告を行ったが、ソ連のニコライ・ブルガーニン首相がイスラエルのダヴィッド・ベングリオン首相に送付した書簡の中には、イスラエルの行動が「イスラエルの国家としての存在そのものを危険にさらす」という厳しい核威嚇の文言が加えられていた。[4]

イギリス、フランス、イスラエルの三国は、結局、国連総会によって採択された撤退決議を受け入れることを余儀なくされた。まず、アメリカの圧力を受けてイギリスが折れ、これにフランスが同調せざるを得なくなった。フランスは、犠牲を出しつつシナイ半島侵攻を行ったイスラエルを説得し、撤退に同意させた。

軍事行動への参加とフランスとの原子力協力

スエズ戦争に先立ち、フランスがイスラエルに、エジプトに対する軍事行動に加わる考えがあるかにつき打診した際、イスラエルはフランスに対し、フランスがサクレーに建設したものと同様の小規模の研究炉を供与するよう求めた。[5] これは、天然ウランを燃料とする重水減速炉であり、プルトニウムを効率的に生成するタイプのものであり、核兵器開発につながる性質のものであった。協議を通じて、イスラエルの軍事行動への参加について合意が成立し、フランスからの研究炉の供与についても話はまとまった。この両者の関係は単純ではない。イスラエルの核開発の秘められた歴史を『イスラエルと核爆弾』（未邦訳）と題する著書で詳細に描写したアブナー・コーエンは「（フランスの研究炉の供与はイスラエルの軍事行動への参加の）条件というよりは、暗黙の誘因であった」と述べている。[6]

当時、フランスとイスラエルは、非公式な同盟に近い関係にあった。[7] 第二次世界大戦後のフランスにとって植民地独立運動への対応が国家的な課題となっていたが、特にアルジェリア独立戦争への対応に苦慮していた。独立を求めるアルジェリア民族解放戦線（FLN）の背後でこれを支援していたのがエジプトだったが、そのエジプトとゲリラ戦を戦っていたのがイスラエルだった。フランスは中東や北アフリカの情報を求めており、イスラエルは武器を求めていた。フランスが武器を供与し、イスラエルが情報を提供するとの協力関係が成立した。また、フランスの科学者の中にはユダヤ人が多く、ユダヤ人の新国家建設を支持していた。

ディモナ計画への発展

スエズ戦争が起こり、ソ連から核威嚇がなされた後、フランスは、イスラエルと撤退決議を受け入れるかどうかを協議した(8)。イスラエルは、ソ連の核威嚇に対して、フランスにどのような支援をしてくれるのかを尋ねた。フランスができることは何もなく、イスラエルに対し、撤退決議を受け入れるよう説得した。そこでイスラエルは、シナイ半島から撤退することに伴う安全の保証、見返りとして、フランスが核開発でイスラエルを支援することを求めた。「われわれは、他の国の保証に信を置くことはできない。われわれ自身が報復戦力を持つことについてどうお考えか」(9)。シモン・ペレス国防次官はそう言ってフランスの対応を迫った。フランスは、スエズ戦争の失敗で意気消沈し、当時のギー・モレ首相は、イスラエルとの協議に際して、「爆弾で借りを返さなければ」と側近に繰り返しつぶやいたと伝えられる(10)。

両国は、その後、一年かけて、イスラエルの核開発へのフランスの協力について交渉を行い、条件を詰めた(11)。イスラエル側は、要求をつり上げ、小規模な研究炉ではなく、フランスがマルクールに建設中の大規模なプルトニウム生産炉と同様の施設の供与を求め、さらに再処理施設の供与も要求した(12)。

一九五七年一〇月三日、プルトニウム生産炉と再処理施設を建設する計画についてフランスとイスラエルとの間で文書が交わされた(13)。この文書は未だに公開されていないが、政府間の文書と、両国の原子力委員会の間の文書の双方が作成されたと指摘されている(14)。フランス側の一部の懸念に対処するために、イスラエル側は、この原子炉の目的は「研究目的」に限定すると保証したが、フランス側の原子力組織において、「それが核兵器用であることが科学者にも、官僚にも常識となっていた」と言われる。[15] この施設は、ネゲブ砂漠の一角のディモナという場所に建設されることとなった。ディモナの核施設の建設の開始は、イスラエルの核開発計画の始動と言えるものであった。[16]

核開発の背景

このようにスエズ戦争がイスラエルの核開発のきっかけを作ったが、イスラエルにおいて、核開発を行うとの考え方は、スエズ戦争の際に突然出てきたものではなく、一九四八年の建国時にさかのぼるものであった。[17]

核開発の背景要因の第一は、アラブ・イスラエル紛争の地政学的現実を踏まえた安全保障上の脅威認識にあった。[18] イスラエルは、周囲を敵意を持ったアラブ諸国に取り囲まれていた。一九四八年のイスラエル建国時に勃発した第一次中東戦争において、イスラエルは周囲のアラブ諸国からの攻撃をはね返して、独立を確かなものとしたが、状況はとうてい安心できるものではなかった。アラブ諸国は、一九四八年の第一次中東戦争では敗れたものの、「イスラエル国家の殲滅」や「イスラエルを海にたたき落とす」ことを揚言していた。イスラエルにとっての悪夢のシナリオは、周囲のアラブ諸国が一斉にイスラエルに向かって襲いかかってきて、イスラエルを粉砕し、パレスチナ解放を実現しようとすることであった。[19] 決して和解しようとしない敵に取り囲まれている中、第一次中東戦争後の状況は一時的な平和に過ぎず、永続的な平和を得るためには、一時的な勝利ではなく、最終的な勝利を得る必要があり、そのためには決定的な兵器が必要であると考えられた。[20]

核開発の背景要因となった第二の要素は、第二次世界大戦時のナチスドイツによるユダヤ人大量虐殺（ホロコースト）の経験であった。[21] イスラエルは、ホロコーストの生き残りが作った国であった。ホロコーストの際、ユダヤ民族は、「どうすることもできない」状況に追いやられた。二度と再び、こうした「どうすることもできない」状況を作ってはいけないという思いが決定的な兵器を持つべき必要性につながっていった。[22]

ベングリオンの考え

イスラエルの核開発の動きを主導したのは、イスラエル建国時の首相で一九五五年に首相の座に返り咲いたベングリオンであった[23]。ベングリオンは、核兵器による安全保障を確保するために、二つの道を想定した[24]。一つは、西側諸国との同盟によって核の傘に入り安全の保証を得ること、もう一つは、自ら核兵器を保有することであった[25]。ベングリオンは、まずアメリカと安全保障条約を締結し、アメリカから核の傘（拡大抑止）の提供を受ける可能性を追求したが、アメリカはこれに応じなかった[26]。ベングリオンはアメリカから戦闘機などの武器を購入することも試みたが、これも実を結ばなかった[27]。アメリカは、一九五〇年に英仏とともに三国宣言を行い、アラブにもイスラエルにも現状を変更するような量の兵器を供給しないとの約束をしており、アイゼンハワー大統領は、こうしたイスラエルへの武器禁輸政策を実質的に維持した[28]。ベングリオンがフランスからの協力を得て核開発に向かうに当たっては、アメリカから安全の保証を得ることも、軍事援助を得ることも難しいとの判断があった[29]。

イスラエルの中では、核開発に対する消極論もあった[30]。

反対の理由はいくつもあった。まず、財政負担である。核開発には、膨大な資金が必要である。建国後まだ間もない時期で、国家建設のために様々な資金ニーズがあった。国防のことだけを考えても、戦車、大砲、航空機といった通常兵器を整備することが喫緊の課題となっていた。そうした中、核開発だけのために巨額の資金を投ずることには反対も多かった。また、科学者や学者の中からは、モラルの面で反対する声もあった。ホロコーストの憂き目を見たユダヤ人自身が大量破壊兵器を開発することへの抵抗感があった。通常兵器に依拠することでも、十分、国家の安全を確保することができるとの見方もあった。フランスの支援の信頼性やアメリカとの関係への悪影響も懸念された。

しかし、ベングリオンは、こうした慎重論を押し切って、核開発に向けて邁進していった。

こうしたイスラエルの核開発の決断を本書の概念に即して整理すると、核開発の推進要因としては、安全保障上の要因が決定的に重要であった。ベングリオンは、前記のように、安全保障を別の手段で確保することも試みたが、功を奏しなかった。抑制要因としては、財政上の負担、モラルという規範的な要因、安全保障上かえってマイナスとならないかとの諸点が提起されたが、核開発についての政策決定を主導したベングリオンは、推進要因の方を優先した。

2　核開発のプロセス

フランスの協力

こうしてディモナの核施設の建設が一九五八年から開始された(31)。

核開発を進めるためには、資金の調達、技術と資機材の調達、秘密の確保など様々な課題があったが、最も困難な課題が技術と資機材の調達である。イスラエルは、今や、これについては、フランスの協力に依拠できるようになった(32)。

このフランスの協力は、自国の核開発計画の中心プロジェクトであったプルトニウム生産炉と再処理施設と同様の施設を提供するというものであり、イスラエルの核兵器開発の意図を知りつつそれを可能とする協力を行った点、それを「核の傘」を供与する同盟関係の国以外に対して行った点、さらに自国においても核開発の途上にあるにもかかわらず他国の核開発への協力を行った点において異例なものであった(33)。この協力の範囲と程度は、ソ連による中国の核開発への協力、中国によるパキスタンの核開発への協力とも比肩される。

ド・ゴール大統領の対イスラエル協力見直し

一方、このフランスによるイスラエルの核開発への協力は、ソ連による中国の核開発への協力、中国によるパキスタンの核開発への協力と同様に、長期間は続かなかった。

ディモナの建設が開始された一九五八年は、フランスの政治史における分水嶺の年に当たる。フランスは、アルジェリア独立戦争を背景とする恒常的な政情不安の状況にあったが、この年、第二次世界大戦時の救国の英雄であるシャルル・ド・ゴールが政治に復帰し、強力な大統領権限の新憲法を国民投票で成立させ、第五共和制をスタートさせた。

ド・ゴールは、イスラエルとの関係を見直し、ディモナの核施設への協力を中止するように指示を出した(34)。ド・ゴールの目には、スエズ戦争の後、当時のフランスの政治指導者がイスラエルに約束したことは、全く前例のない不正常なことであった。また、アルジェリア独立戦争の終結、アラブ諸国との関係の改善を目指したド・ゴールにとって、イスラエルとの度の過ぎた関係は見直すべきものであり、まして核開発への協力という前例のない支援を行うことは論外のことだった。

ド・ゴールの指示を受けて、フランス側からイスラエル側に三つの要求が伝えられた(35)。(1)ディモナの核施設について公表すること、(2)これが平和目的のものであることを宣言すること、(3)国際的な査察を受け入れることとの三つであった。これは、イスラエルにとっては、到底受け入れられない内容であった。

事態の打開のために、一九六〇年六月、ベングリオン首相が急遽訪仏し、ド・ゴール大統領とのトップ会談が行われた(36)。ド・ゴールは、ベングリオンを「現代における最も偉大な政治家だ。……勇気にあふれる戦士であり、闘士である首相には最初に会った瞬間から共感し、尊敬の念を抱いた」と好意を抱いた(37)。しかし、ド・ゴールは、核開発の問題では譲らなかった(38)。ベングリオンは、イスラエルは核兵器を製造しないことを約束するとともに、フランスの支援のあり方を変える必要性は理解するが、その詳細については、さらに両国間で話し合ったらどうかと提案した(39)。

これを受けて、フランスのモーリス・クーヴ・ド・ミュルヴィル外相とイスラエルのシモン・ペレスとの間で妥協策が模索され、その結果、次のような妥協策がまとめられた(40)。フランス政府は、フランス原子力委員会を通じた公的な支援は行わないが、フランス企業が契約に基づき工事を継続することを認める。イスラエル側は、ディモナの計画を公表し、これが平和目的のためのものであることを宣言する。それに伴い、フランス側は、国際的な査察を求めるとの要求を断念する、というものである。

これによって、フランス政府の関わりは変化したが、フランスの協力という実態に大きな変化はもたらされなかった。セイモア・ハーシュは、次のように書いている。[41]「フランスの民間企業と従業員は、その後も一九六六年までディモナで活動し、既存の契約の下でたっぷりとした報酬を受け取り続けた」。

核兵器をめぐる将来のオプションについての議論

一九六二年、ディモナの核施設が完成に近づいた頃、イスラエルの国内では、ごく限られた政治指導者の間で、核兵器をめぐる将来のオプションについて議論が交わされた。[42]

核兵器をめぐるオプションの一方の極には、公然と核保有国として名乗りを上げる道があった。[43] それは、核実験を行い、国軍を核兵器の運用のための組織を含める形に改組し、核ドクトリンを明らかにする道であった。もう一方の極には、核兵器の保有を将来のオプションに止めるという道があった。[44] 将来、必要が生ずれば核兵器を保有できるように研究開発を進めるとしても、当面、それ以上先には進めないという道であった。

それは、イスラエルの取るべき軍事思想として、核兵器と通常兵器との役割をどのように考えるべきか、イスラエルとして限られた資源をどちらに重点配分していくかの問題と結びついていた。

「核兵器重視」派は、アラブ諸国と通常兵器の軍拡競争を続ければイスラエルの限られた資源は枯渇してしまうので、より安価な核兵器に依拠して、アラブ諸国からの戦争を抑止し、パレスチナ問題には政治解決しかないと理解させるべきとの考え方であった。核兵器を安価な兵器体系と捉える考え方は、アイゼンハワー政権時代のアメリカが採用した「ニュールック」戦略の考え方に近いものであった。

一方、「通常兵器重視」派は、戦車や戦闘機など通常兵器の拡充を進めることが、イスラエルにとって安全保障を最も効果的に図る道だとの立場であった。イスラエルが核を持ったとしても、中東におけるイスラエルによる核の独占は長く続くものではなく、また中東では、核抑止は機能しにくいと考えられた。この考え方からすれば、イスラエルが核保有に向けての道を公然と進めることは、アラブ・イスラム諸国から先制攻撃を受けるか、これらの諸国の核開発の意欲をかき立てることにつながるものであった。

この点についての指導層の討議の明確な記録はないが、「核兵器重視」派の意見と、「通常兵器重視」派の意見が拮抗し、結局、ベングリオンの裁断で、通常兵器の拡充を進めることとなったとされる。(45) その後の歴史が示しているのは、イスラエルは、核爆発能力を「顕在化」させるオプションを取らなかったということである。イスラエルは、公然と核実験を行ったり、国軍を核兵器の運用のために改組したり、核ドクトリンを明らかにしたりはしなかった。

弾道ミサイル「ジェリコ」の開発

ディモナの核施設は、一九六三年半ばに稼働を開始したものと見られるが、その数カ月前に、核開発に関連する重要な動きがあった。この年の四月、イスラエルは、フランスのマルセル・ダッソー社との間で、地対地弾道ミサイルの開発、生産について契約を交わした。(46) 射程二三五～五〇〇キロで、ペイロード七五〇キロ、半数命中半径（CEP）一キロの二段ミサイルというのがイスラエル側の要望諸元であり、このミサイルは「ジェリコ」と呼ばれることとなった。(47) 一九六六年、イスラエルは、同社からこのジェリコ・ミサイルの三〇基の引き渡しを受けた。(48) このジェリコ・ミサイルの導入は、核兵器の運搬手段としてでなければ意味をなさず、その目的で行われたと指摘された。(49)

「あいまい」政策

一九六六年、イスラエルが核開発を進めているのではないかとの指摘は、世界各国のメディアで取り上げられ、エジプトのナセル大統領がイスラエルに対する「予防戦争」の必要性を言及するまでになっていた。(50) 一九六六年五月一八日、レヴィ・エシュコル首相は、議会（クネセット）において「イスラエルは、中東地域に核兵器を持ち込む最初の国にならない」との立場を表明した[51]。核兵器の保有を明確にしない「あいまい」政策の表明であった。

この「中東地域に核兵器を持ち込む最初の国にならない」というフォーミュラは、一九六三年以来、イスラエル側がアメリカ側からの問題指摘に応えて用いてきたものであり[52]、前記の一九六二年に行われた核兵器をめぐる将来のオプションについての討議の中から編み出されたものと考えられる[53]。

このフォーミュラの特徴は、「持ち込む」（introduce）というあいまいな言葉が用いられていることである。イスラエルの現状に鑑みると、核兵器を「開発する」（develop）や「製造する」（manufacture）といった言葉を使ってそれを否定することはできなかった。一方、アメリカとの関係、周囲の中東イスラム諸国との関係で何かを否定する必要があった。この点、「持ち込む」というあいまいな言葉は、好都合であった。

核爆発能力の獲得

イスラエルは、その後間もなく、核実験を行うことなく核爆発能力を獲得した。この核実験を行わないという方針は、前記の一九六二年の討議を踏まえたものであったと考えられる。

イスラエルが核爆発能力を獲得したタイミングについては、必ずしも明らかとされていないが、アブナー・コーエンは、核開発の責任を担っていた兵器開発庁（ＲＡＦＡＥＬ）の当時の長官であったマンヤ・マーダーが回想録において次の通り述べていることに着目し、その時期を一九六六年末ないし六七年と見ている[54]。

「一九六六年一一月二日、特別の重要性を持った実験が行われた。これは、兵器開発庁が取り組んできたわれわれの主要な兵器システムの開発と生産が最終段階に到達することを意味するものであった。実験は、完全に成功した。これにより、兵器開発庁で開発してきたシステムが適切なものであることが実験により明白に証明された。われわれは、長年期待してきた成果を得た」。

マーダーのこの記述は、機密情報を漏らさないように抽象的に述べているものであるが、コーエンは、この実験は「爆縮装置全体の実験、または、出力（イールド）ゼロないしそれに近い実験」と見ており、これを経て、「一九六六年末までに、イスラエルは、その最初の核爆発装置のすべての部品の開発と実験を終えた」と判断している。[55]

一方、こうしたイスラエルの核爆発能力の獲得は対外的には厳秘とされ、関係国もその状況を正確に把握することはできなかった。イスラエルは、きわめて緊密な関係にあるアメリカに対しても、それを明かさなかった。アメリカの政府機関の一部は、一九六九年夏までは、イスラエルは核開発の途上にあると考えていた。[56]

核をどう使うのか

こうした進展があった一九六六年、イスラエルでは、核爆発能力を獲得するに至ったら、これをどのように活用すべきかについての議論が行われた。[57]「最後の手段」である核の使用を考えるべきレッドラインが検討された。(1)アラブ諸国の攻撃により、イスラエルの一九四九年時の国境線内の人口密集地域にまで侵入を許す場合、(2)イスラエルの空軍が破壊される場合、(3)イスラエルの都市が大規模な空襲ないし化学兵器・生物兵器の攻撃を受ける場合、(4)イスラエル領土への核攻撃の四つの場合には、国の「存在に関わる脅威」であり、核兵器を用いて国家の防衛に当たるべきではないかとの議論が提起された。

一方、こうした議論には、深刻な問題点が指摘された。[58] 核を「最後の手段」と捉えて前記のような状況になるまで放置するのでは事態への対応として「遅すぎる」と判断された。一方、アラブ諸国の攻撃を予防するために核を使うのは、政治的にもとり得ない「早すぎる」選択肢であった。何よりも難しいのは、核の抑止が機能するためには、そのための能力が戦略上の相手国に知られていなければならないという点であり、「中東地域に核兵器を持ち込む最初の国にならない」という「あいまい」政策をとりながら、抑止を機能させることには根本的な困難があった。

第三次中東戦争とイスラエルの核

一九六七年六月、第三次中東戦争（イスラエルでは六日戦争、アラブ諸国では六月戦争と呼ばれる）が起こった。[59] イスラエルは、戦争の勃発に先立ち、戦争の可能性が高まったことを踏まえ、核兵器の組み立てに踏み切ったものと見られている。(60)

コーエンは、「六日戦争の少し前には、イスラエルは、核兵器能力（nuclear weapon capability）を有していたものの、核兵器のそのものの保有にまでは至っていなかったが、六日戦争に至る危機の緊張の日々の中で、この核兵器能力は、急遽、運用可能な状態（operational）に転じられた」と指摘しており、「信頼できる筋によれば、六日戦争の際には、二個の核兵器が急ぎ組み立てられたと判断される」と述べている。(61) この時のイスラエルの核兵器は、ヘリコプターで運搬され、地上の科学者、エンジニア、技術者の広範な支援を必要とするものであり、軍事的な運用能力としては限られたものであったとされている。(62) このイスラエルの最初の核兵器の諸元についてのデータは伝えられていないが、この記述からすれば、かなりの大きさ、重量のものであったのではないかと想像される。

第三次中東戦争は、イスラエルが先制攻撃によってアラブ諸国の空軍戦力に決定的なダメージを与えたことが戦況を決定づけ、イスラエルの完勝に終わった。このとき、万が一の事態のために、核爆発能力を示すための核実験を行うための計画立案は行われた模様であるが、その実施が真剣な検討の対象となることはなかった。(63) コーエンは、その理由として、そのような核実験がアラブ諸国側を刺激すること、通常戦力での先制攻撃を重視する軍事戦略に合致しなかったことを指摘している。(64)

こうしてイスラエルは、他国に知られることなく核兵器を保有するに至った。一方、その核をどのように活用するのがよいのかという問いの答えは、まだ得られていなかった。

3　核開発阻止のための取り組み

これまで、イスラエルが核爆発能力を獲得するまでのプロセスを見てきた。それでは、イスラエルの核開発を阻止しようとした側は、どのような取り組みを行ったのだろうか。国際的な核不拡散レジームや外交的手段（関係国の圧力）は、それぞれ、どのような役割を果たしたのだろうか。

ケネディ大統領の核不拡散政策

アメリカにおいては、ドワイト・アイゼンハワー政権からジョン・F・ケネディ政権への移行を前にした一九六〇年一二月、情報コミュニティの中で、イスラエルが核開発を進めているのではないかとの認識が高まった[65]。この問題がメディアで取り上げられたこともあり（これは、米政府の一部のリークによるとも指摘される[66]）、ワシントンにおける関心が急速に高まった。

一九六一年一月に政権の座に就いたケネディ大統領は、アメリカ歴代の大統領の中で、後年のジミー・カーター大統領と並んで、核拡散の問題を最も懸念し、重視した大統領であった[67]。ケネディは、核拡散は、世界を危険にし、アメリカの利益に反すると考えていた[68]。中国の核実験が間近に迫っているのではないかと見られており、さらに多くの国がそれに続くのではないかと指摘されていた。その中でも、イスラエルとインドの核保有が懸念されていた。イスラエルはアメリカが政治的なレバレッジを持っている国であり、アメリカの核不拡散政策の真価が問われる事例であった[69]。

ケネディ大統領は、イスラエルに対し、ディモナの査察を要求することで、イスラエルの核開発疑惑に対応しようとした[70]。

アメリカによるディモナの査察要求

アメリカによるディモナの査察の要求は、一九六三年の春以降、本格的なものとなった[71]。一九六二年一〇月のキューバ・ミサイル危機で核の脅威が再認識され、ソ連との間で大気圏内、宇宙空間及び水中での核実験を禁止する部分的核実験禁止条約（PTBT）の交渉が本格化しようとしていた[72]。ソ連の協力を得て、中国の核開発も阻止しなければならなかった。そのためには、アメリカが影響力を持つ国から新たな核保有国を出すことは何としても阻止しなければならなかった。[73] 核拡散を阻止するための国際的な枠組みがまだ生み出されていない以上、アメリカは二国間外交の手段を用いてイスラエルの核開発を阻止する必要があった。[74] エジプトも、イスラエルも、弾道ミサイルの開発に取り組み始めており、イスラエルの核保有は、中東情勢をさらに不安定化させかねなかった。ケネディ大統領はイスラエルの核問題に本腰を入れた。

ケネディ大統領は、一九六三年の五月から六月にかけてベングリオン首相に立て続けに親書を送り、ディモナへの査察を年に二回認めるよう迫った。[75] ベングリオンは、イスラエルの置かれた厳しい安全保障環境を説明しつつこれに抵抗していたが、ベングリオンは、同年六月に辞任したので、この問題は、ベングリオンの後任となったエシュコルに引き継がれた。[76]

ケネディは、七月、新任のエシュコルに親書を送り、ディモナへの査察の実現を求めた。[77] 親書には、（ディモナの問題で）「信頼できる情報が得られないと判断されれば、イスラエルに対するアメリカ政府の姿勢と支援は深刻な悪影響を受けるだろう」という異例とも言える脅しに近い文言が用いられていた。

イスラエルの指導部の中には、様々な意見があった。[78] アメリカの要望を受け入れ、核オプションを放棄するのもやむなしとの意見もあった。[79] 一方、外相のゴルダ・メイアのように、アメリカにディモナの真実を伝え、アメリカがこれを認めなければ、国家の生存に関わる問題として世界のユダヤ人コミュニティに訴えればよいとの正面突破策を主張する者もあった。[80]

エシュコルが採用したのは、中間的な策であり、アメリカの科学者の訪問を認めるものの、その開始の時期を遅らすこと、その訪問をイスラエル側でコントロールすることによって事態に対処しようとするものであった。[81] エシュコルは、八月にケネディへの親書を送り、訪問の受け入れと時期の調整を申し入れた。[82]

ジョンソン政権によるディモナの「査察」

ケネディは、このエシュコルからの返簡を歓迎し、査察の早期実現に向けて働きかけたが、[83] 同年一一月に暗殺されたので、第一回の査察の実現は、アメリカがリンドン・ジョンソン政権に移行した後の翌一九六四年一月のこととなった[84]。

アメリカは、年二回の査察を求め、このスケジュールを予め設定することを求めたが、イスラエルは、これらを約束することはなく、実際には年に一回行われるに留まった[85]。アメリカは、これを「査察」と呼んだが、イスラエルは、「訪問」と呼んだ[86]。イスラエルの観点からすれば、アメリカはディモナの施設の建設に何ら関わっていないため、こうした専門家の訪問を求める根拠があるわけではなく、イスラエル側が自発的に訪問の受け入れに応じているに過ぎないという立場であった。

この「査察」は、一九六四年から一九六九年まで行われた[87]。「査察」は、イスラエル側の案内によって行われ、イスラエル側からの説明、質疑応答、施設案内が行われたが、イスラエル側は、アメリカの専門家に見せて差し支えないものしか見せなかった[88]。原子炉の出力をごまかすために偽のコントロール・パネルまで用意された。地下に設置された再処理施設については、当然のことながら秘匿された。この「査察」は、一日のうちに終了するという簡易なものであり、一九六九年に一八時間にわたって行われたものが、最長のものだった[89]。

NPTをめぐる争い

一九六八年、ジョンソン政権は、NPTへの加入をイスラエルに求め、それとF-4ファントム戦闘機の売却とリンクさせることにより、イスラエルの核保有を阻止しようとした[90]。

NPTは、一九六八年七月に交渉が終了し、採択された。NPTの成立は、ジョンソン政権にとって大きな外交上の成果であり、ジョンソン政権は、イスラエルがNPTに加入することを期待し、イスラエルにこれを求めた[91]。イスラエルの核保有を阻止するための措置として、ディモナへの「査察」がさして有効なものではないことが認識されており、より強力な措置が必要であった[92]。一方、イスラエルは、一九六七年の第三次中東戦争での航空戦力の損害を補塡するために、F-4ファントム戦闘機五〇機とA-4スカイホーク攻撃機二八機の供与をアメリカに求めた。(93)アメリカにとって、武器供与をNPT加入のテコとして用いることができる状況が生まれていた。

イスラエルは、当初、NPT加入について前向きに考えていた模様である。(94)イスラエルは、NPTの交渉を行ったジュネーブ軍縮会議に参加していなかったが、一九六八年六月一二日に国連総会においてNPTが採択された際、これに賛成した。(95)

一方、NPTの中味を仔細に検討すると、事柄がそれほど容易でもないことが判明してきた。(96)NPT上、非核兵器国は、国際原子力機関（IAEA）との間で包括的保障措置協定を締結することが求められていた。このため、IAEAが各国の原子力活動を監視するための査察の新たな仕組みを策定することが想定されていた。この仕組み次第では、国内の原子力活動のすべてがIAEAの査察の対象となることとなる（実際に、その後、とりまとめられた包括的保障措置のモデル協定はそのような内容のものとなった）。それは、ディモナのすべてを国際的な目にさらすことであり、容易にできることではなかった。(97)

アメリカは、ジョンソン大統領以下、F-4ファントムの売却をテコに、イスラエルにNPT加入を迫ったが、イスラエルの指導部の間では、NPTには加入できないとの判断が次第に固まっていった。(98)

アメリカとの間で、こうした交渉が行われている間の一九六八年一〇月、エシュコル首相は、イスラエルは、核兵器を生産するための技術的ノウハウを既に獲得しているが、核兵器を実際に生産するには遠く及んでいないとの発言を行った。(99)米側に、NPT加入を求めることが「無理筋」の話であることを理解させる意図であったと見られている。(100)

「核兵器」とは何か、「持ち込む」とはどういう意味か

一九六八年一一月、アメリカの国防省のポール・C・ウォンキ国際安全保障担当次官補とイツハク・ラビン駐米イスラエル大使との間で、突き詰めた協議が持たれた。(101)議論は、イスラエルの「中東地域に核兵器を持ち込む最初の国にならない」とのコミットメントに関し、「核兵器」とは何か、「持ち込む」とは何かに及んだ。(102)「核兵器を組

み立てるための部品がそろっており、その一部がある部屋に置かれ、他の部分が別の部屋に置かれていたら、それは核兵器と呼ぶのだろう」。ウォンキは、ラビンにそう言って迫ったが、ラビンはそれに答えなかった。「持ち込む」ということについてのラビンの応答は、核兵器の存在を認めたり、核実験をしたりしていない状況では、核兵器が持ち込まれたことにはならないとのものであった。これは、核兵器が物理的に存在していれば、核兵器が持ち込まれたことになるというウォンキの解釈と相違するものであった。

アメリカは、NPT加入を求めるとの旗は降ろさなかったものの、一九六八年の暮れ、ホワイトハウスから、F-4ファントムのイスラエルへの売却がNPT加入と関連づけられることなく発表された。

ジョンソン大統領は、イスラエルの核開発について、ケネディ大統領ほどの熱意と決意を持って取り組むことはなかった。ジョンソンは、大統領になる以前から、イスラエルとは結びつきが深く、資金集めを含めユダヤ人コミュニティとの関係が深かったとされる(103)。アメリカの指導者にとって、イスラエルの核問題への対応は、アメリカ国内のユダヤ・ロビーとの関係に大きく関わる問題であった。

一九六九年九月のニクソンとゴルダ・メイアとの首脳会談

アメリカでは、一九六九年一月にリチャード・ニクソン政権が誕生した。ケネディ、ジョンソンと二代続いた民主党政権の後、久々の共和党政権の誕生であった。イスラエルでは、同年二月にエシュコルが病死し、ゴルダ・メイアが後任首相となった。

ニクソン政権の下で、イスラエルの核問題への対応は、最重要かつ厳秘の扱いを要する政策課題となった(104)。安全保障担当大統領補佐官のヘンリー・キッシンジャーのイニシアティブにより、同年四月、国家安全保障研究メモランダム第四〇号（NSSM-40）が作成され、国務省、国防省、CIAが関与して政策レビューを進めることとなった(105)。イスラエルの核開発がどの段階にまで達しているのかについては諸説があったが、既に核兵器の保有に至っているか、それが間近であるかのいずれかであると見られていた(106)。ニクソン政権内では、国防省をはじめとしてイスラエルの核保有はアメリカの安全保障にとって深刻な問題であるので、イスラエルに対して強い圧力をかけてNPT加入と核開発の中止を求めるべきとの意見が強かった[107]。ここで、イスラエル側に圧力をかけるやり方として想定されていたのが、ジョンソン政権末期に決定、公表されたF-4ファントムのイスラエルへの引き渡しとリンクすることであり、イスラエルが最も避けたいと考えていたのが、それであった。

ゴルダ・メイアは、同年九月に訪米し、同月二六日にニクソンとホワイトハウスで会談を行ったが、イスラエルの核問題については、二人だけの会談において突っ込んだやり取りが行われた[108]。この二人だけのやりとりの記録は明らかにされていないが、ニクソンは、ゴルダ・メイアに対し、イスラエルは核兵器を保有しているのかを尋ね、ゴルダ・メイアはこれを肯定し、年来の持論に従って、なぜイスラエルとして核を持つ必要があるのかを説明するとともに、これを公のものとすることはしないことを述べたと見られる。これに対し、ニクソンは、こうした説明を受け止めつつ、アメリカとして懸念していることはイスラエルが核兵器を目に見える形で導入したり、核実験を行ったりすることである旨を伝えるにとどめたものと見られる[109]。この基本的な方向性を踏まえ、イスラエルにNPTに加入するよう要請し続けることやディモナへの「査察」を継続することには意味がないことも二人の間で話し合われたと見られる[110]。

このニクソンとゴルダ・メイアとの首脳会談の後、キッシンジャー補佐官とラビン大使との間で調整が続けられたが、重点はどのような対外説明をするかに移っていた。イスラエル側は、核問題についての説明振りとして、問題となっている「持ち込む」とは、非核兵器国から核兵器国に転じることであるとの考え方を米側に伝えた[111]。キッシンジャーは、ニクソンに対し、これをもって「イスラエルからNPT上の非核兵器国に止まるとの保証を得た」との理解に立つことができるので、これをもって「降りるための理屈になる」(rationale for standing down) との進言を行い、その裁可を得た[112]。

この一連のやりとりは、アメリカが、イスラエルの核の現実を理解し、それを容認したことを示している。ニクソンは、国防省をはじめとする関係省庁の立場とは異なり、イスラエルに対して強い圧力をかけようとはしなかった。キッシンジャーの進言の下にニクソンがとったのは、イスラエルの核保有を前提として認めた上で、それが「顕在化」せずに「秘匿化」されることを確保しつつ、対外的な説明振りについてイスラエルと調整するとの方針であった。こうした方針のもと、イスラエルへのNPT加入要求は棚上げされ、ディモナへの査察は終了することとなった。

ニクソン政権の核拡散防止についての考え方は、ケネディ、ジョンソンの二代の民主党政権とは異なっていた[113]。ケネディにとって、核拡散防止は最重要の政策課題であった。ジョンソンは、核拡散防止にケネディほどの熱意を持って取り組まなかったが、それでもNPTによって核拡散に歯止めをかけることは政権の重要課題であった。ところが、ニクソンにとっては、外交課題の中での核拡散防止の優先度は低かった。

このニクソンとゴルダ・メイアとの首脳会談によって、イスラエルの「不透明」政策は、アメリカとの間で了解を得るに至ったと見ることができる。

「査察」の有効性

このようにアメリカは、一九六〇年代の前半から後半にかけてイスラエルの核開発を阻止するために、様々な取り組みを行ったが、いずれも有効な手段とはならなかった。

アメリカがまず用いた手法は査察であったが、アメリカ人科学者による「査察」は、イスラエルを悩ませる効果は持ったが、イスラエルの核開発を止める効果は持たなかった。アメリカは、ＩＡＥＡによる査察を求めたが、イスラエルは、これを拒み続けた。アメリカによる「査察」は、実際には、イスラエルにとって受け入れ可能な態様で行われた「訪問」に過ぎなかった。これは逆に言えば、イスラエルがNPT加入によるＩＡＥＡの包括的保障措置の適用を懸念したこととも相まって、ＩＡＥＡによる査察の持つ意味を裏打ちするものであった。

国際的な核不拡散レジームの有効性

前述の通り、イスラエルの核開発は、一九五〇年代から六〇年代にかけて進められたが、当時は、国際的な核不拡散レジームの枠組みがまだ整備されていない時期であった。

核拡散を防止するための国際的な枠組みは、一九六〇年代から七〇年代にかけて整備が進んだ。まず、一九六三年に、大気圏内、宇宙空間及び水中での核実験を禁止するＰＴＢＴが採択され（これにより、地下以外の核実験が禁止された）、次いで一九六四年の中国の核実験も後押しともなり、一九六八年にはＮＰＴが成立した。

イスラエルは、一九六三年のＰＴＢＴの採択の直後にこれを締結したが[114]、前記の通り、これに先立ち、一九六二年には核実験を行い公然と核保有国として名乗りを上げる道を取らないことを決めていたものと指摘されている[115]。ＰＴＢＴは、ケネディ政権が核拡散を阻止する目的を持って推進したものであったが、地下の核実験を禁じていないとの「抜け穴」を別としても、イスラエルのように、核実験を行わずに核爆発能力を獲得しようとする国を阻止する効果は持ち得なかった。このように国際的な核不拡散レジームの整備が進む前の一九五〇年代から六〇年代にかけて核開発に取り組んだという時期的な事情から、イスラエルは、第1章で見た中国や第3章で見るインドと同様に、国際的な核不拡散レジームの厳格な縛りを受けることなく核開発を進めることができる形となったのである。

前述の通り、イスラエルは、一九六八年にＮＰＴが成立した時には、もうすでに核爆発能力を獲得していたと見られる。ジョンソン政権は、イスラエルにＮＰＴへの加入を求めることによってイスラエルが核保有に向かわないようにするためのコミットメントを得ようとした。イスラエルは当初、ＮＰＴへの加入も視野に入れて検討していたが、実際の状況としては、この時点ではイスラエルはすでに核爆発能力を獲得しており、ＮＰＴへの加入によって核拡散を阻止するという考え方は、イスラエルについては有効なものにはなり得なかった。

武器の供与の有効性

さらにジョンソン政権は、武器の供与、特に、イスラエルが求めていた当時の最新型の戦闘機であるF-4ファントムの供与をNPT加入へのテコとしようとした。アメリカは、トルーマンが政権の座にあった一九五〇年にイスラエルにもアラブ諸国にも現状を変更するような量の兵器を供給しないとの約束をし、アイゼンハワー政権も、ケネディ政権も、イスラエルとアラブ諸国との間のバランスを意識した対応をとってきた。F-4ファントムの供与は、周辺諸国との軍事バランスの面で大きな意味を持つものであった[116]が、それが核開発を止める手段となり得るかは、別問題であった。

そもそもNPT加入の要求が前記の通り時期的に遅すぎて役に立たないものであったが、たとえ、これがもっと早い段階でなされていたとしても、通常兵器の供与によって核開発を止めようとする試みには無理があり、特にいったん核開発が始まった後においては、到底それを阻止する有効な手段にはなり得なかったのではないかと考えられる。

友好国の核開発への対応

このイスラエルの核開発のプロセスは、核開発阻止のための取り組みの観点から見ると、きわめて興味深い事例を提供している。本書で取り上げる核開発の事例は、国際社会、特にアメリカと対立関係にある国が核開発を行う事例が多い。第1章で取り上げた中国がそうであり、後の章で見ていくイラク、リビア、北朝鮮、イランについても同様である。ところが、イスラエルは、アメリカとの関係が非常に深い友好国であり、アメリカにとっても、様々なレバレッジがあり得る国であった。韓国と台湾においても、核開発ないしそれを疑われる行動が見られ、アメリカは、韓国と台湾においてはこれを止めさせることに成功した。しかし、イスラエルについては、こうしたレバレッジは、核開発を阻止するためには必ずしも有効なものとはならなかった。これは、国家が決然と核開発を目指してこれに邁進していくとき、これを止めることが至難の業であることを物語っている。

4　核開発の影響

「秘匿化」の判断

ここで、イスラエルの核開発がどのような影響を及ぼしたかを見てみたい。

イスラエルが核爆発能力を獲得するに至った際、まず行ったのが、これを「秘匿化」することであった。これは、第1章で見た中国とは、正反対の行動である。第1章で見たように、アメリカ、ソ連、イギリス、フランス、中国までの核の先行国は、いずれも核爆発能力を獲得すると、これを「顕在化」させていたが、イスラエルは、この核開発の歴史に新しい流れを生み出したと言ってよい。実際に、イスラエル以降に核爆発能力を獲得する南アフリカ、パキスタン、北朝鮮は、後の章で見る通り、いずれも核爆発能力を「顕在化」させずに、「秘匿化」させた（インドは、「平和的核爆発」を標榜して核実験を行ったので、「顕在化」と「秘匿化」の中間的な形態と言える）。イスラエルは、現在に至るまで、核兵器について「あいまいさ」（ambiguity）、「不透明性」（opacity）を維持する政策をとってきている。

これらは、核兵器の保有について明確な立場の表明を避ける政策のことである。コーエンは、イスラエルの核兵器についての扱いは、「秘密」、「拒絶」、「あいまいさ」、「不透明性」と段階を追って変化してきたと指摘する。[117] 最初は、一切を「秘密」としており、一切の情報が出ないようにしていた。次に、ディモナの核施設の建設計画が報じられた後も、核開発については、それを認めることを「拒絶」するとの対応に終始した。

一方、核開発が進み、核爆発能力の獲得が近づくにつれてこうした対応ですませることは無理になってきた。そこで編み出されたのが、前述の「中東地域に核兵器を持ち込む最初の国にならない」とのフォーミュラによる「あいまい」政策であった。

さらに、イスラエルは、その後、この「あいまいさ」の政策から、核兵器保有を示唆するもののこれを直接に確認しないとの「不透明性」の政策に転じていった。具体的には、前記の通り、一九六八年一〇月、エシュコル首相は、イスラエルは、核兵器を生産するための技術的ノウハウを既に獲得しているが、核兵器を実際に生産するには遠く及んでいないとの発言を行うことによって、核兵器保有を示唆するもののこれを直接的には確認しないとの「不透明性」の政策に転じた。

「核を持つ決意」と「核についての慎重姿勢」の両立

こうした「あいまいさ」、「不透明性」の政策を取っていることの理由は、核を持つことのプラスとマイナスの双方を勘案した結果と見られている。コーエンは、イスラエルの核の「不透明」政策をテーマに、『最も守られていない秘密』（未邦訳）と題する著書を書き、そこで、「核を持つ決意」（Nuclear Resolve）と「核についての慎重姿勢」（Nuclear Caution）の二つを両立させるために「不透明」政策が生まれてきたと分析している。[118]本書で用いている用語に即して言えば、「核を持つ決意」が核開発の推進要因に当たり、「核についての慎重姿勢」がその抑制要因に当たる。コーエンが、「核を持つ決意」で挙げている要因は、ベングリオンが核開発を目指すに当たって考慮したと考えられる事項であり、アラブ諸国との深刻な紛争、アラブ諸国との平和的解決の見通しが立たないこと、ホロコーストからの教訓、アラブ諸国の対イスラエル統一戦線への恐れ、通常戦力以外による抑止の必要性などの諸項目である。[119]一方、「核についての慎重姿勢」については、コーエンは、イスラエルが核開発を行うと、それは必然的にアラブ・イスラム諸国の核開発を招き、国土が狭隘で核攻撃に脆弱なイスラエルにとって不利な結果となる点が重要であることを挙げている。[120]また、「あいまい」政策の形成過程を考えてみても、アメリカとの良好な関係を維持することも、「核についての慎重姿勢」の重要な要素であったものと考えられる。[121]「秘匿化」したからといって財政上の負担のように、抑制要因の中でもなくならないものはあった。一方、前述のように、「秘匿化」によって一部なりとも軽減できるものもあった。

このイスラエルの「不透明」政策は、前記の通り、一九六九年九月、ニクソンとゴルダ・メイアとの首脳会談によって、米側にも理解を得るに至ったと見られる。核を「顕在化」させず「秘匿化」することは、米側からの要請でもあった。

五つの要因との関係

本書において「顕在化」か「秘匿化」かの決定要因の作業仮説として、二つの「顕在化」要因（「脅威対応」要因、「国際的地位」要因）と三つの「秘匿化」要因（「規範」要因、「外交」要因、「対抗措置回避」要因）の五つの要因を想定したが、前記の事情をこの分析枠組みを使って考えてみると、イスラエルについては、「顕在化」要因はいずれも成立しておらず、一方、「秘匿要因」では、「外交」要因、「対抗措置回避」要因が重要であった状況と考えられる。すなわち、イスラエルでは、安全保障確保の考慮が核開発の推進要因となったが、安全保障上の脅威への対応のため、核の存在を対外的に示す必要性に迫られているわけでなく、むしろ、それをすれば、戦略上の相手国の対抗措置によってかえって安全保障環境が悪化することになってしまう状況であり（「対抗措置回避」要因）、さらに、外交関係上、耐え難いほどのマイナスをもたらす状況（「外交」要因）であった。また、イスラエルは、周囲を敵意を持った中東イスラム諸国に囲まれているという事情から、国家の威信など国際的地位の観点から、核を持とうとの発想には立っていなかった[122]。

イスラエルにおいても、「秘匿化」が一貫して既定路線であったわけではなく、前述の通り、ディモナの核施設が完成に近づいた一九六二年に「核兵器重視」派と「通常兵器重視」派との政策論議があり、これは、すなわち、核爆発能力を「顕在化」させるか「秘匿化」するかの争いでもあったわけだが、前に述べたような考慮からすれば、イスラエルが「秘匿化」を選択したのは自然なことであったと考えられる。イスラエルの核能力は、その後、後記で詳述するように「公知化」したものの、「顕在化」に転じていない。これは、こうした構図に基本的に変化がないためと考えられる。

第四次中東戦争

ケネディとベングリオンの時代、ジョンソンとエシュコルの時代を経て、ニクソンとゴルダ・メイアの時代になって、初めてイスラエルの核兵器についてアメリカとの間で安定的な関係に入った。しかし、イスラエルの核兵器をめぐる最大の危機が訪れたのは、この時期であった。

一九七三年一〇月六日、ユダヤ人にとって一年で最も神聖な大贖罪日（ヨムキプール）の日、エジプト軍がシナイ半島に、シリア軍がゴラン高原に殺到した。第四次中東戦争の開幕だった（イスラエルではヨムキプール戦争、アラブ諸国では十月戦争と呼ばれる）[123]。

イスラエル側は、アラブ諸国の戦力も戦争準備も甘く見ており、開戦直後、イスラエル軍は総崩れとなった。イスラエル国家の存続さえ、危ぶまれる危機的な状況であった。セイモア・ハーシュは、著書『サムソン・オプション』の中で、ここに至り、イスラエルは、核兵器の使用を検討したと想定している[124]。ハーシュは、次のように記述している。

一〇月八日、建国以来の危機の中、政府首脳は、三つの決定を下した[125]。第一に、残った軍を再結集して反撃を組織する。第二に、核攻撃の準備を行う。第三に、アメリカに核攻撃の意図を伝え、それを避けるための兵器と弾薬の補給を要請する。

ヒルバット・ザカリアのミサイル発射台とテルノフ空軍基地のF-4ファントムを使った攻撃準備が進められた。攻撃目標は、カイロ近郊のエジプト軍司令部、ダマスカス近郊のシリア軍司令部などであった。

シムチャ・ディニッツ駐米イスラエル大使から、キッシンジャー国務長官に対し、戦車と航空機についての緊急の武器援助が得られなければ、核兵器を使用するとの意向を伝達した[126]。キッシンジャーは、アメリカ政府部内において、イスラエルへの緊急の武器援助を主張した。ソ連も、イスラエルの核攻撃準備の情報を得て、それをエジプト政府に通報した。

イスラエルへの武器の補給が行われ、一〇月半ばにイスラエルは、ゴラン高原とシナイ半島での反撃に成功し、一〇月一四日、核攻撃態勢は、解除された。

このようなハーシュの記述に従えば、イスラエルは、戦略上の相手国ではなく、友好関係にある大国に対し、核の使用の可能性を示唆することによって、その好意的対応（この場合は、武器援助）を得ようとした「核のほのめかし」（nuclear signaling）を用いたということになる[127]。

このハーシュの説については、その後、様々な議論と検証の対象とされてきているが、実際のところは、次のような状況であったのではないかとの見方が有力となっている[128]。すなわち、戦局の悪化を受けて、モシェ・ダヤン国防大臣がシリアを核で威嚇することを提案するが、ゴルダ・メイア首相はこれを採用しなかった。そこで、モシェ・ダヤンは、それに代わる方法として、アメリカに対し事態が切迫していることを伝えるために、アメリカが探知できるようなやり方で核ミサイルの運用上のチェックを行わせた（ゴルダ・メイア首相の了承を得て行われたのかは不明）。これは、イスラエルが緊急に必要としている武器援助をアメリカから得るために行われたものであり、実際に、アメリカの情報機関はこれを探知した。このイスラエルの「核のほのめかし」がどの程度、寄与したかは明らかではないが、アメリカは緊急の武器の提供を行ったというものである。

「秘匿化」から「公知化」へ

イスラエルは、核爆発能力を獲得した際、これを「顕在化」させずに「秘匿化」し、その後、他国に探知されるような形での核実験を行わず、核の存在を肯定も否定もしないという政策をとってきたが、実態としてのイスラエルの核保有は次第に公知の事実になってきた。前記の「あいまい」政策から「不透明」政策への移行もそうした現実を踏まえたものであり、一九七九年のヴェラ事件（アメリカの偵察衛星ヴェラが二回の核爆発の閃光を捉えた事件[129]。現在では、イスラエルが、低出力の中性子爆弾を実験したとの見方が有力となっている）[130]や一九八六年のヴァヌヌ事件（ディモナでの勤務経験のあるモロッコ出身のユダヤ人モルデハイ・ヴァヌヌが、ディモナの内情をイギリスの日刊紙に暴露した事件[131]）も、こうした核能力の「公知化」に影響を及ぼしている。「公知化」は、イスラエルにとって、都合の悪いことばかりではない。核兵器の使用の敷居が非常に高い中、抑止の機能を含め保有する核に意味を与えようとするならば、その「公知化」は一つの必要なプロセスであるとも考えられるからである。

イスラエルの核戦力

このように、イスラエルは、公式には、核の保有を認めていないが、イスラエルの核については、研究者によって様々な推定が行われている。

二〇一五年の時点において、イスラエルの核戦力については、核弾頭の数は八〇発程度と見られている。[132] 運搬手段としては、一九八〇年以降に調達されたF-16、前記のジェリコ（ジェリコⅠ号とも呼ばれる）に引き続き開発された地上発射の中距離弾道ミサイルのジェリコⅡ号（射程一五〇〇～一八〇〇キロ、ペイロード七五〇～一〇〇〇キロ）が核兵器の運搬手段の主力となっている模様である。八〇発の核弾頭のうち、五〇発がジェリコⅡ号への搭載用であり、三〇発がF-16からの自由落下爆弾であると見られている。[133] また、ドルフィン級のディーゼル推進潜水艦に核巡航ミサイルを装備しているとも指摘されている。[134] この潜水艦への核装備は、イスラエルの核態勢を考える際に、重要な一つの分水嶺をなすとも指摘されている。[135]

イスラエルの核態勢

イスラエルは、一九六六年末ないし一九六七年の核爆発能力の獲得以来、核態勢としては、不透明・不活性抑止を採用してきたものと捉えられる。[136] イスラエルが核爆発能力を獲得した当初は「不透明」の要素が強く、一九七三年の第四次中東戦争においては、不透明抑止の一つの形態である「核のほのめかし」が行われたとの見方が有力となっている。その後、核についての「公知化」が進んだが、イスラエルは、核兵器を明示的な抑止のために軍事的に位置づけているわけではなく、「最後の手段」としていざという時に核の運用がオプションとしてあり得るとの状況を確保することを安全保障の観点から重視してきた。

イスラエルは、一九九一年の湾岸戦争の際、イラクからスカッド・ミサイルの攻撃を受けた経験を踏まえ、ドルフィン級のディーゼル推進潜水艦に核装備をすることにより、残存性の高い第二撃能力の構築に乗り出すこととしたものと見られる。イラクからのスカッド・ミサイル攻撃を受けたことで、戦略上の相手国（中東イスラム諸国）からの大量破壊兵器による攻撃に備える必要性を真剣に考える必要があると判断されたものと考えられる。[137]

中東地域における影響——イスラエルの視点

それでは、イスラエルの核の中東地域における意味をどう考えたらよいのだろうか。

イスラエルの立場からは、イスラエルの核がアラブ諸国の攻撃を抑止する効果を上げてきたのか、アラブ・イスラエル紛争の平和的手段による解決に貢献してきたのかが問われる。

この前者については、イスラエルにとって一九四八年の建国以来の悪夢は、周辺のアラブ諸国が足並みを揃えて全面戦争をイスラエルに仕掛けてくるとのシナリオであったところ、そうしたシナリオを起こさせないうえで、核兵器の存在が効果を発揮したのかとの論点である。

この点については、テルアビブ大学のジーブ・マオズはアラブ諸国側が軍事戦略を検討する際、通常戦力についての考慮が大きく、核兵器の存在を強く意識したとの実証的証拠には乏しいことから、核兵器にそのような抑止効果があったと見ることは困難と指摘している。[138]

アラブ・イスラエル紛争の平和的解決との関係

後者の平和的解決との関係については、イスラエルは、一九七九年にエジプトと平和条約を締結し、一九九三年にはパレスチナとの間でオスロ合意をまとめ、一九九四年にはヨルダンとの間で平和条約を締結したが、このようなアラブ諸国の対応の変化をもたらすうえで、イスラエルの核が一定の役割を果たしたと言うことができるのではないかとの論点である。

イスラエルの国内では、イスラエルの核がそうした役割を果たしたことを肯定的に評価する向きがあるが、前記のマオズは、アラブ諸国側からの中東和平に向けてのアプローチは、イスラエルが核を開発する以前から行われていること、一九六七年の第三次中東戦争以降、イスラエルがヨルダン川西岸とガザ回廊を占領したことにより、「土地の返還による和平」という考え方をとることができるようになった要因が大きいので、イスラエルの核を中東和平の進展要因と見ることはできないのではないかと指摘している[139]。

中東地域における影響――地域的な視点

一方、イスラエルの核は、周辺の中東イスラム諸国に大量破壊兵器開発の誘因を与えてきたのではないか、中東地域の現状に照らして過剰軍備になっているのではないかとの点が指摘される。

この前者の点については、中東地域において、核開発ないしそれを疑われる計画を進めた国としては、エジプト、イラク、リビア、イラン、シリアが挙げられる。これらに対しイスラエルは、中東イスラム諸国の核保有を認めないとの方針で対応してきている。一九八一年のイラクのオシラク研究炉攻撃、二〇〇八年のシリアの原子力施設への攻撃は、こうした方針によるものである[140]。中東地域には、イスラエル以外に核兵器を保有する国は現れていないが、化学兵器の保有が指摘された国としては、エジプト、イラク、イラン、リビア、シリアが挙げられる（これらのうち、エジプト以外の国については、その後、化学兵器禁止条約を締結し、化学兵器を廃棄することとした[141]）。これらの諸国にとって、イスラエルの核が大量破壊兵器の開発ないし保有の理由の一部をなしてきたことは否定し難い。

また、イスラエルの核は、NPT体制にも深刻なストレスを与えている。

一九九五年、NPTの無期限延長が討議された際、エジプトは、その条件としてイスラエルが将来NPTに加入するとの約束を強く求め、結局、中東非大量破壊兵器地帯設置の方向性を打ち出すとともに、「中東において保障措置を受けていない核施設が存在することを遺憾とし、中東のすべての国にNPTへの加盟を求める」という一般的な内容の決議（「中東決議」と呼ばれる）を行うことで決着した[142]。

これは、本書を執筆している二〇一五年の時点でも、引き続き討議されている問題である。二〇一〇年にＮＰＴ運用検討会議が開催された際、アラブ諸国は、この中東決議の実施のため、中東非大量破壊兵器地帯設置に関する国際会議（以下「中東会議」）を開催することを求め、中東会議が二〇一二年に開催されるべきことが最終文書に記載された。一方、「アラブの春」後の混乱、シリア情勢の混迷、地域各国の利害の相違などのため、この中東会議は想定された二〇一二年中には開催されず、その開催が課題として残された。[143]二〇一五年のＮＰＴ運用検討会議は、この中東の非大量破壊兵器地帯問題をめぐる対立のため最終文書を採択できずに閉幕するという結果となった。また、今後、たとえこの中東会議が開催されたとしても、中東地域でイスラエルだけが核を保有するという状況が続く限り、イスラエルの核の問題は中東地域の軍備管理・地域安全保障上の問題として残り続ける。

過剰軍備の問題

もう一つの過剰軍備の点について言えば、イスラエルの核開発の動機は、本章の冒頭でも見たように、周囲に敵意を持ったアラブ諸国に囲まれる中での安全保障の確保、ホロコーストの経験を踏まえて再びそうした状況に追いやられることのないようにという点にあった。特に、通常戦力の量においても質においてもアラブ諸国の方が上回っているとの懸念が核開発に踏み切る際に重要な点であった。

一方、冷戦が終結し、アラブ諸国の強硬派やパレスチナ解放機構（ＰＬＯ）をソ連をはじめとする共産主義圏の国が支援するという構図が崩れ、イラン・イラク戦争、湾岸戦争、アフガニスタン戦争、イラク戦争などを経て地域の対立の構図が大きく変わり、イスラエルがエジプト、ヨルダンと平和条約を締結し、ＰＬＯとの間でもオスロ合意を成立させ、イスラエルに対する脅威がテロ、ゲリラとなっている状況の中で、イスラエルをめぐる安全保障環境は、イスラエルが核開発に取り組んだ一九五〇年代や六〇年代とは大きく異なっている。特に通常戦力においては、イスラエル側に大幅に有利な状況になっている。そうした中で、膨大な核兵器のストックを持つことは、過剰軍備になっているのではないかとの疑問が提起される。前記のマオズは、核科学者が最も先進的な兵器システムを追求し、国防部門の官僚組織が予算の極大化を図ってきたことから、こうした核装備の肥大化が生まれたと指摘するとともに、核兵器の実体が秘密のベールに覆われていること、核戦略のあり方について学界においても、政界においても、討議の場がないこと、政治によるチェック機能が働いていないことが、それに拍車をかけていると指摘する。(144)

イスラエルは、周囲に敵意を持ったアラブ諸国に囲まれる中での安全保障の確保、ホロコーストの経験、小さな国土しか持たず戦略的縦深性に欠けていることを踏まえて、周辺諸国に対して圧倒的な戦力を保有することを安全保障の確保のために重視しているとされる。いわば一二〇％の安全保障を求める考え方である（前記の周辺諸国の核保有を認めないという方針は、こうした考え方の一環のものとも捉えられる）。こうした考え方からすれば、現状は過剰軍備ではなく、ましてや、イランの核開発問題がある状況においては、なおさらのことであるとの見方となる。

一方、周辺諸国に対して圧倒的な戦力を保有するとの考え方は、イスラエルにとって安全保障上のマージンを十二分にとったものであるが、地域に安定をもたらすものとはなり難い。イスラエルの核の意味は、こうした観点からも検討されるべきであろう。

国家としてのガバナンス

この過剰軍備の議論に密接に関連するのが、イスラエル自身にとっての国家としてのガバナンス上の問題である。イスラエルでは、核問題について討議することがタブーとなっている。(145)イスラエルは、建国当初から、中東では稀な多党制の議会制民主主義が機能してきた国であり、クネセットと呼ばれる一院制の議会とマスコミで国政のあらゆる問題についての討議が行われる。ところが、核兵器に関する情報は極秘事項とされ、それについての議論もタブーとされてきた。イスラエル国内のマスコミには、安全保障上の理由による検閲制度があり、核兵器についての情報はきわめて厳格に管理されている。こうした状況は、核兵器についての健全な政策論議、チェック・アンド・バランスを欠くことになるのではないかとの指摘がある。(146)

イスラエルの核兵器開発は、イスラエルの立場に立てば、幾多の難関を乗り越えて建国の指導者たちも驚くほどの順調なサクセス・ストーリーを見せてきたということになろうが、前記のような諸点を勘案すれば、その総合的な決算をどう見るかは、簡単に答えが出ない問題と言えよう。

第3章　インド――「平和的核爆発」から核ドクトリンへ

インドは、一九七四年と一九九八年の核実験によって、二度、世界に大きな衝撃を与えた。[1] 一九七四年の核実験は、一九七〇年の核不拡散条約（ＮＰＴ）の発効から間もない時であり、インドはＮＰＴの枠外に身を置いて核保有国となる道を選び、ＮＰＴ体制に大きな打撃を与えた。一九九八年の核実験は、ポスト冷戦時代において、核拡散が引き続き国際社会にとって大きな課題であることを改めて示した。

インドは核戦力を考える際、隣国の中国とパキスタンの両国を考えなければならない「トリレンマ」の状況にあり、核軍備の拡充が速いペースで進められている。パキスタンの状況も相まって、南アジアは核をめぐる緊張度がきわめて高い地域になっている。その一方でインドは、民主主義に立脚する新興経済国として国際的な存在感を増しており、日本との関係も近年とみに緊密化している。その意味で、「インドの核」をどう考えるかは、すぐれて今日的な問題でもある。

この章では、そうしたインドの核開発の経緯を検討する。

1　核開発のプロセス

複雑な歴史

インドの核開発の歴史は、複雑である。中国とイスラエルが、核開発を決定した後、いわば一直線に核開発に向かって邁進していったのに対し、インドは、ためらいがちに、紆余曲折を経て、かつ長い時間を経て核武装を果たすに至った。

節目となる核実験も、「平和的核爆発」を標榜した一九七四年のもの、軍事目的であることを明確にした一九九八年のものと二度にわたる。その間、二四年間もの歳月の経過がある。

そのため、インドの核開発における重要な決断も、一九五五年の重水減速炉の建設、一九六四年の「平和的核爆発」に向けての研究開発の開始、一九七四年の初めての核実験実施、一九八九年の核爆発能力の兵器化の決定、一九九八年の第二回目の核実験実施と何度にも及ぶ。まずは、これらの経緯を見ていこう。

重水減速炉の建設

インドにおいて原子力の父とされるのが、原子力エネルギー委員会（ＡＥＣ）の委員長を長く務めたホミ・バーバ博士である。(2) インドは、独立以来、エネルギー源としての原子力の重要性に着目し、バーバの指導のもと原子力開発を進めた。

インドは、一九五五年にカナダから研究用原子炉を導入した。(3) これは、天然ウランを燃料として用い、重水を減速材として用いる原子炉であり、プルトニウムを効率的に生成するタイプのものであった。この重水減速炉は、カナダからの技術・資金支援によるものであり、重水の提供はアメリカによって行われたことから、ＣＩＲＵＳ(Canadian-Indian Reactor, U.S.) と呼ばれた。またバーバは、一九五八年にプルトニウムを使用済み燃料から取り出す再処理施設の建設を決定した。(4) この再処理施設は、アメリカの技術によるものであった。

これらの施設によりインドは、一九六四年の中国の核実験を一つの契機として国際的な核不拡散レジームの整備が本格化するよりも前の段階で、核爆発能力を獲得するための基盤を整えていた。

重水減速炉ＣＩＲＵＳと再処理施設は、プルトニウム生成を可能とするものとはいえ、当時のジャワハルラル・ネルー首相は、核開発を行う意図はなかった。(5) インド独立時の指導者マハトマ・ガンディーは、非暴力思想に立脚しており、日本に対するアメリカの原爆投下を強く非難し、核兵器の非道徳性を訴えた。(6) その考え方は、その後のインドの指導者に大きな影響を与えた。インドは、国際場裏で、米ソの核軍拡競争を非難し、核軍縮の推進を訴えてきた。[7]ネルーも、核兵器を嫌悪し、エネルギー源として原子力の開発を進めるとしても、核開発に乗り出す考えはなかった。ただバーバは、重水減速炉も再処理施設も、核開発に転じることができる「両用技術」と捉えていた。[8]

「平和的核爆発」の研究開発へ

だが一九六四年に事態が変わった。この年の五月、核の軍事利用に強い嫌悪感を持っていたネルー首相が死去し、同年一〇月一六日に中国が核実験を行った。

中国とは、一九六二年に国境紛争を契機に中印戦争をし、敗れたばかりであった。バーバは、ネルーの後任となったラル・バハデュル・シャストリ首相に対し、核開発に向かって進むように求めた。[9]インド国内においては、核開発を求める声が噴出し、バーバを後押しする形となった。シャストリ首相は、与党のインド国民会議派の全国大会において「万一に備え、核開発を進めるべきではないか」との強い要求に直面した。[10]同年一一月二七日、インドの国会においても、野党のジャナ・サン党から核兵器を製造するよう求める動議が提出された。[11]こうした国内の声が強くなる中、シャストリ首相は、一九六四年一一月二七日に「平和的核爆発」の核実験に向けての研究開発を開始することを承認した。[12]

ここで「平和的核爆発」とは、大きなトンネルを掘ったり、山を崩したりといった大規模な土木工事が念頭に置かれていたものである。技術的には、こうした「平和的核爆発」と軍事目的の核爆発の間には境界はなく、今日の目から見ると、「平和的核爆発」は欺瞞的な概念のように聞こえる。一方、一九五〇年代から七〇年代までの間、アメリカ、ソ連などで「平和的核爆発」の実用化を目指した研究開発、実験が行われており、一九六八年に作成されたNPTにおいては、一定の条件の下で、平和的核爆発が行われることを想定した規定が置かれるに至る。[13]

この一九六四年の時点で、シャストリ首相が「平和的核爆発」の核実験の準備を行うことを承認したのは、それであれば、いくつかの要請を両立させることができるからであった。[14]ジョージ・パーコヴィッチは、インドの核開発の歴史を包括的に描いた名著『インドの核爆弾』（未邦訳）において、インドが「平和的核爆発」との位置づけとした意味を「シャストリ自身の道徳上の原則を否定せずに済んだ。核爆弾を製造する計画を急に進めることによる経済的な大損害を避けることができた。アメリカとカナダとの原子力協力の中断を招かずに済んだ」とまとめている[15]。

このように政治指導者のシャストリ首相にとって、「平和的核爆発」はいくつかの要請を満たす意味を持ったが、作業に当たった科学者にとって「平和的核爆発」は単なる名目に過ぎなかった。一九七四年の核実験の立役者となる原子力科学者のラジャ・ラマンナは、「ポカランの核実験（筆者注：一九七四年の核実験）は、爆弾であった。今、そのことをお話しできる。爆発は爆発であり、人を撃とうと、地面を撃とうと銃は銃である。あの時の核実験は決して平和的な性格ばかりのものではなかったことをはっきりさせておきたい」と後に明らかにした[16]。

停滞と加速

一九六六年、シャストリとバーバが相次いで急死し、ネルーの娘のインディラ・ガンディーが首相の座を、ヴィクラム・サラバイが原子力エネルギー委員長のポストを継ぐこととなった。サラバイは、核の軍事利用を避けるという考え方から、平和的核爆発の計画を中止するように指示した[17]。

一方、一九六七年に至り、バーバ原子力研究センター（ＢＡＲＣ）内の「核開発グループ」は、核爆発装置のための研究開発のための作業を加速させた[18]。その主導者は、ホミ・セスナとラマンナの二人の原子力科学者であり、中国が一九六七年に水爆実験を行い、また対外的にも好戦的傾向を強めていることが背景にあった[19]。パーコヴィッチは、この作業は、「核開発グループ」のイニシアティブで進められたと解しているが[20]、インドの核開発の歴史を関係当事者の目から描いた『平和のための兵器』（未邦訳）を著したラジ・チェンガッパは、インディラ・ガンディー首相が一九六七年の秋にこうした研究開発を進めることに直接に了承を与えたと指摘している[21]。

こうして核実験のための準備は、着々と進んでいった[22]。兵器級プルトニウムは、一九六四年からトロンベイの再処理施設で分離作業が進められ、その後、蓄積が進んでいた。核爆発装置の設計は、一九六五年前半に開始され、一九七一年末には基本設計を了した。連鎖反応システムの計測のために設置された研究炉プルニマが一九七二年に臨界に達し、核爆発装置の設計が完了した。核実験場を探す作業が一九七二年後半に開始された。インディラ・ガンディー首相は、一九七二年九月七日に、BARCを視察のために訪問した際に、核実験のために核爆発装置を組み立てることに口頭で承認を与えたとされる。(23) 核爆発装置のための中性子発生装置の製造が最後の難関となったが、これも完成した。(24)

一九七四年の核実験の実施

一九七四年初頭、「核開発グループ」から国家指導者に対し、核実験の準備ができたとしつつその実施の裁可を求めた。(25) 一九七四年二月から、インディラ・ガンディー首相とごく限られた関係者のみの間で、核実験に踏み切るかどうかが討議された。(26) 反対論としては、カナダやアメリカの反発や経済への悪影響が挙げられた。(27)「核開発グループ」は、これまでの費用、時間、準備状況からして、実施を先延ばしすることは考えられないと主張した。(28) 最終的には、インディラ・ガンディー首相が「やりましょう」(Let's have it.) と判断を下したという。(29)

この核実験の実施を討議する場には、ジャグジバン・ラム国防大臣も、スワラン・シン対外関係大臣も呼ばれておらず、実施するか否かの判断には加わらなかった。(30) インディラ・ガンディー首相は、後に「われわれは、科学者たちが準備ができたときに実施した」と事情を説明した。(31)

一九七四年五月一八日、インドは、ラジャスタン砂漠のポカランで核実験を実施した。(32) 出力（イールド）は、八キロトン（一二ないし一三キロトンとの推計もある）であり、この核爆発装置は、直径一・二五メートル、重さ一四〇〇キロの大きさであった。(33)

兵器化への逡巡

この一九七四年の「平和的核爆発」の核実験の後、核開発に向けての動きは、バラバラなものとなった。[34]「核開発グループ」は、核爆発装置をさらに高度化させるための作業を進めることを希望し、インディラ・ガンディー首相の了承を得た。[35]それには、ブースト型核分裂弾（核融合反応により中性子を発生させることにより、核分裂の効率を高めるもの）の開発、浮遊型核コア（爆縮装置において、中心部に置かれる核分裂性物質とその周りに置かれるタンパーとの間に空間を設けてエネルギーの伝達効率を高めるもの）や中性子発生装置を改善する計画が含まれていたとされる。これらはいずれも、核爆発能力の高度化（小型化・軽量化、威力の増大）を目指すものであった。一方、「核開発グループ」内では、一九七四年の核実験の主導者であったセスナとラマンナの二人が反目を始めた。[36]インドの核開発は「長い停滞」と呼ばれる時期に入った。

一九七七年三月、総選挙が行われてジャナタ党が政権につき、モラルジ・デサイが首相となった。モラルジ・デサイ首相は、「平和的核爆発」に疑問を投げかけ、核兵器保有を明確に否定した。[37]デサイのこうした姿勢は、核に対する道徳的な嫌悪感に基づくものに加え、財務大臣経験者としてインドは核軍拡競争をしていくような経済力を持っていないとの考えに基づくであった。[38]

パキスタンの核開発の浮上

インディラ・ガンディーは、一九八〇年に首相に返り咲いた。その後、一九八二年初頭に、インドでは、パキスタンのカフタのウラン濃縮施設に対する攻撃が検討されたと指摘される（インド当局は、これを否定）。[39]パキスタンの核開発が大規模かつ計画的なものであることが知られ、インドの安全に脅威を与える前にこれを叩くべきとの考えから、インド軍部が計画立案をしたとされる。一九八一年六月にイスラエルがイラクのオシラク研究炉を攻撃したことが刺激となったとの事情もあり、イスラエルとの共同作戦の可能性も指摘された。一九七九年のソ連のアフガニスタン侵攻でアメリカはパキスタンの核開発問題に目をつぶって大幅な経済・軍事援助を供与する姿勢に転換しており、アメリカが歯止めの役割を果たすことに多くを期待できない時期であった。

一方、こうした計画は具体化に向かうことにはならなかった。インドの攻撃機ジャギュアよりもパキスタンで施設の防衛に当たるF-16の方が性能的に優れており、多くの被害が予想されること、カフタのウラン濃縮施設は堅固な防空体制を敷いていることが判明したこと、こうした攻撃がなされればパキスタンの反撃によって全面戦争となり、国際的な批判はインドに集中する可能性が強いことなどから沙汰やみになったとされる[40]。またインドの国内には一億人のイスラム教人口が存在することから、イスラエルとの協力は深刻な国内問題を惹起することが必至であった[41]。

パキスタンの核施設への攻撃が無理であれば、別の手段でインドの立場を強めることはできないか。インドが核開発ではるかに先を行っていることを示す必要があるのではないかとの問題意識から、二回目の核実験を行うとの案が「核開発グループ」から提起された[42]。ブースト型核分裂弾の開発や、一九七四年に核実験を行った核爆発装置を小型化したものの開発が進んでいたところ（一説では、一九七四年のものが一〇〇〇キロを超すものであったのに対し、一九八二年当時、一七〇ないし二〇〇キロまで小型化していたとされる[43]）、それらを実験しようとするものであった。

インディラ・ガンディーは、いったんはこの二回目の核実験を了承したが、二四時間も経たないうちに、これを取り消した。アメリカの偵察衛星に探知されたためであったとされる[44]。

一九八三年には、「統合誘導ミサイル開発計画」（ＩＧＭＤＰ）がスタートした[45]。それまでインドでは、ロケット開発に着手していたが、宇宙の平和利用に重点が置かれ、軍事利用についての意識は乏しかった[46]。「統合誘導ミサイル開発計画」は、人工衛星打ち上げロケットＳＬＶ-3計画を成功させたアブドゥル・カラムが国防調査開発研究所（ＤＲＤＬ）に移籍し、そこで五つのミサイル開発計画を組み合わせる形で策定したものであり、射程一五〇キロの液体燃料推進ミサイルである「プリトビ」と、より長射程のミサイル「アグニ」の開発が計画の主力であった。プリトビは、液体燃料推進でソ連の地対空ミサイルＳＡ-2の推進装置を用い、アグニは、第一段は固形燃料推進でＳＬＶ-3の推進装置を用い、第二段はプリトビの液体燃料推進装置を用いることが想定されていた。このアグニとプリトビは、インドの核兵器の運搬手段となるものであった。

事実上の核兵器保有へ

インディラ・ガンディーが一九八四年一〇月に暗殺された後、息子のラジブ・ガンディーが首相の座に就いた。ラジブ・ガンディーは、核兵器について強い反感を持っており、核実験を行ったり、核兵器を配備したり、核兵器の設計を高度化させたりすることに後ろ向きであったという[47]。

とはいえ、この時期、パキスタンが核爆発能力の獲得に日一日と近づいていた。中国からパキスタンへの核爆発装置の設計図の提供、兵器級の核分裂性物質を組み込まない爆発実験である「コールド・テスト」の成功が報じられた。ラジブ・ガンディーは、核軍縮の大義を主張することに力を入れていたが[48]、一九八八年秋には、パキスタンが核爆弾を手にしたとのインテリジェンス情報が入ってきた[49]。ラジブ・ガンディーはこれを受けて、一九八九年三月、核爆発能力を兵器化する作業にゴー・サインを出した[50]。チェンガッパによれば、その決断を下す際に、ラジブ・ガンディーは「私は、この選択をとりたくない。しかし、国の安全保障を危険にさらすわけにはいかない」と述べたという[51]。一九九〇年の時点では、少なくとも二四個の核兵器を保有していたと見られている[52]。

一九九〇年には、カシミール問題をめぐってインド、パキスタン両国が大軍を同地方に集結させ、一触即発の事態となった[53]。パキスタンは、核兵器をF-16戦闘機に積み込む動きを示し、核戦争の危機を懸念させる事態となった。アメリカのG・H・W・ブッシュ大統領は、国家安全保障問題の次席補佐官のロバート・ゲーツをイスラマバードとニューデリーに派遣し、両国の緊張を緩和させた。

一九九四年五月、戦闘機ミラージュ二〇〇〇による核兵器の運用についての試験が完了し、インドは、核爆発能力を有するのみならず、それを軍事的に運用可能な国となった[54]。

二回目の核実験の決断

一九九五年には、NPTの無期限延長が決定され、包括的核実験禁止条約（CTBT）の作成の見込みが高まったことで、フランスや中国が駆け込み核実験を行った。核の兵器化の過程を進めたインドにおいても、核実験を行うことが検討された[55]。国民会議派のナラシンハ・ラオが首相であった。ラオは、核実験の実施の可否について関係者の意見を徴したが、結局、経済面での影響が大きいことなどの理由からこれを行わない方がよいとの判断を行った[56]。

その後、一九九六年に政権の座に就いたインド人民党のアタル・ビハリ・バジパイ政権は、核実験を実施しようとしたが、バジパイ政権は、議会で信任を得る見込みを立てることができず、二週間たらずで辞任したため、これもまた実施には至らなかった[57]。

この間、プリトビとアグニへの核兵器の搭載の作業が進められ、一九九七年には、プリトビへの搭載が可能となった[58]。一九七四年の最初の核実験から二三年後のことである。

このように、一九九五年以降、インドにおいては、いつ二回目の核実験が行われてもおかしくない状況であったが、その流れを決定的にしたのは、一九九八年の総選挙であった。この総選挙で、「核政策の見直し」を選挙綱領に掲げるインド人民党が勝利し、三月にバジパイ政権が誕生した。

バジパイ政権は、選挙綱領に従い、五月一一日、次いで一三日にラジャスタン州のポカラン実験場で二四年ぶりの核実験を行った[59]。五月一一日に行われたのは、三つの装置の核実験であり、ミサイル搭載用水素爆弾（出力（以下同様）四三キロトン）、軽量核分裂型戦術爆弾（一二キロトン）、兵器級未満プルトニウムを使用したブースト型核分裂弾（〇・二キロトン）であった。五月一三日に行われたのは、二つの装置の核実験であり、〇・三キロトン、〇・五キロトンのサブキロトン装置であったとされる[60]。

2　核開発の動機

「中国」の要因

前章までで見てきた中国、イスラエルの事例は、安全保障上の要因が核開発の主要な動機となったが、インドが核開発を行った背景としても、安全保障上の要因が存在する。まず、中国との関係がある。

インドが核武装を果たすに至る重要な決断は何度かに及ぶが、その一つは、前記の通り、一九六四年一一月二七日にシャストリ首相によって行われた「平和的核爆発」に向けての研究開発の開始の決定である。これは、その約一カ月半前に行われた中国の核実験によって、インド国内で核開発推進の要求が高まったことを受けたものであり、さらにその背景には、二年前の一九六二年に国境紛争を契機に中印戦争をし、これに敗れたという経験があった(61)。

中国との関係は、一九九八年五月の核実験の際も、インド側によって言及された。この時、インド人民党のバジパイ首相は、ビル・クリントン・アメリカ大統領に対する親書の中で、「我が国は、公然たる核兵器国と国境を接している。その国は、一九六二年にインドに対して軍事侵攻を行った国である」と中国の脅威を強調した(62)。またインド当局者は、「中国に対し、国際的な地位と戦略的抑止の面で追いつくこと」をこの核実験の目的の第一として挙げた(63)。

中印関係は、総じて言えば緊張に満ちた関係であり、時にこれが厳しい対立関係に至ることがあるものであった(64)。二国間関係では、国境紛争やダライ・ラマの問題（ダライ・ラマは、一九五九年にチベットから亡命してインドに居住している）があり、また南アジアの地域情勢としては、インドと対立関係にあるパキスタンと中国とが緊密な関係を維持していること、国際政治情勢としては、冷戦時に印ソがパキスタン・中国（時には、アメリカがこれに加わる）と対峙するという対立構図にあった。

このように、インドが核武装を果たすに際し、隣国の大国であり、一九六二年に戦火を交え、また一九六四年の核実験の成功以来、核開発を進めてきた中国に対抗するということが重要な動機の一つとなった。

「パキスタン」の要因

インドにとって安全保障上の要因というと、中国との関係とともに、パキスタンとの関係を考える必要がある。インドとパキスタンとは、一九四七年のイギリスからの分離独立以来、厳しい対立関係にあり(65)、分離独立の際の第一次印パ戦争、一九六五年のカシミールをめぐる第二次印パ戦争、一九七一年のバングラデシュ独立に至った第三次印パ戦争、一九九九年のカシミールをめぐるカルギル紛争を経験してきた。インドにとってパキスタンは、安全保障上の深刻な脅威であり、重要な戦略上の相手国である。

「パキスタン」の要因は、インドの核開発、特に一九七四年の第一回核実験から一九九八年の第二回核実験に至るプロセスに大きな影響を与えてきており、パキスタンにおける核・ミサイル開発の進展がインドの核開発を進展させる強い誘因となってきた。

一九八九年三月にラジブ・ガンディー首相が核爆発能力を兵器化する決定を下した最大の理由の一つは、パキスタンが核爆弾を手にしたとの状況に対応するためであった。一九九八年五月のバジパイ首相による二度目の核実験の実施の決定は、核爆発能力を明確に、かつ公然と示すべきとのかねてからの考えに沿ったものであったが、その前月にパキスタンが一五〇〇キロの射程を持つとされるガウリ・ミサイルの発射実験を行ったことがバジパイ首相に、核実験に踏み切る最終的な判断材料を与えた(66)。

過去のパキスタンとの戦争・紛争において、インド軍は、通常戦力においてパキスタン軍を圧倒してきていたが、このような緊張の絶えない相手が核兵器を持とうとするのであれば、それに対抗する核戦力を持たなければならないとの動機が働いた。

国家の威信

右に挙げた「中国」と「パキスタン」の二つは、国家の安全保障の確保に関わる要因であるが、インドの核開発は、これだけで説明がつくものではない。インドの核開発の経緯を振り返ってみると、安全保障上の動機以外の要因も重要であり、「国家の威信」に関わるものが大きな役割を果たしている(67)。

インドの核開発の背後には、植民地とされた過去を乗り越えて、独立した大国としての地位を築くとの動機があった。パーコヴィッチは、これを「近代性、国際的地位、植民地とされた過去の超克」と表現した(68)。一九五〇年代の核開発の初期の段階以来、インドの科学者にも、最先端の技術開発が可能であることを示したいとの思いがあり(69)、また一九九八年の核実験の際には、冷戦が終了し、新たな国際秩序となる中で、インドの国際的な地位を高めたいとの考えがあった。一九九八年の核実験の目的の第一は、「インドの大国（major power）としての認知を得ること」であった(70)。

「核開発グループ」の圧力

さらに「核開発グループ」の圧力も、インドの核開発の重要な推進要因であった(71)。

インドの核開発の歴史を見ていくと、「核開発グループ」が果たした役割が大きい。ここで「核開発グループ」とは、ＡＥＣ、ＢＡＲＣ、国防研究開発機関（ＤＲＤＣ）などの原子力開発機関のことである。インドの核開発の歴史は、これらの機関が核開発の個別の作業を進め、政治上の判断を要する段階に至ると、それを国家指導者に求め、国家指導者がゴー・サインを与えるというパターンで進められることが多かった。

前に挙げた、一九六四年のシャストリ首相による「平和的核爆発」に向けての研究開発の開始、一九八九年のラジブ・ガンディー首相による核爆発能力の兵器化の決定も、こうしたパターンに当てはまるものである。「核開発グループ」からの圧力があったとしても決断を下したのは国家指導者であるので、国家指導者の役割も念頭に置く必要があるが、「核開発グループ」からの働きかけが目立ったのはインドの核開発の特徴の一つであった。核開発の動機を三つのモデルにまとめたスコット・セーガンは、その一つとして国内政治上の要因を論ずる際、インドをその典型的な事例として挙げた[72]。

抑制要因

これまでインドの核開発の推進要因を見てきたが、抑制要因の方はどうだったであろうか。インドにおいて特徴的だったことは、核開発の抑制要因が強く働いていたことであった。

その最も重要なものは、規範的な要因であり、核の軍事利用を避けようとする道徳的な観念であった[73]。前にも述べた通り、インド独立時の指導者マハトマ・ガンディーは、非暴力思想に立脚しており、日本に対するアメリカの原爆投下を強く非難し、核兵器の非道徳性を訴えた[74]。その考え方は、その後のインドの指導者にも受け継がれた。独立後、初代首相の座に就いたジャワハルラル・ネルーは、核の軍事利用を避けようとする思想を持っており、こうした考え方は[75]、ネルーのみならず、その後任となったシャストリ、その後任でありネルーの娘でもあるインディラ・ガンディー、インディラの暗殺の後、後を引き継いだ息子のラジブ・ガンディーに引き継がれていた。

右に挙げた政治指導者は、いずれも国民会議派に属する政治家であるが、一九七七年に政権の座に就いたジャナタ党のデサイ首相もまた、核の軍事利用を避けようとする思想をより強く持っていた[76]。

このように、インドの政治指導者の中には、マハトマ・ガンディーの考えを受け継いでインドは平和、非暴力といった倫理の面で世界をリードすべきであり、核の軍事利用を避けるべきとの道徳的な観念が強い者が多く、こうした規範的な要因は、他の国にもまして核開発の抑制要因として働いた[77]。

インドが一九九八年の核実験の時点まで、核戦力を構築・配備しようとする考えはないとの立場を取ってきた大きな原因の一つは、この核の軍事利用を避けようとする思想の影響、これへの配慮によるものであった。

さらにインドが「平和的核爆発」との名目で核開発を進めた経緯を述べたが、核タブーによる倫理的な要因の他に、経済制裁を受けたりすることを懸念する経済的な利害に関わる要因、国際社会の主要国との関係の悪化を懸念する外交関係に関わる要因もインドの核開発の抑制要因として作用した。

「対内志向型の政策」「対抗的ナショナリスト」

インドは、一九四七年の独立以来、一九八〇年代半ばまでの間、経済面では、輸入代替工業化政策の推進、国内市場の保護と規制、外資の流入の制限、国産化の推進などを特徴とした混合経済体制を採用してきた。これは対内志向型の路線であり、インドは、対内志向型の政策を取る国の方が対外志向型の政策を取る国よりも核開発に向かいやすいというエテル・ソリンゲンの仮説が妥当する事例であったと言ってよい。また国家指導者の性向で言えば、「協調的」指導者の国民会議派の指導者から、「対抗的」指導者のインド人民党のバジパイ首相への交代が行われることによって、一九九八年の核実験の引き金が引かれたと見ることができる[78]。

3　核開発のプロセス

次に、インドが核開発を進めるに際して、技術の開発・取得をどのように行ったのかを見てみたい。

インドにおいても、核技術を既に手にしている外国からの技術の取得が鍵となった。既に述べた通り、インドの一九七四年の「平和的核爆発」は、プルトニウムを用いたものであったが、プルトニウムを効率的に生成する重水減速炉はカナダの技術・資金支援により、重水の提供はアメリカによりなされた。また、使用済み燃料からプルトニウムを分離する再処理施設は、アメリカの技術によるものであった。

一方、インドは、たとえば次の章で見るパキスタンのように、これらの技術導入を行うに際して、国際的な反対に直面することはなかった。それは、対象国の違いによるものというよりは、時期の違いによるものと言ってよい。インドの重水減速炉の導入は一九五五年、再処理施設の建設は一九五八年にそれぞれ決定された。この時期は、一九五三年のアメリカのドワイト・D・アイゼンハワー大統領の「平和のための原子力」演説を契機としてスタートした原子力拡大期であり、核拡散の懸念よりは、原子力開発を進めることが大きなテーマとなった時期であった[79]。時代の転機となるのは、一九六四年の中国の核実験であり、これを一つの契機として国際的な核不拡散レジームが整備されていくが、インドの場合には、それよりも前の段階で核爆発能力を獲得するための基盤、特に、最も難しい核分裂性物質を取得するための技術的基盤を整えることができた点が重要であった。

4　核開発阻止のための取り組み

安全の保証の提供

次に、インドの核開発を止めようとした側が、何を考え、どのように行動したのだろうか。特に、アメリカの動きを中心に見ていきたい。

通常は、核開発を止めるためには、核分裂性物質を取得するための技術的基盤の構築を抑えることが重要な課題になるが、インドの場合には、前記のように、これを早い段階でクリアしてしまっていたので、別の手段が求められることになった。インドの核開発を止めるための対応としては、安全の保証の提供、核不拡散レジームの二つが試みられた。これらを順に見ていきたい。

一九六四年の中国の核実験後、インドが核開発に動くのではないかと懸念された際、アメリカで検討されたのが安全の保証の提供であった。

核開発の動機としては、自国の安全の確保との動機が大きな部分を占める。そうしたことから、核開発を進めそうな国に対し、安全の保証を与えることによって、核開発の誘因を下げることが検討すべき課題となった。アメリカは日本に対してこのアプローチを取り、日本が核開発に向かうことを回避するため、日本に対して日米安保体制を通じて核抑止が働くことを再確認した[80]。一方、インドとの間では、アメリカによる保証、ソ連による保証、米ソによる保証、すべての核保有国による保証、交渉中のＮＰＴに関連づけた保証など様々な方法が検討され、討議されたが、結局、成案とはならなかった。[81]インドが非同盟政策を維持し続ける決意が強いことが限界となった。

ＮＰＴをめぐる論争

第二の手段は、核不拡散レジームであった。

中国をテーマとする第1章でも見てきた通り、アメリカにおいては、中国の核実験を受けて、核拡散について二つの考え方が示された。一つは、いずれの国であれ、核を保有する国が増加するのは、国際社会にとって危険であり、アメリカの利益に反するので、そうした核拡散が起こらないような仕組みを構築すべきとの「普遍的核不拡散論」であり、もう一つは、友好国が中国に対抗するために核を保有したり、アメリカの核の使用に関与したりすることは認められるべきではないかとの「選別的核拡散容認論」であった。[82]インドをどのように見るのかは、このどちらの立場をとるかによって、大きく変わってくる。インドが核を持つことは、この後者の「選別的核拡散容認論」の立場をとれば、中国への対抗という視点から支持しうる余地があるものとなるが、前者の「普遍的核不拡散論」の考え方をとれば、世界的な核拡散を助長しかねないことから支持し得ないとのこととなる。第1章でも触れたように、この「普遍的核不拡散論」と「選別的核拡散容認論」の論争は、アメリカの政策選択としては、「普遍的核不拡散論」に軍配が上がる形となった。これは、インドについても、核を持たせないという方向であった。

その流れの中でグローバルな取り組みとして推進されたのがＮＰＴであった。一九六四年の中国の核実験も一つの契機となって、ＮＰＴの作成が国際的な課題となっていたが、[83]これにインドを入れることはインドの核兵器保有を阻止するために決定的に重要であり、また、ＮＰＴが核不拡散レジームとしてどれほど有効かを決定づけることにもなると見られた。

インドもＮＰＴ作成のための交渉に参加したが、インドのＮＰＴに対する立場は、次の諸点を重視するものであった。[84]第一、核兵器または核兵器技術を他国に委譲しないという核兵器国の約束。第二、核兵器を保有していない国に対して核兵器を使用しないという約束。第三、核兵器能力を持つ国または持とうとしている国により威嚇される国の安全保障を確保するための国連を通じての約束。第四、包括的核実験禁止、核兵器と運搬手段の生産の完全な凍結ならびに現存の貯蔵の大幅な削減を含む軍縮に向けての具体的な進展。第五、核兵器を取得せず製造しないという非核兵器国の約束。

これらは、かなりハードルの高いものであり、スコープの狭い合意を目指したアメリカの立場とのギャップははっきりしていた(85)。

NPTの作成交渉は一九六六年から六八年にかけて本格化したが、インドは核兵器国の側から、核兵器および運搬手段の生産を停止し、核軍縮を追求することを約束させるとともに、安全の保証をとりつけようとした。また、インドは、「平和的核爆発」を実施する権利を確保することを目指した。こうしたインドと核兵器国との溝は大きく、一九六八年にNPT採択のための討議が国連総会で行われた際、インドはこれに反対票を投じた(86)。これによって、インドは自らをNPTの枠組みの外に置く姿勢を明確化し、NPTの枠組みによりインドの核兵器保有を阻止することは困難となった。

原子力供給国グループ（NSG）の発足

インドと核不拡散レジームとの関係を見ると、一九六四年の中国の核実験がNPTの作成に弾みをつけたように、一九七四年のインドの核実験が核不拡散レジームの強化を促した面に目を向けないわけにはいかない（この点については、第4章も参照(87)）。

この一九七四年の核実験では、カナダ、アメリカが提供した研究炉、再処理施設から生成・分離されたプルトニウムが核爆発装置で用いられた。この経験は、国際社会に核不拡散を確保するためには、NPTだけでは十分でないことを改めて知らしめた。そこで、原子力技術を持つ国の会合が持たれ（当初はロンドン会合と呼ばれたが、のちに「原子力供給国グループ」（NSG：Nuclear Suppliers Group）と呼ばれるようになった）、核開発につながり得る資機材のトリガーリストを作成し、厳格な輸出管理を行うこととした[88]。さらに一九九三年には、このNSGガイドラインが改正され、原子力専用資機材を提供するのは、包括的保障措置協定の締結国、すなわちNPT加入国に限ることが合意された[89]。これは、インドの核開発をきっかけとして作られた国際的な枠組みであり、インドを縛るというよりは、インド以降の核拡散を止めようとするものであった。

インテリジェンスの失敗

一九七四年の核実験の際も、一九九八年の核実験の際も、アメリカの情報コミュニティは、核実験が行われる可能性について予想を立てて、政策当局に対応を促すとの役割を十分に果たすことできなかった[90]。情報収集と分析の体制やあり方に関わる問題とともに、核拡散の問題に十分な政策上の配慮が払われておらず、他の地域問題、外交課題に政権としての優先度が与えられていたことが問題点として指摘された[91]。

5　核開発の影響

こうしたインドの核開発は、世界と地域にどのような影響をもたらしたのだろうか。

「平和的核爆発」――「顕在化」と「秘匿化」の中間的形態

核開発を行うに際しては、核爆発能力の獲得を「顕在化」させるか、「秘匿化」させるかの二つのパターンに分かれる。アメリカから始まって、ソ連、イギリス、フランス、中国までは、これを「顕在化」させたが、イスラエルはこれを「秘匿化」した。インドは、「平和的核爆発」という名目で核開発を行ったが、これは「核開発グループ」の側から率直な述懐があったように「平和的な性格ばかりのものではなかった」というのが実際の姿であり、軍事目的での核開発を行っているわけではないとの立場を取りつつ、国際的な批判、国内的な反対に対応しようとした点で「顕在化」と「秘匿化」の中間的形態と捉えられる。

「平和的核爆発」の方針を固めた一九六四年当時のインドは、「顕在化」要因も「秘匿化」要因も、ともに存在していた事例である。「顕在化」要因の方では、核威嚇を受けたわけではなかったものの、一九六二年に国境紛争で敗北を被った相手である中国が核実験に成功し、それに対抗する必要性が主張された（「脅威対応」要因）[92]。また、前記の通り、インドの核開発には国家の威信の観点からの動機もあったが、それを満たすためには、核爆発能力を獲得するに至ったことを対外的にアピールすることが求められた（「国際的地位」要因）。

一方、「秘匿化」要因の方を見ると、前記の通り、インドの政治家の中には、マハトマ・ガンディーの考えを受け継いで平和、非暴力への意識が高く、核の軍事利用を避けるべきとの道徳的な観念が強い者が多かったが、当時の首相のシャストリは、特に、そうした倫理の観点から、核兵器に反対する考えが強かったとされる（「規範」要因）[93]。さらに、インドの核・原子力開発はカナダ、アメリカの協力によってなされていたので、「軍事的核爆発」を進めることは、両国との関係を困難なものとするものであった（「外交」要因）[94]。インドが「平和的核爆発」という形式をとった背景について、パーコヴィッチは、前記の通り、（平和的核爆発を進めることで、当時の首相であった）「シャストリ自身の道徳上の原則を否定せずに済んだ。核爆弾を製造する計画を急に進めることによる経済的な大損害を避けられた。アメリカとカナダとの原子力協力の中断を招かずに済んだ[95]」と指摘しているが、インドが「平和的核爆発」という「顕在化」と「秘匿化」との中間的形態をとったことは、「顕在化」要因と「秘匿化」要因との相克の結果と言ってよいであろう。

このような考慮は、二回目の核実験を行い核爆発能力を軍事的に用いることを明確化した一九九八年の時点まで継続した。インドは、これに先立ち一九八九年の時点で核爆発能力を兵器化することを決断したものの、この時点ではそれを公にして核爆発能力を「顕在化」することはしなかった。これも同様の考慮によるものであった[96]。

インドは、一九九八年に二度目の核実験を行い、核爆発能力を軍事的に用いることを明確化して「顕在化」に転じた[97]。これは、パキスタンの核・ミサイル開発の進展により「脅威対応」要因が以前よりも高まったとの背景事情に加え、一九九八年二月から三月にかけての総選挙で、「核政策の見直し」を選挙綱領に掲げるインド人民党が勝利し、同年三月にバジパイ政権が誕生したことにより、従来の規範的な制約から離れて[98]、安全保障面でより強い姿勢を示すこと[99]や核保有国として国際的な地位を確立することを重視する方向への変化が生じたものと考えられる。また、この政権交代、指導者の交代によって、「顕在化」要因に対しより大きな評価を与え[100]、「秘匿化」要因に対しより小さな評価を与えるような形に「顕在化」要因と「秘匿化」要因とを比較考量して判断する仕組みに変化が生じたと見ることができる。

核ドクトリン草案

一九九八年の核実験を受けて、インドの国家安全保障諮問会議は、一九九九年八月、核ドクトリン草案を発表した[101]。この草案は、「信頼性ある最小限抑止」の考え方をとるとしつつ、それを達成するために必要な第二撃能力を確保するため、運搬手段として航空、地上、海上の「三本柱」を整備すべきであるとした。また、この草案は、「先行不使用」とともに、核兵器を持たず、核兵器国と同盟関係にない国に対しては核を使用しないとの「消極的安全保証」の考え方をとった。

この核ドクトリン草案は、その後、政府のものとして正式に採択はされなかったが、「インド国内の見解の最大公約数」を示すものと見られた[102]。この草案については、なぜ冷戦時の米ソのように「三本柱」を整備しなければならないのかとの指摘とともに、国内向けに核大国を目指す姿勢を示す一方、国際的な反応に無頓着であり、かえって安全保障環境を悪化させる内容になっているのではないかとの批判がなされた[103]。

二〇〇三年、インド政府は、公式の核ドクトリンの一部を示したプレス・リリースを発表した[104]。これは、一九九九年草案をベースとしつつ、いくつかの点で変更点を含んでいた。たとえば、インドへの核攻撃に対する「大量」報復概念の導入、生物・化学兵器による攻撃に対して核の先行使用があり得るとしたことが主な変更点であった。

二〇一四年四月から五月にかけて行われた総選挙によって、長く政権の座にあった国民会議派が敗れ、インド人民党のナレンドラ・モディ政権が誕生することとなった。インド人民党は、前回政権に就いていた一九九八年に核実験を行い、また総選挙の選挙公約で「核政策の再検討」を掲げただけに核政策の行方が注目されたが、モディは総選挙前に核兵器の先行不使用については変更しないとの立場を述べ、政権発足後も核政策のいかなる見直しにも着手していないと慎重な姿勢を示した。

インドは、核戦力の現状をフルに情報開示しているわけではないが、二〇一五年の時点で核弾頭の数は一一〇から一二〇発と推計されている(105)。

核兵器の運搬手段としては、前記の考え方に沿って航空、地上、海上の「三本柱」の構築を進めている(106)。最初に運用可能となったのは航空機によるものであり、一九九四年に戦闘機ミラージュ二〇〇〇による核爆弾の運用が可能となった。ミサイルでは、一九九七年に短距離ミサイルのプリトビへの核兵器搭載が可能となったのに続き、核実験が行われた翌年の一九九九年に中距離ミサイルのアグニⅡ号の発射に成功した。このアグニⅡ号は、核兵器搭載が可能と見なされている。さらにインドは、固定燃料推進のアグニ・ミサイルの開発を進め、アグニⅢ号、アグニⅣ号、アグニⅤ号のそれぞれの射程は、三〇〇〇キロ、四〇〇〇キロ、五〇〇〇キロとされる。射程五〇〇〇キロとなると、中国のみならず、インドネシア、フィリピンまでも射程に収める形となる。またインドは、海上発射ミサイル（原子力推進弾道ミサイル潜水艦、海上発射型弾頭ミサイル）の開発も進め、「三本柱」の実現に向けて着々と歩みを続けている模様である。

前記も踏まえて、インドの核態勢を考えてみると、インドは、一九八〇年代後半に核兵器を運用し得る体制の構築や核の兵器化に着手して以降、不透明・不活性抑止の核態勢をとってきたが(107)、一九九八年の核実験を機に、確証報復抑止に移行したと捉えられるものと考えられる(108)。この二度目の核実験によって核能力を軍事的に用いることを「顕在化」させたので、「不透明性」に縛られる必要がなくなり、紛争勃発時にパキスタンからの核による攻撃（パキスタンは核の先行使用もあり得るとの前提に立っている）に備える必要性から、確証報復抑止に移行したものと考えられる。

核開発と安全保障環境

インドの核開発によって、インドの安全保障環境はどのように変化したのだろうか。

まず、パキスタンとの関係について見ると、核開発によって、インドの安全保障環境が改善したのかは簡単には答えが出ない。パキスタンとの関係では、通常戦力においてはインドがかなり優位に立っていると見られているが、[109]それだけにパキスタンは、核兵器においてインドに対する有効な攻撃手段を確保しようとし、これに対して、インドが対応措置をとろうとするとの構図となっており、軍備競争に歯止めがかかりにくい状況となっている。

インド、パキスタンの核実験から一年も経たない一九九九年二月、バジパイ首相はパキスタンのラホールにバスで向かい、パキスタンのナワズ・シャリフ首相と二日間にわたって会談し、ラホール宣言を発表した。[110]このラホール宣言は、印パ両国が懸案の解決のための対話を強化していくことを謳ったものであるが、特に、弾道ミサイル発射の際の相互通知、原則としてさらなる核実験を行わないとのコミットメントがなされたことは両国関係においても大きな意味を持つものであった。

一方、このラホール宣言から三カ月しか経っていない一九九九年五月、カシミールのカルギル地区で再び両国の衝突が起こった。[111]パキスタン軍およびカシミールの反インド政府活動家が管理ライン（停戦ライン）を越えてインド軍の駐屯地を占領し、両軍が衝突したものであるが、前年の一九九八年一〇月にパキスタンの陸軍参謀長の座に就いたパルヴェーズ・ムシャラフが立案した作戦とされる。このカルギル紛争は印パ双方が核実験を行った後の最初の両国間の紛争であった。

インドとパキスタンの両国が核兵器を保有したことが、地域の安全保障環境にどのような影響を与えたのかについては、安全保障専門家の間で議論が分かれる点である。

「拡散楽観論」（proliferation optimist）の立場からは、「軍事衝突が核戦争にエスカレートすることを避けるべく相互抑止が働くので、両国の核兵器保有は軍事衝突を起こしにくくした」と主張される。[112]他方で、「拡散悲観論」（proliferation pessimist）の立場からは、「軍事衝突は、相手の意図の誤解など様々な要因で起こりうるので、両国の核兵器保有は、核戦争のリスクを高めた」と指摘される(113)。

拡散楽観論の主な論拠は、両国が事実上、核兵器を保有した後に起こった両国関係の緊張が核戦争に至らずに事態が収拾されたという点がある。一九九〇年のカシミールをめぐる事態がその一つの事例である。また前記のラホール宣言も、拡散楽観論に一つの論拠を提供するものであった。

一方、ラホール宣言の直後に行われたカルギル紛争は、核兵器の保有が両国の紛争を抑止するわけではないことを改めて示した。これは拡散悲観論を裏打ちするものとなった。核戦争が起こった時の被害・影響の甚大さを考えれば、両国の核兵器保有は南アジアの安全保障環境を悪化させたと見るべきであろう。

安全保障のトリレンマ

ここまでパキスタンとの関係について述べてきたが、インドにとってパキスタンとの関係とともに、中国との関係が重要である(114)。インドが前記の通り、海上発射ミサイルを含めて「三本柱」の構築に努めてきた背景には中国が戦略上の相手国として意識されていることがあると見られる(115)。

冷戦期には、米ソは安全保障のジレンマ（一方が安全保障を高めようとする行為が他方にとって脅威となる）に対応することが必要であったが、現在の国際関係においては、各国は、安全保障のトリレンマ（A国がB国に対して安全保障を高めようとする行為がB国のみならず第三国であるC国にとっても脅威となる）に対応することが求められると指摘される(116)。これが典型的に当てはまるのが、インド、中国、パキスタンの関係である。インドは、「信頼性ある最小限抑止」を標榜しているが、中国、パキスタンとの関係を考えると、「中国との関係で信頼性のある抑止はパキスタンに対しては最小限ではなく、パキスタンとの関係で最小限の抑止は中国に対しては信頼性のあるものとはならない」難しさが存在する(117)。

このようにインドにとって、中国、パキスタンという二つの国を戦略上の相手国として抱える中、どのようにして軍拡競争を止めるかは容易ならざる課題である。

核をコントロールできるか

本章の冒頭で、インドの核開発の動機の一つが、「国家の威信」に関わるものであったことを見た。インドの国内においては、核開発は達成感を持って受け止められたが(118)、インドの国外において、核開発がインドの「威信」を高めたかは簡単に答えが出ない問題である。

インドは、公然と核を兵器化したことによって、戦後、ネルーの時代から唱えてきた核兵器反対の立場に自ら背を向け、これにより、インドは、外交上のアセット（資産）の一つを失うことになった。さらにＮＰＴのような普遍性の高い国際条約の枠外に身を置くこととなった点は、国際的な孤立の一面があることは否定のしようがない。

インドの場合には、一九九八年までは核の軍事利用を避けようとする思想が核開発のスピードと程度を抑えるブレーキの役割を果たしていたが、一九九八年の核実験でこの「禁忌」を破ってからは、このブレーキが存在しない状況となった。また、核兵器を持つということは、これを管理するとともに、質量ともに拡充しようとする組織が生まれるということである。ましてやインドは、中国とパキスタンという二つの戦略上の相手国を抱え、前者は自国よりも強大な核戦力を持ち、かつ、それを拡大しており、後者は通常戦力の不利を核兵器によって補うため非常に攻撃的な核ドクトリンを持ち、かつ、世界でもっとも拡大ペースが速い核戦力を持っている中、歯止めの利かない核軍拡に陥る危険性が存在する。

インドにとって、核兵器が安全保障上持つ意味を常に見つめ直し、それが安易に極大化しないようにすることが今後ますます重要になってくるものと考えられる。

「インド・モデル」の意味合い

最後に核開発モデルとしてインドの持つ意味に触れておきたい。

インドは、ＮＰＴの枠外で核開発を進めた三カ国（インド、パキスタン、イスラエル）、ＮＰＴからの脱退を宣言して核開発を進めた北朝鮮を含めた四カ国の中で、国際社会との距離が最も近い国である。

二〇〇五年、インドの核実験をきっかけとして発足したＮＳＧの枠組みに大きな影響を与える決定がアメリカ政府により行われた[119]。第二期ジョージ・Ｗ・ブッシュ政権がインドと原子力協力を進めるとの方針を明らかにしたのである。これは、核不拡散を実効あるものとするため、原子力協力の相手先をＮＰＴ加入国に限っていたＮＳＧに大きな見直しを求めることとなった。

二〇〇七年、原子力協力についての米印間の協議が整い、二〇〇八年、ＮＳＧ総会において、インドの取り扱いが議論された。インド側は、核実験モラトリアムの継続、原子力施設の軍民分離、ＩＡＥＡ保障措置の適用拡大などを内容とする「約束と行動」を表明し、ＮＳＧ総会は、ＮＰＴ加入国以外とは原子力協力を行わないとするルールについて、インドを例外とする措置を決定した。

ＮＳＧにおけるインドの例外化措置は、核・原子力の分野において、国際社会とインドとの関係を近づけるものであった。インドが前記の「約束と行動」を表明したことは、ＮＰＴへの加入と同等ではないとしても核不拡散の分野で意味あるコミットメントを行った点で前向きに評価できるものである。一方、ＮＰＴの枠外に身を置いて核保有国となる道を選んだインドにＮＰＴ加入国と同じ地位を与えることについては、ＮＰＴを中心とする核不拡散レジームに悪影響を与えるとの批判も提起されている。

このように、核開発モデルとしての「インド・モデル」は、独自の道を歩んでいる。インドは、ＮＰＴの枠外に身を置いて核を保有するとともに、国際社会との良好な関係を維持するという二律背反を実現しつつあるかのようである。「インド・モデル」をどう見るかは、今後も引き続き議論されるべきテーマであるが、それを考える際には、インドの後を追いかける国が生まれる可能性やその評価をも視野に入れるべきであろう。

第4章　パキスタン――二つの危険な核拡散

パキスタンは、国際社会が直面してきた最も深刻な核拡散の事例の一つである。(1)

パキスタンは一九七一年に戦略上の相手国であるインドとの第三次印パ戦争に敗れて、東パキスタンを失ったことを契機に核開発に踏み切った。核不拡散条約（ＮＰＴ）に加入せず、アブドゥル・カディル・カーン（Ａ・Ｑ・カーン）博士による非合法な地下ネットワークを活用し、また中国の支援を得て、核開発に成功した。それにより、パキスタンは、経済大国でなくとも、技術先進国でなくとも、核開発に成功しうることを示した。パキスタンは、一九九八年に、インドに引き続き核実験を行うと、その後、きわめて速いスピードで核戦力を増強しており、インドの核増強と相まって南西アジアを核リスクのきわめて高い地域としている。

また、Ａ・Ｑ・カーンによる非合法な地下ネットワークは、「パキスタンへの拡散」のみならず、「パキスタンからの拡散」をも生み出した。「パキスタンからの拡散」の対象国として、リビアの他に、イラン、北朝鮮が含まれていることを考えると、その影響は現在にも及んでいる。その意味でパキスタンは、二つの危険な核拡散が交錯する国と言える。

この章では、そうしたパキスタンの核開発の経緯を見ていきたい。

1　核開発の動機

ムルタン会議

パキスタンの首都イスラマバードの南西四〇〇キロのところにムルタンという町がある。一九七二年一月二四日、パキスタン大統領のザルフィカル・アリ・ブットーは、そのムルタンの町で、パキスタンを代表する科学者と軍の幹部を前にしていた。(2)

パキスタンは危機にあった。前年の一九七一年に、インドと三度目の戦争をし、屈辱的な敗北を喫していた。その敗北によってパキスタンは、一九四七年の独立以来の国土のうち、面積では一六%であるものの人口では五三%を占める東パキスタンを失い、バングラデシュとして独立することを容認することを余儀なくされた。

ブットーは、五週間まえに軍の支持を受けて大統領に就任したばかりであった。ブットーは、核開発推進派として知られていた。その七年前の一九六五年、『マンチェスター・ガーディアン』紙に次のように述べたことが知られている。(3)

「もしもインドが核爆弾を持つのであれば、われわれは、草を食べ、葉を食べなければならないとしても、飢えることになろうとも、核爆弾を製造しなければならない。われわれには、他の選択肢は残されていない。核爆弾に対する答えは、核爆弾しかないのだ」。

ムルタン会議では、若い科学者たちがブットーに対して核開発の必要性を訴えた。ブットーは参加者に語りかけた。「もしも、インドが核爆発をやるのであれば、皆さんはやってくれると思う。それには、何年かかるだろうか」。場内は興奮状態に陥った。ある者は三年と言い、ある者は五年と言い、ある者は一〇年と言った。ブットーは言った。「よろしい。五年だな。私が資金と施設を用意する。皆さんは、やってくれるな」。

フェローズ・ハッサン・カーンは、パキスタンの核開発の歴史をとりまとめた『草を食べても――パキスタンマド・カーンに交代させた。[5]このムルタン会議が、パキスタンが核開発に向かって進んでいく分岐点となった。[6]

ブットーは、この会議で、もう一つの重要な決定を発表した。パキスタン原子力エネルギー委員会（PAEC）の委員長のポストから核開発慎重派のイシュラト・フセイン・ウスマニを解任し、核開発推進派のムニール・アーマド・カーンに交代させた。

部の軍備管理・軍縮課長を務めた人物であり、この著書のタイトルは、前記のブットーの言葉に由来する。

ン・カーンは、パキスタン陸軍に三〇年にわたって勤務し、パキスタンの核運用の司令塔の機能を果たす戦略計画

核爆弾の誕生』（未邦訳）と題する著書でムルタン会議の模様をそのように記している。[4]なお、フェローズ・ハッサ

推進派と慎重派

このムルタン会議から約七年前の一九六四年一〇月に中国が核実験を行って以来、パキスタンの国内では核開発についての賛否が論じられていた。

核開発推進派の主な議論は次のようなものであった。[7]第一に、中国が核実験を行ったことで、今後、インドは必ずや核を持とうとするであろう。現に、インドの重水減速炉や再処理施設には、国際原子力機関（IAEA）の保障措置がかかっていない。インドの核武装に対抗する必要がある。第二に、パキスタンは、中央条約機構（CENTO）、東南アジア条約機構（SEATO）という二つのアメリカを中心とする集団安全保障機構に参加し、アメリカと二国間の相互防衛条約（一九五四年）と相互安全保障条約（一九五九年）も結んでいるが、国の安全を確保するのに、アメリカとの安全保障だけに頼っているわけにはいかない。大国は、いざというときに助けてくれないかもしれない。自ら自分の国を守る必要がある。第三に、今後、国際的な核不拡散の議論が展開していき、核・原子力分野の貿易が厳しく制限されるかもしれない。「機会の窓」はいつまでも開いていないかもしれない。「今やらなければ、決してできない」（"Now or Never"）。早いうちに着手する必要がある。第四に、通常戦力におけるインドとの戦力ギャップは、ますます広がっている。これにインドが核武装したら、手がつけられないことになる。核武装で対抗する必要がある。

前述のフェローズ・ハッサン・カーンは、こうした核開発推進派を「核爆弾ロビー」(bomb lobby) と呼んだが、[8]一九六三年から外務大臣を務めていたザルフィカル・アリ・ブットーは最も急進的な「核爆弾ロビー」であった。

一方、核開発慎重派の主な論拠は、次のようなものであった。[9]第一に、パキスタンにとってアメリカとの同盟関係は重要であり、この関係は脆弱な状況にある。核開発は対米関係を損なう可能性がある。第二に、パキスタンの経済発展のためには、世銀や国際通貨基金（ＩＭＦ）との良好な協力関係が必要であるが、核開発を行えば、こうした機関からの支援は受けられなくなる。第三に、核開発に踏み切れば、アメリカなどから得ている武器、装備品、軍事援助が得られなくなり、通常戦力におけるインドとの軍事バランスを悪化させることにつながる。第四に、核兵器を保有したり、核をめぐる軍事競争をしたりするのは、十分な資力を持った大国が行うことであり、パキスタンにはそのような余裕はない。

こうした論争がある中、一九五八年から六九年まで軍政下で第二代大統領を務めたムハンマド・アユーブ・カーンは、核開発に踏み切ることはなかった。核開発を否定したというよりは、核開発の決断を行うことを避けたと評されている。[10]また、その後任となった第三代大統領のアガ・ムハンマド・ヤヒア・カーン（在任一九六九～七一年）も、また、核開発の判断は下さず、この判断は、第四代大統領のザルフィカル・アリ・ブットーに引き継がれた。

事態の変化

中国が核実験を行った一九六四年一〇月の後、ムルタン会議の一九七二年一月に至るまでの約七年間に、前記の核開発推進派と慎重派との綱引きに影響を与える動きがいろいろと起こった。

第一は、インドとの間で、一九六五年と一九七一年の二度にわたって戦争をし、ともに破れたことである。特に一九七一年の第三次印パ戦争では、前述のように、パキスタンは、東パキスタンを失うという屈辱と苦痛を味わった。フェローズ・ハッサン・カーンは、次のように述べる。[11]「パキスタンの歴史において、一九七一年の屈辱的な敗北ほど、消し去ることのできない傷跡を残したものはなく、それが今日のパキスタンの戦略思考の基本テーマとなった。破滅的な軍事的敗北を味わい、自らのアイデンティティと生存の危機に立たされたパキスタンの国家と社会は、このような屈辱をまた味わうようなことを決して再び許してはいけないという怒りに満ちた決意を固めるに至った。」

「決して再び起こしてはならない」(Never Again) という考えは、他の国が核開発を進めるに当たっても頻繁に見られるものであるが、パキスタンについては、インドからの屈辱的な敗北にそのような気持ちが込められた。

第二は、一九六五年、一九七一年の二度のインドとの戦争の際、頼りにした大国との関係が役に立たなかったことである。[12] パキスタンは、前述のようにアメリカと同盟関係を結んでいたが、いずれの戦争においても、パキスタンを敗北から救うのに役に立たなかった。パキスタンにしてみれば、これらの同盟に参加したのはインドの脅威に備えるためであったが、アメリカは、これらの同盟関係をもっぱら米ソの対立関係の観点から見ており、個々の国が抱く安全保障上の脅威に目を向けようとしなかった。

第三は、NPTが採択され、発効したことである。NPTについての議論は、一九五八年のアイルランド提案など以来、議論がなされてきたが、一九六四年の中国の核実験も一つのきっかけとなって米ソ両国が本腰を入れるようになり、一九六八年七月に署名のために開放され、一九七〇年三月には発効するに至った。パキスタンにおいて議論されていたように、「機会の窓」が開いている時間は、そう長く残されていないものと思われた。

ザルフィカル・アリ・ブットー

これらの要因は、いずれも、核開発推進派の論拠を強めるものであった。特に一九七一年の第三次印パ戦争における敗北後、軍部において核開発推進派が勢いを増した。[13]

こうした中、決定的であったのは、ザルフィカル・アリ・ブットーの大統領就任だった。[14] ブットーは、シンド地方のカラチ近くの富裕な大貴族の息子であり、カリフォルニア大学バークレー校とオックスフォード大学のクライストチャーチ・カレッジで学び、弁護士となった。一九五八年に三〇歳の若さでアユーブ・カーン政権の閣僚に起用されると、一九六三年には外務大臣に就任した。ブットーには、さわやかな弁舌とカリスマ性があった。ヘンリー・キッシンジャーは、ブットーを「才気のある、魅力的な人物で、国際的なものの見方に優れていた」と評した[15]。「私は、国家を作り、国民に奉仕し、迫り来る破滅を克服するために生まれてきたのだ」。ブットーは後に、獄中からそのように書いた[16]。ブットーは、そうした自信と自負を持って、大統領に就任した。

そして大統領に就任したブットーが真っ先に行ったことの一つは、かねてからの自らの主張に従い、核開発の方針を固めたことであった。

核開発の推進要因と抑制要因

これらのことからすると、パキスタンを核開発に駆り立てた要因は、安全保障上の考慮であったと言ってよい。特に通常戦力において、戦略上の相手国であるインドとの間で劣勢に立っていたこと、一九七一年の戦争において決定的な敗北を喫していたこと、アメリカとの同盟関係が対印戦争において役に立たない点が明らかとなったことが大きかった。

一般に核開発の推進要因としては、安全保障上の考慮のほか、国家の威信、国内政治上の要請が挙げられる。これらは、パキスタンについてみれば、安全保障上の考慮に比して二次的な意味合いしか持たなかった。核においてもインドと同等の地位を得ようとする意識、インドからの敗戦の後で新しいアイデンティティを持ち、敗戦の後も国内政治上重要な存在である軍部の威信を保全する必要性といった要因も存在したが[17]、圧倒的に重要だったのは安全保障上の考慮であった。

一方、核開発の抑制要因との関係はどうだろうか。規範的な要因については、パキスタンにおいては、核兵器は非人道的な兵器であり、持とうとすべきではないという核タブーのような考え方は希薄であり、NPTについては、成立（一九六八年）、発効（一九七〇年）後、まもない時期であり、多くの主要国がまだこれに加入しておらず、強い規範力を示すには至っていなかった。経済的利害に関する要因、外交関係に関する要因については、前記の核開発慎重派の論拠にあるように、意識はされていたが、問題は安全保障上の考慮と比べてどちらを重く考えるかの判断であった。

国家指導者の果たした役割

そこで、核開発の推進要因と抑制要因の双方を比較考量して判断する仕組みが重要であるが、ここにおいて、ザルフィカル・アリ・ブットーの登場によって、重要な変化が生まれたと見ることができる。ジャック・ハイマンズは、指導者の「国家アイデンティティ概念」を「対抗的」か「協調的」かの軸、「ナショナリスト」か「従属容認派」かの軸の二つで捉えて、「対抗的ナショナリスト」（国際関係を対抗的な性格のものと捉え、自国を他国と同等ないしより優れた存在と見る者）のみが核開発に向かうと指摘したが（序章参照）、ザルフィカル・アリ・ブットーは、前々任のアユーブ・カーンや前任のヤヒア・カーンと比較して、より「対抗的」な性格が強く、また同時に、より「ナショナリスト」の性格が強かった。ザルフィカル・アリ・ブットーは、安全保障上の考慮を優先し、いくつかの抑制要因を振り切って、核開発の道に歩みを進めていった。

2　核開発のプロセス

パキスタンの核開発のプロセスを振り返ってみると、次の四つの時期に分けて考えることができる。

第一期：ムルタン会議（一九七二年一月）からA・Q・カーンの活動の本格化まで（一九七四年末）

第二期：A・Q・カーンの活動の本格化（一九七五年初め）からソ連のアフガニスタン侵攻まで（一九七九年一二月）

第三期：ソ連のアフガニスタン侵攻（一九七九年一二月）からカシミールをめぐる緊張まで（一九九〇年）

第四期：カシミールをめぐる緊張（一九九〇年）から核実験まで（一九九八年）

これまでの章では、核開発国の動きを見た上で、国際社会の側の動きを見てきたが、パキスタンについては、この双方が分かちがたく関連しているため、時の流れを追って双方の動きをみていきたい。その上で、次の節で、国際社会の側の対応について整理しつつ取りまとめることとしたい。

第一期：ムルタン会議からカーンの活動の本格化まで

核開発を進めることとしたパキスタンにとって取り組むべき課題としては、資金の調達、技術と資機材の調達の二つがあった。ブットーは、ムルタン会議で科学者たちに対し「私が資金と施設を用意する」と約束したが、早速、資金の調達に向けての行動を開始した。

ブットーは、ムルタン会議から数週間後、二〇カ国歴訪に出かけた。[18] 中東・北アフリカでは、イラン、サウジアラビア、アラブ首長国連邦、トルコ、シリア、モロッコ、エジプト、アルジェリア、チュニジア、リビアを訪問した。中国にも立ち寄った。

これらの国への歴訪の際、ブットーは、西側諸国の裏切りとその偽善を非難した。ＣＥＮＴＯとＳＥＡＴＯの忠実な加盟国であったにもかかわらず、アメリカも、これらの機構への参加国も、パキスタンが力ずくで東パキスタンを奪われた時に何もしてくれなかったことへの恨みを述べた。

ブットーのこの歴訪は、外交方針の転換を意味していた。[19] 従来のアメリカとの緊密な関係を中心とする外交方針を改め、アラブ・イスラム諸国や中国との関係により重点を置くこととしたものだった。

この歴訪には、こうした表向きの理由の他に、秘められた意図も隠されていたようである。それは、核開発についての資金援助を得ることであった。[20] そのためにブットーは、「イスラムの核爆弾」という説得材料を使ったと見られている。リビア、サウジアラビア、イランが資金援助を行ったのではないかと指摘されている。

リビアとの関係は、この歴訪でのムアンマル・アル・カダフィ大佐との会談によって深まった。リビアとは、その後、協議を重ね、リビアが資金とウラン鉱石、イエローケーキを提供し、パキスタンは、リビアの原子力科学者の育成に協力することが合意されたと言われる。[21]リビアは、資金提供などの見返りとして、完成した核爆弾の引き渡しを求めたとも指摘される。

インドの核実験の影響

パキスタンにとって、核開発のための技術と資機材を獲得することは容易なことではなかったが、インドの核実験がそれをさらに困難なものとした。

ブットーがムルタン会議で核開発の方針を固めた二年後の一九七四年五月、インドが核実験を行った。インドは「平和的核爆発」のための核実験であることを標榜したが、パキスタンには、まやかしにしか聞こえず、自らも核開発を行うことが必要であるとの確信を強めるものであった。[22]

一方、インドを取り上げた第3章でも触れた通り、インドの核実験がもたらした帰結の一つは、核をこれ以上拡散させないための核不拡散レジームの強化の動きであり、とりわけ原子力資機材と技術の輸出管理を国際的に強化する動きであった。[23]これが、これから核開発を進めようとしたパキスタンを直撃した。一九七〇年に発効したNPTには核物質、設備および、資材の輸出管理についての規定があり、その具体的対象と方法を協議することをスイスのクロード・ザンガー教授が提唱し、一五カ国によるザンガー委員会が作られていた。同委員会は、インドの核実験を受けて、一九七四年八月、NPTに加入していない国への核物質、設備、資材の輸出を規制するためのリスト（トリガー・リスト）を作成した。[24]また一九七五年四月には、アメリカの呼び掛けにより、主要原子力供給国が原子力資材および技術の輸出政策に関し意見交換を行うための「ロンドン会合」が開催され、この集まりはのちに、「原子力供給国グループ」（NSG）と呼ばれるようになった。[25]同会合での討議によって、一九七八年一月に原子力資材、技術などの輸出についての輸出規制措置（NSGガイドライン）が取りまとめられた。[26]

各国のパキスタンとの原子力協力の見直し

インドの核実験は、当然のことながら、パキスタンが核開発に向かうのではないかとの懸念を呼び、各国は、パキスタンとの原子力分野での協力を見直そうとの動きとなった[27]。

当時パキスタンは、核開発の観点からも重要ないくつかの原子力関連プロジェクトを進めようとしていたところだった。パキスタンは、カナダから重水減速炉（「カラチ発電所」（KANUPP）と呼ばれていた）を導入していたが、そのKANUPPのための燃料製造施設をカナダとの協力で、KANUPPのための重水製造施設を西ドイツとの協力で、また、使用済み燃料を再処理するための施設をフランスとの協力によって建設しようとしていた。

インドの核実験によって、これらのプロジェクトが皆、影響を受けることとなった。カナダと西ドイツはこれらの施設への協力を停止した[28]。カナダは、一九七六年一二月、KANUPPのための燃料、重水、スペアパーツ、技術支援の一切を停止した[29]。突然の人員の引き揚げは、パキスタンにとって、KANUPPの安全操業を危険にさらすものであった。パキスタンは、原子力安全の観点からの嘆願を行ったが、聞き入れられなかったという[30]。これは、カナダの立場から言えば、それまでの核不拡散へのあまりに無頓着な姿勢を改めたということであるが、パキスタンには、西側諸国に裏切られたという感情を残した。

フランスからの再処理施設の導入は、大きな問題に発展した[31]。PAECは、フランスのSGN社との間で、パキスタンのシャスマに再処理施設を建設するための契約を交わしていた（一九七三年三月に基本設計のための契約が成立し、一九七四年一〇月に詳細設計と施設建設についての契約が成立した）。一方、インドの核実験によって、パキスタンが再処理施設を持つことについての懸念が高まり、フランスは、この再処理施設の建設を躊躇するようになった。

当時、パキスタンの科学者が考えていたのは、プルトニウムによる核爆発装置の製造であった。KANUPPでウラン燃料を燃やすと、その使用済み燃料の中にはプルトニウムが生成される。一方、再処理施設ができないことには、この使用済み燃料の中に含まれているプルトニウムを取り出して、核爆発装置に結びつけることができない。「プルトニウム・ルート」は、危機に瀕することとなった。

ここで登場したのが、核爆発装置のためのもう一つの道である「ウラン・ルート」の知識を持ったＡ・Ｑ・カーンであった。

第二期：カーンの活動の本格化からソ連のアフガニスタン侵攻まで

Ａ・Ｑ・カーンは、一九三六年生まれであり、一九五七年にパキスタンの理科大学を卒業したが、パキスタンでの自分の将来に不安を感じ、一九六一年にドイツに留学した[32]。カーンは、一九六三年、ベルリンの工科大学からオランダのデルフトの工科大学に転学し、冶金学を専攻した。一九七一年、カーンは、オランダ政府の委託を受けてウラン濃縮のための新しい遠心分離機を開発している物理力学研究所（ＦＤＯ）に就職した。ＦＤＯは、オランダに本社を置くイギリス、ドイツとの合弁会社の原子力企業ウレンコの関係機関であり、ここでカーンは、ウラン濃縮の最先端の技術に触れることとなった。

Ａ・Ｑ・カーンが、パキスタンの核開発に関与するきっかけが生まれたのは、一九七四年のことであった。一九七一年の第三次印パ戦争でのパキスタンの敗北、バングラデシュの分離独立に大きな衝撃を受けたカーンは、母国を強くするために自分の知識を役立てたいと思うようになった。一九七四年五月のインドの核実験の後、カーンは、面識もコネクションもなかったが、ブットーあてに手紙を書き、自分は、ヨーロッパで最新式の設備の設計に携わっているウラン濃縮の専門家であり、母国の役に立ちたいと訴えることにした。一九七四年八月に手紙を出したが、なしのつぶてであった。カーンは、あきらめずに、同年九月に再度ブットーに手紙を出した。この二度目の手紙が、ブットーの目に留まった。

Ａ・Ｑ・カーンは、一九七四年末から、ＦＤＯで得たウラン濃縮の技術情報をパキスタンに提供する作業に取りかかり、ついで資機材の調達のネットワークを構築し始めた[33]。カーンは、パキスタンにウラン濃縮施設を建設する計画を指揮することとなった。カーンは、当初オランダとパキスタンを行き来しながら、これを進めていたが、一九七五年末にはアムステルダムを引き払った。カーンの活動は、オランダの国家治安局に知られ、スパイ容疑で逮捕される寸前であった。

Ａ・Ｑ・カーンは、ウラン濃縮施設の建設計画を進めるため、ブットーに対し、この計画の実施をＰＡＥＣの管轄から切り離し、カーンに全権を与えること、必要な経費は財務省の予算管理と関わりなく自由に使えるようにすることを求め、一九七六年七月にその了解を得た[34]。カーンは、自らの事業を遂行するため独立した研究所を立ち上げることを認められ、この研究所は後にカーン調査研究所（ＫＲＬ）と改称された。ＰＡＥＣとＫＲＬは、その後、核開発の主導権争いを演じることになる。

キッシンジャーとブットーの対決

パキスタンの核開発を止めるべく、アメリカも動き出した。アメリカは、まず、フランスからの再処理施設の導入をやめるようにパキスタンに働きかけた。

フランスとパキスタンは、一九七六年三月、シャスマの再処理施設について、ＩＡＥＡの保障措置の適用対象とすることで合意し、この保障措置協定は、一九七六年三月のＩＡＥＡ理事会において承認された。アメリカの代表も、これに賛同した。

一方、この年の六月、この流れを変える動きがアメリカ議会で起こった。アメリカ議会は、濃縮または再処理技術を輸入したＮＰＴ非締約国に対して援助を行うことを禁ずるという条項を対外援助法案に加えた。これは、スチュアート・サイミントン上院議員（民主党）が推進したことから、サイミントン修正条項と呼ばれた[35]。

当時、アメリカは、ジェラルド・Ｒ・フォード政権の時期であり、国務長官はキッシンジャーであった。キッシンジャー国務長官は、一九七六年八月にパキスタンを訪問し、再処理施設の導入を断念させようとした[36]。再処理施設の建設をあくまでも進めようとするのであれば、サイミントン修正条項が適用され、対パキスタン援助は止まることになる。もしもこの建設を断念すれば、パキスタンの国防能力強化のため、Ａ-7攻撃爆撃機を供与する。これが、キッシンジャーが準備した説得材料であった。

当時アメリカは、大統領選挙戦のさなかであった。現職のフォード大統領（共和党）への対抗馬は、ジミー・カーター（民主党）であり、カーターは、フォード政権の核不拡散に無頓着な姿勢を攻撃しており、フォードもキッシンジャーも、パキスタンの核開発を阻止するための強い姿勢を示す必要に迫られていた。[37]

ブットーは、再処理施設の建設断念を求めるキッシンジャーの申し入れを拒絶した。「キリスト教徒が、ユダヤ教徒が、ヒンドゥー教徒が、それに共産主義者までが核兵器を保有しているのに、なぜイスラム教徒は除外されなければならないのか」。それがブットーの思いだった。[38] このブットーの拒否姿勢に対し、キッシンジャーは、ブットーに対して、「シャスマをあきらめろ。さもないとお前をひどい目に遭わせてやる」と脅したとブットーは、後に発言している。[39]

西側諸国のパキスタンに対する姿勢が厳しくなるのと裏腹に緊密化が進んだのが、中国との関係であった。中国のパキスタンに対する協力については不明な点が多いが、両国の協力関係は一九七四年に開始され、両国は一九七六年に秘密の合意を取り交わしてこれを定式化したと言われる。[40] 中国のパキスタンに対する協力は、当初はKANUPPについてのものに限定されていたが、一九八〇年代には、協力のスコープが拡大され、核開発に対する直接の支援が開始されたと指摘される。この中国のパキスタンに対する協力は、ソ連の中国に対する協力（第1章）、フランスのイスラエルに対する協力（第2章）と並んで、きわめて広範な内容であり、それぞれの国の核開発に直結した点でも重要な意味を持つものである。[41]

カーター政権とジアウル・ハク政権

一九七七年、アメリカにおいても、パキスタンにおいても、政治指導者が交代したが、両国の対立はますます深まった。

アメリカでは、一九七七年一月にカーター政権が発足した。カーター政権は、ジョン・F・ケネディ政権と並んで、戦後のアメリカの政権の中で最も核不拡散に優先度を高く置いた政権であり、国内での商業目的での再処理を止めることとするとともに、国際的にも、再処理と濃縮を止めさせるため「国際核燃料サイクル評価」（INFC

E）と呼ばれる検討作業を推進した。カーター政権の下では、原子力資機材・技術の輸出規制を強化する核不拡散法も成立した。カーター政権はパキスタンの再処理についても、パキスタンとフランスの双方に圧力をかけた。

パキスタンでは、一九七七年三月の総選挙をきっかけとする内政の混乱を背景に、一九七七年七月、陸軍参謀長のムハンマド・ジアウル・ハクがクーデターを起こし、ブットーを拘禁して軍事政権を発足させた。ブットーは、シャスマの再処理施設についてのキッシンジャーとの会談の際のやりとりを思い起こし、それが自分の追い落としの背景になったと信じた(42)。ブットーは、一九七九年四月処刑された。真相を確認するすべはないが、多くのパキスタン国民は、シャスマの再処理施設に対するアメリカの反対姿勢、軍事クーデター、ブットーの処刑は、それぞれ関連した動きであると捉えた(43)。

一方、ジアウル・ハク政権になると、パキスタンの核開発に向けての姿勢はより巧妙なものとなった(44)。ジアウル・ハクは、ブットーのように公然と核開発を唱えるのではなく、核開発の意図を否定した。ジアウル・ハクは、パキスタンにおける核についての「あいまい」政策の生みの親であるとされる。ジアウル・ハク政権は、SGN社との契約通り、再処理施設を導入しようとした(45)。フランスは、アメリカの圧力を踏まえ、再処理施設の設計仕様について、プルトニウムを単体として取り出せないように、ウラン・プルトニウム混合酸化物燃料（MOX燃料）の形で取り出す形に変更をしたいとパキスタンに打診したが、パキスタンはこれを受け入れなかった(46)。

このアメリカ、パキスタン、フランスの三つどもえの外交戦は、フランスの方針転換によって終結した。フランスは、一九七八年六月、シャスマの再処理施設についての契約破棄を決めてパキスタンに通告した(47)。フランス政府は、SGN社の契約の履行に関わるこの決定を行うに先立ち、SGN社の経営の支配権を握り、SGN社が政府の意向に沿って行動できる体制を整えたうえで、契約破棄に踏み切った(48)。

ウラン濃縮作業の進展

再処理施設の導入ができないということは、核爆発装置を作るための「プルトニウム・ルート」の見通しが立たなくなったということである。そうなると、もう一つの「ウラン・ルート」を成立させるために、Ａ・Ｑ・カーンが担当するウラン濃縮の作業の重要性がますます高まった。

Ａ・Ｑ・カーンは、シハラという場所にウラン濃縮の実験施設を作り、ウラン濃縮のための技術の確立を目指した。[49]一九七八年六月、シハラの実験施設で、ウラン235をウラン238から分離する作業に成功した。ついで、イスラマバードの南東三〇キロあまりのカフタという場所に、より規模の大きなウラン濃縮施設を建設する作業が進められた。[50]これは、輸出規制対象となっている各種の資機材を大量に調達することを必要とした。Ａ・Ｑ・カーンは、「灰色のネットワーク」をフル活用してこれらを手に入れた。[51]

パキスタンは、カフタのウラン濃縮施設の建設をできる限り秘密に保とうとしたが、これほど大きな施設の建設をいつまでも秘密にすることはできなかった。一九七九年三月、西ドイツの第二ドイツテレビ（ＺＤＦ）が、Ａ・Ｑ・カーンとウラン濃縮施設の建設について報じた。[52]

これを機にアメリカは、パキスタンの核開発を止めさせるためにさらに圧力を加える方針を決めた。[53]カーター政権は、パキスタンに対する経済制裁を発動し、予定されていた経済支援を差し控えることを発表した。[54]しかし、このような措置で、核開発に固い決意で臨んでいるパキスタンの意思を変えることはできなかった。

第三期：ソ連のアフガニスタン侵攻からカシミールをめぐる緊張まで

このようにパキスタンの核開発をめぐって米パキスタン関係が悪化の一途をたどっている中で、状況を大きく変える事件が起こった。一九七九年一二月のソ連によるアフガニスタン侵攻である。

アメリカの対パキスタン政策は、これにより大きな転回を遂げた。[55]ソ連のアフガニスタン支配を覆すためには、アフガニスタンにおける反ソ武装勢力を支援しなければならない。それを実現するためには、その隣国であるパキスタンは、組まなければならない相手となった。

カーター政権は、パキスタンに対する制裁を撤回し、さらに同国に対して四億ドルの経済・軍事援助を供与するとの方針に転じた。[56] 一九八一年一月に政権の座に就いたロナルド・レーガン政権は、六年間に三二億ドルの対パキスタン援助を行うよう議会に求め、これが承認された。[57] 議会は、大統領がアメリカの国益にとって必要と判断した場合には、サイミントン修正条項を六年間にわたって棚上げすることも認めた。

米パキスタン関係は、新たな軌道に入っていた。パキスタンの核開発の進展を示す様々な情報が入ってきたが、対パキスタン援助の実施が至上命題である中、核拡散防止のために取れる手段は限られていた。[58] ジアウル・ハク大統領は、一九八二年一二月に訪米し、レーガン大統領と会談した。この会談でレーガンは三二億ドルの対パキスタン援助を承認するに際し、パキスタンが次のいずれかを行う場合は対パキスタン援助を終了させることとせざるを得ないとしつつ、(1)核爆発装置を組み立てたり、核実験を行ったりすること、(2)核爆発装置についての技術を他国に移転すること、(3)国際的な保障措置に違反したり、保障措置がかかっていない施設で再処理を行ったりすることの三点を挙げた。[59] ジアウル・ハクは、原子力開発計画が平和目的のものであることを改めて強調するとともに、これを抑制したものとすること、レーガンを困らせることはしないことを伝えた。[60] パキスタン側は、核実験をしない限りアメリカはパキスタンの核開発をとがめ立てしないと受け止めた。[61]

ジアウル・ハクは、パキスタンに帰国後、次の四つの指示を出したとされる。[62] それは、(1)高濃縮ウランをこれ以上製造しない、(2)既に製造された高濃縮ウランがあったとしても、これを兵器用のコアに加工しない、(3)核分裂性物質を実際に用いての核実験（ホット・テスト）を実施しない、(4)核技術を他の国に移転しないとの四点であったという。ジアウル・ハクがレーガンに対して、「友人を困らせることはしない」との約束を行ったことから、こうした「核の抑制」政策が求められることになったと考えられる。これらの指示内容からは、この時点において、パキスタンの核開発が相当の段階まで進んでいたことが想像される。

核爆発能力の獲得

パキスタンでは、カフタでウラン濃縮を進める一方で、核爆発装置の設計が進められていた。[63] パキスタンは、ガンバレル型と爆縮型の二つの中で、爆縮型を採用することとし、そのための技術開発を進めた。この作業は、PAECの責任の下で進められ、一九八三年三月、初めての「コールド・テスト」（兵器級の濃縮ウランを用いない核爆発装置の実験）が行われ、これに成功した[64]。これにより、十分な分量の濃縮ウランの製造さえできれば、核爆発装置を完成させることができる段階に到達した。

一方、A・Q・カーンは、KRLにおいて核爆発装置の設計を進めており、PAECに遅れること一年、一九八四年三月に「コールド・テスト」を成功させた[65]。中国は、一九八〇年代に入りパキスタンの核開発に直接の支援を行うようになり[66]、一九八二年にKRLに対して、一九六六年の核実験の際に用いたCHIC-4型と呼ばれる核爆発装置の設計図を提供したとされる[67]。中国は、同様にパキスタンに対し、五〇キロの高濃縮ウラン、六フッ化ウランを供与したと指摘される。パキスタンの核開発に対するこの中国の積極姿勢への転換の背景に何があったのか確たることは不明であるが、一九七九年のソ連のアフガニスタン侵攻以降、アメリカとパキスタンとが急速に接近している状況の中、パキスタンを自らに引きつける狙いがあったのではないかと推測される。

カフタのウラン濃縮施設は一九八六年中頃には核爆発装置に組み入れるのに十分な分量の濃縮ウランを製造したとされ[68]、一九八六年一一月の時点では、「ドライバーを二回回せば核兵器の製造が完成するところまで来ていた」と指摘されている[69]。ジアウル・ハクが一九八七年三月に「パキスタンは望む時に核爆弾を製造できると言ってよい」と言明していることも考え合わせると[70]、パキスタンは、一九八六年末から一九八七年にかけて核爆発能力を獲得したものと考えられる[71]。

アメリカは、事態の進展を察知して、パキスタンに対して核開発に関わる個別の行動をとらないようにさらに申し入れを行った。前記の一九八二年一二月のレーガンからの申し入れに加え、一九八四年五月に同旨をノンペーパーとしてパキスタン側に手交し、同年九月には、レーガンはジアウル・ハクに親書を送り、五％以上のウラン濃縮を行わないように求めた[72]。さらに、一九八七年四月までの間に、核兵器に関連した高性能爆発実験をこれ以上行わないこと、アメリカ内で違法な調達を行わないこともパキスタンに対する要求事項に加えられた[73]。こうした要求事項の追加からは、パキスタンがこうした活動を実施しているとの情報が入ってきていたことが想像される。

議会では、一九八五年には、プレスラー修正条項が成立していた[74]。プレスラー修正条項とは、核不拡散法に対する追加の条項であり、議会が大統領に対し、パキスタンに対する援助を行う条件として、パキスタンが核兵器を保有していないことを保証することを求める内容のものであり、サイミントン修正条項をさらに厳しくした内容であった。パキスタンの核活動がさらに進展していると見られる中、行政府にとっては、対パキスタン援助を継続するためのハードルがまた上がった状況であった。プレスラー修正条項の成立、事態の進展を伝える情報を受けて、アメリカ政府からパキスタン政府への要求のトーンはさらに上がった。一方、その効果は疑わしいものであった。

ベナジール・ブットーの時代

ジアウル・ハクは、パキスタンの核開発の帰結を知ることができなかった。一九八八年八月、ジアウル・ハクは飛行機事故で死亡し、上院議長を務めていたグラム・イシャク・カーンが大統領となり、参謀次長を務めていたミルザ・アスラム・ベグ将軍が陸軍参謀総長として軍の実権を握った。一九八八年秋に総選挙を行ったが、そこで多数を占めたのは、ジアウル・ハクにより処刑されたブットーの娘のベナジール・ブットーの率いるパキスタン人民党（PPP）であった。

ベナジール・ブットーは一九八八年一二月に首相に就任した。それに際し、ベグ将軍とイシャク・カーン大統領との間で、政権運営における了解事項がとりまとめられた。その了解事項の中には、「核政策を変更しないこと、秘密の核開発プログラムについては、これまで経験を有するグラム・イシャク・カーン大統領に委ねること」という項目が含まれていたとされる[75]。

ベナジール・ブットー首相は、一九八九年六月に訪米することとなっていたが、それに先立ち、関係する五人が集まり、核政策を討議した[76]。五人とは、グラム・イシャク・カーン大統領、ベナジール・ブットー首相、ミルザ・アスラム・ベグ陸軍参謀総長、ムニール・アーマド・カーンPAEC委員長、A・Q・カーンKRL所長であった。

五人は、(1)信頼できる抑止に必要な最低限度の戦力態勢を維持する、(2)核分裂性物資を用いた「ホット・テスト」を行うことを差し控える、(3)核分裂性物質のストックを現状に凍結する、(4)ウラン濃縮を五％以下に抑える、(5)核兵器が通常兵器の代わりにはならないことを確認するとの五点につき合意した。この時、弾頭の数の上限について尋ねられたベグ参謀総長は、上限や凍結限度といったものがあるわけではなく、インドは五〇発から七〇発の弾頭を持っており、パキスタンは抑止を成立させるのに十分な数を持っているとの趣旨を答えたという。この会話は、当時、パキスタンが実質的な核戦力を保有していたことを如実に現すものである。前記の一九八二年のジアウル・ハクの指示と比して、その間の核開発の進展は明らかであるが、パキスタンが、核爆発能力を「顕在化」させることを避ける「核の抑制」政策を引き続き継続していたことがうかがわれる。

ベナジール・ブットーが訪米した一九八九年六月は、対米関係が非常にデリケートな時期であった[77]。冷戦の終了が近づき、ソ連がアフガニスタンから撤退すると、アメリカにとってのパキスタンの有用性は再び下がっていた。アメリカの国内では、パキスタンの核開発の進展が伝えられる中、前記のプレスラー修正条項の関係で対パキスタン援助のハードルは高くなっていた。一方、パキスタンは、アメリカからF-16の追加供与を得たいと考えており、アメリカの対パキスタン援助が止まることは何としても避けたかった。ベナジール・ブットーは、アメリカで原子力開発計画が平和目的のものであることを改めて強調するとともに、これを抑制したものとすることを述べたが、アメリカ政府部内では、ブットーの保証には中味が欠けているとの見方が強かった[78]。

一九八三年三月の「コールド・テスト」の成功以来、パキスタンには、「ホット・テスト」（核実験）を行うか、それを行わずに核爆発装置の高度化に取り組むかのオプションがあったが、核爆発能力を「顕在化」させることを避ける「核の抑制」政策をとったことから、パキスタンは、核実験を行わずに核爆発装置の高度化（小型化・軽量化、威力の増大）の作業を進めていた[79]。パキスタンは、一九八三年から九五年までの間に、二四回の「コールド・テスト」を行い、この作業を進めた[80]。当初は、核爆発装置は、輸送機のC-130で運搬するしかない大きさであったが[81]、一九八八年からF-16に積載し、運用するための「コールド・テスト」に着手した[82]。中国から提供されたＣＨ

IC-4型の原型では重量が約一トンであったが、その発展型として、重量四五三キロにまで抑えることに成功した。[83] のちにカーン・ネットワークによってリビアに提供され、リビアで発見された核爆発装置の設計図がそれに当たる。その後、さらに、小型化の作業を進め、これを重量二二〇キロにまで下げることに成功した。[84]

第四期：カシミールをめぐる緊張から核実験まで

一九九〇年、カシミール問題をめぐってインド・パキスタン両国の関係が緊張した。[85] この時、インドとイスラエルがカフタの原子力施設に攻撃を仕掛けるのではないかとの情報がもたらされた。フェローズ・ハッサン・カーンは、当時のパキスタン当局者複数への取材をベースに、パキスタンは、F-16戦闘機をカラチの空軍基地に移動させ、「装置」を組み立ててF-16に積み込み、しかも、これを意図的にアメリカの衛星によって探知可能な形で行うとの措置をとったと指摘している。[86] パキスタン側の意図は、実際に核攻撃を行うことではなく、こうした動きを察知するに違いない米側を通じて、インドに伝達することにあった。

これは、イスラエルが一九七三年の第四次中東戦争の際に行ったとされる事例と同様、核兵器の存在を公的には認めていない中、核兵器の運用の可能性を示唆することによって相手国の攻勢の抑制ないし第三国の介入を狙おうとする「核のほのめかし」の事例である。パキスタンは、軍の動きのほか、メディアを用いて核兵器使用の可能性を示唆した。[87]

「核のほのめかし」としては、この一九九〇年のカシミールをめぐる緊張に先立ち、一九八六年にインドが大規模なブラスタックス演習を行い、両国間が一触即発の状況になった際、パキスタンのA・Q・カーンがメディアに対して「国の存在が脅かされたらパキスタンは核兵器を使う」との発言を行ったことも注目されたが、[88] 一九九〇年のカシミール紛争における「核のほのめかし」は、南西アジアにおける核リスクが非常に危険なレベルにまで高まっていることを改めて示す出来事となった。ヴィピン・ナランは、第三国の好意的介入を狙って「核のほのめかし」を活用する核態勢を「触媒的な核態勢」と呼んだが、[89] これは核抑止の諸類型の中では不透明抑止の範疇に入れて考えるべきであろう。なお、当時、パキスタンは、核爆発能力を「顕在化」させることを避ける「核の抑制」政策をとりつつ、核の先行使用のオプションも、第二撃のオプションも保持していたとされる。(90)

前述のように、この一九九〇年の段階では、核爆弾をF-16に積載・運用するための「コールド・テスト」を積み重ねている段階であり、支障なく運用できるかどうか完全に実証されるには至っていなかった。前述のフェローズ・ハッサン・カーンは、核爆発装置の設計に当たっていたサマール・ムバラクマンドから、パキスタンは、この一九九〇年の時点で、コールド・テストを何回か重ねた結果として、理論的には飛行機に積んで運用可能とされている「装置」を保有していたこと、一方、「装置」がどの程度の効果を生み出すかについては不確かなところがあったこと、それが明確になったのは一九九五年の段階であったとの証言を引き出している。(91)

この事案の後、一九九〇年一〇月、G・H・W・ブッシュ大統領は、パキスタンが核兵器を保有していないとの保証を行うことはできないとして、パキスタンに対する援助を停止した。(92)これは、前記で触れたプレスラー修正条項に関わるものである。パキスタンは、アメリカの大統領がこのプレスラー修正条項に基づいた保証を議会に与え続けることができるように、核爆発能力の「顕在化」を避ける「核の抑制」政策をとってきたが、アメリカの情報コミュニティは、一九九〇年秋にパキスタンが核兵器を保有しているとの評価に達し、「核の抑制」政策といった小細工で現実をごまかすことにも限界が来たものであった。(93)

アメリカ政府は、パキスタンに対し、援助の停止を事前通告したが、その際、ベグ陸軍参謀総長は、アメリカから適切な支持が得られない場合、核技術をイランと共用せざるを得なくなると述べ、「別の収入源」を探さなければならないことを示唆した。(94)一九八九年頃、パキスタンはイランと軍当局間の協力協定を結んだとされる。ベグ陸軍参謀総長がイランに対して、「パキスタンの防衛予算の一〇年分」と引き換えに核技術を提供することを約束し、これに基づき、ウラン濃縮の機材と技術の提供が行われた旨をA・Q・カーンは述べている。(95)

ミサイル開発

アメリカの援助停止は、パキスタンに「運搬手段をどうするか」との問題を突きつけた[96]。アメリカの対パキスタン援助が止まれば、F-16の追加供与の望みはなくなり、また、引き渡し済みのF-16にしても、部品・スペアパーツの調達が滞る可能性があった。そこで、パキスタンが力を入れたのがミサイル開発であった。

早くからミサイル開発に力を入れたインドに比して、パキスタンがミサイル開発に着手したのは一九八〇年代のことであり、技術基盤も経験も欠いていた。一九九〇年にアメリカの対パキスタン援助の停止に直面したパキスタンがミサイル開発で頼ったのは、中国であった[97]。パキスタンは、中国から固定燃料推進の短距離ミサイルM-9（DF-15ないしCSS-6とも呼ばれる）およびM-11（DF-11ないしCSS-7とも呼ばれる）を入手した。パキスタンでは、中国からM-9およびM-11の技術移転を受けて、これらの国産化を目指した。

北朝鮮との核ミサイル協力

この中国からの個体燃料推進ミサイルの導入と並行して、一九九〇年代半ばから北朝鮮からの液体燃料推進のノドン・ミサイルの技術の導入が進められた[98]。一般に、液体燃料の場合、燃料注入に手間がかかり、燃料注入後、長期にわたる保存が困難であることなどから、固体燃料の方が秘匿性が高く、残存性が高いとされている。こうしたことから、中国からの固体燃料推進ミサイルが進められている中、なぜわざわざ北朝鮮からの液体燃料推進ミサイルの導入が図られたのかが問われるが、パキスタンは、射程が長く、ペイロードが大きいミサイルを求めていたこと、国際的な圧力によって中国からのミサイルないしミサイル技術の導入も将来には困難となるかもしれないとの観測から、ノドンの技術を導入することとしたものと見られる[99]。また、これらに加え、PAECとKRLとのライバル関係から、A・Q・カーンがPAECによるものとは別個にミサイル開発を進めようとしたことが「北朝鮮ルート」の開拓につながった面もあった。

北朝鮮との間では、A・Q・カーンがウラン濃縮技術を提供していることから、ノドンの技術とウラン濃縮の技術とのバーター取引であったのではないかとの見方もあるが、フェローズ・ハッサン・カーンは、ノドン・ミサイルの取引は二億一〇〇〇万ドルが支払われた国家間の取引であり、ウラン濃縮技術の取引とは別個のものであったとしている[100]。当人のA・Q・カーンは、一九九六年にパキスタンが北朝鮮に支払うミサイル代金の支払いが滞った際に、北朝鮮がウラン濃縮技術の提供をパキスタン側に持ちかけ、ジェハンギル・カラーマト参謀総長に三億ドルを支払ってこの取引を成立させたと説明している[101]。

パキスタンがノドンをベースに開発したミサイルは、ペイロード七〇〇〜一三〇〇キロ、射程八〇〇〜一五〇〇キロであり、インドの多くの地域を射程に収めるが、パキスタンは、このミサイルをガウリと名付けた。ガウリとは、一二世紀末にヒンズー教の支配者プリトビの統治を打ち破ったスルタン・ムハメド・ガウリの名に因んだものであり、インドのミサイルのプリトビを意識した命名であった[102]。

この時期にA・Q・カーンを介してウラン濃縮技術の提供が行われた国としては、さらにリビアが挙げられる。カーンは、後に、ベナジール・ブットー首相の側近であるM・Z・ニアジの仲介、同首相の裁可を経てリビアへのウラン濃縮技術の提供を行ったと説明している[103]。また、カーンはそれを述べるに当たって、リビアのカダフィはベナジール・ブットーの父親のザルフィカル・アリ・ブットーが核開発に取り組むに際し、二億ドルの資金援助を行ったこと、父をクーデターで追い落としたジアウル・ハクが政権の座にいた期間、ベナジールがカダフィからの資金提供を受けていたことを記述している。

一九九八年五月二八日

一九九〇年代半ばになり、包括的核実験禁止条約（CTBT）の交渉が本格化する中、パキスタン内には、核実験を行うべきであるとの主張と、核実験は控えるべきであるとの主張との論争がなされた[104]。

核実験賛成派の主張は一九六〇年代、まだ核開発に踏み切る前の核開発推進派の主張と瓜二つであり、核実験反対派の主張はかつての核開発慎重派の考え方を思い起こさせるものであった。一方、国際環境からしても、経済状況からしても、パキスタンがインドに先駆けて核実験に踏み切るべきとの意見が多数を占めることはなかった。

パキスタンは、一九九八年四月にガウリの発射実験を行った[105]。これは、必ずしも成功とは言い難いものであったが、インドが同年五月に核実験を行う刺激要因の一つとなった。インドが核実験を行った際、パキスタンの中には、戦略的なバランスを回復するためにはパキスタンも直ちに核実験を行うべしとの強硬派と、インドを孤立化させるまたとない機会であり事態の推移を見極めるべきとの慎重派の意見があった[106]。アメリカは、クリントン大統領からナワズ・シャリフ首相に電話をし、国務副長官のストローブ・タルボットを派遣し、パキスタンに自制を促した[107]。ナワズ・シャリフ首相は、五月一六日に国防閣僚防衛委員会を開催し、核実験の実施を決定した[108]。国際環境も、経済状況も、戦略的なバランスを回復し、インドと同様の国際的な立場を得ることの重要性を覆すことにはならないという考えによるものであった[109]。

パキスタンは、準備に一〇日間かけた後、一九九八年五月二八日、五回の核実験を行い、二日後の五月三〇日、さらに一回の核実験を行った。

パキスタン側の発表によれば、五月二八日に行われたのは、ブースト型核分裂弾の実験であり、一つは、三〇～三五キロトンの大型爆弾であり、残り四つは低出力（イールド）の小型戦術兵器であった[110]。また、五月三〇日に行われたのは、小型の核爆発装置の実験であり、二日前に実験が行われた大型爆弾の六〇％の出力（一五～一八キロトン）であった[111]。

パキスタンが核実験を行ったブースト型核分裂弾は、核爆弾として初歩的なものではなく、一九八〇年代後半の核爆発能力の獲得から約一〇年が経過していることもあり、パキスタンの核能力の進展がうかがわれるものであった[112]。

これによりパキスタンは、核爆発能力を持ちながらそれを「顕在化」させることを避ける「核の抑制」政策をかなぐりすて、核保有国としての姿を「顕在化」させることとなった。

核開発のプロセスのまとめ

この核開発のプロセスを振り返って、特徴的であった点をまとめてみたい。

第一は、この間、パキスタンにおいては、政治指導者の交代が数次にわたり起こったが、核開発の推進については、これにかかわりなく進められたことが挙げられる。これは、インドの事例においては、政権交代によって、核開発についての方針が変わり、それによって、核開発が紆余曲折を経たものとなったのと対照的である。パキスタンにおいては、一九七二年のザルフィカル・アリ・ブットーによる核開発の決断以降、政治指導者の交代にもかかわらず、政権を担った指導者の間では、核開発を進めることについてはコンセンサスがあったと言ってよい。

前述のとおり、パキスタンの核開発を主導したのは、ザルフィカル・アリ・ブットーであり、当時は、軍は核兵器にさほどの関心を示していなかった(113)。一方、一九七七年にジアウル・ハクがクーデターでブットーを倒して国の実権を握ってからは、パキスタンにおいて核開発を支配するのは軍となった。その後パキスタンは、政治体制としては、軍政と民政が交錯してきたが、核開発を軍が支配するという構図は一貫しており、たとえば、ベナジール・ブットーが政権の座にあった際にも、ブットーは核開発についての発言権は持っていなかったとされる(114)。

非正規の手段の台頭

第二は、核技術・資機材の入手については、当初、フランス、西ドイツ、カナダからの導入が想定されていたが、一九七四年のインドの核実験後の国際的な核不拡散レジームの整備と不拡散意識の高まりにより、これが困難となり、その代わりに国レベルの協力相手としては中国が、それ以外のルートとしては、A・Q・カーンのネットワークによる非正規の手段が台頭してきたことが指摘できる。この中国のパキスタンに対する協力は、ソ連の中国に対する協力（第1章）、フランスのイスラエルに対する協力（第2章）と並んで、きわめて広範な内容であり、それぞれの国の核開発に直結した点でも重要な意味を持つものである。

関係機関間の競合・対立

第三は、ＰＡＥＣとＫＲＬとの競合・対立関係があったことである。他の国においても、複数の機関による競合が生じたことはあったが、パキスタンほど根深い競合・対立が見られたケースはない。これは、Ａ・Ｑ・カーンのネットワークという非正規の手段を活用せざるを得ず、それが、ウラン濃縮において実績を上げたことによってカーンとその組織であるＫＲＬが制御困難な力を持ったことにも関連している。これは、後年のカーン・ネットワークによる核拡散につながっていく。

3　核開発阻止のための取り組み

核不拡散レジームの役割

前節の記述からも明らかにされたように、パキスタンの核開発を阻止するために、いくつもの取り組みがなされた。この節では、それを事項別に整理してみたい。

第一に、国際的な核不拡散レジームが一定の意味を持った。一九七四年のインドの核実験によって、核不拡散レジームは強化された。インドの核実験は、ＮＰＴに加入していない国に対して安易な形で原子力協力を行うことが核開発につながるとの警戒感をもたらした。それに対応するための核不拡散レジームの強化の措置は、パキスタンを直撃した。また、インドの核実験は、インドと対立関係にあるパキスタンの核開発への警戒感をかき立てないわけにはいかなかった。そのため、核不拡散レジーム上は制限されていない協力であっても、パキスタンに注がれる視線は厳しいものとなり、パキスタンの核開発を困難なものとした。パキスタンは、結局は、前記で述べたとおり、中国との協力や非正規の手段を用いる形で核開発に成功したが、そうした選択をとるに当たって核不拡散レジームが一定の意味を持ったことは十分理解されるべきであろう。

外交上の働きかけの限界

第二に、核開発を阻止するための外交上の働きかけは、部分的な成功を収めたが、核開発を阻止するという全体的な目標を達成することができなかった(115)。

アメリカは、一九七〇年代後半にパキスタンとフランスの両国に強い外交上の圧力を加えて、フランスがパキスタンに再処理施設の建設に協力することを断念させた。この時期、アメリカにおいては、インドの核実験を受けて核不拡散に対する意識が強く、行政府も議会も、パキスタンに対して厳しい姿勢を取った。

一方、アメリカは、結局はパキスタンの核開発を止めることができなかった。アメリカ側の対応の経緯を見ていくと、アメリカの側に政策の一貫性が欠けていたことを指摘せざるを得ない。パキスタンへの核の拡散の阻止にどれだけの政策的な重要性を与えるかは、時の政権により、また二国間関係を取り巻く様々な要因によって大きな相違があった。フォード、カーターが政権の座にあった前記の第一期と第二期には、核不拡散を求める厳しい政策がとられた。一方、第三期に入り、ソ連のアフガニスタン侵攻によって新冷戦の時期となると、カーター政権の末期およびレーガン政権の下のアメリカにとって、ソ連との対抗上、アフガニスタンにおける武力勢力を支援するためにパキスタンとの緊密な協力関係を構築することが核開発問題よりも優先度の高い問題となった。この時期、パキスタンは、アメリカを困惑させるようなことは避けつつ、秘密のうちに核爆発能力を獲得していったものと考えられる。

アメリカとパキスタンとの関係は、核開発国を止めようとする国と核開発を進めようとする国がどのような関係にあるかとの観点から見ると興味深い。本書で取り上げた事例のうち、中国、北朝鮮、イランなどは、アメリカにとって、様々な制裁措置がとられている、いわば敵性国家であった。第2章で見たイスラエルは、友好関係にある国家であった。パキスタンの事例は、この中間に位置する関係と言ってよい。パキスタンとは、アメリカはかなり密接な関係にあった。経済援助と軍事援助がテコとして使用可能であり、前記で触れたサイミントン修正条項や一九七六年のキッシンジャー国務長官による外交交渉は、これらをテコとして用いようとするものであった。

パキスタンの事例は、いかに相手国（ここでは、パキスタン）との関係が密接であり、強力なテコがある場合においても、相手国の核開発に向けての決意が固い場合には、これを翻意させることは至難の業であることを示している。

4　核開発の影響

それでは、こうしたパキスタンの核開発は、世界と地域にどのような影響をもたらしたのだろうか。

「秘匿化」の判断

パキスタンは、一九八〇年代後半に核爆発能力を獲得したと見られるが、イスラエルや南アフリカなどと同様に、これを「秘匿化」した。それには、どのような背景があったのだろうか。核爆発能力を獲得したと見られる一九八〇年代後半のパキスタンは、「顕在化」要因と「秘匿化」要因の双方が存在していた状況と考えられる。「顕在化」要因について見ると、戦略上の相手国のインドは核爆発能力を既に獲得しており、パキスタンは通常戦力においても大きな劣勢に置かれていた。安全保障上の観点から、核の存在を対外的に示す必要性（フェローズ・ハッサン・カーンの表現によれば「対外的に示された核能力の代替はない」[116]）に迫られていた（「脅威対応」要因）。一方、「秘匿化」要因の方で言えば、核の存在を対外的に明らかにすることは、国際社会との関係の悪化、とりわけアメリカとの関係の悪化をもたらすことが必至であった（「外交」要因）[117]。パキスタンは、核をめぐる状況を明らかにしない「あいまい」政策、核実験を行わない「核の抑制」政策を核爆発能力の獲得前からとってきていたが、これは、パキスタンの核開発を阻止しようとして外交上の圧力をかけてくるアメリカとの関係が最も大きな考慮要因であった[118]。前記の通り、一九八二年一二月、ジアウル・ハク大統領は訪米してレーガン大統領と会談したが、その後に「友人を困らせない」ために核開発を抑制し、「ホット・テスト」を実施しないように指示したとされる[119]。また、ベナジール・ブット一大統領が一九八九年六月に訪米するに先立っても、パキスタンの指導層は、「ホット・テスト」を行わない「核の抑制」政策をとることを確認した(120)。このようなアメリカとの関係悪化への配慮は、当時、アメリカから多額の軍事・経済援助が行われており、一九八五年には、米議会でパキスタンへの援助の条件として、大統領が議会に対しパキスタンが核兵器を保有していないことを保証することを求めるプレスラー修正条項が成立していたことにも関連している(121)。

パキスタンがこうした状況の中、「秘匿化」を選択したのは、「顕在化」要因と「秘匿化」要因の相克の中で、「秘匿化」要因を重視したものであったと考えられる。

「公知化」から「顕在化」へ

こうした状況は、一九八六年のブラスタックス演習をめぐる危機から一九九〇年のカシミールをめぐる緊張に至るまでの「核のほのめかし」、核の存在や使用可能性の示唆によって少しずつ変化した。これらにより、「パキスタンの核」は、事実上「公知化」していった。

一方、関係国の間で核の存在が「公知化」するのと、それを自ら表明して公のものとすることの間には、大きな相違がある。パキスタンは、一九九〇年のカシミールをめぐる緊張の後においても核の存在を公のものとはしてこなかったが、一九九八年五月にインドが公然と核実験を行ったのを受けて核実験を行い、核爆発能力を「顕在化」させた(122)。これは、現象的には、インドの核実験に対抗したものであるが、その背景としては、インドが核爆発能力を軍事的に使用することを明確化したことを受けて、戦略的な均衡を回復する必要性が指摘された(123)。またインドのバジパイ政権が核実験後インドを「核クラブ」の一員として認めるよう国際社会に求める中、「国際的地位」の観点からもインドと同様の立場を得ることが求められた(124)。このように、インドの核実験によって「脅威対応」要因と「国際的地位」要因という二つの「顕在化」要因が高まったものと考えられる。

パキスタンの核ドクトリン

二〇〇一年、パキスタンの戦略計画部（SPD）のカリド・キドワイ部長は、核の使用を検討するのは、国家の生存がまさに脅かされるケースであるとしつつ、具体的に四つの事例に言及した。[125] (1)インドがパキスタンを攻撃し、パキスタンの大部分の領土を占領した場合、(2)インドがパキスタンの陸軍・空軍の戦力の大部分を破壊した場合、(3)インドがパキスタンに対する経済封鎖を進めた場合、(4)インドがパキスタンの政治不安を誘導し、大規模な転覆工作を行った場合の四つである。

パキスタンは、言葉の上では、インドと同様に、「信頼性のある最小限抑止」を標榜しているが、前記のキドワイ部長の発言に見られるように、核兵器の先行使用がありうるとの前提に立つ攻撃的な性格を持っている。この点で、パキスタンの核ドクトリンは、先行不使用を前提とする中国、インドの核ドクトリンとは大きく異なっている。

近年、パキスタンが頻繁に用いるようになっているのは、「全スペクトラムの抑止」の考え方である。インドは、パキスタンが支援するテロ組織がインドでテロ活動を行った時などにパキスタンを通常戦力で限定攻撃することを可能とする軍事ドクトリン（「コールド・スタート」）を二〇〇四年に打ち出した。[126] これに対し、パキスタンとしては、インドのこうした通常戦力での限定攻撃に対して戦術核兵器（短距離ミサイル）を用いて対応する体制を整えることで、これを抑止しようとしていると見られる。[127] パキスタンが、近年、戦術核兵器の開発に力を入れ、「全スペクトラムの抑止」を重視する背景には、こうした事情があると見られる。

パキスタンは通常戦力ではインドに大きく劣っているため、インドは通常戦力で戦える局面を広げようとし、パキスタンは核戦力で戦える局面を広げようとしている状況にある。このような状況を見ると、インドとパキスタンは、お互いに歯止めの利かない核軍拡競争の道に入り込んでいるように見える。

核戦力の増強

パキスタンの核戦力は、増強を続けており、「世界中で最も拡大ペースが早い核戦力」であるとも評される。[128] 二〇一五年時点でパキスタンが保有する核弾頭の数は、一一〇～一三〇発と見られており[129]、二〇〇九年時点での七〇～九〇発の間から増加している[130]。

パキスタンの核開発は、既に見てきたように、濃縮ウランによるものが最初に実用化されたが、現在はプルトニウムによる核弾頭も生産されていると見られる[131]。パキスタンは、重量が重く大きい濃縮ウラン型から、より軽く小さいプルトニウム型に比重を移そうとしているのではないかと指摘されている[132]。

パキスタンの核兵器の運搬手段は、航空機とミサイルの二つである[133]。航空機は、一九八〇年代にアメリカから供与されたF-16A／BとフランスのミラージュⅤである。

パキスタンのミサイル戦力は、中国の協力を得て開発した固体燃料推進のミサイルと、北朝鮮の協力を得て開発した液体燃料推進のミサイルとが主だったものである[134]。前者は、M-11をベースに開発されたガズナビ（ペイロード五〇〇キロ、射程二九〇キロ）、M-9をベースに開発されたシャヒーンⅠ号（ペイロード七五〇～一〇〇〇キロ、射程六五〇キロ）が運用されてきており、後者は、前述のガウリが運用されてきている。また、パキスタンは、これらに加え、射程を伸ばしたシャヒーンⅡ号、巡航ミサイルのバブル、ラッド、短距離射程のナスル、アブダリなどの開発を進めてきた。この短距離射程のナスルは、前記で触れた「全スペクトラムの抑止」を意識した戦術核兵器として動向が注目されるものである。

パキスタンの核態勢

前記も踏まえて、パキスタンの核態勢を考えてみると、パキスタンは、核能力を獲得した一九八〇年代後半以来、当初は、不透明・不活性抑止であったが（一九九〇年のカシミール紛争などの機会に「核のほのめかし」を用いた）、一九九八年の核実験を機に、非対称型エスカレーション抑止に移行したものと考えられる[135]。核実験を行うことによって、核能力を「顕在化」させたので、「不透明性」に縛られる必要がなくなったが、パキスタンは、インドとの間で通常戦力において劣勢に立っているため、それに対応するため、通常戦力による攻撃に対して核の先行使用がありうるとの態勢を取ることが求められたものと考えられる。このようにパキスタンの核態勢は、きわめて攻撃的な性格を有している。

カーン・ネットワーク

パキスタンは、二〇〇四年二月、カーン・ネットワークの公表によって苦境に立った(136)。A・Q・カーンは、オランダで得た技術情報に基づきウラン濃縮を可能とし、パキスタンの核開発の立役者となったが、カーンが起こした問題も前例のないほど大きなものであった。カーンは、核開発の技術とノウハウを各国に売りさばいていた。その顧客は、北朝鮮、イラン、リビアなど広範な国に及んだ。カーンのこうした活動は、一九八〇年代から始まっていたと見られる(137)。

パキスタン政府は、二〇〇〇年初め頃から、カーンの行動に無許可でドバイにでかけるなど不審な点があることから調査を行い、二〇〇一年にはカーンを政府の役職から解任した。カーンは、リビアの核開発を請け負っているところだった。二〇〇三年、アメリカは、リビアの核開発の証拠を押さえ、パキスタンに対しカーンの問題を処理するように求めた(138)。パルヴェーズ・ムシャラフ大統領は難しい判断に直面させられた。一方で、国際社会との関係、アメリカとの関係を考えれば、核の密売人を放置することはできなかった。他方でカーンは、パキスタンでは「核兵器の生みの親」であり、国家の英雄であると見なされていた。パキスタン政府は、カーンに厳しい措置を取れば、国内での反発を買うことを懸念せざるを得ない状況にあった。二〇〇三年一二月にカーンは拘束され、取り調べを受けた。そして、二〇〇四年二月にカーンは、北朝鮮、イラン、リビアに核関連資機材、技術を拡散させたことを告白し、謝罪した(139)。

ムシャラフ大統領は、「核拡散は一から一〇までカーン博士の命令と指導の下に行われた。政府職員や軍人が一人も関与していないことは断言できる」と述べたが(140)、政府、軍部の一部がカーンの活動を黙認ないし支援していたとの見方や、カーンは政府、軍部の意向を受けて行動したとの見方が根強い(141)。各国の機微技術についての原子力協力がどのように核開発に結びついたかを分析したマシュー・クローニグは、カーン・ネットワークによるこれらの国への核関連資機材、技術の拡散を国家の行為と捉えている[142]。クローニグによれば、政府のハイレベルの者が明示的に許可を与えているか、政府の一部局によって行われており、政府のハイレベルの者がそれを知りつつ止めさせていなければ国家の行為と言い得るが、A・Q・カーンの場合には、このどちらの基準によってみても、国家の行為と見ることができるとの指摘である。また、カーン自身は、二〇〇四年の時点では、政府の許可なしにこうした活動を行った旨述べたが、その後、政府、軍部の指示の下にこうした活動を行ったと一転して異なる説明を行った[143]。真相は明らかになっていないが、一般にカーン・ネットワークが行ったとされる活動の中には、(1)政府、軍部の指示の下にカーンが行った活動、(2)政府、軍部の指示なくカーンが行った活動、(3)カーン自身というよりは、カーンと取引関係にある者が行った活動が入り混じっている可能性がある[144]。

カーン・ネットワークの問題は、パキスタンの国際的な評判を地に落とした。ムシャラフ大統領自身が[145]「国際社会の目に映ったパキスタンは、世界で最も危険な国に核技術を提供している密売人だった」と認めているが、まさにその通りであった。

一九九八年のインドとパキスタンの核実験の後、各国は、両国にともに制裁措置をとり、やがて解除されたが、その後、国際社会の両国に対する対応は、大きく分かれていった。カーン・ネットワークの問題は、その大きな原因の一つとなった。

核セキュリティー上の懸念

パキスタンの国内の政情が不安定なことで、パキスタンの核兵器の保安の問題、すなわち、テロリスト・グループに奪取されないかとの懸念が提起されている[146]。パキスタン当局も、正規の使用許可なしに核兵器が運用されたりすることがないように、核兵器は一カ所に集めているわけではなく、分散して管理されており、通常の状況においては、核兵器と運搬手段は別個に管理され、また、核兵器もコア（核分裂性物質の部分）とコア以外の部分を分けて管理されているとされる[147]。しかし、この核セキュリティー上の問題も、パキスタンの核開発が生み出したもう一つの懸念である。

「パキスタン・モデル」の意味合い

核開発の一つの事例として「パキスタン・モデル」が持った意味を考えてみると、その判断はどちらの側からパキスタンを見るかによって異なってくる。

核開発の野望を持ち、核を戦略上の相手国への対抗手段ないし国内支配体制の手段として活用したいものにとっては、パキスタンは、核を持つことによって国内外の危機を乗り越え、戦略上の相手国に対して通常戦力において劣勢でありながら、安全保障を確保している国と見なされる[148]。

一方、国際社会の視点からパキスタンを見ると、パキスタンは、「パキスタンへの拡散」のみならず「パキスタンからの拡散」によって、核リスクを高めてきた国である。

南アジアは、世界の中で核の脅威が現実化する危険性が最も高い地域とされる。パキスタンの核がもたらしたものを考える際には、二つの危険な核拡散によって深刻な核リスクを生じさせたことを十分に踏まえるべきであろう。

第Ⅱ部　核兵器の開発・保有を断念した国々

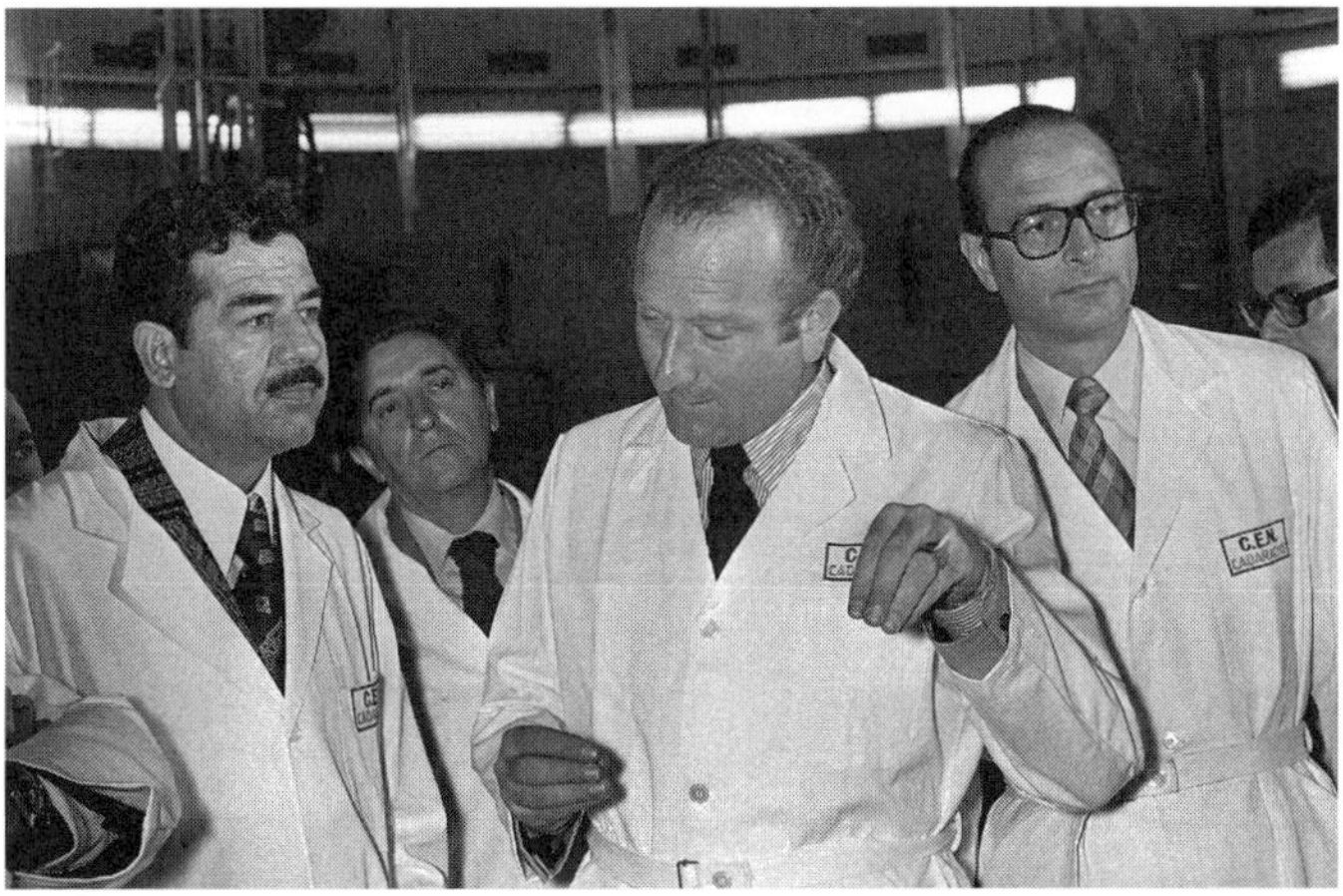

フランスの原子力施設を訪問するイラクのサダム・フセイン革命指導評議会副議長（左端）
同行しているのはジャック・シラク・フランス首相（右端）（1975年9月6日）（AFP＝時事）

第5章　南アフリカ――アパルトヘイト国家からの脱却

一九九三年三月二四日、南アフリカのフレデリック・ウィレム・デクラーク大統領は、議会に対する演説の中で、南アフリカが過去に秘密裏に核兵器開発計画を進め、六個の核爆弾を開発し、七個目を製造中であったが、一九八九年にこれを廃棄することに決定し、既に廃棄を終了したことを明らかにした(1)。かねてから南アフリカは核開発を行っているのではないかと疑われていたが、デクラーク大統領が自らこれを認めるとともに、開発・製造した核爆弾を自ら廃棄したと発表したことは世界を驚かせた。

核開発ないしそれを疑われる計画を進めたものの、その後、核保有に至らない段階でそうした計画を放棄した事例は、第7章で取り上げるリビアを含め、韓国、台湾、ブラジル、アルゼンチン、エジプトなどいろいろと存在する。一方、核開発計画を進めて核保有を実現した後に、これを自らの意思で廃棄した例は、南アフリカ以外には存在しない。そのため南アフリカの事例は、核拡散防止や核軍縮を考える際、きわめて貴重な材料を提供する。

この章では、南アフリカの核開発と核廃棄の経緯と背景を見ていきたい(2)。

1　核開発のプロセス

南アフリカとアパルトヘイト政策

南アフリカでは、白人による入植が開始されて以来、人口のごく少数を占める白人が現地住民を強権的に支配する体制が敷かれていたが、一九四八年の総選挙で勝利した国民党によって、白人と現地住民とを法制上も、社会的にも差別するアパルトヘイト政策が「徹底的かつ体系的な社会工学のプログラム」（レナード・トンプソン）として進められた[3]。

一方、第二次世界大戦後、アフリカ大陸全体では脱植民地化が進み、南アフリカの周辺のナミビア、南ローデシア（現在のジンバブエ）、アンゴラ、モザンビークでも、現地住民の勢力が植民地支配から脱することを求める独立運動が激化した。こうした周辺地域の動向は、白人支配のアパルトヘイト政策を進める南アフリカにとって由々しい問題であった。南アフリカは、自国を「本丸」、ナミビアと南ローデシアを「内濠」、アンゴラ、モザンビークのポルトガル領アフリカを「外濠」として白人支配体制の「防御網」を形成していたが[4]、周辺地域での独立運動が盛んになるにつれて、周辺諸国との緊張が高まっていった。

ウラン埋蔵大国の原子力開発

南アフリカでは、一九四四年にヨハネスブルク近郊でウラン鉱が発見され、ウラン供給国として原子力開発が進められた[5]。南アフリカは世界屈指のウラン埋蔵量を有し、アメリカとイギリスは、自らの核兵器開発を進めるに際し、南アフリカからのウラン供給に期待し、同国からの要請に応じて原子力関連技術などを提供した。

南アフリカは、一九五九年に原子力分野で二つの研究開発プロジェクトに着手した[6]。一つは独自のウラン濃縮技術の開発であり、もう一つが重水減速炉（燃料に天然ウランを用い、減速材に重水を用いる原子炉であり、プルトニウムを効率的に生成するもの）の建設であった。独自のウラン濃縮技術の開発は一九六一年から開始され、ヴォルテックス・チューブ遠心分離法という独自技術の開発に成功した。一九六九年、バルタザール・ヨハネス・フォルスター首相は、この技術を用いたウラン濃縮のパイロット施設の建設を許可し、この施設は「Yプラント」と呼ばれた。一方、重水減速炉の方は、一九六七年に臨界に達したが、多額の経費を要するので一九六九年にこの計画を中止することとし、ウラン濃縮に専念することが決定された。この時点では、こうした研究開発が何を終着点として目指しているかは明らかではなかった。また、南アフリカのこうした原子力開発は、自主技術によるものであり、対外的な影響を受けにくいものであった[7]。

核開発への道

南アフリカが、核兵器の開発に向けて舵を切るのは、一九七〇年代のことである。

一九七〇年、南アフリカの原子力エネルギー委員会（AEB）は、採鉱産業における利用を念頭に置いて「平和的核爆発」について研究開発を行うことについて勧告を取りまとめた[8]。この勧告を受けて、一九七一年三月にカール・デ・ウェット鉱業大臣は、「平和的核爆発」についての研究開発を秘密裏に行うことを許可した[9]。一九五〇年代から七〇年代まで、アメリカ、ソ連などで、「平和的核爆発」の実用化を目指した研究開発、実験が行われており、「平和的核爆発」を志向すること自体は突飛な考えではなかった（インドは、一九七四年に核実験を行った際、「平和的核爆発」を標榜した（第3章参照））。一方、南アフリカが一九六八年に採択され七〇年に発効していた核不拡散条約（NPT）に加入せずに、秘密裏に前記のような研究開発に着手したことは核開発の方向に向かってさらに一歩を踏み出す意味を持つものだった[10]。

一九七四年五月、この「平和的核爆発」の研究開発に当たっていたAEBの作業チームは、ガンバレル型の核爆発装置の縮尺模型を用いた実験に成功した[11]。一九七四年、この実験の成功を受けて、フォルスター首相は核爆発装置を開発することを承認するとともに、地下実験場を建設するよう指示を出した[12]。

核開発の進展

この決定を受けて、核爆発装置の開発と核実験場の建設が進められた[13]。一九七六年から七七年にかけて二つの核実験場がカラハリ砂漠に完成し、七七年半ばには、高濃縮ウランのコア部分を除いたガンバレル型の核爆発装置が完成した[14]。

一九七七年八月には、高濃縮ウランを組み込まない「コールド・テスト」が実施される予定となった。[15] 高濃縮ウランを生産するYプラントが完全操業に入ったのはこの一九七七年三月のことであり、高濃縮ウランは、まだ十分な量が生産されるに至っていなかった。[16] この「コールド・テスト」を行うに当たって、南アフリカは、これを秘匿しようとしなかった。[17] 一九七四年のインドの核実験に対する国際的な反応があまり強いものでなかったことで、さほどの反応はないだろうと見込んでいた。ところが、この「コールド・テスト」は、実施直前にソ連の偵察衛星によって実験準備が探知され、その通知を受けたアメリカ、イギリス、フランス、西独などから強い警告がなされることとなった。その結果、「コールド・テスト」は中止され、二つの核実験場も廃棄を余儀なくされた。[18]

「核抑止力」の開発指示

フォルスター首相は、その後間もなく、「平和的核爆発」の研究開発の中止、核実験場の閉鎖を指示するとともに、秘密のうちに「核抑止力」(nuclear deterrence) を開発するように指示を出した。[19] 南アフリカの核開発が明確に軍事目的の性格を持つのは、この一九七七年の時点であるとされる。[20]

フォルスター首相の指示は、「核抑止力」の開発であったが、当時、南アフリカ内では、何をすれば「核抑止力」を持つことになるかについて統一した考えはなかった。[21] ある者は核爆発装置を起爆する能力を秘密裏にでも持っていればよいと考え、別の者は運搬可能な核爆弾が必要と考えた。そこで国防大臣のP・W・ボータは、南アフリカ国防軍参謀企画総長のジョン・ハイザー陸軍准将に「核抑止力」についての考え方をまとめるように要請した。ハイザーはメモを作成し、核開発の態様として「秘密を保ちつつ開発する」「内密に明らかにする」「公に明らかにする」[22] の三つの考え方を提示したが、どのような核兵器をどれだけ保有すべきかとの点について触れることはなかった。

当時の南アフリカにおいて、核開発の態様としてこうした複数の考え方が併存していたことは、第2章で見たイスラエルと同様に、核開発を進めることは決断していたものの、核爆発能力を獲得した際にこれを「顕在化」させるのか、「秘匿化」するのかの考えが固まっていなかったものを示す点で興味深い。

核爆発能力の獲得

一九七八年九月になると、フォルスターに代わりP・W・ボータが首相に就任した[23]。ボータは、一九六六年以降、国防大臣を務め、軍の増強と近代化を指揮してきた人物であり、前記の通り、核開発にも深く関与していた。首相就任の翌月の一九七八年一〇月、ボータは、核兵器政策に関するハイレベル運営委員会を設置した。その構成員となるのは、首相、国防大臣、外務大臣、鉱業・エネルギー大臣、南アフリカ軍備公社（ARMSCOR）総裁、AEBおよび軍部の代表である。このハイレベル運営委員会は、一九七九年七月、信頼性のある抑止能力を獲得するために、配備可能な核兵器を製造することを勧告した[24]。これにより、政府の方針が固められた。

一九七九年には、Yプラントでの高濃縮ウランの生産が十分な量に達し、同年一一月、南アフリカは、高濃縮ウランを組み込んだ最初の核爆発装置を完成させた[25]。この最初の核爆発装置は、必要が生ずれば地下核実験を行うことによって核爆発能力を示すことを視野に入れたものであったが、まだ飛行機で運搬可能なものではなかったという[26]。こうして南アフリカは、他国に知られるような核実験を行うことなく、核爆発能力を獲得した。

ARMSCORでは、前記のハイレベル運営委員会の「配備可能な核兵器を製造する」との方針に基づいて作業を進め、一九八二年一二月には、最初の爆撃機による運搬が可能な核兵器が生産された[27]。その運用における信頼性、安全性の確認作業が一九八七年まで行われた[28]。その後は、高濃縮ウランの生産の進捗に応じて、一年弱で一個のペースで核兵器の製造が続けられた[29]。この核兵器は、バッカニア攻撃機ないしミラージュ戦闘機からの運用が想定されていた。

核戦略の構築

この当時、南アフリカとして、核兵器を具体的にどのように同国の安全保障政策に活用するかについては、明確な考えは固まっていなかった。一九八三年にＡＲＭＳＣＯＲにアンドレ・バイズを長とする核戦略を策定するための作業部会を設置して核戦略を検討する作業を行わせた。[30] バイズは、当時、「(核爆弾によって) 何をしたいかのまともな戦略に誰も取り組んでいない」状況であったと評しており、[31] そうした状況の改善が求められたものであった。同作業部会は、一九八三年に次の三段階からなる核戦略を策定した。[32]

第一段階は、軍事的な脅威が高くない状況についてであり、この段階では、核能力を肯定も否定もしない。一方、ソ連ないしソ連の支援を受けた兵力が南アフリカあるいはナミビアに侵略するような脅威をもたらす第二段階になると、「内密の開示」ないし「内密の威圧」を行う。これは、比較的友好関係にある西側諸国に対して、核能力を保有していることを内密に伝え、これらの国が事態に介入することを期待するというものである。これが功を奏しない場合には、第三段階に入り、「公然の開示」ないし「公然の抑止」を行う。これは、(1)核能力を保有していることを公に認め、または地下核実験を実施する、(2)海上で核実験を実施する、(3)戦闘で核兵器を使用するとの核威嚇を行うとのオプションがあり、これらを順に検討する、という内容であった。

この核戦略には、イスラエルの影響が見て取れる。一九七三年の第四次中東戦争の後、南アフリカとイスラエルの両国は、急速に接近した。[33] アパルトヘイト政策のため国際社会からの非難が強まっていた南アフリカと、第四次中東戦争によってアフリカ諸国の多くから断交されたイスラエル。両国は、お互いの関係を強化することに共通の利益を見出した。一九七五年のイスラエルのシモン・ペレス国防大臣の南アフリカ訪問を皮切りに関係が緊密化し、その分野は、軍事協力から核開発の分野にも及んだ。[34] 一九七三年の第四次中東戦争の際、イスラエルが「核のほのめかし」を行ったとされることも南アフリカの核戦略作業グループに伝わっており、前述のバイズは、「こうした見方が無意識のうちに影響を与えた」と証言している。[35]

このように、危機の発生時に戦略上の相手国というよりは、好意的な介入を期待できる第三国に対して、核の使用の可能性をほのめかすことによって、この第三国による介入を実現しようとする対応は、ヴィピン・ナランが「触媒的な核態勢」と呼び、[36] リチャード・Ｊ・ハークネットが「核の保険」と呼んだものだが、[37] 南アフリカの核戦略はその具体的事例の一つとされる。前述のバイズは、「戦場で核兵器を使うことは自殺行為であり、それができないならば、核を活用するやりかたとしては、核を使うぞと脅して西側の大国の介入のテコにすることしかないと議論した」と述べており、南アフリカにとって、核兵器を実戦で使用するというよりは、安全保障上の目的を達成するための政治的道具との色彩が強かった(38)。前記の三段階からなる核戦略の内、実際には、第一段階の域を超えることはなかった(39)。

2 核開発の動機

南アフリカを取り巻く国際環境

前記で見てきたように、南アフリカの原子力開発が核兵器開発に傾斜していくのは、一九七〇年代のことである。そこには、どのような背景があったのだろうか。

一九七〇年代前半、南アフリカで核開発への傾斜が深まった時期は、地域情勢に変化が生じていた時期に当たる。ポルトガルは、かねてからアンゴラ、モザンビークなどで勃発していた植民地独立運動を武力で鎮圧しようとしてきていたが、一九七四年四月、こうした植民地戦争からの脱却を求めていた国軍の一部勢力によるクーデターが起こり、新政権は植民地独立を支持する立場を取った(40)。ポルトガルでの政変は、この地域における白人の支配体制を維持しようとする南アフリカにとって防衛網の「外濠」の喪失を意味するもので大きな打撃であった。

このポルトガルでの政治の変化を受けて、一九七五年、アンゴラとモザンビークは、独立を達成した。アンゴラでは、これに先立ち、三つの独立運動組織がそれぞれ外部からの支援を受けて互いに戦う内戦が激化したが、ソ連とキューバの支援を受けるアンゴラ解放人民運動（ＭＰＬＡ）が優勢であり、南アフリカが支援するアンゴラ全面独立民族同盟（ＵＮＩＴＡ）は劣勢に立たされていた(41)。南アフリカは、一九七五年八月にアンゴラに軍事介入をしたが、これに対しソ連とキューバは軍事援助の大幅な拡大を行った(42)。

前記のように、南アフリカが「平和的核爆発」に向けて準備を進め、さらには核兵器の開発に向かった分岐点は一九七〇年代半ばのことであったが、これは、地域情勢が南アフリカの立場から見て悪化していた時期であった。

国際的な孤立感

核開発を行う国には、安全保障上の脅威をその理由とする国が少なくない。南アフリカについても、一九九三年三月、デクラーク大統領が過去の核保有と核廃棄を明らかにした際、ソ連の南部アフリカ地域における拡張主義的脅威、キューバ軍のアンゴラへの派兵を挙げつつ、国際的な孤立の中で、いざという時に外部の支援に頼ることができないので、抑止が必要と考えられたと説明した(43)。

一方、南アフリカの場合には、前記のように、周囲の地域情勢が悪化していたと言っても、南部アフリカ地域において強大な軍事力を保持しており、ソ連にしてもソ連の支援を受けていた勢力にしても、南アフリカに侵攻するといった可能性はほとんど考えられなかった。ましてや核威嚇を受けたこともなかった。「核兵器はこうした脅威への対応としては大して役に立たないものであった」とのピーター・リーバーマンの指摘にあるように(44)、地域情勢の観点から安全保障上の脅威があったとしても、核兵器がこれらの安全保障上の脅威への対応として有効な手段であったかについては、疑問視される状況であった。

それにもかかわらず、南アフリカが核開発に踏み切った一つの背景として、南アフリカの国際社会での孤立の深まりが挙げられる。南アフリカと国際社会の距離は、この時期ますます広がっていた。一九七三年、国連総会は、アパルトヘイトが「人類に対する罪」であると宣言した(45)。一九七七年一月、アメリカで、アパルトヘイト反対の立場のカーターが政権の座に就き、南アフリカへの政策は厳しいものに転じた(46)。一九七七年、南アフリカ警察が若い政治活動家スティーブ・ビコを拷問死させ、反アパルトヘイト運動を弾圧したことが知られると、国連安全保障理事会（安保理）は、全会一致で南アフリカに対する強制的な武器禁輸を内容とする決議四一八を採択した(47)。国連が加盟国に対する武器禁輸を決議したのは、これが初めてのことであった。

南アフリカは、こうした国際的な孤立もあり、白人支配体制の継続を死守しようとする立場から、周辺地域における情勢の悪化を自国にとっての脅威の増大と捉えた。孤立感は自国をめぐる安全保障環境を悲観的に見ることにつながり、また自国が危機に至った際に他国から支援を得ることが困難であるとの考え方に結びつく。リーバーマンは「孤立した国は、核取得を目指す主要な候補国となる」と指摘したが[48]、この孤立感も、南アフリカを核開発に向かわせた一因になったと考えられる。

核開発の抑制要因と南アフリカ

これまで、南アフリカにとっての核開発の推進要因を見てきたが、南アフリカにとって核開発の抑制要因がどうなっていたのかを見ておくことも、後の核廃棄との関係で有益であろう。

まず規範的要因については、南アフリカにおいては重要な考慮要素とはされなかったようである。南アフリカには、核兵器は非人道的な兵器であり、持とうとすべきではないとの核タブーのような考え方は特に見られず、またNPTにも加入してなかった。核兵器国からのNPTに加入するようにとの圧力は偽善的なものと捉えられており、アパルトヘイト政策を継続する以上、NPTに加入したからといって国際社会との関係が正常化するわけでもなかった[49]。

一方、核を持とうとすることの経済上、外交上のマイナスは、無視できないものであった。南アフリカにとって国際社会との関係を規定するものとしては、アパルトヘイト政策が決定的に重要であったが、核開発も南アフリカに対する制裁の一因となっており、国際社会との関係に影響を及ぼしていた[50]。南アフリカにとって核保有を表立った形で進めることは、国際社会との関係をさらに悪化させることが予想された[51]。

「対内志向型の政策」「対抗的ナショナリスト」

このように、一方では安全保障環境、国際的な孤立感という推進要因があり、他方では、経済、外交上のマイナスという抑制要因がある中、南アフリカは核開発を推進した。そこには、基本的政策、国家指導者の性向というこれらを比較考量して判断する仕組みが作用していたと見ることができよう。

この時期、南アフリカの取っていた政策は、アパルトヘイトの維持を前提とした内向きの強硬路線であり、南アフリカは、対内志向型の政策を取る国の方が対外志向型の政策を取る国よりも核開発に向かいやすいというエテル・ソリンゲンの仮説が妥当する事例であった[52]。また国家指導者で言えば、南アフリカの核開発を主導した一人であるボータは、南アフリカの通史である『南アフリカの歴史』を著したレナード・トンプソンに「知的で、決意が固く、激しやすく、暴君的な人物」と評され、「国際社会は南アフリカに対する『全面戦争』を仕掛けていると主張し、政府内で軍人に大きな発言権を与えた」とともに「南アフリカ軍をアフリカの最も恐るべき軍事機械に仕立て上げた」と指摘された人物であった[53]。ボータは、国際関係を対抗的な性格のものと捉え、自国を他国と同等ないしよりすぐれた存在と見る「対抗的ナショナリスト」であったと考えられ、ボータの下で核開発を進めた南アフリカは、「対抗的ナショナリスト」が国家指導者となっている国が核開発に向かうというジャック・ハイマンズの仮説の妥当例でもある。

「秘匿化」の典型例

一方、南アフリカは、核爆発能力を獲得しても、これを「顕在化」させることなく、「秘匿化」した。南アフリカは、イスラエルと並んで、核爆発能力を「秘匿化」した典型例と考えられる。南アフリカは、前記の通り、白人支配体制の継続を死守する立場から国際的な孤立も相まって周辺地域における情勢の悪化を自国にとっての脅威の増大と捉えて核開発を始めたが、安全保障上の脅威への対応のため、核の存在を対外的に示す必要性に迫られているという状況からはほど遠かった（「脅威対応」要因の欠如[54]）。一方、核開発は、南アフリカに対する制裁の一因となっており、前述の三段階からなる核戦略を策定するに当たり、最大の論点は、「南アフリカが、核保有を対外的に明らかにしたり、核実験を行ったりした場合のアメリカ、ソ連の反応であった」と指摘されているように[55]、核開発を表立った形で進めることは、制裁の拡大を招くとともに、国際社会との関係のさらなる悪化をもたらすものと考えられた（「外交」要因）。一九七七年に「コールド・テスト」を実施しようとした際に、これをソ連に探知されて各国からの介入を招き、中止に追いやられた経験からしても、「顕在化」がもたらすマイナスは、よく理解されていたものと考えられる。

「核のほのめかし」に近い事例

南アフリカは、このように核兵器をいざという時の政治的道具と捉えていたが、核の威嚇までいかないものの、核に関わる動きを政治的に用いたことが一度あったと指摘される。それは一九八八年のことであり、南アフリカは、長く放置してきたカラハリ砂漠の核実験場の状況を再チェックするとの動きを見せた(56)。

南アフリカの近隣のアンゴラにおいては、ソ連とキューバが支援する勢力と、アメリカと南アフリカが支援する勢力との間で長年、内戦が繰り広げられてきていたが、一九八八年に至り、キューバ兵のアンゴラからの撤兵などの措置を関係国がそれぞれとることにより問題の解決が図られようとしていた(57)。ところが、キューバが軍事的攻勢を強めるとの強硬な姿勢を見せていたので、ソ連がキューバに圧力をかけるように、アメリカやソ連が気づくような形で核実験場の再チェックが行われたものと解釈されている。その後、ほどなくキューバ兵のアンゴラからの撤退を含め、アンゴラ問題は解決を見た。これは、「核のほのめかし」とまではいかないものの、それに近い構えを見せた事例と位置づけられよう。南アフリカが核廃棄に向けて動いていく直前のことであった。

3　核廃棄のプロセス

デクラークの大統領就任

一九八九年九月、デクラークが大統領に就任した。デクラークは、南アフリカの進路を変えるとの強い決意を持っていた。前記のトンプソンは、デクラークについて次のように記述している。[58]「デクラークの父親と祖父は、国民党の政治家であった。彼は、アフリカーナーの文化的および政治的な民族主義に深く専心しており、ボータ内閣の閣僚としては保守的な方だと見なされていた。しかし、デクラークはボータより二〇歳若く、彼と同世代のアフリカーナーと同様に、現在の形のようなアパルトヘイト体制は機能しないことを自覚していた」。

デクラークは、南アフリカの進路を変えるべく、大統領に就任してから五カ月後の一九九〇年二月に、アパルトヘイトに反対していたアフリカ民族会議（ＡＮＣ）などに対する禁止処分を撤廃するとともに、非暴力的な行動の罪を問われて投獄されていた政治囚を釈放することとし、これにより反アパルトヘイト運動の指導者で、後に新生南アフリカの最初の大統領となるネルソン・マンデラが釈放された。

デクラークのこの行動が四年後（一九九四年）のアパルトヘイト廃止に結びつくこととなるが、彼は、アパルトヘイト改革の動きにも先だって、核廃棄に向けて動き出した。

核廃棄のプロセス

デクラークは、大統領就任から約二週間後、ＮＰＴへの加入を検討するために閣僚委員会を設置した。[59]この閣僚委員会は、外務大臣、国防大臣、財務大臣、新しいポストの行政・民営化大臣が参加し、鉱業・エネルギー大臣のダウィッド・デ・ヴィリエが座長を務めることとなった。デクラークは、この閣僚委員会の第一回会合に出席し、南アフリカの国内の政治状況を正常化することを決意していることを述べるとともに、核爆発装置は、南アフリカが国際社会の認知を得ていく上でのマイナス材料であることを指摘した。[60]デクラークは、決定はすでになされており、それをどのように実現していくか、いかにしてＮＰＴに加入するかを議論していく必要があると述べた。

デクラークは、ＡＥＢ、ＡＲＭＳＣＯＲおよび軍の幹部で構成される専門家委員会を立ち上げて、核爆発装置の解体およびＮＰＴに非核兵器国として加入することの是非について評価するように指示した。[61]専門家委員会は、核兵器を解体することを勧告するとともに、解体に向けてのプロセスの案を作成し、デクラークと内閣は、この案を承認した[62]。

核廃棄の実施

一九九〇年二月、デクラークは、全ての核爆発装置の廃棄、核物質の融解、NPTの加入に向けた準備を行うよう指示を行った[63]。

核爆発装置の解体作業は一九九一年七月初旬に完了し、南アフリカは同年七月一〇日にNPTに加入した[64]。NPTが求める国際原子力機関（IAEA）との包括的保障措置協定は、一九九一年九月に発効した[65]。この間、アパルトヘイトを廃止し、新しい政治体制に移行するためのプロセスも紆余曲折を経ながら進展していった。

デクラークは、一九九三年三月二四日、議会に対し、過去の核開発を認めるとともに、核廃棄を完了させたことを明らかにする演説を行った[66]。これを受けて、IAEAは直ちに核廃棄についての査察を行い、この結果は、同年九月のIAEA総会に報告された[67]。

南アフリカにおいて史上初の全人種参加の総選挙が行われたのは、それから約一年後の一九九四年四月のことであった。この総選挙でネルソン・マンデラが率いるANCが選挙に勝利し、マンデラが新生南アフリカの最初の大統領に就任した。このように、南アフリカの核廃棄のプロセスは、デクラークの大統領就任を機に開始され、アパルトヘイト廃止、新しい政治体制への移行に先立って完了した。

4　核廃棄の動機

このような経緯で実現した核廃棄であるが、その背景と動機をどのように理解すればよいであろうか。

南アフリカが核廃棄に踏み切るに際しては、一九八九年九月に大統領に就任したデクラークが決定的な役割を果たした。核廃棄を行った国を中心とする比較研究を『抑制された野望』（未邦訳）と題する著書にまとめたミッチェル・ルイスは、「南アフリカの核兵器解体の決定は、F・W・デクラーク個人に負うところが大きい」と述べている[68]。ボータが引き続き政権の座に就いていれば、この決定はなかったものと思われる。

デクラークは、ボータ政権の際に鉱業大臣を務めており、核開発計画についてもよく知っていた。デクラークによると、核開発は前任のボータの「ペットプロジェクト」であったものの、デクラーク自身は、一九八〇年代から「この多額の経費を要する計画に何らの熱意を持っていなかった」との由であり、国民党の党首に選任された一九八九年二月から大統領就任の同年九月までの間に、核廃棄を行うことをすでに決めていた模様であった[69]。

南アフリカにおいて、核政策は、議会での討議や選挙戦のテーマとなるといった幅広い政治的討議の対象とはならず、また国家安全保障協議会のような政府の公式の機構においても表立って議論されなかった[70]。核開発を進めるも止めるも、政府の最高政治指導者（一九八四年の憲法改正前までは首相、それ以降は大統領）の決定権限が強かった。ボータもデクラークも、核政策を決定するための合議機関を設立してその意見を徴したが、こうした機関の人選は、それぞれボータとデクラークによって行われたものであり、これらの機関は、ボータとデクラークの判断に正統性を付与することが主な役割であったと言ってよい。

核開発計画については、国内においてナショナリズムの観点からの支持を受けることが多いが、南アフリカにおいては、核開発が国内政治上の討議事項とならなかったことで、こうした国内政治上の力学に直面せずに済んだと言える。

南部アフリカ地域情勢と国際情勢の変化

一方、核廃棄の背景には、単に指導者交代といった要因だけではなく、南部アフリカ地域情勢および国際情勢の変化が背景にあった。

南部アフリカ地域情勢について見ると、ソ連およびアメリカの仲介で、一九八八年一二月には、アンゴラ、キューバ、南アフリカの三カ国が和平協定に署名した。これにより、五万人のキューバ兵がアンゴラから撤退すること、南アフリカが一九二〇年以来、実質的に支配してきたナミビアの独立の手続きを進めることが決定された(71)。

加えて国際情勢においては、冷戦の終焉が見えつつあった。米ソ関係は、一九八五年にソ連でミハイル・ゴルバチョフが共産党書記長の座に就いたことで大きく進展を見せ、一九八七年には中距離核戦力（ＩＮＦ）全廃条約が締結された。一九八九年一一月、ベルリンの壁が崩壊し、同年一二月、マルタ島での米ソ首脳会談において冷戦終結が宣言された。デクラークの大統領就任は、それに数カ月先立つものであるが、冷戦の時代に大きな変化が訪れつつあることはすでに知覚されていた。

このように南部アフリカ地域の情勢が緊張緩和に向かい、また、冷戦が終結に向かったことは、核廃棄を可能ならしめた要因であり、こうした安全保障環境の変化は、デクラークの前記の決断を支える重要な要素となったと考えられる。

また安全保障環境について言えば、もともと南アフリカは、抑止の観点から核兵器の保有が必要とされる状況にあったわけではなかったことに留意する必要がある。南アフリカは、周囲の国から核威嚇を受けていたわけでもなく、戦略上の相手国との間で通常戦力で劣勢に立たされていたわけでもなかった。このため、核廃棄の決断を行うに際しても、核による抑止の必要性がその障害となることはなかった。

これを別の観点から捉えると、南アフリカは、南部アフリカ地域において、核兵器によって相互抑止関係に立つ国があったわけではなかったということでもある。インドとパキスタンが典型例であるが、核兵器が地域における相互抑止を成り立たせている要素の一つとなっている場合、いずれかの国が一方的に核廃棄に踏み切ることは難しい。そうした相互抑止が成立している状況下では、核の削減も、また究極的には核廃棄も、双方が一緒になって取り組まなければならない。南アフリカは、そのような意味での戦略上の相手国が欠けていたからこそ、自らの判断のみで核廃棄に向かっていくことが可能となった。

国際的な孤立からの脱却

さらに、南アフリカの核廃棄は、国際的な孤立からの脱却を実現する意味があった。デクラークが目指したのは、南アフリカを国際社会に復帰させることであり、南アフリカが国際社会に受け入れられるようにするためには、アパルトヘイト政策を廃止することと、ＮＰＴに加入することの双方が必要であった。

南アフリカは、「パリア国家」と呼ばれた。国際社会から制裁の対象とされ、仲間はずれにされた国という意味である。デクラークは、南アフリカをこうした「パリア国家」の状況から脱却させることを目指したといってよい。そのためには、アパルトヘイト政策を廃止し、国内の政治体制の変革を行うことが必要であったが、「パリア国家」からの脱却のためには、それだけでは十分ではなく、ＮＰＴへの加入が必要なピースの一つであると判断された。

こうした力学が働いた背景には、核不拡散レジームの圧力が効いていたことが挙げられる。前記のように、南アフリカが核廃棄を行った一つの重要な動機として、ＮＰＴに加入することにより、国際的孤立から脱却したいと考えたことがあるが、これは、とりもなおさず、ＮＰＴに加入していないのでは、真っ当な国として認められないというパーセプションが存在していたことを示すものである。これは、核不拡散レジームの意味を考える上でよく念頭に置くべき点である。

核廃棄を実現した構図

これらの動きを、核開発の推進要因、抑制要因、これらを比較考量して判断する仕組みの三つの観点から整理してみると、次のような構図となろう。

まず、核開発の推進要因の中で、重要な要素であった安全保障環境が変化した。抑制要因の方では、経済的な利害に関わる要因、外交関係に関わる要因から、国際的な孤立からの脱却が求められ、それを実現するためにはＮＰＴへの加入が必要であった。

これらを判断する仕組みとしては、基本的政策の方向性の面では、アパルトヘイト政策の廃止によって、対外志向型の政策に変えていこうという変化があり、また国家指導者の性向においては、「対抗的」指導者のボータから、「協調的」指導者のデクラークへの交代があった。対外志向型の政策を取っていこうとすれば、経済的な利害に関わるもの、外交関係に関わるものから抑制要因が重視されることになった。また、「協調的」指導者のデクラークは、不必要な軍備よりも、国際社会との健全な関係を重視する判断を行った。

南アフリカの核廃棄は、このような各種の要因の複合として実現したものと考えることができる。

「黒人に渡さない」との動機があったのか

このように南アフリカが一九九〇年代初頭に核廃棄を進めたことについては、アパルトヘイト政策の廃止、新しい政治体制へ移行することが見込まれており、黒人政権に核兵器を持たせないためであったのではないかとの見方がある。(72)

一方、デクラークは、大統領に就任した一九八九年九月の時点で核廃棄を決断しており、その時点では、将来の政治体制については黒人が大きな役割を果たすであろうことについては確かであったものの、具体的にどのような政治体制になるかについて明確なビジョンを持つことが困難な状況であった。そのため、このような「黒人に渡さない」との動機がどれほど明確なものとして存在したかについて確かな議論を行うことは困難と言える。

「南アフリカ・モデル」の意味合い

南アフリカにおいては、一九九四年五月に、ネルソン・マンデラを大統領とする新しい政治体制が誕生したが、新生南アフリカは、積極的な核軍縮外交を展開した。南アフリカは、一九九五年に、NPT再検討・延長会議の際、NPTの無期限延長を決定する上で大きな役割を果たした。(73)また、南アフリカは、アフリカ非核兵器地帯条約の交渉にも中心的な役割を果たし、同条約は、一九九六年四月、カイロで調印された。(74)この条約をめぐる交渉は、南アフリカ原子力研究所があるペリンダバで実質合意に至ったことから、通称「ペリンダバ条約」と呼ばれる。また、一九九八年に非同盟国および西側諸国の中の六カ国（ブラジル、エジプト、アイルランド、メキシコ、ニュージーランド、スウェーデン）とともに、「新アジェンダ連合」というグループを結成し、核軍縮についての強い姿勢を打ち出している。[75]

これらを踏まえて、核開発・核廃棄のモデルとして「南アフリカ・モデル」が持つ意味を考えてみると、南アフリカは、核廃棄の成功例として貴重な意味を持っていると見ることができる。本書で見てきたように、南アフリカが核を開発・保有するに至った経緯には独特のものがあり、南アフリカの事例が、核を保有する国に広く妥当するわけではないが、核廃棄の実例として一つの道筋を示すものである。

南アフリカは、今やＢＲＩＣＳ（ブラジル、ロシア、インド、中国、南アフリカ）の一角として、中長期的に高い経済成長が期待される新興国として注目されるに至っている。アパルトヘイト政策と核開発を継続して「パリア国家」としての扱いを受け続けていたら、今日の姿はなかったであろう。その意味で、核廃棄がこうした南アフリカの現在の姿を生み出す一つの重要な要素となったことは、広く認識されるべきことであろう。[76]

第6章　イラク——武力行使による核開発阻止

イラクの核開発は、一九七〇年代から二〇〇三年のイラク戦争に至るまで国際社会の重大な懸念であった。(1) 国際社会の取り組みによりイラクの核開発の試みは挫折したので、イラクは核拡散防止が功を奏した事例と言ってよいが、他国の場合と異なり、武力の行使が大きな役割を果したことが特徴的である。

この期間にイラクに対して行われた、核開発と関わりの深い武力の行使としては、一九八一年のイスラエルのオシラク研究炉攻撃、一九九一年の湾岸戦争、二〇〇三年のイラク戦争と三つの事案がある。これらは、それぞれ異なった性格のものであるが、それぞれがイラクの核開発の歴史を画する性格を持っている。

現在でも、核開発問題への対応のために軍事オプションの可能性が言及されることがあるが、イラクの事例はその際の重要な参考情報を提供する。

この章では、この三つの事案を軸にイラクの核開発をめぐる経緯を振り返り、どのようにしてイラクの核開発の野望が阻止されたかを見てみたい。

1　核開発のプロセス

イラクの核開発計画の始まり

イラクにおいては、一九六八年、バース党がクーデターで政権を樹立したが[2]、その数年後の一九七〇年代前半に核開発への取り組みが始まったのではないかと見られている。

サダム・フセインは、このバース党政権樹立の翌年の一九六九年に革命指導評議会副議長となり、政権における実力者として台頭した。サダム・フセインは、早い段階から原子力開発に強い関心を払っており、一九七三年にイラク原子力エネルギー委員会（ＩＡＥＣ）委員長となり、一九七三年から一九七四年にかけての第一次石油危機を経て、一九七五年には、原子力発電と核燃料サイクルの確立に向けた計画を作成するよう指示したことが広く知られているが[3]、さらにそれよりも早く一九七二年の段階で、副大統領の地位にあった際、核開発計画に直ちに着手するように内密の指示を出したと指摘される[4]。サダム・フセインは、核取得オプション（breakout option）を追求しており、核兵器製造が可能な技術を完成し、必要があればこれを早急に組み立てることができるようにしていたのではないかと見られている[5]。一方、当時は、そのための組織も、予算も、計画もできておらず、イラクの核兵器オプションに向けての当初の努力は、「正式な核兵器計画の形式を備えていなかった」とも評された[6]。

フランスの協力とオシラク研究炉

イラクの核兵器に向けての野心が具体的な形をとって現れたのは、フランスとの原子力協力をめぐってのことであった。

一九七四年一二月、ジャック・シラク・フランス首相のイラク訪問の際、両国は原子力協力について討議した[7]。この年に行われたインドの核実験により、サダム・フセインは同様の能力を獲得したいと望むようになっており[8]、第一次石油危機によって原油価格の値上がりが起こったことにより、イラクは大きな資金力を持つようになっていた。一九七六年、イラクは、フランスとの間で原子力協力につき合意した[9]。フランスが、サクレーにあるフランス原子力研究センターの「オシリス」と同様のタイプの研究炉を二基提供するという内容である。この研究炉は高濃縮ウランを燃料として、効率的にプルトニウムを生成する型のものであった。イラク側は、この研究炉を「タンムーズ」一号炉、二号炉と呼んだが[10]、フランスは一号炉を「オシラク」と呼び（「オシリス」と「イラク」を掛け合わせたもの）、二号炉を「イリス」と呼んだ。

同じ一九七六年に、イラクは、イタリアと研究規模のプルトニウム分離のための再処理施設を導入する計画について合意した[11]。

バビロン作戦

一九七九年七月、サダム・フセインは、イラク大統領の地位に就いたが、この年の二月に、隣国イランでイスラム革命が成功して地域情勢は複雑化し、イラクは一九八〇年九月からイランとの戦争に突入した。こうした中、イラクは、研究炉と再処理施設の建設を進めていた。

一九八一年六月七日、イスラエル空軍のF-16戦闘機八機がオシラク研究炉を攻撃し、これを破壊した[12]。イスラエル政府は、声明を発表し、攻撃がイスラエル空軍によって遂行されたことを認めた。国連安全保障理事会（安保理）は、イスラエルを非難する決議四八七を採択したが[13]、イスラエルは、イラクによる核開発が差し迫ったものであり、自国の生存を確保するためには攻撃をせざるを得なかったとの説明を行った。

一方、イラクの核開発がどの程度差し迫ったものであったのかについては、疑問も呈されている[14]。フランスによって供与されたオシラク研究炉によってプルトニウムを生成し、それをイタリアによって供与された再処理施設で分離するというのがイラクの狙いであったとしても、核爆発を起こすのに必要となる量のプルトニウムを生成するには相当の時間を要するであろうこと、現場にはフランスの技術者が配置され、国際原子力機関（ＩＡＥＡ）の保障措置もかかっていることからこうした軍事転用は把握されるであろうこと、核爆発能力を持つためには核分裂性物質（この場合はプルトニウム）の調達のほかに核爆発装置の開発を必要とすることがその理由として指摘された。

この時期のイラクの核開発については、核開発を目指すという政策方針は存在し、一部の技術基盤を構築しつつある状況ではあったものの、組織の面でも、予算の面でも、きわめて不十分な体制であったと評された(15)。

湾岸戦争までの核開発

この一九八一年六月のオシラク研究炉攻撃の後、イラクの核開発は、新たな段階に入った(16)。オシラク爆撃は、イラクの核開発計画の中核をなしていた研究炉を破壊することでイラクの核開発のブレーキとなったが、その反面、イラクの核開発を後押しする効果も持った(17)。イラクの主権を侵害する攻撃に対抗する必要性を認識させ、サダム・フセイン大統領に核開発計画に対する問題意識を喚起したからである。

イラクにおいてはオシラク爆撃の教訓から、外国の企業からの機材や技術の導入に頼るよりは、国内の機材や技術に依拠して進める方向で計画が再構築された(18)。核開発に向けてのプロセスは、オシラク爆撃前とは異なり、核分裂性物質としてプルトニウムではなく、濃縮ウランを念頭に置くこととし(19)、ウラン濃縮の方法としては、電磁アイソトープ分離法とガス拡散法が検討され、さらに、遠心分離法も試みられた(20)。

一九八七年四月、ＩＡＥＣは、サダム・フセイン大統領に対し、核開発を研究開発段階から兵器化の段階に移行させることを提案し、サダム・フセインは、義理の息子のフセイン・カメルを責任者に指名した(21)。核開発は、四つの部門で進められることとなった。「第一部門」はガス拡散法によるウラン濃縮の技術開発、「第二部門」は電磁アイソトープ分離法によるウラン濃縮、「第三部門」は総務、文書、調達を請け負い、「第四部門」は、核爆発装置の設計を担当した(22)。フセイン・カメルの下での計画の目標は、一九九〇年一二月までに出力（イールド）二〇キロトンの爆縮型による核爆発装置の研究開発を完了すること、一九九一年六月までに核兵器を生産することであった(23)。

一九八一年のオシラク研究炉攻撃の後の時期のイラクの核開発については、核開発を目指すという政策方針に加

え、組織、予算の両方の面で一九八一年以前に比べて明確に強力な体制が敷かれたと評された。(24)

イラクのクウェート侵攻

一九九〇年八月二日、イラクがクウェートに侵攻した。国際社会はイラクにクウェートから撤退するよう求め、アメリカは多国籍軍を組織し、ペルシャ湾に展開し、イラクに圧力をかけた。(25)

この時点で、イラクの核開発計画がどこまで進んでいるのかについてのアメリカの情報コミュニティの見方は分かれていた。イラクがいつ核兵器を保有するかについての分析は、「六カ月から一〇年」までの幅があった。(26)

ＩＡＥＡによれば、一九九一年時点でのイラクの到達点は、電磁アイソトープ分離法による高濃縮ウランの生産、遠心分離法によるカスケードの組み上げ、核爆発装置の製造などの入り口段階にあるか、それに近い段階に来ていたとされる。(27)

イラクが目指していたのは、一九九四年までに毎年一個の核爆弾を製造できるようになることであった。(28)そのためには、濃縮ウランであれば、九三％まで濃縮されたウランを毎年一〇キロ製造する必要があったが、遠心分離法によるウラン濃縮プログラムの責任者を務めていたマーディ・オベイディは、一九九四年までに一〇〇〇基の遠心分離機のカスケードを組むことは無理であり、一九九七年ないし一九九八年がより現実的な目標であったと後に述べた。(29)また、核爆発装置については、起爆装置の開発が進み、コア部分に用いる金属ウランのパイロット生産に着手していたとのことであるが、核開発計画の企画を担当していたジャファル・ディア・ジャファルによると、一九九三年までに核兵器の製造の作業や兵器級の核分裂性物質を用いない「コールド・テスト」に着手できるかどうかという状況であった。(30)

イラクでは、一九九〇年八月二日のクウェート侵攻を受けて、八月一七日、六カ月以内に原初的な核兵器を開発するとの緊急計画が策定された模様である。(31)クウェート侵攻を受けて、あり得べき米軍などの攻撃に対して核兵器を持って備えようとしたものと思われる。一方、これは、この時点までの核開発の状況からして実現可能性のない計画であった。イラクでは、一九八〇年代後半以来、核開発を進めていたが、前にも見たように、核爆発能力を獲得するのは一九九〇年代の後半にようやくできるかどうかといった状況であったと見られるからである。

イラクがクウェートから撤退しなかったことから、一九九一年一月一七日、アメリカをはじめとする多国籍軍の「砂漠の嵐」作戦が開始された。イラクが所有する研究炉などの原子力関連施設の多くは、多国籍軍の空爆により破壊された(32)。

湾岸戦争後の査察

イラクは、この湾岸戦争でアメリカをはじめとする多国籍軍に惨敗し、一九九一年四月三日の安保理決議六八七により、クウェートの不可侵とともに、核、化学、生物兵器および弾道ミサイル（射程一五〇キロを超えるもの）を廃棄すること、これらのための研究・開発・生産設備などを廃棄すること、将来にわたってもこれらを開発しないことなどの大量破壊兵器の完全廃棄を受け入れた(33)。

この湾岸戦争の後、イラクの核開発をめぐる動きは、湾岸戦争以前の核兵器を含む大量破壊兵器の開発の実態を査察により明らかにするとともに、イラクが再度、これらの兵器の開発に向かうようなことがないように監視するフェーズに入ることになった。

イラクの大量破壊兵器の廃棄を確保するために、前記の安保理決議六八七により、国連大量破壊兵器廃棄特別委員会（ＵＮＳＣＯＭ）が設立され、ＩＡＥＡとともに査察・監視に当たることとなった。核についてはＩＡＥＡ、その他の大量破壊兵器（生物・化学兵器、弾道ミサイル）についてはＵＮＳＣＯＭという役割分担であった。

湾岸戦争以前において、イラクが核開発計画を遂行していたのが明らかになったのは、この安保理決議に基づきＩＡＥＡが行った査察の結果によってであった。

ＩＡＥＡは、一九九一年五月から九月にかけて六次にわたり、イラクへの査察を実施したが、アメリカ人のデビッド・ケイが主任査察官を務めた第二次査察において、ウラン濃縮のための電磁アイソトープ分離法で用いられるカルトロンを積んだトラックを発見し、積み荷を写真撮影した[34]。同じくデビッド・ケイが主任査察官を務めた第六次査察においては、イラクの核兵器開発計画について記した文書を発見し、これをイラクから持ち出すことに成功した[35]。査察チームが発見した秘密文書によれば、この計画は「ペトロケミカル3」（PC3）という暗号名で呼ばれ、爆縮型の核兵器を開発しようとする計画であり、イラクのIAEC、工業軍事産業省、国防省が関与していた。また、発見された文書によれば、同文書がカバーしている一九九〇年六月までの期間にイラク政府は、中性子発生器、濃縮ウランのコア、反射体、爆薬レンズ、電子起動装置などの核兵器関連装置の開発、入手に努めていたことが示されていた。

フセイン・カメルの亡命

一九九五年八月、サダム・フセインの義理の息子であり、イラクの大量破壊兵器関連計画の責任者であったフセイン・カメルがヨルダンに亡命した[36]。フセイン・カメルは、「私は、すべての化学兵器を廃棄するように命じた。すべての兵器、すなわち生物兵器、化学兵器、ミサイル、核兵器は廃棄された」と証言した。また、フセイン・カメルの暴露を恐れてか、イラク政府が膨大な文書をUNSCOMとIAEAに開示した。その文書からは、前述の通り、イラクがクウェートに侵攻した直後の一九九〇年八月に、核兵器開発の緊急計画を立てていたことも明らかになった。

これらの作業を通じて、イラクの核開発計画については、大筋の姿が判明したものと考えられた。一九九七年一〇月、IAEAは、安保理に報告書を提出し、イラクの過去の核開発計画について「技術的に整合性のある全体像」が見えてきたと報告した[37]。

一方、UNSCOMが担当した生物・化学兵器については、イラク側は執拗に秘匿、引き延ばしを図り、全容把握は困難を極めた[38]。一九九七年から一九九九年にかけてUNSCOMとイラクとの関係は悪化の一途をたどった。UNSCOMがイラク側から約束通りの全面的な協力が得られていないとの報告書をまとめたことで、一九九八年一二月、米英両国による「砂漠の狐」作戦が行われ、イラクの国内一〇〇カ所の標的に巡航ミサイルによる攻撃が行われた[39]。一方、一九九九年一月、UNSCOMがアメリカによって支配され、アメリカおよびイスラエルの情報機関と広範な協力が行われていたとの報道がなされたことによって、UNSCOMは信頼を失い、仕切り直しが必要となり[40]、一九九九年一二月一七日、安保理決議一二八四によって、UNSCOMに代わる機関として、国連監視検証査察委員会（UNMOVIC）が設立された[41]。

「九・一一」後のイラク問題

二〇〇一年九月一一日、アメリカ同時多発テロ事件が起こり、アメリカにおけるイラクへの姿勢は大きく変化した[42]。ワシントンにおいてイラクに対する強硬派の意見が急速に台頭した。強硬派は、「テロとの戦い」という新しい挑戦においては、「先制攻撃」が必要になる、イラクについては一〇年前の湾岸戦争でサダム・フセイン体制を倒すことなく矛を収めてしまったため、体制転換が引き続きの課題となっており、サダム・フセイン体制を倒さなければならないと主張した。

二〇〇二年一月、ジョージ・W・ブッシュ米大統領は一般教書演説において、イラクをイラン、北朝鮮と並んで「悪の枢軸」と呼んだ[43]。

米政府内の情報コミュニティの中では、イラクが核開発を再開しているとの見方が示された。その根拠としては、二つのインテリジェンス情報が提示された。一つは、イラクがニジェールから大量のウランを調達しようとしているとの情報であり、イタリアの情報機関からもたらされたものであった[44]。もう一つは、イラクが六万個もの強化アルミニウム管を調達しようとしているとの情報であった[45]。これらの情報をどのように解釈するかについて、米政府の情報機関の間で意見が分かれた。中央情報局（CIA）と国際情報局（DIA）は、これをウラン濃縮のための調達と解釈し、エネルギー省と国務省は、他の用途に用いる可能性が強く、ウラン濃縮のためのものとは言えないのではないかとの立場を取った[46]。

二〇〇二年一〇月、アメリカの国家情報評価は、「イラクの大量破壊兵器計画の継続」と題する報告をまとめ、UNSCOMの査察員が国外に退去した一九九八年一二月頃からイラクが核開発計画を再開し始めたとの判断を示した。(47)

イラク戦争へ

二〇〇二年一一月には安保理決議一四四一が全会一致で採択され、イラクに対して武装解除の義務履行の最後の機会であることが決議された。(48) 問題は、イラク攻撃を明示的に認める新たな安保理決議を採択するかであった。その後もイラクの安保理決議違反が継続する中で、二〇〇三年二月二四日には、アメリカ、イギリス、スペインの三カ国がイラク攻撃を認める決議案を提案したが、安保理においては、反対論が根強かった。

三月七日、安保理において、IAEAのモハメド・エルバラダイ事務局長は、「現時点までにわれわれは核兵器開発が再開されたことを示す証拠も、有望な兆候も発見していない」と報告した。(49) エルバラダイは、その報告の中で、イラクがニジェールから大量のウランを調達しようとしたとして引用されている文書が偽造文書であることを指摘した。(50)

安保理における意見対立が明らかとなり、三月一七日、アメリカ、イギリス、スペインの三カ国は決議案を取り下げた。ブッシュ米大統領はイラクに対して最後通告を行い、三月二〇日のバクダッドに対する航空攻撃を端緒に「イラクの自由作戦」を開始した。(51) 戦闘では、アメリカを中心とする有志連合軍が圧倒的戦力でイラク軍を破り、五月一日にはブッシュ米大統領により主要戦闘の終了が宣告された。サダム・フセインは、二〇〇三年一二月に捕らえられ、二〇〇四年からの裁判を経て二〇〇六年一二月に処刑された。

インテリジェンスの失敗

戦争後、イラクを占領した有志連合軍と国連組織によってイラク国内での大量破壊兵器の捜索が行われたが、大量破壊兵器は見つからなかった。アメリカ、イギリス、オーストラリアの三カ国の一三〇〇名から一四〇〇名の要員からなる「イラク調査グループ」（ＩＳＧ）が設置され、大量破壊兵器の捜索に当たったものの、(52)はかばかしい成果は得られなかった。

新たな発見がなかったわけではなかった。たとえば、ウラン濃縮の責任者を務めていたマーディ・オベイディが自宅の庭の木の下にウラン濃縮についての技術資料と遠心分離機の部品を隠していたことが判明した。(53)こうした資料が湾岸戦争後も引き続き木の下に埋められていたという事実が示すのは、イラクがウラン濃縮を完全に諦めてはいなかったことともに、こうした資料を掘り起こして活用する事態には至っていなかったということでもあり、イラクが湾岸戦争後、核開発計画を再開したかには深刻な疑問符が付けられることとなった。

二〇〇四年九月、ＩＳＧは、調査報告書を発表したが、大量破壊兵器自体も、その開発に向けての計画が再開されていることを示す具体的な証拠も見つからなかったことを認めざるを得なかった。(54)このイラク戦争をめぐる情報収集・分析作業は、「インテリジェンスの失敗」と呼ばれることとなった。

2　核開発の動機

イスラエルとイラン

二〇〇三年のイラク戦争までのイラクの核開発の経緯は前述の通りであるが、イラクが一九九一年の湾岸戦争までの間、核開発計画を推進していたことは多くの資料によって裏付けられている。ここでイラクの核開発の動機を考えてみると、軍事的な要素、威信に関わる要素、国内的な要素の三つがそれぞれ相互に関連した形で存在していたと見ることができる。

軍事的な要素として着目すべきは、イスラエルとイランの二カ国との関係である。まず、イスラエルについて見ていくと、イラク戦争後に明らかとされたサダム・フセイン施政下の重要会議のテープや記録によれば、サダム・

フセインは、イスラエルの保有する核戦力に対抗する核戦力を持つことに強い関心を抱いていた。サダム・フセインはアラブ諸国を糾合してイスラエルに対する戦争を行い、第三次中東戦争（一九六七年）と第四次中東戦争（一九七三年）でイスラエルに奪われたアラブ諸国の側の領土を取り返すことを企図しており、(55)そうした戦争をするためにはイスラエルの核兵器の使用ないし威嚇を抑止する兵器が必要であると考えていた。(56)

安全保障上の脅威が核開発に結びつく場合、核威嚇を受けたり、戦略上の相手国との間で通常兵器において劣勢に立たされていたりする場合が多い。一方、サダム・フセインの意図が前記のようなものであったとすれば、イラクは、通常、安全保障上の脅威への対応として想定されている「現状維持」のためではなく、アラブ諸国側の領土を取り返すという「現状打破」のために核兵器を持とうとしており、さらに言えば、イスラエルの核戦力を抑止し、通常戦力による戦争をするために核兵器の存在を必要としていたこととなる。(57)

これは、戦略論でいう「安定・不安定の逆説」（stability instability paradox）の一つの現れと言ってもよい。「安定・不安定の逆説」とは、対立する二国間において戦略核レベルで相互脆弱性に基づく戦略的安定性が成立する場合、通常兵器レベルでの挑発行為が起こりやすくなる状況のことである。前記の情報によれば、サダム・フセインは、イスラエルの核戦力に対し、自らも核開発を行うことにより、核のレベルで相互脆弱性の状況を作り出し、それによって通常戦力における「現状打破」の行動をとれるようにするとの意図を持っていた。このような核保有の動機は、核開発の動機・背景を考える際、安全保障上の脅威への対処という「現状維持」「防御的」な性格のものだけではなく、前記のような「現状打破」「攻撃的」な性格のものも視野に入れる必要があることになる。(58)

また、イランとの関係について言えば、一九七九年のイラン・イスラム革命の後、イラクは、一九八〇年にイランに侵攻し、同国と一九八八年まで戦った。イラン・イラク戦争が勃発した後、イラクの核科学者は、サダム・フセインから核開発のスピードを上げるように指示を受けたとされる。(59)一方、イラクの核開発は一九七九年のイラン・イスラム革命に先立って一九七〇年代前半から検討が始められていた模様であり、イラン・イラク戦争はイラクの侵攻によって起こったものであり、イランの侵攻によって起こったものではないことを考えると、イラクの核開発はイランの脅威によって動機づけられたものとは言い難い。むしろ、サダム・フセインが核開発を進める際、イランとの関係でこれを活用しようとしたものと見ることができよう。

威信に関わる要因、国内的な要因

イラクの核開発においては、威信という要因も無視することはできない。サダム・フセインは、イラクがアラブ世界で歴史的に栄光ある地位を占めていたことを強く意識しており、自らのリーダーシップの下、それを再現することを目指していた。サダム・フセインは、アラブ諸国の中で初めて核兵器を持つことを意識していたが、それによって、アラブ世界の中で、自らの存在感を強めることを狙っていたものと思われる(60)。

さらに考慮すべきは、国内的な要因である。前記のＩＳＧの調査報告書は、サダム・フセインの目指した最大の政策目標は、「自分自身の生存、体制の生き残り、自分の政治的遺産を残すこと」であったと指摘している(61)。これを踏まえて、エテル・ソリンゲンは、「サダム・フセインは、国外からの攻撃よりも、国内におけるクーデターを恐れており、大量破壊兵器は、サダム・フセインが誰にも打ち破ることができない存在であるというオーラを作り上げる上で決定的な役割を果たした」と指摘している(62)。サダム・フセインにとって、核開発は、自らを中心とした体制の生き残りのための重要な手段であった。

ここで留意を要するのは、これらの軍事的な要素、威信に関わる要素、国内的な要素の三つがそれぞれ相互に関連していたことである。イスラエルの核戦力に対抗する核戦力を構築することには軍事的な要素があるとともに、アラブ諸国を糾合するという威信に関わる要素があった。また、核という決定的な威力を持った兵器を手に入れることでアラブ世界におけるイラクの支配的な地位を確立することには、国内における支配体制の基盤を固める狙いも込められていた。

核開発の抑制要因とイラク

これまで、イラクにとっての核開発の推進要因を見てきたが、イラクにとって核開発の抑制要因はどうなっていたのだろうか。

まず、規範的要因については、サダム・フセインにとって重要な考慮要素とはされなかったようである。サダム・フセインには、核兵器は非人道的な兵器であり、持とうとすべきではないとの核タブーのような考え方はなく、イラン・イラク戦争において化学兵器を使用したことからすれば、大量破壊兵器を使用しないという規範的な意識も希薄であったと思われる。また、イラクは、一九六八年に核不拡散条約（NPT）に署名し、一九六九年にこれに加入しているが、それは、サダム・フセインの行動には、影響を及ぼさなかった模様である。経済的要因について見れば、原油輸出で潤沢な財政資金を得ており、経済面で国際社会から多少の締め付けを受けることも気にする必要はなかった。外交上の要因についても、もともと西側諸国との関係を外交関係の基軸に据えていたわけではなく、むしろアラブ諸国の中で重きをなすことを重視しており、核開発のために、西側諸国との関係が悪化してもどうということはなかった。

「対内志向型の政策」「対抗的ナショナリスト」

このようにサダム・フセインの取っていた政策は、内向きの強硬路線であり、イラクは、対内志向型の政策を取る国の方が対外志向型の政策を取る国よりも核開発に向かいやすいというソリンゲンの仮説がまさに妥当する事例であったと言ってよい[63]。また、サダム・フセインは、国際関係を対抗的な性格のものと捉え、自国を他国と同等ないしよりすぐれた存在と見る「対抗的ナショナリスト」であると考えられ、サダム・フセインの下で核開発を進めたイラクは、「対抗的ナショナリスト」が国家指導者となっている国が核開発に向かうというジャック・ハイマンズの仮説の妥当例でもある。

3　核開発阻止のための取り組み

イラクは、核拡散阻止に際し、武力行使が決定的な役割を果たした点が特徴的な事例である。

本章では、一九八一年のオシラク研究炉攻撃、一九九一年の湾岸戦争、二〇〇三年のイラク戦争という三つの武力行使を軸にイラクの核開発のプロセスとこれが挫折に至る過程を見てきたが、この三つの武力行使の中でも、イラクの核開発を阻止する上で最も大きな役割を果たしたのは、一九九一年の湾岸戦争であった。一方、ここで留意すべきは、一九八一年のオシラク研究炉攻撃、二〇〇三年のイラク戦争は、核開発を阻止し、大量破壊兵器開発の疑惑が払拭されないことから行われたものであるのに対し、一九九一年の湾岸戦争は、イラクの不法なクウェート侵攻、併合を容認せず、これが既成事実化するのを阻止するためのものであり、核開発を阻止することを直接の目的として行われたものではなかったことである。別の言い方をすれば、イラクは、クウェート侵攻を行ったがために、長年の間、取り組んできた核開発計画をもふいにする結果となったと言える。

イラクは、核開発以外にも、追求しようとした国家目的が様々にあり、それが、核開発の実現を妨げたと言える。サダム・フセイン下のイラクは、野心的でありすぎたこと、自国の行動に対する国際社会の反応を見誤ったことのために、その野心の中核の一つである核開発に成功しなかった。仮にイラクが、追求しようとする様々の国家目的の実現を段階的、計画的に行い、核開発を実現するまでの間は、別の野心的な行動をとることを自制するとの対応をとっていたとすれば、イラクの核開発を阻止することはさらに困難になっていたであろう。

意図と結果の不一致

イラクの核開発阻止において、武力行使が有効であったといっても、そのプロセスが円滑なものでも、意図と結果とが一致したものでもなかったのは、これまで見てきた通りである。特に、二〇〇三年のイラク戦争がイラクの大量破壊兵器保持を大きな理由として戦われたものの、実際にはイラクには核兵器を含め大量破壊兵器は存在していなかったことは「インテリジェンスの失敗」として深い傷跡を残した。

イラク戦争を肯定的に捉えようとする向きの中には、イラク戦争は大量破壊兵器を獲得しようとすれば自分の安全を保障するどころかリスクを大きくすることを示した点で、大量破壊兵器の拡散を防止する手段として有効だったとの考え方がある[64]。一方、イラク戦争の前、イラクが大量破壊兵器を保持している証拠はないと言い続けたＵＮＭＯＶＩＣ委員長のハンス・ブリックスは、こうした考え方を否定し、「国連査察団の存在とそれを支持する米英の軍事的脅威によって、イラクは禁じられた兵器開発計画を維持または再開することを抑止されていた。比較的低コストである封じ込め政策はかなりの汚名を被ったものの、機能していた。コストのかかる軍事的な拡散阻止政策は本来不要であった」と指摘している[65]。

一方、このブリックスの指摘は、二〇〇三年のイラク戦争の「必要性」の有無に焦点を当てていることには留意しておく必要がある。イラク戦争の「効果」に着目すれば、リビアについての次章で見るように、イラク戦争のデモンストレーション効果が他国の核開発の放棄を後押しする意味もあったと見られるからである。また、イラクに対する武力行使の意味に着目すれば、イラクがフセイン・カメルの証言にあるように一九九一年の時点ですべての大量破壊兵器の破棄を決断したとすれば、その決断をイラクにさせたものは、一九九一年の湾岸戦争に他ならない。

武力行使の課題

一般に、核拡散防止のために武力を行使することについては、法的な根拠が得られるか、武力行使によって核開発計画を実効的に止めさせることができるか、相手国からの報復にどう対応するのかとの課題がある。

法的な根拠に関しては、既に見てきた通り、一九八一年のオシラク研究炉攻撃については、法的根拠なき武力行使として安保理決議での非難の対象となった。一九九一年の湾岸戦争では、一九九〇年一一月に採択された安保理決議六七八によってイラクが累次の安保理の諸決議を完全に履行しない場合には、クウェート政府に協力しているすべての加盟国に対して、地域の平和と安全の回復のために「全ての必要な手段を用いる」ことを授権した。(66) 二〇〇三年のイラク戦争では、イラクが査察を受け入れなければ湾岸戦争終了時の武装解除義務を含めたそれまでの安保理諸決議への「重大な違反」になるとの安保理決議一四四一をもって武力行使の根拠とした。前に見てきたように、アメリカは、当初、これに加えて、イラク攻撃を明示的に認める安保理決議の成立を図ったが、安保理内での反対論が強かったため、断念せざるを得なかった。

次に核開発計画を止めさせる実効性については、一九九一年の湾岸戦争が全面的な戦争を行うことによってイラクの核開発計画に決定的なダメージを与えたことが注目に値する。武力行使によって核開発計画を実効的に止めさせることができるかは、核開発に様々な施設が関連する形で行われている中、核開発に不可欠のものすべてを捕捉し、除去することができるか、核開発計画を一時的に遅延させるだけに終わらないかにかかっているが、一九九一年の湾岸戦争は全面的な戦争を行うことでこの双方の意味合いにおいて決定的なダメージを与えたと言えそうである。一方、一九八一年のオシラク研究炉攻撃については、当時のイラクの核開発計画にとって不可欠な部分を除去することはできたが、限定的な攻撃であったため、その後の計画の再生を阻止するような効果は生み出さなかった。二〇〇三年のイラク戦争は、核開発計画を止めるという点については、「空振り」であった。

さらに相手国からの報復への対処については、一九九一年の湾岸戦争、二〇〇三年のイラク戦争においては、全面的な戦争を行うことで相手国からの反撃をフルに考慮に入れた対処を行ったことになる。一九八一年のオシラク研究炉攻撃については、限定的な攻撃に止めたこと、イラクがイランとの戦争の最中であったこと、イラク側に有効な報復の手段がなかったことから、イスラエルはこれを回避することができた。

ＩＡＥＡ保障措置の強化

本章においては、イラクの核開発を阻止するための手段として、武力行使の果たした役割に焦点を当てて見てきたが、イラクの核開発は、核不拡散レジームのあり方に課題を投げかけるものとなった。イラクは、一九六九年以来、NPTの加入国であったが、NPT上の非核兵器国に課された「核兵器その他の核爆発装置を製造しない」との義務に誠実ではなかったことは明らかである。さらに核不拡散レジームとの関係で問題であったのは、イラクがこうした核開発を行っていたことについて、保障措置の仕組みで探知できなかったことであった。一九九一年の湾岸戦争の後、イラクの核開発活動が明らかになるにつれて、北朝鮮の第一次核危機とも相まって、申告された核物質を中心とする従来のIAEAの保障措置の限界が認識され、未申告活動、未申告施設を探知するためにIAEAの機能を強化する必要性が唱えられるようになった。IAEAにおける討議を通じ、IAEAに新たな権限を付与するための従来の保障措置協定への追加議定書のモデルが一九九七年五月のIAEA特別理事会で採択された(67)。これは、国際社会に隠れて核開発を進めようとする企図への歯止めの手段となるものであり、核拡散を止めるためには多くの国がこの追加議定書を締結することが求められる(68)。

「イラク・モデル」の意味合い

これらを踏まえて、核開発のモデルとして「イラク・モデル」の意味を考えてみると、ここでも、どちらの側からイラクを見るかによって異なってくる。

国際社会の視点からイラクを見ると、核開発の企図を阻んだ成功例ということになる。核拡散阻止の歴史の中では、武力の行使によってこれに成功したまれな例である。ただ、前にも述べたように、武力の行使によって核開発阻止に成功したといっても、そのプロセスは円滑なものではなく、意図と結果が一致したものでもなかった。イラクの核開発を阻止する直接の効果を持った一九九一年の湾岸戦争は、他の事由（クウェートの解放）を主要な目的として行われた。逆に、イラクの大量破壊兵器の開発阻止を直接的な目的として行われた二〇〇三年のイラク戦争が間違った前提に立って行われたことは、後に深い傷跡を残すこととなった。二〇一三年秋にシリアが化学兵器を使用したと見られる事態となり、アメリカが武力行使を行う決意を固めた際、国内外での支持を得ることが容易でなかった事情の背景には、イラク戦争の後遺症が感じられた。

一方、核開発の野望を持つ者にとっては、イラクは、「避けるべき先行事例」となった。二〇〇三年のイラク戦争によって、体制を転覆され、捕らえられ、その後、死刑に処せられたサダム・フセインの末期は、核を持とうとする者に対しては、「核を断念したことで体制の転覆を許すことになった」との逆の教訓を与えた可能性がある。

イラクの事例は、こうした主張の傍証として用いられる余地があるが、サダム・フセインの支配体制が倒されたのは、核を保有しなかったこと以外にも、多くの理由があることは言うまでもない。国際社会の側としては、「核開発が引き合わない」ことを今後も具体的な事例の中で示し続けていくことが重要であろう。

第7章　リビア――テロ支援国家からの脱却

南アフリカの核廃棄が発表された約一〇年後の二〇〇三年一二月一九日、リビアが核開発計画を放棄することを発表した(1)。

リビアは、ムアンマル・アル・カダフィ大佐の下で、テロリズム支援とともに核開発を進めたが、こうした政策を転換することを余儀なくされ、核開発計画の放棄に踏み切った。

リビアの事例は、第5章で取り上げた南アフリカの事例とは異なり、核保有に至っていたわけではないが、国際社会からの圧力が功を奏して核開発計画を放棄するとの判断に至ったものであり、核拡散防止の成功例として注目に価する。

一方、リビアは「アラブの春」でカダフィ大佐の体制が崩壊し、その後、内政が混迷を極めている国であり、リビアの核開発放棄の事例からどのような教訓を読み取るべきかは、現在にも引き継がれている課題である。

リビアがどのようにして核開発を進めようとし、また、これを放棄するとの決断に至ったのかを見てみよう。

1　核開発のプロセス

カダフィの政権掌握と核保有への意思

リビアの核保有にむけての動きは、カダフィ率いる若手将校たちがクーデターにより政権を掌握した一九六九年にさかのぼる[2]。

カダフィたちは、国王イドリス一世の下の治世を変革すべく、一九六九年一月、クーデターを起こした。トルコで療養中のイドリス一世は追放され、王政が廃止された。同年一一月に公布された暫定憲法により、カダフィを議長とする革命評議会が最高統治機関として設けられ、国名もリビア・アラブ共和国と改められた。核開発への動きは、その直後から始まった。

リビアの核開発のプロセスをテーマに『リビアと核拡散』（未邦訳）と題する分析レポートを書いたウィン・ボーウェンは、そのプロセスが三つの時期に分けられると指摘する[3]。ボーウェンの分析を参考としつつ、そのプロセスを見ていこう。

第一期は、一九六九年から八一年までの期間で、核保有を目指して関係各国に働きかけをするものの、その目処が立たず、民生用原子力開発を進めていた時期である[4]。

カダフィは、政権掌握後、早くも核兵器保有に向かって動き始めた。カダフィは、エジプトを訪問し、ガマール・アブドゥル・ナセル大統領と会見した際、イスラエルを抹殺するため、核兵器を含めた総力を挙げた戦いを行うべきであると力説した[5]。イスラエル抹殺が可能な状況ではないとナセルが答えると、カダフィはナセルに「イスラエルは核爆弾を持っているだろうか」と尋ねた。ナセルがおそらく持っていると答えると、カダフィは「われわれアラブ側に核爆弾はあるのか」とさらに尋ねた。

このやりとりは、一九六九年のことであるが、ナセルは、当時から、イスラエルが核爆弾を持っていると考えていたことが注目される。第2章で示した通り、イスラエルは、一九六六年末ないし一九六七年には、核爆発能力を獲得したと見られるので、このナセルの認識はきわめて正確なものであったと言える。アラブ側には核兵器はなく、カダフィは自らの手でその状況を変えようとした。

各国へのアプローチ

カダフィは、一九七〇年初めに腹心のアブドゥル・サラーム・ジャルード少佐を北京に派遣し、周恩来首相に対し、核兵器の購入を申し入れた。(6) この要請に対して、周恩来首相は、「中国流にたいへん丁重に」応答したとされている。核兵器は売買したりするものではないとの趣旨の応答をしたと理解されている。

リビアは、当時、フランス、インド、ソ連にも、核兵器の獲得のためのアプローチを行ったとされるが、いずれも実を結ばなかった。(7)

リビアが核兵器獲得のための協力関係を取り結んだのは、パキスタンであった。第4章で見たように、パキスタンは、ザルフィカル・アリ・ブットー大統領の下、一九七二年に核開発を決意し、各国に資金協力を求めるが、この要請を受けてそれに前向きに応えた国の一つがリビアであった。(8) 一九七四年四月にパキスタンのラホールでイスラム諸国首脳会議が開催された際、ブットーとカダフィとの間で、パキスタンによる核開発について話し合いが持たれ、カダフィは「必要な資金は、金額の多少にかかわらず提供する。その代わり、核爆弾の第一号は、リビアに引き渡してほしい」と要求したと指摘される。

ソ連との協力

中国などへのアプローチの失敗により、核兵器を既製品（off-the-shelf）として購入することが困難であることが分かり、リビアは、原子力技術を導入するために各国にアプローチをした。アメリカ、フランス、エジプト、インドへ打診したが功を奏しなかった。(9) リビアのアプローチに前向きに応えたのは、ソ連であった。(10) リビアは、一九七五年にソ連と研究炉を含むタジュラ原子力研究センター（TNRC）の建設につき合意に達したが[11]、その際、ソ連は、核不拡散条約（NPT）への加入と国際原子力機関（IAEA）との保障措置協定の締結を条件とした。リビアは、一九七五年五月にNPTを批准し、一九八〇年七月にIAEAとの保障措置協定を締結した。これに伴い、一九七五年からTNRCの建設が開始され、研究炉は一九八一年から稼働を開始した。また、一九七七年には、シルトに原子力発電所・淡水化プラントを建設することでも、ソ連と合意に達した。

この時期、リビアのテロリズムへの関与が始まったとされる。リビアは、一九七〇年代から過激派グループやそれが行うテロを支援してきたと見られている（たとえば、一九七五年の石油輸出国機構（OPEC）会合襲撃事件）[12]。アメリカは、一九七九年一二月にトリポリの米大使館が群衆により焼き討ちにあうと、一九七九年一二月、リビアをテロ支援国家に指定し、ほとんどの経済支援の禁止、国際金融機関からの貸付への反対などの措置をとった[13]。

核分裂性物質の入手の試み

リビアの核開発の第二期は、ソ連の協力によるTNRCの研究炉が稼働を開始した一九八一年から一九九〇年代半ばまでである[14]。リビアは、この時期、プルトニウムと濃縮ウランの双方で核爆弾の製造に必要な核分裂性物質を入手することを企図し、ウラン転換、遠心分離法によるウラン濃縮、再処理によるプルトニウム分離といった技術の獲得を目指した。

これらの活動は、保障措置協定を締結しているIAEAの目を盗んで行おうとしたものであるが、成果は乏しかった[15]。リビアは、外国政府・企業からこれらの技術・資機材を導入しようとしたが、協力を持ちかけられた外国政府・企業としては、リビアの意図について疑念を持たざるを得ず、また、リビアがテロ活動に関わっていることからも二の足を踏むこととなった。

この時期、リビアは、テロリズムに積極的に関与し、アメリカを含む国際社会との関係が急速に悪化した[16]。一九八六年四月五日、ベルリンのディスコ「ラ・ベル」で三名が死亡し（そのうち、二名は米陸軍所属）、二〇〇名が負傷する爆破事件が起き、リビアの関与が疑われた⒄。アメリカは、リビアがこの爆破事件に関与した重要な証拠があると発表し、同四月一五日、リビアの二カ所の軍事拠点、二カ所の空軍基地、一カ所の港を空爆した⒅。リビアは、その報復として、一九八八年一二月にロンドンからニューヨークに向かうパンアメリカン航空機を爆破した。これにより、乗員一六名、乗客二四三名、同機が墜落したスコットランドのロッカビー村の住民一一名の合計二七〇名が死亡するとの深刻な事態となった（「ロッカビー事件」と呼ばれる⒆）。

このテロ事件を受けて、国連安全保障理事会（安保理）は、一九九二年一月にリビアに対して容疑者の引き渡しを求める決議七三一を採択した⒇。リビアは、容疑者はリビアの国内で裁判中であることを理由として引き渡しに応じなかったため、一九九二年三月、安保理においてリビアに対し制裁を課する決議七四八が採択され㉑、一九九三年一一月には、この制裁をさらに強化する決議八八三が採択された㉒。

「カーン・ネットワーク」の活用

一九九〇年代半ばから二〇〇三年までが、リビアの核開発の第三期に当たる㉓。この時期は、リビアがパキスタンのアブドゥル・カディル・カーン（A・Q・カーン）の「カーン・ネットワーク」を活用してウラン濃縮を企図した時期である。

「カーン・ネットワーク」は、ウラン濃縮のための資機材の調達を通じてパキスタンの核開発で枢要な役割を果たしたが、これがそのまま、核開発の野望を持つ国にそのための技術と資機材を提供する闇のネットワークとなった㉔。リビアはこの闇のネットワークが最初に接触した国の一つと見られる㉕。「カーン・ネットワーク」は、一九八四年にリビアに売り込みを図るが、リビアは、資力、技術力の点でハードルが高すぎるとこれを断った㉖。一九八九年から一九九一年にかけて再度の接触が行われ、パキスタンにおける第一世代のP1型遠心分離機の技術情報が取引されたが、機材の調達には至らなかった㉗。一九九五年、改めて接触が行われ、今度は、大きな取引につながった。イスタンブールで行われた会合の場で、カーンは、一年間に核兵器を三個から四個製造することができる核開発に必要な機材の完成品を提供するとの計画を提示した[28]。リビア側は、これに前向きの反応を示し、取引が成立することとなった。A・Q・カーンは、後に、ベナジール・ブットー首相の側近であるM・Z・ニアジの仲介、同首相の裁可を経てリビアへのウラン濃縮技術の提供を行ったと説明している[29]。また、カーンはそれを述べるに当たって、リビアのカダフィはベナジール・ブットーの父のザルフィカル・アリ・ブットーが核開発に取り組むに際し二億ドルの資金援助を行ったこと、父をクーデターで追い落としたジアウル・ハクが政権の座にいた期間、ベナジール・ブットーがカダフィからの資金提供を受けていたことを記述している。

「カーン・ネットワーク」を詳しくフォローしたダグラス・フランツおよびキャスリン・コリンズは、『核のジハード――カーン博士と核の国際闇市場』において、カーンにとってのリビアとの取引について次のように記述している[30]。

「リビアとの取引は、それまでのイランとの取引とは比較にならないほど規模が大きく、カーンにとってはパキスタン自身の核開発に劣らない大変なチャレンジだった。しかし、イランや北朝鮮には経験豊かな科学者や技術者がいるが、リビアには、科学的な基礎もなければ工業を支える社会基盤も整備されていない。そうすると、ボルトやナットも含めて核開発に必要な人や物を一から一〇まで提供することになる可能性が強い。……数万台の遠心分離機を製造することができる施設を秘密裏に建設しなければならない。巨大なウラン転換工場も必要となる。そして、核爆弾を完成させるためには、爆発実験も行わなければならない。……すると、ゼロからスタートして核爆弾の完成に至るまでに数億ドルの費用が必要だという結果が出た。」

パキスタンについての第4章でも記したように、一般にカーン・ネットワークが行ったとされる活動の中には、①政府、軍部の指示の下にカーンが行った活動、②政府、軍部の指示なくカーンが行った活動、③カーン自身というよりは、カーンと取引関係にある者が行った活動が入り混じっている可能性がある。この三つの類型のうち、政府、軍部の指示の下にカーンが行った活動（①）については、指示を行った政治指導者がその後、政変などで地位を退き、それにもかかわらず相手国との取引が継続した場合には、新たな政府指導者の下では、政府の指示なくカーンが行った活動（②）となった可能性がある。前記のカーンの証言は、一九九五年から始まったリビアとの取引は、もともとは政府の指示の下に行われていたが、一九九六年にブットー政権が倒れた後は、新政府の指示を受けることなく継続された可能性を示唆するものである。

機材の調達が始まった[31]。リビアは、一九九七年のうちに、P1型遠心分離機の組み立て済みの二〇基と二〇〇基分の部品を調達した。二〇〇〇年九月には、六フッ化ウラン入りの小型シリンダー二個、第二世代のP2型遠心分離機二基を調達した。さらに、同遠心分離機一万基が発注された。二〇〇一年末から二〇〇二年初頭にかけては、核兵器の設計、製造についての書類がカーン・ネットワークによりリビアにもたらされた[32]。

これは、リビアに対する追加的な制裁の措置がとられた時期でもあった。ロッカビー事件の解決が長期化するにつれて、被害者遺族の不満が拡大し、アメリカ議会の中で、リビアに対してさらに強い措置をとるよう求める声が強まった[33]。この結果、一九九六年に成立したのがイラン・リビア制裁法（Iran and Libya Sanction Act : ILSA）であり、イランおよびリビアの石油開発に投資した個人または企業をアメリカによる金融制裁の対象とするものであった[34]。リビアは、巨額の費用をかけて、カーン・ネットワークから核開発のための資機材を調達しながらも、それを結果に結びつけることはできなかった[35]。二〇〇四年に核開発放棄の作業がなされた際、多くの資機材は、梱包されたままの姿で保管されていたとされる[35]。

2　核開発の動機

「アラブの核爆弾」

リビアが核開発をしようとした背景には、何があったのだろうか。

カダフィが核兵器について語った言葉には、矛盾とあいまいさがつきまとっている。カダフィは、リビアの原子力計画が平和的な性格のものであることを強調してきたが、その一方で、「アラブの核爆弾」の必要性を説いてきた。たとえば、カダフィは、一九八七年一一月二日の記者会見で次のように述べたと報じられている。[36]

「私は、アラブ・サミットが議題としてアラブの原爆製造について取り上げるよう働きかける。なぜなら、イスラエルが原爆を保有し、すべてのアラブ諸国を標的にしているからである。アラブ人は、その存在を守るために、核兵器を製造し、取得する権利を有する」。

このカダフィの言葉に示されている「アラブの核爆弾」という考えは、イスラエルが核兵器を保有しており、アラブ諸国としてこれに対抗する手段を持つべきであるとの考えに他ならない。先に触れたカダフィ体制成立当初のエジプトのナセル大統領とのやり取りにも同様の発想が見られる。一九七〇年代後半のエジプト・イスラエル間の和平合意によって、エジプトがイスラエルに対するアラブ側の軍事戦線から離脱したのに対し、リビアは、ソ連に対して、対イスラエル軍事バランスを回復するために核兵器を供与するように求めたと伝えられる。[37]

このように、カダフィの発言からは、核を持つイスラエルへの対抗手段として核開発を進めるという発想が見てとれる。

ネオリアリズム理論は妥当するか

一方、カダフィが「核を持つイスラエル」を核開発で対応しなければならない安全保障上の脅威として捉えていたのかは疑問である。

アラブ諸国はイスラエルとの抗争を繰り返してきたが、直接にイスラエルと戦火を交えてきたのはエジプト、シリア、イラク、ヨルダンなどの各国であり、地理的にも離れた位置にあるリビアは、イスラエルとの抗争の直接的な当事国ではなかった。また、リビアの核開発の経緯を見れば、核開発のための努力を加速した一九九〇年代後半は、中東和平プロセスが進展していた時期であり、「核を持つイスラエル」を安全保障上の脅威と捉えて核開発を進めたという構図は成立しにくい状況であったことが指摘されている。[38] こうしたことからすると、「核を持つイスラエル」は、カダフィにとって、自らの核開発の正当化のロジックとして用いられたのではないかと見られる。

国際政治上の理論の一つであるネオリアリズムは、核を持とうとするかどうかは、安全保障を確保する必要性があるかどうかによって決まるとの考え方をとるが、リビアは、このイスラエルとの関係をはじめとして、安全保障の確保の必要性から、核を持とうとした事例には当てはまらないものと思われる。エテル・ソリンゲンは、「中東地域で核を持とうとした国の中で、リビアは間違いなくネオリアリズムの考え方が最も妥当しない事例である」と指摘した[39]。

国内の支配体制、アラブ諸国内の指導的地位

カダフィは、西側諸国に背を向け、テロリズムを支援し、アラブ地域で指導的な地位を占め、国内の体制を固めようとする政策を取ってきた[40]。西側諸国を敵視し、ナショナリズムを喚起することによって国民の支持を得ようとする政策であった。カダフィにとって、核開発は、そうした強硬路線の一つの構成要素であった。

カダフィが「アラブの核爆弾」を口にしていたのは、自らを「イスラエルに対抗してアラブの大義を守護するもの」として位置づけることによって、アラブ諸国内での発言権と指導的地位を確保しようとしたものと見られ、また、それを通じて、国内の支配体制を固めようとしたものと考えられる。ソリンゲンは、「国の安全保障というよりは、体制の安全保障が核兵器を求める際のカダフィの主要な動機であった」と指摘し、カダフィにとって、国内の支配体制と自らの権力を固めるという国内的な必要性が核開発の動機となったと結論づけている[41]。

核開発の抑制要因とリビア

これまで、リビアにとっての核開発の推進要因を見てきたが、リビアにとって核開発の抑制要因がどうなっていたのかを見ておくことも、のちの核開発放棄との関係で有益であろう。

まず、規範的要因については、カダフィにとって重要な考慮要素とはされなかったようである。カダフィには、核兵器は非人道的な兵器であり、持とうとすべきではないという核タブーのような考え方は見られず、また、ＮＰ

Tに加入していることもカダフィの行動に影響を及ぼさなかったようである。経済的要因について見れば、原油輸出で潤沢な財政資金を得ており、経済面で国際社会から多少の締め付けを受けることも気にする必要はなかった。外交上の要因についても、もともと西側諸国に接近しようとする外交方針を持っているわけではなく、むしろアラブ諸国の中で重きをなすことを重視しており、核開発のために、西側諸国との関係が悪化してもどうということはなかった。

「対内志向型の政策」「対抗的ナショナリスト」

このようにカダフィの取っていた政策は、内向きの強硬路線であり、リビアは、対内志向型の政策を取る国の方が対外志向型の政策を取る国よりも核開発に向かいやすいというソリンゲンの仮説がまさに妥当する事例であったと言ってよい[42]。また、カダフィは、国際関係を対抗的な性格のものと捉え、自国を他国と同等ないしよりすぐれた存在と見る「対抗的ナショナリスト」であると考えられ、カダフィの下で核開発を進めたリビアは、「対抗的ナショナリスト」が国家指導者となっている国が核開発に向かうというジャック・ハイマンズの仮説の妥当例でもある。

3　核開発放棄のプロセス

英米とリビアとの秘密交渉

南アフリカの場合には、フレデリック・ウィレム・デクラークの大統領就任によって、核廃棄のプロセスが動き始めたが、リビアでは、指導者の交代によって核開発放棄のプロセスが開始されたわけではなかった。リビアの場合には、ロッカビー事件解決に向けての英米両国とリビアとの間の交渉が核開発放棄に結びついていった。

一九九九年春からロッカビー事件解決に向けての交渉が極秘裏に進められた[43]。アメリカは、ビル・クリントン政権の末期である。リビアは、同国の化学兵器開発計画を廃棄して、化学兵器禁止条約に加入する可能性を示唆したが、核開発計画の廃棄についてまでは話は及んでいなかった。

二〇〇一年にアメリカでジョージ・W・ブッシュ政権が発足すると、同政権は、ロッカビー事件の被害者家族との関係を考慮してリビアとの交渉に慎重な姿勢をとったが、その年の九月一一日に同時テロ事件が勃発すると、英米とリビアとの間でアル・カーイダについての情報交換が行われるようになり、三者間の討議が再開された。(44) 英米は、国連の制裁についてはロッカビー事件に関する安保理決議が求める事項が満たされることにより解除されるが、アメリカの制裁については大量破壊兵器の問題が解決されない限り解除されない旨を伝達した。(45)

リビアは、二〇〇三年三月にイギリスの秘密情報部（ＳＩＳ）に対して、制裁の解除と関係の正常化を得るために大量破壊兵器開発計画の廃棄についての討議を開始する用意がある旨伝達した。(46) ロッカビー事件の処理についても進展があった。リビアは、二〇〇三年八月に安保理に対し、リビア当局者の行動について責任を認めるとともに、犠牲者の家族に保障を支払うことに同意する書簡を発出した。(47) これを受けて、二〇〇三年九月一二日に安保理決議一五〇七が採択され、国連の制裁が解除された。(48)

イラク戦争、「ＢＢＣチャイナ」号

この二〇〇三年、リビアを核計画放棄に向けてさらに後押しする出来事が二つ起こった。

一つは、イラク戦争である。(49) 二〇〇三年三月一九日、アメリカ、イギリス、オーストラリアなどの有志国は、イラクの武装解除についての義務違反を理由に「イラクの自由作戦」の名の下にイラクへの攻撃を開始した。フセイン体制は崩壊し、同年五月一日、ブッシュ大統領は、大規模戦闘終結宣言を出した。イラク戦争は、カダフィに対し核開発にこだわったフセインの末期の姿を示すことになった。

もう一つは、二〇〇三年九月のドイツ船籍の貨物船「ＢＢＣチャイナ」号のコンテナの差し押さえであった。(50) 貨物は、パキスタンのＡ・Ｑ・カーンのネットワークによってマレーシアで組み立てられたウラン濃縮のための機材であり、「ＢＢＣチャイナ」は、これをドバイからリビアに運ぼうとしていた。「ＢＢＣチャイナ」は、船をイタリアのタラント港に向けるように指示を受け、コンテナの中味は、直ちに英米に伝達された。この「ＢＢＣチャイナ」の差し押さえは、アメリカがジョージ・Ｗ・ブッシュ政権の下で推進した「拡散に対する安全保障構想」(Proliferation Security Initiative : PSI) の一環として実施されたものであった。[51] この差し押さえによって、英米は、リビアが秘密の核開発に従事しているとの動かぬ証拠を手にすることになり、この事案は、核開発放棄に向けての交渉を進めるもう一つの要素となった。

核開発放棄の発表

リビアの大量破壊兵器開発計画の放棄についての英米とリビアとの間の交渉は、二〇〇三年一〇月から本格化し、リビアは、アメリカの制裁の解除と引き換えに、大量破壊兵器開発計画を放棄することに同意し、同年一二月一九日、リビア国営放送での発表に至った。

リビアのアブドゥル・ラフマン・シャルガム外相は、この日、リビアの国営放送において、リビアが核兵器と化学兵器の開発計画を放棄することを明らかにした。同外相に続いて最高指導者のカダフィ大佐が「賢明な決定であり、勇気ある前進だ」と述べた。[52]

これを受けて、アメリカではジョージ・Ｗ・ブッシュ大統領が、イギリスではトニー・ブレア首相がこのリビアの発表を歓迎する声明を発表した。ブッシュ大統領は、「北朝鮮やイランに対するアメリカの圧力とイラクの戦争は、大量破壊兵器を探し求めたり所有しようとしたりする国の指導者に、誤解の余地のないメッセージを送ることができた。こういった武器は、その国の影響力を強めたり威信を高めたりするどころか、孤立と歓迎されざる結果をもたらすだけである」と述べた。[53]

核開発放棄の実施

リビアの核開発放棄は、段階的に進められた。

まず核開発放棄の発表とともに、最も機微な資機材などがリビアから移送された[54]。これには、核兵器の設計図、六フッ化ウラン、遠心分離機とその関連機材・文書、ウラン転換装置、北朝鮮が提供したスカッドC型ミサイルの誘導装置などである。これに対し、アメリカは、旅行制限を撤廃した。

次に二〇〇四年中旬から、残りの資機材の移送が開始された[55]。移送される資機材は、合計で約一〇〇〇トンという膨大な分量に及んだ。ロシアが協力したＴＮＲＣには、一六キロの高濃縮ウランがあったが、これをロシアに移送し、低濃縮ウランに希釈することも行われた。アメリカは、ＩＬＳＡに基づいて取られていた制裁措置のほとんどを解除した。

最後に検証の作業がなされ、リビアで核開発に携わった関係者からの聞き取り調査が行われ、実態の解明作業が進められた[56]。この作業は、二〇〇四年九月にはほぼ終了した。これに対し、アメリカは、アメリカ輸出入銀行が対リビア輸出への支援を行うことを許可した。

4　核開発放棄の動機

国際社会からの制裁解除と関係正常化

リビアは、なぜカダフィ体制の成立当初から目指してきた核開発を放棄したのだろうか。

まず指摘すべきは、カダフィは、国の基本的政策の方向性を変えざるを得ない状況に至っていたことである[57]。カダフィは、前述の通り、国際社会に背を向けて、テロリズムを支援し、核開発を行うことによって、アラブ地域で指導的な地位を占め、国内の体制を固めようとする政策を取ってきたが、こうしたカダフィの内向きの強硬路線は、多くのマイナスを惹起し、これを見直さざるを得なくなっていた。

カダフィの内向きの強硬路線は、国連の制裁、アメリカの制裁を招き、政府の歳入の大部分を占める石油収入の激減を招いた(58)。それは、財政収入の低減を招き、経済政策の失敗もあって、経済状況は大幅に悪化した。国内には、反対勢力が現れ、軍事クーデターや暗殺の企ても行われるようになった(59)。さらに、イスラム原理主義の伸張も懸念される状況となった(60)。核兵器を含む大量破壊兵器の開発は、膨大な資金を必要とすることに加え、制裁の影響もあり、コストが「高くつく」政策となっていた。こうしたことから、内向きの強硬路線の方向転換が必要になっていた。

リビアの国内では、一九九〇年代半ば頃から政策の転換が議論されるようになり、一九九八年には、カダフィは改革を行う方向に舵を切ったとされる(61)。二〇〇三年一月には、カダフィ大佐自身が「過去の段階は、ナショナリズムの時代であった。国家のアイデンティティの時代と言ってもよい。そして、今や、突然、変化が訪れた。今の時代は、グローバリゼーションの時代であり、世界では、多くの新しい要素が生まれている」との認識を示すようになったとされる(62)。

核開発放棄に向けての実際の交渉に際しては、二〇〇三年三月から開始されたイラク戦争や二〇〇三年九月の「BBCチャイナ」号のコンテナの差し押さえがこれを進める効果を持ったが、大きな流れとしては、一九九〇年代からの国際社会との関係改善を目指す動きが具体化したものと見ることができる。具体的には、前述の政策の転換があり、それを受けて、ロッカビー事件解決に向けての英米両国との交渉が行われ、さらに、これが大量破壊兵器問題を解決するための交渉につながっていったものと考えられる。

リビアが核保有を目指したのは、国内の支配体制と自らの権力を固めるという国内的な必要性によるものであり、南アフリカの場合と同様に、周囲の国から核威嚇を受けていたり、戦略上の相手国との間で通常戦力での不利なバランスに直面していたりするという事情にあったわけではなかった。

カダフィは、二〇〇五年の時点で核開発放棄の経緯について語っているが、その際、リビアの大量破壊兵器開発計画が始まったのは、革命の最初の時期であり、やがて核兵器が戦略的には役に立たないものであることが分かったとしつつ次のように述べたという。[63]「われわれは、核兵器を作って誰に使おうというのかと自問し始めた。世界の同盟関係は変化していた。われわれには、（核兵器を使用すべき）標的がなかった」。この発言は、リビアにとって核兵器が安全保障の確保のために必要なものでは必ずしもなかったことを裏打ちしているものと考えられる。

リビアは、その意味で、安全保障上の問題を抱えることなく、核開発放棄の道を進むことができた。また、リビアは、北アフリカ地域において、核によって相互抑止の関係に立つ戦略上の相手国があったわけではなかった点も南アフリカと共通している。そのため、自らの判断のみで核開発放棄に向かっていくことが可能となった。

制裁の果たした役割

このリビアの核開発放棄のプロセスにおいて、制裁は大きな影響を与えたと言ってよい。リビアの核開発放棄は、前述のリビアの基本的政策の方向性の転換によって可能になったものであるが、そうした基本的政策の方向性の転換を引き起こしたのは、制裁の効果であった。

リビアには、アメリカの制裁と国連の制裁とが課されていたが、これらは、双方が相まってリビアの経済に深刻な影響を与えていた。リビアの政府収入の七五％は石油輸出からなっており、リビア経済は、石油輸出に大きく依存していた。カダフィ体制は、手厚い福祉制度と教育制度を提供してきたが、これを支えるのは石油の輸出であり、リビア国民への住宅、健康保険、食糧、電気の提供を支えているのも同様であった。

そのような中、アメリカの制裁、国連の制裁を課され、石油輸出が激減したことは、こうしたカダフィ政権の社会政策を困難にした。

カダフィ政権としては、国内の政権基盤を維持するために、国際社会から課された制裁の解除を得て、国際社会との関係を正常化させる必要があった。リビアへの制裁の効果を分析したデビット・パルキとシェーン・スミスは「経済制裁は、リビアの長期的な方向性をグローバル経済へと引き戻していく上で主要な役割を果たした」と指摘した。[64]リビアは、原油への依存度が高かったために、経済制裁に対する脆弱性が高かった。また、リビアの場合、核開発はうまく進んでおらず、これを放棄することのハードルは越えられないほど高いものではなかった。

このようにリビアの核開発放棄において制裁が果たした役割は大きかったが、前記の経緯からも示されるように、制裁から核開発放棄へのチャネルが有効に機能し始めたのは、一九九九年以降のことであった。これは、アメリカでは、クリントン政権の終盤からジョージ・W・ブッシュ政権の時期に当たる。

リビアへの制裁は長く行われていたが、ロナルド・レーガン政権の時期（一九八一年から一九八八年まで）の制裁は、制裁の目的として体制転換を志向していた点で無理があり、制裁もアメリカの措置が中心であり、国際的な広がりを持たず、リビアの国内の政治経済状況も脆弱なものとはなっておらず、効果を発揮しなかった。(65) G・H・W・ブッシュ政権とクリントン政権の中盤までの時期（一九八八年から一九九八年まで）には、制裁の目的が政策変更に切り替えられ、安保理決議によって制裁の枠組みが多国間化され、リビアの国内情勢も、経済悪化を背景に政情不安も生まれるようになり、制裁の効果が出始めた。(66) そして、クリントン政権の終盤からジョージ・W・ブッシュ政権の時期（一九九九年から二〇〇二年まで）となり、カダフィの政策のシフトにより、国際社会との関係改善に利益を見出すようになり、秘密交渉が始まることによって制裁から核開発放棄へのチャネルが有効に機能するようになった。(67)

デモンストレーション効果

リビアにおける核開発放棄については、制裁の果たした役割とともに、イラク戦争によるデモンストレーション効果がどの程度であったのかが議論される。ジョージ・W・ブッシュ大統領の下で副大統領を務めたディック・チェイニーは、リビアの核開発放棄を「われわれがイラクとアフガニスタンで行ったことの偉大な副産物の一つ」と呼んだ。(68) 一方、国務副長官であったリチャード・アーミテージは、サダム・フセインの辿った運命は、リビアの核開発放棄と「何ら関係しない」としている。(69)

一方、イタリアのシルヴィオ・ベルルスコーニ首相によれば、サダム・フセイン体制の崩壊を見たカダフィは、

「私はアメリカが望むことは何でもする。私はイラクで起こったことを見た。私は怖い」と述べたという。[70] それからすれば、制裁による基本的政策の方向性のシフトが大きな要因であるものの、イラクによるデモンストレーション効果もこれを後押しする意味を持ったのではないかと考えられる。

5　核開発放棄後のリビア

「リビア・モデル」の意味合い

核開発放棄後、リビアと国際社会との関係は、さらなる正常化に向かった。[71] 二〇〇六年五月、アメリカはリビアとの国交正常化と、テロ支援国家指定の解除を発表した。リビアは、欧州の中では、イタリアとの関係を緊密化させるとともに、汎アフリカ主義を積極的に進めた。リビアは、二〇〇二年にアフリカ統一機構（OAU）がアフリカ連合（AU）に改組された際に主導的な役割を果たした。

このようなリビアの姿は、プラスの意味で「リビア・モデル」を示すものとされた。「リビア・モデル」は、核拡散阻止を目指す立場からは、制裁と交渉を通じて核開発放棄を実現した成功事例であり、核保有の野望を持つ国に対し、核開発放棄によって国際社会との関係の正常化につながることを示す意味を持つこととなった。[72]

カダフィ政権の終焉

二〇一〇年末にチュニジアに端を発した「アラブの春」の動きは、瞬く間にリビアにも広がり、二〇一一年二月、カダフィの辞職を求める大規模な反政府デモが発生し、政府軍が反体制派を空爆するなどリビアは事実上の内戦に突入した。米英仏を中心とする欧米諸国はリビアへの軍事介入を行い、七月には主要国、関係国際機関などが参加するリビア連絡調整グループが反カダフィ勢力であるリビア国民評議会をリビアにおける正統な政府として承認した。八月二三日には反カダフィ勢力により首都トリポリが陥落し、四二年間続いたカダフィ体制は事実上崩壊した。

その後も、カダフィ派の抵抗は続いていたが、国民評議会側は一〇月にカダフィ派の最後の拠点となったシルトを制圧し、全土を掌握した。カダフィ本人も、シルトの制圧の際に受けた銃撃で死亡した。

こうしたリビアの政治の変化は、民主化の進展と評価されるものであるが、核保有の野望を持つ国に対し、「カダフィは核を断念したために、体制の崩壊に歯止めをかける手段を失った」とのメッセージを送ることとなったとの指摘もなされている。これは、「リビア・モデル」が核保有の野望を持つ国に対して、「核を断念すれば潰される」とのメッセージを送ったことになるのではないかとの見方につながるものである[73]。

このように「リビア・モデル」は、核拡散阻止の観点からは、プラスとマイナスの双方の意味を持った。核拡散阻止を進めていくためには、核開発放棄がその国にとっても、国際社会にとってもよかったとされる事例を積み重ねていく必要がある。

第8章　ウクライナ――ソ連解体の決算

ウクライナは、一九九一年のソ連邦の崩壊により、自ら意図することなく核兵器の保有国となったが、その後、紆余曲折を経ながらも、非核化の道を選び、ロシアへ核兵器を移送することにより非核兵器国となった(1)。

ウクライナの事例は、第5章で取り上げた南アフリカとは背景が異なるものの、いったん核兵器の保有国となった国が、その後、核を放棄した事例であり、核拡散防止に貴重な示唆を与える。このウクライナの非核化の過程においては、アメリカ、ロシア、イギリスの三国をはじめとする核兵器国がウクライナの主権、国境の尊重などにコミットしている。そのため、二〇一四年のロシアによるウクライナ侵攻、クリミア「併合」は、核拡散防止の観点からも問題視される。

本章では、ウクライナがどのような過程を経て核放棄による非核化を実現したかを辿ってみたい。なお、ウクライナと同様の道筋を辿った国として、ベラルーシ、カザフスタンがあるが、紙幅の関係上、本章では、ウクライナに焦点を当てることとし、ベラルーシとカザフスタンについては、ウクライナとの対比で必要な限り触れることとしたい(2)。

1　核放棄のプロセス

ソ連の崩壊

一九九一年一二月にソ連邦が崩壊した時、ウクライナには、旧ソ連の戦略核兵器約一八〇〇基、空中発射巡航ミサイル五六〇基、戦術核兵器約四〇〇〇基が残され、数字の上では世界第三位の核保有国となった。(3)

旧ソ連の戦略核兵器は、その多くがロシアに置かれていたが(4)（核弾頭の七一％、運搬手段の八三％）、ウクライナにも、かなりの数が置かれており（核弾頭の一五％、運搬手段の八％）、ウクライナは、意図することなく、核兵器の保有国となった。

ソビエト連邦は、一九八九年の東欧民主化革命で大きく動揺し、一九九一年八月一九日の保守派によるミハイル・ゴルバチョフ書記長に対するクーデターの失敗により、その弱体化は決定的なものとなった。(5) バルト三国（エストニア、ラトビア、リトアニア）は、この年の三月から八月にかけて相次いで独立を宣言していたが、ウクライナも同年一二月一日にソビエト連邦からの離脱を国民投票で決定した。ウクライナは、ソビエト連邦の人口の二二％、GNPの一六％を占め、肥沃な土地と豊富な天然資源を有し、黒海に面し、帝政ロシアの時代以来、南進の出口となった戦略的要衝であった。(6) バルト三国の独立と異なり、ソビエト連邦内に占める比重の大きさから、ウクライナの連邦離脱は、ソ連解体への決定的な引き金となった。(7) ウクライナは、ロシア共和国、ベラルーシとともに、一九九一年一二月八日にソ連からの離脱、EUと同レベルの国家の共同体を創設することを決議し、一二月二一日、これら三者を含む一一の共和国によってソビエト連邦に代わる新しい枠組みとして独立国家共同体（CIS）が設立された。これによりソビエト連邦はその存在意義を失い、同年一二月二五日、ゴルバチョフがソビエト連邦大統領を辞任することにより、ソビエト連邦は崩壊した。

ウクライナの独立と非核化の動き

ウクライナにおいて独立を求める動きは、一九八九年頃から活発化していたが、独立後の国家のあり方として、非核化を求める声があった[8]。一九九〇年七月、ウクライナの最高会議（議会）は「主権宣言」を採択し、様々な国家の権利をソビエト連邦から取り戻すことを宣言するとともに、「受け入れない、作らない、手に入れない」の非核三原則も採択した[9]。一九九一年一〇月、最高会議は、「非核化に関する声明」を採択し、ウクライナ領内に置かれているソ連の核兵器はいずれ廃絶されることを宣言した[10]。

このように、ウクライナは、ソ連の崩壊により独立する際、一時的に核兵器を取得することとなるが、核保有国とはならず、核不拡散条約（ＮＰＴ）に非核兵器国として加盟するとの核政策をとった[11]。ウクライナがこのような非核化の道を志向した背景には、一九八六年にチェルノブイリ原発事故を経験した影響、核大国のソ連とは異なった国家像を目指すという考え方があったものと考えられる[12]。

ソ連邦に代わる存在として創設されたＣＩＳは、一九九一年一二月二一日にはアルマトイ、一二月三〇日にはミンスクで首脳会議を開催し、各国に所在する戦術核は一九九二年七月一日までにロシアに返送すること、ウクライナ、ベラルーシの戦略核を廃棄すること、各国に一時的に所在する核兵器は、統合戦略軍司令部の管理下に置かれることで合意した[13]。

新しいタイプの核拡散問題

このソ連の崩壊は、国際社会にとって新たなタイプの核拡散問題を提起することとなった。

従来の核拡散問題は、核保有の野望を持つ国が国際社会に隠れて、また、その圧力をはね除けながら核開発を行うというものであったが、旧ソ連で起こったことは、核兵器を大量に保有してきた超大国が分裂することにより、いくつもの新しい核保有国が生まれ、核が行動の予測のつかない指導者の下に置かれるという事態であり、分裂に伴う混乱により核弾頭や核物質がテロリストや「ならず者国家」の手にわたったり、核技術を知る科学者が流出したりしかねないという事態であった(14)。

これは、ソ連崩壊のプロセスにおけるG・H・W・ブッシュ政権にとっての最大の懸念材料となった。一九九一年八月クーデターの後、ブッシュ政権は、地上、海上配備の戦術核の撤去に踏み切り、ソ連にも同様の措置を求めたが、これは、「ソ連の内政上の混乱に伴う核管理体制の崩壊」(小川伸一)に対応するためであった(15)。また、当時、ブッシュ大統領は、ゴルバチョフ大統領と話す機会がある度に、核兵器の管理体制について念を押す状況であった(16)。

この一九九一年一二月のソ連の崩壊は、その約半年前に米ソの間で調印された第一次戦略兵器削減条約(START-1)の実施をどのように進めるのかとの難問を提起することとなった(17)。すなわち、旧ソ連が保有していた核兵器がロシアのみならず、ウクライナ、ベラルーシ、カザフスタンの各国の領土に置かれている中、アメリカと締結した同条約の義務を果たし、権利を行使するのはどの主体かとの問題である。

当初は、ソ連邦解体後に発足したCISがSTART-1の当事国になるかとも思われたが、ウクライナやカザフスタンなどCISの一部構成国が次第に独自色を強めたため、CISは、国家としての外交・軍事機能を備えるに至らなかった(18)。これを受けて、旧ソ連邦の核兵器の多くが引き継がれたロシアが単独でSTART-1条約の当事国になろうとしたが、ウクライナなど他国はロシアのこうした姿勢に賛同せず、START-1条約の継承問題は難航を極めた。

このように核兵器は、ロシア以外の三カ国の領土上に所在することとなったが、実体上、これらの核兵器を管理していたのはロシアであった(19)。一九九一年一二月をもってソ連は崩壊したが、軍部は、旧ソ連の域内全般にわたる機能を維持しており、それは、いまやロシアの軍部となっていた。すなわち、ウクライナの領土上に所在する核兵器を実体上管理していたのは、ロシアの軍部という状況であった。

ロシアとの対立と非核化の後退

ウクライナは、前述の通り、一九九一年一二月の独立の際、非核化の路線を取ったが、その後四カ月が経過して一九九二年三月になると、雲行きが怪しくなってきた。

ソ連崩壊の後、ウクライナに所在していた戦術核については、一九九一年一二月以来、ロシアへの移送の作業が進められていた[20]。一九九二年三月中頃までに、ウクライナの戦術核の約三分の二が既にロシアへ向けて移送済みであったが、同年三月一二日、レオニド・クラフチェク大統領は、突如、残りの戦術核の引き渡しの中止を宣言した[21]。ロシアに移送される戦術核が予定通り解体される保証がないというのがその理由であったが、その背景にあったのは、ロシアとの関係の緊張にあった。

ロシアにおいては、ウクライナを独立国として認めることに心理的な抵抗感があったが、それに加えて、クリミア半島と黒海艦隊の帰属の問題があった[22]。

クリミア半島は、ソ連時代、一九五〇年代まではロシア共和国に属していたが、一九五四年、ニキータ・フルシチョフ・ソ連共産党第一書記はウクライナ解放三〇〇年記念にウクライナに移管することを決定し、それ以来、クリミア半島はソ連の行政区画上、ウクライナに所属することとなった。しかし、民族的にはロシア系人口が半数以上を占めているため、クリミアの扱いは、ロシアとウクライナとの間でデリケートな問題であった。

また、黒海艦隊は、クリミア半島のセヴァストポリ軍港を基地としており、ウクライナにも権利の主張を行う根拠があったが、ロシアは自らへの帰属にすべきとの立場であった。さらに、ウクライナは、ロシアに天然ガスと原油を依存しており、これらに起因する債務の扱いも懸案となった。

こうした問題をめぐってロシアとの関係が緊張を増すにつれて、核放棄による非核化路線に対する疑問の声が強まった[23]。ロシアに対する安全保障のために、自らの領土内に残された核兵器を活用すべきではないかとの意見が出てきた。さらに、国際社会、特に、アメリカの対応を見ていると、ウクライナに対する関心の所在は、もっぱら非核化の実現にあり、非核化が実現したとたんに、ウクライナには何らの関心も払われなくなり、ロシアの圧力と脅威の下に取り残されるのではないかとの不安も強まった。さらに、核兵器を放棄するのであれば、それに対して、経済的、政治的見返りを求めるべきではないかとの考えも出てきた。

軍人を中心に、ウクライナが核を必要としないという安全保障上の担保が得られるまで核戦力を保有し続けるべきだとの声も強かった[24]。最強硬派（たとえば、ソ連の戦略ロケット軍での勤務経験を持つウラジミール・トルブコ議員）からは、ウクライナは、旧ソ連の正当な後継国の一つとして、旧ソ連の核兵器を継承する権利があるのみならず、フランスと同様に、核兵器をさらに近代化させていくべきという主張が提起された[25]。一九九三年一〇月の国民投票では、国民の六六％が核の保有に直接、間接の支持を与えるという状況となった[26]。

戦術核の移送

戦術核の移送については、米ロがそろってウクライナに圧力をかけた[27]。ウクライナのクラフチェク大統領は、一九九二年五月に訪米することとなっていたが、アメリカは、戦術核の移送を再開しないと、援助を減額し、クラフチェク大統領とG・H・W・ブッシュ大統領との首脳会談を取りやめると伝えた。ウクライナのクラフチェク大統領とロシアのボリス・エリツィン大統領との間で、移送された戦術核を廃棄するに際し、ウクライナもそのモニタリングに関与することが決められ、戦術核の移送が再開されることとなった[28]。

一方、ロシアは、ウクライナが知らない間に、戦術核の移送を完了させ、それを、クラフチェク大統領が訪米している五月六日に一方的に発表して、ウクライナ側の憤激をかった[29]。実際には、戦術核の移送は、ロシア側によって完全にコントロールされており、クラフチェク大統領の中断宣言の後も、ロシア側の手によって続けられていたものであった[30]。ロシアの意図は、ウクライナに核を管理する能力がないことを示すことにあったとされるが、こうした行動は、ウクライナのロシアに対する不信感をさらに高める結果となった[31]。こうした戦術核についての顛末は、戦略核の放棄をさらに難しくさせるものであった。

アメリカ政府による個別交渉

アメリカのブッシュ政権は、上院でのＳＴＡＲＴ-1の批准審議の開始を延期し、旧ソ連邦内の調整を見守っていたが、ウクライナなどの独自の動きをロシアが抑え切れないと見るや、旧ソ連邦の戦略核兵器を保有する各共和国との個別交渉を進めることに方針を転換した[32]。

アメリカ政府内の検討の作業から、ロシア、ウクライナ、ベラルーシ、カザフスタンの四カ国がSTART-1の批准に向けた議定書を締結し、ロシアが戦略核の分野でソ連の継承国であることを正式に確認するとともに、ウクライナ、ベラルーシ、カザフスタンの三カ国が非核保有国としてNPTに加入することを定めるとの方向性が出てきた[33]。

リスボン議定書

一九九二年五月二三日、アメリカのジェイムズ・ベイカー国務長官と、旧ソ連四カ国（ロシア、ウクライナ、ベラルーシ、カザフスタン）のそれぞれの外相がリスボンで会合を開催し、START-1議定書（リスボン議定書）が締結された。

このリスボン議定書は、旧ソ連四カ国にSTART-1との関連における旧ソ連の継承国としての地位を認めつつ、ロシア以外の三カ国が非核兵器国としてNPTに加入することを約束することにより、最終的には、ロシアが旧ソ連邦の戦略核兵器を一元的に管理するとの方針を確認する内容のものであった[34]。このリスボン議定書を受けて、ウクライナ、ベラルーシ、カザフスタンの三カ国の大統領は、それぞれ米大統領宛の書簡でSTART-1の有効期間である七年間に自国領内の核兵器を撤去することを約した。

一方、ウクライナとベラルーシがブッシュ大統領宛の親書の中で、核兵器の撤去に際しては、自国の安全保障を考慮すると述べ、撤去しない場合もありうることを示唆していたこと、ロシアがベラルーシ、カザフスタン、ウクライナのNPT加入をSTART-1の批准書交換の条件としていたことから、さらなる紆余曲折も予想された[35]。

この後、一九九三年二月までにウクライナを除く全当事国がSTART-1を批准したが[36]、ウクライナ議会によるSTART-1の批准は難航した[37]。また、NPTについても、ベラルーシが一九九二年七月、カザフスタンが一九九四年四月に加入したものの、ウクライナのNPT加入はなかなか進まなかった。ウクライナ議会では、安全の保証、見返り、核兵器の指揮統制の権限などの論点が噴出した。このため、ロシアは、ウクライナがNPTに加入するまではSTART-1の批准書の交換を行わないとの決定を下した[38]。また、一九九三年一一月には、国防政策の基本理念を示した「ロシア連邦軍事ドクトリンの主要規定」を採択し、その中で、従来、旧ソ連が宣言していた核兵器の先行不使用の表現を削除したが、この措置は、ウクライナを念頭に置いたものと見られた[39]。

核保有か非核化か

ウクライナでは、従来の方針通り、非核化に向かって進んでいくとの路線と、これに疑問を投げかけ、核兵器を保有すべき、ないしは、ロシアをはじめとする関係国との交渉材料として核兵器保有のオプションを使っていくべきとの立場とが激しくぶつかりあうようになっていた。

この後者の立場からは、ウクライナの安全を核兵器国が保証することを求めるべきではないか、非核化に伴う経済的な補償を求めるべきではないか（核兵器の解体や移送に必要な費用の負担、核兵器の弾頭を解体して取り出した核物質の売却利益の一部の還元）との声が上がっていた[40]。さらには、領土内の核兵器の指揮統制の権限をロシアに代わって獲得すべきとの強硬論も出ていた[41]。

『フォーリン・アフェアーズ』誌上の論争

ウクライナの非核化の是非は、アメリカの有識者の中でも論争となった。

アメリカの外交雑誌『フォーリン・アフェアーズ』誌（一九九三年夏号）は、「ウクライナの核保有を認めるべきか」とのテーマを掲げ、核保有に賛成するジョン・ミアシャイマー・シカゴ大学教授の見解と核保有に反対する『インターナショナル・セキュリティ』誌編集長スティーブン・ミラーの討論を掲載した。ミアシャイマーは、ウクライナの核保有により、ロシアとの間で核抑止が成立し、両国間の平和維持に役立つとの立場を示し[42]、その一方、ミラーは、ウクライナではロシアとの間で核抑止は機能せず、核保有はウクライナにとってマイナスであると説いた。[43]

クリントン政権の政策転換

アメリカでは、一九九三年一月からビル・クリントン政権となっていた。クリントン政権は、当初は、ブッシュ政権の政策を引き継いで非核化に向けてウクライナに圧力をかける方針で臨んでいたが、ウクライナにおける状況が改善するよりは悪化しつつあるのを見て、政策の再検討に着手した。[44]その結果、短兵急にウクライナに非核化を迫るのではなく、まず、ウクライナとの関係強化を図り、ウクライナの安全保障面での懸念やその他の分野の要望事項に応えることを優先する政策に転換することとした。新しい政策の下、(1)非核化に伴う支援の供与、(2)経済協力、(3)安全の保証の「三つの柱」の措置が取られることとなった。一九九三年六月にはレス・アスピン国防長官が、同年一〇月にはウォーレン・クリストファー国務長官が相次いでウクライナを訪問し、こうしたアメリカの新たな方針を伝えた。[45]

アメリカがこのような政策を取った背景としては、従来の政策では、ウクライナの信頼を得られないのみならず、逆に、不信感と不満をかき立てて非核化への動きを阻害するとの反省があるとともに、ウクライナがしっかりとした国家として独立を維持していくことが、ロシアが、実体上、旧ソ連諸国を支配するような「逆コース」に向かうことへの最大の抑えになるという考えが共有されるようになったことがあった。

こうした動きを受けて、一九九三年一一月、ウクライナ議会は、ようやくSTART-1に承認を与えたが、その決議には、非核化後のウクライナの安全が国際社会によって保証されること、解体される核弾頭から得られる核物質がウクライナに返却されること、リスボン議定書で約束したNPT早期加盟条項に拘束されないことなど、一三もの付帯条件がつけられた。[46]

三カ国声明

一九九四年一月、ようやくアメリカ、ロシア、ウクライナの間に核放棄についての合意が成立し、三カ国の大統領による共同声明として発表された(47)。

この共同声明において、アメリカおよびロシアは、ウクライナに対して安全を保証する意向を表明し、ウクライナの核放棄の見返りとしてアメリカが非核化支援を行い、ロシアが原子力発電所用の燃料を供給する一方、ウクライナが核放棄とNPT加入を確認した。

これらは、かねてからウクライナ国内で提起されていた、核を放棄するとしたらウクライナの安全をどのように確保するのか、核解体に関わる財政支援を求めるべきではないか、ウクライナ領内に所在する核はウクライナの財産でありこれを放棄することについて見返りを得るべきではないかとの諸点に応えるものであった。

ブダペスト覚書、NPT加入、非核化の実現

一九九四年一一月、ウクライナ議会は、ようやく「NPT加入に関する法」を承認した。ここでも、同法の発効は、核兵器国がウクライナの安全を保証する国際文書に署名することを条件とするとの留保が付された(48)。

一九九四年一二月、ヨーロッパ安全保障協力会議（CSCE）のブダペスト・サミットにおいて、アメリカ、ロシア、イギリスの三カ国がウクライナとともに、ウクライナの安全を保証する覚書に調印した(49)。「ブダペスト覚書」と称されるこの文書の内容は、(1)ウクライナの独立、主権、現行の国境を尊重する、(2)ウクライナに対し武力の威嚇ないし武力の行使を行わない、(3)ウクライナに対し政治的な影響を与える目的で経済的な圧力を加えない、(4)ウクライナに対し核兵器が用いられた場合に国連安全保障理事会（安保理）の行動を求める、(5)ウクライナに対し核兵器を使用しない、(6)これらの約束に関する問題が発生した際には他の関係国と協議するというものであった(50)。これにより、ウクライナ議会が設定した条件が満たされ、ウクライナの「NPT加入に関する法」が発効した(51)。その結果、ロシアは、START-1の批准書の交換に応じ、START-1は、ようやく発効することとなった。

一九九六年六月一日、ウクライナからロシアへの戦略核兵器の移送が完了し、ウクライナは、非核兵器国になった。

2　核放棄の動機

安全保障上の考慮

ウクライナの非核化への道程は前記に見てきたように、紆余曲折を経たものとなったが、最後には非核化の道が選択された。その背景、原因を考察するためには、安全保障上の考慮と、それ以外の要因の二つに分けて検討すべきであろう。

安全保障上の考慮について言えば、ウクライナの多数派は、ウクライナのトルブコ議員やミアシャイマーのように「核保有がウクライナの安全保障を増進する」との見解を取らなかった。ウクライナに残された核兵器は、自らの安全保障上の必要性に基づいて開発、配備したものではなく、アメリカに照準を合わせた戦略核兵器であり、ロシアの指揮統制の下にあるという特殊な兵器であった。ウクライナにとって、この照準先は今後関係緊密化を図ろうとする相手であり、指揮統制を握られているのは戦略上の相手国であった。ウクライナがこれらの戦略核兵器の運用上のコントロールを握ることをロシアが認めるとは考えにくかった。

ウクライナは、非核化の選択を行う際、戦略上の相手国であるロシアを含め、五つのＮＰＴ上の核兵器国から安全の保証を得ており、この非核化の選択は、安全保障の観点をも視野に入れたものであった（他方、この安全の保証はさほど強固な性格のものではなく、それが二〇一四年のロシアによるウクライナ侵攻、クリミア「併合」で問題となることとなる）。旧ソ連から残された核兵器については、前記の特殊な性格に鑑み、これを保有し続けることが安全保障を増進する手段として有効とは判断されなかった。さらに、ウクライナが核を保有し、それを自らの意思で運用可能なものとすることは、戦略上の相手国であるロシアとの関係をなおさら緊張に満ちたものにするとの考慮もあったであろう。

国家の基本的な政策の方向性

安全保障上の考慮以外の要因としては、核開発の抑制要因として挙げられる事項との関連で見ていくことが有益であろう。

第一に、規範的な要因についていえば、ウクライナにおいて、国民感情として非核化を求める方向性が強くあったことは間違いない。それは、チェルノブイリ原発事故の経験を踏まえたものであるとともに、旧ソ連の核大国路線へのアンチテーゼという意味もあったであろう。また、独立後の国家の基本的な政策の方向性として、ＮＰＴという国際的な規範に従うことを求める声が強かった。

第二に、経済的な利害に関わる要因についていえば、非核化を目指すことは、西側諸国からの支援を得ることにつながり、核保有を目指すことは、そうした道を閉ざすことになるものであった。

第三に、外交関係に関わる要因について言えば、一九九一年一二月のウクライナの独立から一九九四年七月までウクライナの大統領の座にあったクラフチュクが目指したのは、西側への接近であった。クラフチュクの下で、ウクライナは、欧州連合（ＥＵ）や北大西洋条約機構（ＮＡＴＯ）といった西側諸国のグループのメンバーになり、西側諸国が支持する民主主義や紛争の平和的解決といった価値を体現する国づくりを志向した(52)。そのためには、ＮＰＴに非核兵器国として加入することが求められた。核を保有し続けるという選択は、こうした国との関係の構築を困難にするものであったろう。

第四に、財政上の負担の観点からも、核保有につき進むことは対外的に支援する国がない中、核兵器の維持、管理のために巨額の支出を余儀なくされることであり、逆に、非核化を目指すことは、西側諸国からの支援につながる道であった。

今、四つの要因に着目しつつ見てきたが、これらはいずれも、相互に関連があり、根本のところでは、国家の基本的政策の方向性として、西側に接近し、西側諸国と緊密な関係を築き、また、西側諸国が支持する価値を共有するという方向性が非核化の道を選択させた大きな要因であったと言ってよかろう。

議会の果たした役割

このウクライナの非核化の過程においては、ウクライナ議会が果たした役割が大きかった。南アフリカも、リビアも、非核化のプロセスにおいて、議会の了承が重要なステップとなったわけではなかったが、ウクライナの場合には、議会の了承が重要なステップとなった。これは、それぞれの国における議会の役割の重要性にも関わる問題であるとともに、ウクライナの場合、ＳＴＡＲＴ-１の継承の問題があったので、対外的に交渉した約束が議会の了承を必要とする形式のものとなったことによる。一九九二年のリスボン議定書の作成以降のプロセスは、いかにしてウクライナ政府が対外的に交渉した約束についてウクライナ議会の了承を取るかのプロセスであり、言い換えるならば、ウクライナ議会が付した条件をどのようにして満足させるかのプロセスとなった。ウクライナ議会も、結局は、ウクライナの非核化を支持したので、同議会が核保有を志向したというわけではないが、同議会がウクライナの非核化に際する条件をつり上げる役割を果たしたことは事実である。

国際社会の対応

このウクライナの非核化の過程を国際社会の対応、特に、アメリカの対応から見ることも興味深い。一九九一年のソ連崩壊から一九九二年のリスボン議定書までの対応に当たったＧ・Ｈ・Ｗ・ブッシュ政権は、ウクライナに非核化を求めることでその道筋をつけたが、プロセスが進むにつれてウクライナから懸念や要望が噴出し、問題が山積していった。一方、一九九四年の三カ国声明を主導したクリントン政権は、(1)非核化に伴う支援の供与、(2)経済協力、(3)安全の保証の「三つの柱」の措置によって、ウクライナの安全保障面での懸念やその他の分野の要望事項に応えることを優先する政策に転換し、これが功を奏したと言える。これらは、本書で用いている概念に即して言うならば、核保有の推進要因を減少させ、核保有の抑制要因を増大させる措置であった。こうした丁寧な対応がウクライナの核放棄の実現につながったことは、これらの推進要因と抑制要因が核についての国家の行動を左右する意味を持つことを示すものであったと言えよう。

二〇一四年のロシアによるウクライナ侵攻と核拡散防止

前記の一九九四年のウクライナの非核化の決定から二〇年後の二〇一四年、ウクライナをめぐる問題が国際関係を大きく揺さぶることとなった。

ウクライナの国内情勢は、EUとの関係強化かロシアへの接近かで不安定化し、二〇一四年二月、ウクライナ議会は親露派のヴィクトル・ヤヌコビッチ大統領を解任した。クリミアでは、ロシア系住民がデモを行ってロシアへの編入を求め、ロシア軍と見られる武装集団がクリミアにおけるウクライナ軍の施設を包囲して制圧した。ロシア編入を問う「住民投票」が行われ、九割以上の賛成が得られた。この結果を得て、プーチン大統領は、クリミア「編入」を宣言した。

このロシアの行動は、ウクライナの主権、領土の一体性への侵害であるが、核拡散防止の観点からは、前記の「ブタペスト覚書」においてロシアがウクライナに対してコミットした安全の保証の違反であることに注目せざるを得ない(53)。

前述の経緯から示されるように、ウクライナの非核化は、容易なプロセスではなかった。ウクライナの国内には核保有を求める声が存在し、ウクライナ国内の論争において、核兵器国からの安全の保証は、最も中心的なテーマの一つであった。それがために、ウクライナの議会が「NPT加入に関する法」を承認するに際しては、核兵器国がウクライナの安全を保証する国際文書に署名することを条件とし、それを実現するために、「ブタペスト覚書」が作成された。「ブタペスト覚書」が反故にされるということは、一九九四年にウクライナが行った非核化の決断に疑問符を投げかけかねないものであり、ロシアによるウクライナ侵攻、クリミア「併合」の事態に直面し、ウクライナの国内では、一九九四年の核放棄による非核化の決断の過ちや核武装を唱える声が上がった。

Ｇ８諸国のうちロシアを除いたＧ７諸国は、二〇一四年三月、ウクライナ情勢をめぐってロシアへの非難を表明する際、「ブダペスト覚書」への違反に言及した。(54) 核拡散防止の観点からは、「核を手放したから国の運命を損なった」といった認識が広がらないようにする必要がある。

第Ⅲ部　核問題が懸案となっている国々

北朝鮮の核問題を討議する六者会合（2008年7月10日）（時事）

第9章　北朝鮮――危機の連鎖

北朝鮮の核問題は、国際社会が直面している最も深刻な問題の一つである[1]。北朝鮮は、一九九〇年代前半、二〇〇〇年代前半と二回の核危機を起こし、国際社会の様々な対応にもかかわらず二〇〇六年、二〇〇九年、二〇一三年、二〇一六年と続けて核実験を行った。一九九八年のインド、パキスタンの核実験以降、核実験を行ったのは北朝鮮だけであり、国際的な核不拡散レジームの中核である核不拡散条約（NPT）からの脱退を宣言して、核開発を継続してきた北朝鮮は、核拡散防止を目指す国際社会にとっての最大の挑戦と言ってよい。また、日本にとっても、北朝鮮の核問題は、「拉致、核、ミサイル」という北朝鮮との間の最大の課題の一つであり、また、日本の安全保障に直結する課題でもある。

政策決定の過程が不透明で外部からはうかがい知れないことなど様々な限界があるが、この章では、北朝鮮の核開発について、これまでの経緯、核開発の背景・理由、核開発のプロセス、核開発の影響についてを取りまとめたい。

1　核問題の経緯

北朝鮮の核開発の始動

北朝鮮は、一九五〇年代から核・原子力開発を開始した模様である[2]。自ら始めた戦争とはいえ、朝鮮戦争においてアメリカから再三にわたって核の威嚇を受けたことがその背景となったと見られている[3]。北朝鮮は、核・原子力開発を進めるに当たって、ソ連からの支援を期待した。ソ連は、核開発自体を直接に支援することは避けたとされるが[4]、原子力の基盤作りを支援することには応ずることとし、ソ連の支援のもと、一九五〇年代には、原子力開発のための人材育成がスタートし、一九六二年には、小型の研究用原子炉が供与された。この研究用原子炉が建設されたのは、平壌の九〇キロ北方に位置する寧辺《ヨンビョン》という場所であり、寧辺は、その後の北朝鮮の核開発の中心地となった。

『二つのコリア』で第一次核危機を詳述したドン・オーバードーファーによれば、中国が一九六四年に核実験を行った後、金日成《キムイルソン》は北京に代表団を送り、戦場で生死を共にした兄弟国として核の秘密も分かち合うべきだと述べつつ核開発への協力を求めたが、中国はこれを断ったという[5]。

北朝鮮は、一九八〇年に寧辺で電気出力五メガワットの黒鉛減速炉の建設を開始したと見られている[6]。これは、イギリスのコールダーホール型原子炉を模したもので、プルトニウムを効率的に生成するタイプであり、この黒鉛減速炉の建設によって、北朝鮮の核開発は新しい段階に入った[7]。この原子炉は、一九八五年に臨界に達したと見られている。

また、この時期、北朝鮮が核爆発装置のための高性能爆発実験を盛んに行っていたとされる[8]。北朝鮮は、こうした実験を一九八三年から繰り返し行っていたと見られており、一九九四年一〇月までに約七〇回、このような高性能爆発実験を行ったと指摘されている[9]。

一九八〇年代に入って、北朝鮮は、増大する電力需要をまかなうために、ソ連から民生用の原子力発電所の供与を得ようとした[10]。金日成は、一九八四年のモスクワ訪問時にソ連のコンスタンティン・チェルネンコ書記長に対して、これを提起した。アメリカは、ソ連に対し、北朝鮮がＮＰＴに加入することを求めてほしいと要請した。ソ連は、一九八五年一二月に軽水炉四基の提供を認めたが、北朝鮮がＮＰＴに加入することが条件であった。北朝鮮は、ソ連からの要望によって一九八五年に非核兵器国としてＮＰＴに加入した[11]。ＮＰＴは周知のように、非核兵器国に対して核兵器その他の核爆発装置を製造したり、その他の方法によって取得したりしないことなどの義務を課し、それを確保するために、国際原子力機関（IAEA）との間で包括的保障措置協定を締結することを求めている。通常の考えでは、NPTに加入することと核開発の野望を持つこととは、到底両立しないことであった。オーバードーファーは、「当時、北朝鮮の指導部がNPT条約の調印にどんな意味があると思っていたのか、また彼らがその責務をどのようなものと見なしていたのかは定かでない」と述べている(12)。

ソ連は、その後、経済状況の悪化から、軽水炉供与の約束を反故とした。北朝鮮がNPTに加入することとしたのは、軽水炉を得るためであり(13)、軽水炉が得られなくなった段階で、北朝鮮にとってNPTに加入することの意味は失われたのではないかと見られる。

冷戦の終了と南北首脳会談

一九八九年から一九九一年にかけて、国際情勢は、冷戦の終了から湾岸戦争へとめまぐるしい展開を遂げたが、朝鮮半島をめぐる状況にも大きな変化があった。

まず、一九八九年五月、北朝鮮の核開発の状況について、アメリカから韓国に対して行われた情報分析が韓国メディアに流されたことをきっかけとして、この問題が世界的なメディアの関心事となった(14)。

IAEAの査察受け入れについての圧力が高まるにつれて、北朝鮮は、アメリカの核が韓国に配備されている限り、査察は認めないと主張した(15)。

当時、アメリカにとって、韓国に配備していた戦術核を撤去するかどうかが重要な検討課題となっていた(16)。韓国には、一九五〇年代後半以来、戦術核兵器が配備されていたが、韓国への核抑止を維持するのに実際に韓国内に核を配備する必要はないのではないかとの議論が提起されていた。アメリカは、ソ連との間で、一九八七年一二月に中距離核戦力（INF）全廃条約に署名し、一九九一年七月に第一次戦略兵器削減条約（START-1）に署名しており、戦術核兵器をどのように削減するかが課題となっていた。一九九一年八月にソ連で保守派によるクーデターが発生したことがきっかけとなって、同年九月、G・H・W・ブッシュ大統領は、地上、海上配備の戦術核兵器を撤去する声明を出し、一〇月、ミハイル・ゴルバチョフ大統領も同様の措置を発表した(17)。このような米政府の核政策の転換には、冷戦の終了により大量の核兵器を保有・配備する必要性が減じたこと、ソ連の政情の不安によりむしろ核セキュリティー上のリスクを深刻に考える必要が生じたことが指摘されるが、当時、国家安全保障問題担当補佐官を務めていたブレント・スコウクロフトは、ブッシュ大統領との共著の回想録において、政策判断の際の考慮要因の一つとして、朝鮮半島の緊張を緩和し、北朝鮮への関与を強める狙いがあったことを挙げている(18)。

一九九一年一〇月二二日から二五日にかけて平壌で盧泰愚《ノテウ》大統領と金日成主席との間で南北首脳会談が開催された(19)。これは、冷戦の終結の一つの成果とも言えるものであった。ソ連は、韓国と国交を正常化しており（一九九〇年九月三〇日）、中国も、韓国との国交正常化に動いており、北朝鮮に対し、韓国との和解、核問題の解決を求めていた(20)。南北首脳会談の成果は、南北の和解、南北不可侵、南北交流・協力を謳った「南北基本合意書」（一九九一年一二月一三日署名、一九九二年二月一九日発効）に取りまとめられた(21)。

南北非核化共同宣言

核問題については、一九九一年の内に、さらに協議を進めることとされたが、同年一二月一八日、韓国から米軍の最後の核爆弾が撤去された後、盧泰愚韓国大統領は、米側の了解のもとに、「ここに私は、大韓民国のどこにもいかなる核兵器も一つも存在しないと宣言する」と公式発表を行った(22)。これによって事態は促進され、南北核交渉が一二月二六日から板門店《パンムンジョム》で開催され、「朝鮮半島の非核化に関する共同宣言」（南北非核化共同宣言）が作成された（一九九一年一二月三一日署名、一九九二年二月発効）。この文書において、韓国も北朝鮮も核兵器の試験・製造・生産・接受・保有・貯蔵・配備・使用をしないこと、核エネルギーを平和的目的にのみ利用すること、再処理施設とウラン濃縮施設を保有しないことを約束した。これは、北朝鮮が韓国との間の政治文書で約束したものであるが、核兵器を保有しないことを明確に述べている点できわめて重要なものである。

北朝鮮は、アメリカとの関係構築を望んでいた模様である。アメリカは、北朝鮮に対して、北朝鮮が核査察義務を果たすことに同意するならば、ハイレベルの会談に応じる旨を伝達し、一九九二年一月二一日、アメリカの政治担当の国務次官のアーノルド・カンターと北朝鮮の国際問題担当の労働党書記である金容淳《キムヨンスン》との間の会談が行われた(23)。同会談の九日後の一月三〇日、北朝鮮は、一九八五年のNPT加入以来の懸案となっていた、IAEAとの保障措置協定に署名した(24)。この協定は、四月九日に最高人民会議の特別臨時会議で承認され、翌四月一〇日に発効した。

オーバードーファーは、カーネギー国際平和財団のセリグ・ハリソンを引用しつつ、南北非核化共同宣言を中心とするこの間の動きに関する北朝鮮の意図について次の観測を述べている(25)。「(朝鮮労働党の)中央委総会は、ある取引――核問題で譲歩して、その見返りとしてアメリカと日本からの経済的恩恵や関係正常化を勝ち取ろうとする取引――を主張する実用主義者が条件付きの勝利を収めたというのだ。ハリソンによると、強硬派は、核兵器計画の中断に同意したものの、計画の終了は認めなかった。アメリカと日本の援助は得られないと確信していたからだという」。

第一次核危機の勃発――NPT脱退宣言

一九九二年一月のIAEAとの保障措置協定の締結は、一九九一年一二月の南北非核化共同宣言とともに、北朝鮮の核問題を解決する道筋を示す成果と考えられたが、その実施をめぐって事態は暗転していった。

北朝鮮は一九九二年五月にIAEAに対し冒頭申告を行い、それに基づきIAEAは、一九九二年五月から九三年二月まで六回にわたって査察を行うが、未申告施設でプルトニウムが抽出されているのではないかとの可能性が指摘された(26)。特に問題であったのは、北朝鮮の冒頭申告では、一九九〇年に五メガワット黒鉛炉から数本の使用済み燃料を抜き取り、再処理を行い、微量のプルトニウムを抽出したとしていたが、プルトニウム・サンプルを分析したところ、一度だけではなく、一九八九年、一九九〇年、一九九一年の三度にわたって使用済み燃料が抜き取られ、プルトニウムの抽出が行われており、プルトニウムの抽出量も多ければ一五キロに及ぶ可能性があることが指摘された。プルトニウムの「有意量」（一個の核爆発装置が製造される可能性を排除できない量として定められているもの）は八キロとされているところ[27]、これに基づけば原爆を二個製造できる量に相当するものであった。

一九九三年二月、ＩＡＥＡ理事会は、北朝鮮に対し、二つの疑惑を持たれた施設に対する特別査察を要求した[28]。北朝鮮は、これを拒否し、三月八日には全土に準戦時体制を宣布し、同一二日にはＮＰＴからの脱退を通告した[29]。北朝鮮は、「この条約の対象である事項に関連する異常な事態が自国の至高の利益を危うくしていると認める場合には、その主権を行使してこの条約から脱退する権利を有する」というＮＰＴ第一〇条の脱退条項を援用したが、その際、二つの理由を挙げた。一つは、「核戦争」の演習に他ならないチームスピリットがＮＰＴおよび南北非核化共同宣言の精神を侵犯したこと、もう一つが、ＩＡＥＡによる二つの疑惑施設の特別査察要求は「北朝鮮を武装解除させ、北の社会主義体制を絞め殺すことを狙ったなりふり構わぬ強力な軍事行動」であることであった[30]。

これが、第一次核危機の開幕となった。アメリカではビル・クリントン政権、韓国では金泳三《キムヨンサム》政権が誕生して間もないタイミングであった。

ＩＡＥＡは、急遽、臨時の理事会を召集し、国連安全保障理事会（安保理）に案件を付託することを決めた。安保理は、五月一一日に決議八二五を採択し、北朝鮮に対し、ＮＰＴからの脱退を再考し、特別査察を受け入れるように求めた[31]。北朝鮮のＮＰＴ脱退の発効は一カ月後の六月一二日に迫っていた。

五月二九日には、日本海に向けてのノドン・ミサイル（射程約一三〇〇キロ）の発射実験が行われ、危機感を高めた[32]。北朝鮮は、一九八〇年代にソ連製のスカッド・ミサイル（射程三〇〇～五〇〇キロ）を独自に生産する技術を身につけ[33]、これにより韓国全土を射程に収めていたが、ノドンにより、日本のほぼ全域がその射程内に入ることとなった[34]。

当初、アメリカは、北朝鮮との交渉には消極的であったが、事態の打開のために交渉を行うこととし、一九九三年六月二日、米側はロバート・ガルーチ国務次官補（政治・軍事問題担当）、北朝鮮側は姜錫柱《カンソクジュ》外務第一副相との間で米朝交渉が行われた[35]。姜錫柱は、北朝鮮は、核兵器を製造する能力を持っていないとの金日成主席の言葉を翻し、核兵器を製造する能力を持ってはいるが、アメリカが北朝鮮を脅かさなくなれば核兵器を製造しないと約束すると述べた[36]。NPTからの脱退が発効する直前の同六月一一日、共同声明がまとまった[37]。米朝は、この共同声明で、核兵器を含む武力を使用せず、こうした武力による威嚇を行わないことを保証すること、朝鮮半島の非核化、平和と安全を保障すること、朝鮮半島の平和的統一への支持を確認した。北朝鮮は、米朝共同声明と同時に、NPT脱退については、「必要であると認めるだけ一方的に臨時中止することとした」との立場を表明した。これは、必要であれば、いつでもNPTを脱退し、核開発を再開するという意思表明であると考えられた。

一九九三年一一月のアメリカの国家情報評価は、北朝鮮が一個ないし二個の核兵器を保有している可能性が半分以上と分析しており、アメリカの情報コミュニティは、北朝鮮が核兵器を保有している可能性が強いとの認識に立っていた模様である[38]。

危機の再燃――燃料棒取り出し

この米朝協議によって北朝鮮のNPT脱退による朝鮮半島の緊張はいったん回避されることとなったが、これは、一時的な危機の回避に過ぎなかった。問題の解決のためには、北朝鮮とアメリカ、IAEA、韓国との交渉が進展しなければならなかった。

北朝鮮とIAEAとの協議は進捗しなかった[39]。IAEAは保障措置協定の完全な履行を求めたが、北朝鮮は「保障措置の継続性の保障」と「保障措置協定の完全な履行」を区別して、後者はアメリカの北朝鮮に対する核威嚇や敵視政策の放棄の見返りとして行われるべきとの立場を取った。

南北対話も成果を生み出すことができなかった[40]。韓国が核問題を協議の最重要課題と捉えたのに対し、北朝鮮は南北首脳会談の準備のための特使交換を優先することを求めた。

米朝協議をどう進めるかが鍵になった[41]。北朝鮮が求めていたのは、IAEAとの協議でも南北対話でもなく、米朝協議だった。北朝鮮は、アメリカが米朝協議の開催に前提条件をつけていることを非難し、その撤回を求めた。

一方、アメリカとしては、IAEAとの協議の進展もないうちに核開発問題の解決のための突っ込んだ交渉を北朝鮮とするわけにはいかず、韓国は南北対話を無視して米朝協議が進むことを歓迎していなかった。また、北朝鮮は、国際社会の費用負担の下、自身の黒鉛減速炉を軽水炉に置き換えることに意欲を示した。

様々な打開策が検討され、一九九四年二月二五日、米朝は「合意された結論」と呼ばれる合意文を発表し、三月一日を期して、(1)アメリカが「チームスピリット九四」中止に同意するとの決定を発表する、(2)IAEAと北朝鮮の合意に基づき、「保障措置の継続性」を保障するための査察を開始し、これを合意された期間までに終了する、(3)南北の特使交換のための実務接触を再開する、(4)次の米朝協議を三月二一日に開始することを発表するという四つの「同時的措置」を講じることを明らかにした。[42] 三月一日、これらの措置が実施に移された。

この時点では、北朝鮮の核問題は解決の方向に向かうかと思われたが、実際には、南北対話も、IAEAとの協議も不調に終わった。一九九四年三月一九日の南北実務者会議は、強硬な言葉のやり取りとなり、北朝鮮の代表は、韓国の代表に対し、「ソウルはここからそう遠くない。戦争になればソウルは火の海になるだろう」と言い放った。[43] 北朝鮮は、再処理施設でIAEAが合意済みの活動を行うことを拒否した。[44]

こうした状況を見て、アメリカは、米朝協議の実施を拒否し、北朝鮮への制裁を検討し始めた。

これに対し、北朝鮮は、一九九四年五月、IAEAの査察に制限を加えつつ、五メガワット黒鉛炉の使用済み燃料を取り出した。[45] これによって、北朝鮮の「過去の核開発」の経緯の解明ができなくなったのみならず、新たに核爆弾五〜六発分のプルトニウムが得られるとの「将来の核開発」の問題も顕在化し、北朝鮮をめぐる状況は再びにわかに緊迫するに至った。[46]

軍事オプションの検討

一九九四年六月、米政府は、安保理における制裁を準備するとともに、軍事オプションの検討に入った。[47] 第一のオプションは、将来の増派のための準備を行う要員として最大二〇〇〇人の軍人を非戦闘目的で韓国に送るというものて、制裁発動に先立って実施されることになっていた。第二のオプションは、一万人の兵員と複数の航空群を朝鮮半島付近に配備するとともに一個の空母任務部隊を同地域に追加配備するというものであった。さらに、第三のオプションは、五万人以上の兵員、四〇〇機の航空機、五〇隻以上の艦艇に加え、多連装ロケットとパトリオットを配備するというものであった。このオプションは、予備役の召集と空母の追加配備を前提としていた。

六月一四日、米政府は、長官級の政策決定委員会で寧辺の核施設を軍事的に破壊する計画を立案した[48]。第一の方策は、再処理施設のみを破壊するというもの、第二の方策は、再処理施設に加え、寧辺の五メガワット黒鉛炉や使用済み燃料棒貯蔵プールを破壊するというもの、第三の方策は、これらに加え、重要軍事施設を破壊するというものであった。

同時に、米政府は、北朝鮮に対する制裁の具体策を立案した[49]。これに対し、北朝鮮は、「制裁は宣戦布告と見なす」とし、緊張はピークに達した[50]。

カーター訪朝と「枠組み合意」

このような状況下、一九九四年六月、北朝鮮を訪問していたジミー・カーター元米大統領は、金日成と会談し、北朝鮮が米朝交渉の再開まで核開発を凍結すること、ＩＡＥＡ査察官の滞在を引き続き許可すること、カーターが北朝鮮への軽水炉の供与をアメリカ政府に働きかけることで合意した[51]。この知らせがワシントンに伝えられた時、クリントン大統領をはじめとする政権首脳は、安保理に北朝鮮に制裁を課すよう求めることに承認を与えるとともに、制裁決定と同時にとるべき軍事的対応策を討議している最中であった[52]。カーターからの連絡を受けて、アメリカ政府としても、北朝鮮が核開発計画を凍結する考えであれば、米朝交渉を行う用意があるとの立場を取ることとなり、一触即発の危機は去った[53]。

一九九四年七月八日、米朝交渉再開と時を同じくして金日成が死去するという予想外の出来事があったが、米朝交渉は、同年一〇月の「枠組み合意」に結実し、アメリカが二〇〇三年を目標年次として二〇〇〇メガワットの軽水炉が国際コンソーシアムの下で供与されることを約束し、北朝鮮が黒鉛減速炉と関連施設を凍結することが合意された。[54] 黒鉛減速炉の凍結によるエネルギー損失を埋め合わせるため、アメリカが重油を年間五〇万トン提供することとされ、同時に、アメリカは、北朝鮮に対して核兵器による威嚇や核兵器の使用を行わないという正式な保証を与え、北朝鮮は、南北非核化共同宣言を実施するための措置をとり、南北対話を行うとともにNPTに留まることを約束した。二カ所の未申告施設への特別査察は、軽水炉の一号基の主だった部分が北朝鮮に搬入される時に行われること、使用済み燃料八〇〇〇本の第三国への移送は一号基の完成の後、二号基の完成までに行われること、黒鉛減速炉と関連施設の廃棄は、軽水炉の建設が完成した際に行われることもあわせ合意された。[55]

一九九三年三月のNPT脱退宣言に始まる第一次核危機は、この「枠組み合意」によって終結したとされる。

一九九五年三月、「枠組み合意」を受けて、日米韓の三カ国は、北朝鮮に軽水炉を供与するための朝鮮半島エネルギー開発機構（KEDO）設立協定に署名した。こうして北朝鮮の核問題への対処という課題は、「枠組み合意」に基づくKEDOによる軽水炉事業の実施に依拠して進められることとなった。

軽水炉事業の裏側

KEDOによる軽水炉事業の実施は、順調にはいかなかった。[56] 北朝鮮をめぐって様々な事件が起こった。一九九六年九月には、江陵《カンヌン》浸透事件と呼ばれる潜水艇乗員侵入事件が起こった。座礁した小型潜水艇から韓国内に侵入しようとした北朝鮮の武装工作員と韓国軍兵士との間で激しい銃撃戦が行われたものである。一九九八年八月には、寧辺の北方、約四〇キロのところに位置する金《クム》倉《チャン》里《リ》の地下核施設建設疑惑が持ち上がった。[57] こうした事件が起こる度に、軽水炉事業のための交渉、準備は影響を受け、事業計画は遅延した。

この時期、北朝鮮は、五メガワット黒鉛炉を中心とするプルトニウム計画を「枠組み合意」に従って凍結する一方、秘密裏にウラン濃縮計画に着手したのではないかと見られている。[58]「枠組み合意」に従えば、プルトニウムを生成する黒鉛減速炉と関連施設は、いずれ廃棄しなければならない、そうなれば、既に製造した一個ないし二個以上に核兵器を持てないこととなる、国家の安全を確保するためには、何としても別の形で核兵器を持てるルートを確保しておかなければならない。そうした考えによるものであったのではないかと見られている。[59]

このウラン濃縮計画の詳細は、北朝鮮の常として明確にされていない。一方、パキスタンのアブドゥル・カディル・カーン（A・Q・カーン）のネットワークがこれに関与したことはカーン自身の告白で明らかになっている。北朝鮮は、パキスタンに対しノドン・ミサイルとその生産技術を提供し、パキスタン側からウラン濃縮の製造技術と遠心分離機のプロトタイプの提供を受けたと見られる。この二つの取引の関係については、バーター取引であったとの見方もあるが、パキスタンについての第4章でも触れた通り、ノドン・ミサイルの取引は二億一〇〇〇万ドルが支払われた国家間の取引であり、ウラン濃縮技術の取引とは別個のものであったとも指摘されており、[60]当人のカーンは、パキスタンが北朝鮮に支払うミサイル代金の支払いが滞った際に、北朝鮮がウラン濃縮技術の提供をパキスタン側に持ちかけ、ジェハンギル・カラーマト参謀総長に三億ドルを支払ってこの取引を成立させたと説明している。[61]カーンはこのミサイル・核取引の時期を「一九九六年のいつか」としており、北朝鮮から韓国に政治亡命した黄長燁《ファンジャンヨップ》の証言（一九九六年の夏）と合致する。[62]

パキスタンについての第4章でも記したように、一般にカーン・ネットワークが行ったとされる活動の中には、(1)政府、軍部の指示の下にカーンが行った活動、(2)政府、軍部の指示なくカーンが行った活動、(3)カーン自身というよりは、カーンと取引関係にある者が行った活動が入り混じっている可能性がある。前記のカーンの証言は、北朝鮮へのウラン濃縮技術の提供が政府、軍部の指示の下に行われた（前記の(1)）可能性を示唆するものである。

一方、北朝鮮は、こうしたウラン濃縮計画と並行してミサイル開発を継続していた。一九九八年八月、北朝鮮は、多段式ロケットの発射実験を行った。[63]北朝鮮当局は、人工衛星の打ち上げに成功し、人工衛星を軌道上に投入したと発表した。しかし、実際に発射されたのは、三段式のテポドン一号であり、一段目はノドン、二段目はスカッド、三段目は人工衛星打ち上げロケットであったと見られるが、三段目ロケットによる地球周回軌道への投入には失敗した模様であった。[64]

このテポドン発射は、日本の上空を飛び越える形で行われたので、日本の各方面に衝撃を与えた。また、アメリカにおいても、北朝鮮の弾道ミサイルの脅威に警鐘を鳴らすこととなった。

アメリカと北朝鮮は一九九六年からミサイル協議を行うも進展が得られないままとなっていたが、テポドン発射を受けて一九九八年一〇月から同協議が再開され、翌一九九九年九月、ベルリンで行われた米朝ミサイル協議において、北朝鮮は、経済支援の見返りとして、こうした協議が行われている間は、長距離ミサイルの発射実験を凍結することに合意した[65]。

ブッシュ政権と北朝鮮政策

アメリカでは、二〇〇一年一月から、ジョージ・W・ブッシュ政権が発足したが、ブッシュ政権においては、前任のクリントン政権が進めた北朝鮮政策への批判が強かった[66]。「枠組み合意」による北朝鮮の核問題への対処については、様々な批判が提起されていた。

そもそも核開発を進めてNPTやIAEA保障措置といった国際的な枠組みからの逸脱の問題を起こした北朝鮮に対し、「罰」を加える代わりに「褒美」を与えるような対応はおかしいのではないか[67]。「枠組み合意」は、国際社会の側が把握するに至った核関連施設（「黒鉛減速炉と関連施設」と規定されているもの）の活動を止めさせたが、必ずしも核開発計画全体を凍結させていないではないか[68]。「枠組み合意」によって直ちに実現するのは、これらの核関連施設の「凍結」に止まっており、「廃棄」はかなり先のこととなり、北朝鮮は様々な理由をつけて約束を反故にするのではないか。北朝鮮が過去に生産したプルトニウムの存在とそれによって保有しているであろう原爆（一〜二個を保有しているとの見方があった）の存在について解決が図られていないではないか、といった批判である[69]。

ブッシュ政権の中の強硬派は、こうした「枠組み合意」の欠陥に着目し、北朝鮮とは関与も交渉もすべきではないとの立場を取った[70]。一方、関与派は、「枠組み合意」は不十分だが、凍結による効果もあり、軍事衝突を避けることができたのだから、引き続き関与政策で臨むべきであると考えた[71]。

政権発足後のブッシュ政権の北朝鮮政策は、この強硬派と関与派のバランスの下に、「枠組み合意」の実施の改善を目指すこととしていたが、(72)この強硬派と関与派のバランスを一挙に変えることとなったのが、ウラン濃縮問題の浮上であった。

ケリー訪朝とウラン濃縮疑惑

二〇〇二年一〇月、訪朝したジェイムズ・ケリー米国務次官補が北朝鮮の金桂冠《キムゲグァン》外務副相に対して、北朝鮮が「枠組み合意」に違反して秘密裏に濃縮ウランによる核開発を進めているとの情報があると質したのに対し、金正日《キムジョンイル》の側近である姜錫柱外務第一副相は、「われわれがウラン計画を持っていて何が悪いのか。われわれは高濃縮ウラン計画を進める権利を持っているし、それよりもっと強力な兵器も作ることになっている」と反駁した。(73)

その後、北朝鮮は、ウラン計画の存在を否定することとなるので、姜錫柱がなぜウラン計画の存在を肯定するかのような発言を行ったのかは不明である。『ペニンシュラ・クエスチョン』で第二次核危機を描いた船橋洋一は、第一次核危機においてプルトニウム計画を凍結することで軽水炉を得られることとなったことは北朝鮮において外交上の成功であったと捉えられており、ウラン計画で「二匹目のどじょう」を狙ったとの見方を示している。(74)アメリカ側は、北朝鮮がウラン濃縮計画を認めたとの発表を行ったが、北朝鮮側は、姜錫柱の発言は核兵器などを持つ「権利」があることを述べたものに過ぎないとの説明を行った。(75)

一九九四年の米朝「枠組み合意」に基づくKEDOによる軽水炉事業は、それまでも様々な困難に逢着してきたが、ウラン濃縮問題は、これに致命傷を与えることとなった。

第二次核危機の勃発――六者会合

ウラン濃縮問題の浮上を受けて、アメリカをはじめとするKEDO加盟国は、「枠組み合意」に基づく北朝鮮への重油提供を停止し、IAEAは、北朝鮮に対し、核開発計画についての査察に応じるように要求した。(76)

北朝鮮は、こうした要求を拒否し、二〇〇二年一二月に、「枠組み合意」で凍結されていた寧辺の核施設を再稼働させると表明し、同月末、ＩＡＥＡの査察官を国外追放した(77)。北朝鮮は、二〇〇三年一月一〇日、ＮＰＴからの脱退を再び宣言するとともに、核施設を再稼働させた(78)。第二次核危機の勃発であった。アメリカは既述の通りブッシュ政権であったが、韓国は二〇〇二年に登場した盧《ノ》武《ム》鉉《ヒョン》政権、日本は小泉純一郎政権時であり、小泉総理の最初の北朝鮮訪問（二〇〇二年九月）から四カ月も経っていなかった。

アメリカは、第一次核危機の際とは異なり、多国間協議を通じた対話によって事態の打開を図った。船橋洋一は、アメリカが第二次核危機に際して「多国間アプローチ」を進めた背景として、米朝二者協議では、外交的には軍事力を行使するかどうかに帰着してしまい、効果的なレバレッジにならない上、国内政治上のリスクを一手に背負いこむことになること、中国を活用したいと考えたこと、日韓との同盟システムをよりよく活用したいと考えたことを挙げている(79)。アメリカがイラク戦争を開始したのが二〇〇三年三月であるが、アメリカは、イラクとは異なり、北朝鮮に対する軍事力行使は難しいと判断していた(80)。

二〇〇三年四月に、アメリカ、北朝鮮に中国を加えた三者協議が行われた(81)。この三者協議の後、三者協議のメンバーに、韓国、日本、ロシアが加わる六者会合の仕組みが成立し(82)、二〇〇三年八月、最初の六者会合が開催された(83)。二〇〇四年末の米大統領選挙でブッシュ大統領が再選を果たした後、北朝鮮は第二期ブッシュ政権の対北朝鮮政策に変化が見られないとして、二〇〇五年二月、六者会合を「無期限中断する」と通告し、核兵器を製造したと発表した(84)。一方、六者会合は、粘り強く調整を進め、二〇〇五年九月一九日、共同声明が採択された(85)。この共同声明では、北朝鮮がすべての核兵器および既存の核計画を廃棄し、ＮＰＴおよびＩＡＥＡ保障措置に早期に復帰すること、アメリカは北朝鮮に対して核兵器または通常兵器による攻撃または侵略を行う意図を有しないこと、米朝および日朝が国交を正常化するための措置をとること、適当な時期に北朝鮮への軽水炉提供問題について議論を行うことが確認された。

一方、この共同声明は、危ういバランスの上に成り立っているものであった。米側は、この会合終了の際の閉幕宣言で、北朝鮮への軽水炉提供について議論する「適当な時期」とは、北朝鮮がすべての核兵器と核開発を検証可能な形で廃棄し、NPTに再加入し、IAEAの査察を受け入れてからであるとの声明を発表した[86]。これは、ワシントンにおいて、米政府内の強硬派のロバート・ジョゼフ国務次官補が中心となってドラフトしたものであり、六者会合のアメリカ代表のクリストファー・ヒル国務次官補には抵抗感のある内容であったという[87]。北朝鮮外務省は、これに対し、直ちに「軽水炉の提供の前に北朝鮮が核抑止力を放棄するなどと夢にも思うべきではない。それは、信頼醸成の物理的担保である」旨の声明を発表した[88]。

バンコ・デルタ・アジアと最初の核実験

この共同声明の実施が次の課題となったが、そこで新たな論点として上がってきたのが、アメリカが二〇〇五年九月に実施した金融制裁であった。アメリカは、マカオのバンコ・デルタ・アジア（BDA）を北朝鮮の資金洗浄（マネー・ロンダリング）の疑いがある金融機関に指定し、同銀行にあった北朝鮮関連口座は凍結された[89]。

北朝鮮は、六者会合において、金融制裁が解除されない限り、核問題での協議には応じないとの姿勢をとり、「六者会合（の再開）が遅れるのも悪くない。その間に我々は多くの抑止力を備えるだろう」「アメリカが圧力を加えるなら、我々は超強硬（対応）にでる」と強硬姿勢を表明した[90]。二〇〇六年七月五日、北朝鮮はミサイル発射実験を行った[91]。スカッド、ノドン、テポドン二号の各ミサイルを発射したが、テポドン二号については、発射から数十秒後に空中爆発し、失敗したものと見られた。これに対し、国連安保理が決議一六九五を採択すると[92]、一〇月九日、北朝鮮は核実験を強行した[93]。核爆発の出力（イールド）は、約〇・五キロトン、一キロトン未満などの見方が示された[94]。この核爆発に由来すると見られる放射性物質が検知され、プルトニウム型の核爆発装置が用いられたと推定された。

北朝鮮自身、前述の通り、二〇〇五年二月、核兵器の保有を宣言しており[95]、各国の情報コミュニティも、以前から、北朝鮮が核爆発能力を獲得していると見ていたが（たとえば、CIAは二〇〇三年八月、「北朝鮮は、既に一ないし二個の単純な核分裂型の核兵器を製造しており、核爆発の出力を生み出す核実験を行うことなく設計の有効性を確認している」との認識を示していた[96]）、北朝鮮が核実験に踏み切ったことは、世界に衝撃を与えた。核実験が行われたのは、一九九八年のインド、パキスタン以来、八年振りのことであった。

安保理は、北朝鮮への制裁について言及のある国連憲章第七章に基づく決議一七一八を採択した[97]。

「初期段階の措置」と「第二段階の措置」

この北朝鮮の最初の核実験の後の二〇〇六年一〇月三一日、米朝協議が行われ[98]、同年一二月から六者会合が再開された[99]。二〇〇七年一月、アメリカのヒル国務次官補と北朝鮮の金桂冠外務副相とがベルリンで協議し、アメリカも金融制裁解除の方向で動き出した。二〇〇七年二月一三日、六者会合において、北朝鮮の核放棄に向けた措置と北朝鮮に対するエネルギー支援などの「初期段階の措置」が盛り込まれた共同文書が採択された[100]。さらに、⑴朝鮮半島の非核化、⑵米朝国交正常化、⑶日朝国交正常化、⑷経済およびエネルギー協力、⑸北東アジアの平和および安全のメカニズムの五つの作業部会の設置が決定された。これらの作業部会は、二〇〇七年三月に相次いで開催された。ＢＤＡ問題は、二〇〇七年六月に凍結された資金がロシア経由で北朝鮮に送金されて、一応の決着を見た[101]。

二〇〇七年一〇月三日、北朝鮮が寧辺の核施設の活動停止および封印、ＩＡＥＡ要員の復帰などの「初期段階の措置」を実施したとして、六者会合において「第二段階の措置」が発表された[102]。北朝鮮は、この「第二段階の措置」として、核計画の完全かつ正確な申告、核施設の無能力化を行うことに応じたが、その前提として、アメリカが北朝鮮のテロ支援国家指定を解除することを求めた。

二〇〇八年四月のシンガポールにおける米朝交渉で打開策が議論され、六月に核計画の申告を提出するとともに、北朝鮮が原子炉冷却塔を破壊して核施設の無能力化に向けての姿勢をアピールした。非核化の検証方法について合意が成立しないまま、アメリカは、一〇月に北朝鮮のテロ支援国家指定を解除した[103]。一方、その後も、北朝鮮は非核化の検証方法について受け入れず、「第二段階の措置」が未達成な状況のまま、北朝鮮の非核化は、二〇〇九年一月にスタートしたバラク・オバマ政権に引き継がれることとなった。[104] なお、韓国では、二〇〇八年二月から一〇年振りの保守政権として、李明博《イミョンバク》政権がスタートしていた。

二〇〇九年以降の経緯

新たに政権に就いたオバマ大統領が直面したのは、対立と緊張を高める北朝鮮であった。二〇〇九年四月、北朝鮮は、ミサイル発射実験を行った。[105] 二段目のブースターの切り離しに失敗したと見られるが、二〇〇六年には発射直後に爆発したのに比べれば、技術の向上がなされていると見るべきと指摘された。[106] 北朝鮮は、「人工衛星」発射実験と発表したが、二〇〇六年の核実験の際の安保理決議一七一八に違反するものであり、安保理はこれを非難する内容の議長声明を発表した。[107] 北朝鮮は、これに反発し、「六者会合のいかなる合意にもこれ以上拘束されない」「われわれの自衛的核抑止力をあらゆる側面から強化していく」旨の声明を出した。[108]

北朝鮮は、二〇〇九年五月二五日、二度目の核実験を行った。[109] 出力については、数キロトン、二～七キロトン、四キロトン程度などの見方が示された。[110] 二〇〇六年の核実験とは異なり、放射性物質は検知されなかったが、二〇〇六年の第一回に引き続き、プルトニウム型の核爆発装置が用いられたことを想定する見方が強かった。[111] 安保理は、経済制裁を含む決議一八七四を採択したが、[112] 北朝鮮は、これにも反発を示し、ウラン濃縮作業の開始と、新たに抽出するすべてのプルトニウムの兵器化を宣言した。[113] 二〇一〇年には、三月に韓国の哨戒艦「天安」号の沈没事件、一一月には延坪島《ヨンピョンド》砲撃事件と北朝鮮による事件が相次いだ。

二〇一一年一二月一七日、金正日は死去し、金正恩《キムジョンウン》が後継者となった。二〇一二年二月二九日、米朝合意がなされた。[114] 米朝交渉が続いている間は、[115] 北朝鮮は、核実験、ウラン濃縮およびミサイル発射を中断し、アメリカは二四万トンの栄養支援を北朝鮮に提供するという内容であった。[116]

その約一カ月後の二〇一二年四月一三日、北朝鮮は、「人工衛星」打ち上げを行い、これに失敗したが、[117] 同年一二月一二日、「人工衛星」打ち上げを再度行い、今度は、これに成功したとされる。[118] これに対し、安保理が決議二〇八七を採択すると、[119]北朝鮮は「核抑止力を含む自衛的な軍事力を質的、量的に拡大、強化」する、「高い水準の核実験」を実施すると予告し、二〇一三年二月一二日、三度目の核実験を行った。[120]出力は、六〜七キロトン、五〜一五キロトン、五〜一六キロトンなどの見方が示された。[121]この際も、二〇〇九年の二回目の核実験に引き続き放射性核物質は検知されず、プルトニウム型なのか、ウラン型なのかを判断する根拠に乏しい状況であった。北朝鮮は、小型で軽量の核爆発装置を実験した旨の声明を出した。[122]これに対し、安保理は、決議二〇九四を採択した。[123]

さらに北朝鮮は、二〇一六年一月六日、四度目の核実験を行った。北朝鮮は「水爆」の実験を行った旨の声明を出したが、この点についてはは否定的な見方が強かった。[124]出力については、六〜九キロトンとの見方が示された。[125]北朝鮮はこれに引き続き、同年二月七日、「人工衛星」と称して弾道ミサイルの発射を行った。これらに対し安保理は、三月、制裁を追加・強化する決議二二七〇を採択した。[126]

このように、二〇〇六年、二〇〇九年、二〇一三年、二〇一六年と四回の核実験が実施される中、北朝鮮の非核化を実現する道は険しいものとなっている。

2　核開発の動機

安全保障上の要因

北朝鮮の核開発と核保有の動機は、安全保障上の懸念、特にアメリカに対する脅威感によるものが大きいと指摘される。[127]朝鮮戦争において、武力によって朝鮮半島を統一しようとした北朝鮮を挫折させたのはアメリカの軍事力によるものであった。[128]朝鮮戦争の最中、アメリカが核威嚇を行い、また、原爆使用の検討を行ったことは、第1章でも見たように中国の核開発の動機の一つとなったが、これは、同時に、北朝鮮にとっても核開発の動機となったと指摘される。[129]さらに、在韓米軍には、一九五八年一月以来、オネストジョン・ミサイルや二八〇ミリ長距離砲の核砲弾などの核兵器が配備されてきており、一九六七年には、約八〇〇発の核弾頭が韓国に配備されていたと指摘される。[130] また、米韓の合同演習「チームスピリット」には、在韓米軍が核を使用するシナリオも含まれていたとされる。[131] 斎藤直樹は、次のように指摘する。[132]「在韓米軍の核兵器は、韓国防衛にとって守護の矛となった反面、北朝鮮にとってはまさしく悪魔の矛を意味した。したがって、米軍による核兵器の使用をなんとしても阻止するためには自前の核兵器が是が非でも不可欠であると金日成はいつしか考えるようになった。金日成指導部が五〇年代から核兵器開発に勤しみだしたのはこうした背景に基づく」。さらに、安全保障上の観点としては、韓国が通常戦力で優勢になることへの対抗手段としての意味もあったとされる。[133]

このような安全保障上の脅威感の重要性は、北朝鮮がどのような時に関連施設の凍結・解体や「非核化」に向けてのコミットメントを行ったかを考えると、より明瞭に見えてくる。一九九一年の南北非核化共同宣言を可能にした要因の一つは、在韓米軍を含め地上、海上配備の戦術核を撤廃するとの米政府の決定であった。北朝鮮が前記のコミットメントを行ったのは、第一次核危機においては、一九九四年一〇月二一日の「枠組み合意」であり、第二次核危機においては二〇〇五年九月一九日の六者会合の共同声明であるが、前者においては、アメリカが北朝鮮に対して核兵器による威嚇または核兵器の使用を行わないことについての保証がなされており、後者においては、アメリカが北朝鮮に対して核兵器または通常兵器による攻撃または侵略を行う意図を有しないことの確認がなされていた。北朝鮮が、これらを踏まえて、関連施設の凍結・解体や「非核化」への約束を行ったことは、北朝鮮が核開発を安全保障と結びつけて考えていたことを強く示唆するものである。[134]

また、同盟国のソ連と中国に対する不信感やこれら二カ国からの行動の自由を確保する必要性もあったと見られる。[135] 北朝鮮は、一九六一年にソ連、中国とそれぞれ友好協力相互援助条約を締結していた。ところが、冷戦終結によって、ソ連、中国との関係は大きく変化した。ソ連は一九九〇年、中国は一九九二年に韓国との外交関係を樹立した。[136] 一九九三年から一九九四年までの第一次核危機が、こうした北朝鮮の孤立感が高まり、安全保障環境が悪化する中で起こっていることは示唆的である。

国内的な要因

一方、北朝鮮が核開発に力を入れる背景には、国内体制の正統性を示す意味もあるとされる[137]。たとえば、過去四回の核実験の中でも、二〇〇九年五月の二度目の核実験は、国内政治との関わりが強いと見られる。二〇〇九年から二〇一〇年にかけては、二〇〇九年四月のミサイル発射実験、二〇〇九年五月二五日の二度目の核実験、二〇一〇年三月の韓国の哨戒艦「天安」号の沈没事件、二〇一〇年一一月の延坪島砲撃事件と大きな出来事が続いた[138]。韓国の聯合ニュースで「金正日が金正恩を後継者として指名した」との報道がなされたのが、二〇〇九年一月一五日であるが、前述の事件は、いずれもこの後に起こっていることから、金正恩後継体制強化の一環として引き起こされたものとの見方もなされている[139]。北朝鮮が、国内政治上の問題を解決するために核開発などの軍事行動をとってきたとまでは言えないとしても、北朝鮮の国内政治が核開発の展開にも一定の影響を与えてきた可能性を指摘するものである。また、二〇一六年一月の四度目の核実験についても、同年五月に三六年ぶりの開催が予定されていた第七回朝鮮労働党大会との関連が指摘された[140]。

威信に関わる要因

また、北朝鮮の核開発において、「大国」願望や「国家」の威信といった要素はどの程度関連しているのだろうか。「インドやイランの核開発には、大国願望や国家の威信というような要因も働いているが、北朝鮮の核の目的はもっとせまい」とも指摘されるが[141]、北朝鮮は、「強盛大国」を目指していると標榜しており、核開発とミサイル開発を進めて強力な核能力を持つことは、「強盛大国」の重要な要素と考えられる。核やミサイル以外に、国力の充実を示す成果や実績に乏しい中、核開発によって「大国」としての意識や「国家」の威信を得ようとする心理も否定しがたいものと指摘されている[142]。

核開発の抑制要因

これまで、北朝鮮にとっての核開発の推進要因を見てきたが、北朝鮮にとって核開発の抑制要因はどのようなものだろうか。

まず、規範的要因については、金正日をはじめとする北朝鮮の体制にとって重要な考慮要素とはされなかったようである。北朝鮮には、核兵器は非人道的な兵器であり、持とうとすべきではないという核タブーのような考え方は見られない[143]。また、自らの核外交の展開に合わせてNPTからの脱退宣言、その保留、再度の脱退宣言といった動きを繰り返した。エテル・ソリンゲンが「北朝鮮の核についての決定に国際規範が何らかの役割を果たしたことを示す材料は見当たらない」と述べるように、NPTを規範として尊重するとの姿勢は希薄である[144]。経済的要因について見れば、北朝鮮は、元来、グローバル経済との関わりが薄く、経済面で国際社会から制裁を受けてもその影響は概して限定的であった。対外経済において関わりが深いのは中国であり、中国からの締め付けを受ける事態になれば、大きな影響を受けることになるが、これまでのところ、中国は、朝鮮半島の平和と安定を重視する姿勢を続けてきた。外交上の要因についても、もともと西側諸国と対立関係にある共産主義圏の分断国家であり、アメリカとは朝鮮戦争をし、その戦争についていまだに休戦状態にあるという状況にあり、西側諸国との関係が悪化することを気にするというよりは、核開発をテコにしつつアメリカとの間で自己の安全を確保するための交渉に入ることに重きを置いているのではないかと見られる行動を取ってきた。

「対内志向型の政策」「対抗的ナショナリスト」

このように北朝鮮が取っていた政策は、内向きの強硬路線であり、北朝鮮は、対内志向型の政策を取る国の方が対外志向型の政策を取る国よりも核開発に向かいやすいというソリンゲンの仮説がまさに妥当する事例であった[145]。また、金日成、金正日、金正恩は、国際関係を対抗的な性格のものと捉え、自国を他国と同等ないしよりすぐれた存在と見る「対抗的ナショナリスト」であると考えられ、これら三人の下で核開発を進めた北朝鮮は、「対抗的ナショナリスト」が国家指導者となっている国が核開発に向かうというジャック・ハイマンズの仮説の妥当例でもある。

3　核開発のプロセス

北朝鮮の核開発のプロセスの中で、外国からの支援と自力による技術開発は、それぞれどのような役割を果たしてきたのであろうか。

外国からの支援については、ソ連、中国、パキスタンの三カ国に着目すべきであろう。北朝鮮は、ソ連と中国に対し、核開発への支援を求めたものの、両国とも、北朝鮮の核開発への支援要請には応じなかったものとされている[146]。ソ連は、小型の研究用原子炉の供与、北朝鮮の原子力技術者の養成には協力をしたが、北朝鮮が核開発に手を染めることを望まず、そのため、一九八〇年代に北朝鮮に軽水炉提供を約束する際、北朝鮮がＮＰＴに加入し、ＩＡＥＡと包括的保障措置協定を締結することを条件とした。中国は、ウラン採鉱の協力は行ったが、核開発への直接的な支援は行わなかったものと見られている。

北朝鮮の核開発を助けたと考えられるもう一つの国は、パキスタンである。パキスタンのＡ・Ｑ・カーンのネットワークは、イランやリビアとともに、北朝鮮に対してもウラン濃縮の技術を供与したことが明らかとなっている。このカーン・ネットワークによる取引の性格については不明な点も多いが、前述の通り、北朝鮮からパキスタンに対するノドン・ミサイルとその生産技術の提供に際する支払いの遅延が生じたことに関連してこの取引が行われたとも指摘されている。

このような情報を前提とすると、原子力開発の基礎についてはソ連からの協力を得て、ウラン濃縮についてはカーン・ネットワーク[147]の助けを借りたというものの、北朝鮮は、核開発の多くの部分を自力による技術開発で行ってきたことになる。核活動の焦点の一つである寧辺の五メガワット黒鉛減速炉は、イギリスの炉の複製であり、秘密解除された設計情報によって建設されたとされる。[148]

4　核開発阻止のための取り組み

北朝鮮の核開発を阻止するための取り組みについては、やはり前述の三つの時期に分けて検討すべきであろう。第一次核危機においては、(1)核不拡散レジーム、(2)外交的手段（交渉、協力の枠組み、制裁）、(3)非外交的手段（武力攻撃）の検討の三つの果たした役割を見る必要がある。

第一次核危機と阻止手段

まず、核不拡散レジームについては、この危機が起こったのは、北朝鮮の核開発が核不拡散レジームとの間で矛盾を来したからであった。IAEAの保障措置は、北朝鮮にごまかしを許さず、事態を明確にすることを求める意味があった。たとえば、一九九二年五月に行われた特定査察によって、北朝鮮がIAEAに報告しているプルトニウムの抽出量よりもかなり多量のプルトニウムを抽出していたのではないかとの疑惑が浮かびあがってきたが、北朝鮮は、査察によりここまで事態が明らかになるとは予想をしていなかった可能性がある。一方、北朝鮮がIAEAの査察を拒否すると、IAEAは北朝鮮の核活動の状況を直接に把握することができなくなった。また、北朝鮮は、NPTからの脱退を宣言し、NPTに留まることを交渉材料としつつ米側との交渉を行った。これは、NPTの規範としての「弱さ」を示すものであるが、同時に、NPTが国際社会の側にとって北朝鮮が遵守すべきベースラインを示すものとなっていることも事実である。このように核不拡散レジームは、問題の発生や深刻化を止めることはできなかったが、これにより、問題を探知し、問題の所在を明らかにすることができたということになる。

外交的手段と非外交的手段

次に、外交的手段については、第一次核危機においては、米朝間の交渉が重要であった。北朝鮮は、アメリカとの直接交渉によって、米側からの譲歩を引き出すことを重視していたが、アメリカにとっては、いわば敵性国家である北朝鮮と直接交渉を行うことには、大きなためらいがあった。一方、北朝鮮のNPT脱退宣言により、否応なしに北朝鮮と直接交渉を行わざるを得なくなった。この米朝交渉は、いったんは、一九九三年六月の「米朝共同声明」に帰結するが、IAEAの査察をめぐって北朝鮮と、アメリカやIAEAとの対立が高じるに至った。

ここに至り、安保理による制裁措置の決議、軍事行動といった強い措置が検討されることとなった。第一次核危機は、カーター元大統領の訪朝によって、危機回避の流れができ、その意味で、外交的手段によって危機に対処した形となったが、北朝鮮に妥協を強いたのは、軍事行動を辞さないという強い姿勢であったとも言える。

また、この外交的対応は、こうした強い姿勢とともに、「枠組み合意」による軽水炉の供与という協力の仕組みがあったことも重要な要素であった。北朝鮮は、エネルギー供給の観点から軽水炉を欲していたので、「積極的働きかけ」(positive inducement) の効果を持った。

一方、「枠組み合意」を北朝鮮の核開発の全体のプロセスの中でどのように評価するかは単純ではない。これによって寧辺の特定の核施設（黒鉛減速炉と関連施設）の稼働を止める効果を持ったことは確かであるが、軽水炉供与のためのKEDO事業の挫折、北朝鮮がその一方でウラン濃縮計画を進めていたことに鑑みれば、北朝鮮の核開発を止めるという目的に資する効果は限定的なものであったと言わざるを得ない面もある。

第二次核危機と阻止手段

第二次核危機への対応においては、第一次核危機と比して、外交交渉の占めた役割が大きかった。外交交渉においては、六者会合と米朝交渉が大きな役割を果たした。アメリカは、中国に役割を果たさせつつ国際的な枠組みで北朝鮮に対応するために六者会合の枠組みの構築を志向したが、北朝鮮との間で事態の打開を図るためには米朝交渉が不可欠であった。六者会合は、二〇〇五年九月一九日の共同声明という成果を得たものの、北朝鮮は、そのわずか一年後に核実験を行うに至った。

六者会合もまた、「積極的働きかけ」の試みであったと言ってよい。ここでは、「交渉材料」となったのは、アメリカ、日本との関係の正常化であった。なぜこのアプローチの帰結が核実験の実施という事態に至ったのだろうか。

六者会合のプロセスの難しさとしては、様々な論点を挙げられる。(149) 中国が議長国であるが、中国をめぐっては、北朝鮮に一定の影響力を持っているとは言え、核問題のような国家の安全保障に直結する問題における影響力は限られたものであろうこと、中国としても北朝鮮の核開発は歓迎できないものの、中国として朝鮮半島の平和と安定をまず優先課題として考える立場であることが指摘されよう。(150) 北朝鮮以外の五者の間では、中国とロシアは北朝鮮の立場に理解を示す傾向が強い一方、アメリカ、日本、韓国の三カ国の連携もその時々の環境に左右される面があった。韓国においては、北朝鮮に対するアプローチは政権によって振幅のふれが大きかった。(151) アメリカについては、アフガニスタンとイラクでの戦争が重要課題であり、北朝鮮問題に本格的に取り組むことには消極的であり、政権内部での路線対立も激しく、短期的な成果を上げるための安易な妥協が行われた面があったこと、また、アフガニスタンとイラクでの戦争から抜け出すに至っていないアメリカが武力行使をすることは現実的ではなく、これが、北朝鮮に行動の自由を与えた面も指摘されよう。(152)

また、「積極的働きかけ」を用いる際の「シークエンス」(措置をとる順序)の難しさも指摘できる。前に見たように、二〇〇五年九月一九日の共同声明という成果も、採択の瞬間から、「核の廃棄」が先か、「軽水炉の供与」が先かという矛盾に突き当たった。

さらに言えば、「積極的働きかけ」とともにとられていた制裁措置の影響をも勘案する必要があろう。ミロスラフ・ニンチックは、六者会合で「積極的働きかけ」が試みられていた一方でBDAへの金融制裁で北朝鮮が態度を硬化したことに着目しつつ、北朝鮮のように政治システムが閉鎖的であり、改革を進めて国際社会との関係を改善することを支持するような市民社会が存在しない国の場合には、制裁を受けた支配体制が行うのは、政策変更ではなく、従来の政策を継続したり、かえって硬化させたりすることとなりがちであると指摘した。(153)

なぜ武力行使は検討されなかったのか

第一次核危機の際（一九九四年）とは異なり、第二次核危機の際（二〇〇三年）には、武力の行使は、米政府にとって実施可能な政策とは考えられなかった。[154]イラク戦争が視野に入っているとの事情もあったが、船橋洋一は、「米政府高官」の言として以下の諸点を挙げつつ、「実際には、北朝鮮に対する効果的な軍事力の行使が難しいということに尽きた」とまとめている。[155]

・一九九四年は、全ての核施設が寧辺にあることはわかっていた。軍事攻撃できる対象があった。しかし、二〇〇三年、北朝鮮は核能力を既につけているし、ウラン濃縮計画の方はどこで進めているのか場所もわからなかった。

・一九九四年は、韓国の金泳三大統領が北朝鮮に対して基本的には強硬姿勢をとった。しかし、二〇〇三年、盧武鉉大統領は北朝鮮にまったく骨抜きにされてしまっていた。

・一九九四年は、北朝鮮が日本海に向けてノドン・ミサイルを発射したばかりだったが、二〇〇三年、北朝鮮は一〇〇発以上のノドンを配備しており、軍事作戦がやりにくかった。

二〇〇六年の核実験後の阻止手段

二〇〇六年の核実験後の時期は、六者会合を通じた「積極的働きかけ」と制裁が重要な阻止手段として用いられた。

二〇〇八年までの時期は、六者会合を通じた「積極的働きかけ」が進められた。二〇〇七年二月一三日に「初期段階の措置」を定める共同声明、二〇〇七年一〇月三日に「第二段階の措置」を定める共同声明が取りまとめられたが、これは、前述の「シークエンス」の問題に対応しようとしたものであった。一方、北朝鮮が非核化の検証方法について受け入れなかったため、この「積極的働きかけ」は、その後の進展が困難となった。

二〇〇九年以降は、六者会合が開催されない中、北朝鮮のミサイル発射、核開発がエスカレートした。この間、国際社会の対応は、北朝鮮の行動に対する安保理の対応と米朝交渉が主なものとなった。累次の北朝鮮の核実験、ミサイル発射について、安保理の制裁は拡大したが、北朝鮮の行動は止まっていない。米朝交渉は、オバマ政権発足当時の二〇一二年二月二九日に米朝合意がなされたが、それに反する形でミサイル発射、核実験が行われたことによって、軌道に戻すことが困難となってしまった。

制裁については、安保理は、北朝鮮の核実験の後、それぞれ制裁決議を採択してきた。二〇〇六年一〇月の決議一七一八、二〇〇九年六月の決議一八七四、二〇一三年三月の決議二〇九四、二〇一六年三月の決議二二七〇である。また、こうした国連の枠組みによるもの以外に、各国がそれぞれ国内法に基づく制裁措置をとっている。

これらの制裁措置については、様々な論点が指摘される。まず挙げられるのが、「調整」の問題である。前記の三つの安保理の制裁決議を分析した浅田正彦は、「金融制裁や武器禁輸が真に効果を発揮できるか否かは、様々な観点から北朝鮮と緊密な関係を維持している中国の政治的意思によるところが大」と指摘する[156]。確かに、第二次核危機以降の北朝鮮に対する制裁の有効性について検討したスティーブン・ハガードとマーカス・ノーランドによれば、この時期、北朝鮮の中国との貿易は二〇〇八年まで顕著に拡大しており、また、北朝鮮の韓国との貿易も二〇〇七年まで顕著に拡大しており、主要プレーヤー間の「調整」の問題があった[157]。

制裁措置の有効性

一方、より根源的な問題としては、第二次核危機の際の対応についても論点として挙がっていたように、こうした制裁措置が北朝鮮にどのような行動を取らせるかの問題であろう。

これらの制裁措置は、北朝鮮の核開発に対する反応として取られているものであるが、北朝鮮の行動をより前向きなものとする方向に働いているのか、核開発を止めるために有効な手段であるかについては、別途の考慮が必要であろう。すなわち、制裁措置は、北朝鮮の「過去の行動」に対する反応であるとともに、北朝鮮の「将来の行動」に影響を及ぼす要因となるという二重の意味を持っているが、「過去の行動」に対する反応として適切な措置が「将来の行動」にプラスの影響を与えるかは保証の限りでないとの問題がある。これは、第二次核危機の際に、ＢＤＡへの金融制裁の問題をめぐって表面化した問題であるが、六者会合のプロセスが動かなくなると、この矛盾が全体のプロセスに影響を及ぼすようになったと言える。

「積極的働きかけ」と国内政治との関係について検討したニンチックは、積極的働きかけによって、支配体制の側が新たな政策をとるべく従来の支持基盤とは異なった別の社会集団の支持を得ようとするためには、(1)社会と経済が分離しており、従来の支配層とは異なった利害関係を持つ社会集団が存在すること、(2)「積極的働きかけ」がこの新たな社会集団の利益に直結すること、(3)支配体制の側にとって、この新たな社会集団の支持を受けることが既存の政策をとり続けることによって得られる便益よりも大きいと判断されることを指摘した[158]。制裁措置についても、この応用問題と言えるが、北朝鮮の場合には、「従来の支配層とは異なった利害関係を持つ社会集団」がほとんど存在しないために、制裁や「積極的働きかけ」による政策変更のチャネルが機能しがたいものと考えられる。

5　核開発の影響

「秘匿化」から「顕在化」へ

核開発を行う国は、核爆発能力の獲得を「顕在化」させて行う国と、「秘匿化」して行う国に分かれる。北朝鮮は、この国の常として確たる情報に乏しいが、二〇〇六年に行われた最初の核実験よりも以前から、核爆発能力を獲得していたのではないかとの見方が根強い。

それがどれほど以前にさかのぼるかについての決定的な材料はないが、北朝鮮自身は、二〇〇五年二月の時点で核兵器の保有を宣言しており[159]、二〇〇三年八月、ＣＩＡは「北朝鮮は、既に一ないし二個の単純な核分裂型の核兵器を製造しており、核爆発の出力を生み出す核実験を行うことなく設計の有効性を確認している」と指摘している[160]。アメリカの情報コミュニティは、一九九〇年代前半から、北朝鮮が核兵器を保有している可能性が強いとの認識を示してきていた。[161] こうしたことから、「一九九四年の米朝『枠組み合意』がなされた時には、北朝鮮は核兵器の製造を終えていたか、その直前の段階にあった[162]」とも「一九九四年十月の米朝『枠組み合意』以前から北朝鮮が既に原爆を保有した可能性が高いとする見方が一般的[163]」とも指摘されている。

このように時点を特定することは容易ではないものの、北朝鮮は、二〇〇六年に先立つ時点に（前記の分析を前提とすれば、一九九〇年代前半の第一次核危機の際にも）核爆発能力を獲得していたもののこれを二〇〇六年まで秘匿化していた可能性があると言える。

北朝鮮が核爆発能力を獲得した時期を特定できるだけの材料には乏しいが、第一次核危機の前後の時期を想定して北朝鮮の置かれた事情を考えてみると、「顕在化」要因はさほど強いものではなく、むしろ「秘匿化」要因の方が重要であったものと考えられる。[164]

「顕在化」要因の方では、北朝鮮は米軍の核に脅威を感じており、核の存在を対外的に示すことは安全保障上一定の意味を持ち得る状況であったと考えられる（「脅威対応」要因）。一方、この段階では、仮に北朝鮮が核爆発能力を獲得していたとしても初歩的なものに止まっていた可能性が強く、[165] 米側に対抗できるような核兵器の運用能力を持っていたわけではなく、米側との緊張が高まりつつある中、「顕在化」は、安全保障上の切迫する脅威への対応策には必ずしもなり得なかったものと考えられる。むしろ、第一次核危機が高じ、米側が軍事行動を具体的に検討するようになる中、[166] 核の存在を対外的に示す場合には、かえって攻撃を受ける蓋然性を高めるという「秘匿化」要因の方に働いたのではないかと考えられる（「対抗措置回避」要因）。また、別の「秘匿化」要因としては、核の存在を対外的に明らかにすることは、外交関係上、様々なマイナスが予想された。[167] 仮に北朝鮮が核の存在を対外的に示すとの行動に出ていれば、アメリカ国内において北朝鮮と外交上の取引をすることについての批判・反発が高くなり、アメリカとの間で、核兵器を含む武力の行使、武力の威嚇をしないとのコミットメントを取り付けたり、軽水炉の供与を得たり、外交関係の正常化をしたりするための外交交渉を行うことを困難にする状況にあったと見られる。また、核の存在を対外的に明らかにすることは、韓国、中国など関係国との外交関係上のマイナス要因となったであろうと指摘されている（「外交」要因）[168]。

北朝鮮は、二〇〇六年に最初の核実験を行い、これを「顕在化」させた。以前の「秘匿化」と対比しつつその背景を考えてみると、次の諸点が指摘される。

第一に、核保有国としての地位を認めさせる狙いがあったのではないかと指摘される[169]。北朝鮮は、前年の二〇〇五年二月には核保有宣言を行い[170]、その後も「核の『物理的威力』をことさら誇示しようとする『露出』作戦」に出ていると見られる行動をとっており[171]、第一次核危機の際には見られなかった核保有国としての地位を認めさせようとするかのような行動が見られたところである（「国際的地位」要因）。

第二に、アメリカとの交渉を進展させる狙いがあったのではないかと指摘される[172]。前年の二〇〇五年九月に六者会合の共同声明が採択された後、アメリカがＢＤＡを対象に金融制裁の措置をとったのに対し、北朝鮮が反発し、米朝の二者協議を求め、アメリカがこれを拒否しているところであり、北朝鮮は、強硬策によってその打開を図ったとの見方がなされた[173]。第一次核危機の際は、「顕在化」は外交関係上、マイナスの影響を及ぼすと見られていたにもかかわらず、二〇〇六年には、「米国との二者協議を実現し、交渉が成立したならば、より大きな交渉上のテコとするための危険を覚悟した試み」との見方にあるように[174]、かえって交渉を推進するテコとなると判断していた可能性があると見られた（「外交」要因の「顕在化」要因への転換）。

第三に、第一次核危機の際は、「顕在化」は攻撃を受ける蓋然性を高めると判断されていたにもかかわらず、二〇〇六年の時点では、アメリカでは軍事力の行使が難しいと判断していたとされており[175]、北朝鮮の側も「顕在化」をしても自国への攻撃との対抗措置を惹起する蓋然性が下がったとの判断がなされていた可能性がある（「対抗措置回避」要因の低減）。

これらを踏まえるならば、「顕在化」要因の「国際的地位」要因が高まる一方、「秘匿化」要因の「外交」要因がむしろ「顕在化」要因に転じ、「秘匿化」要因の「対抗措置回避」要因を顧慮しなくてすむようになったことが、「顕在化」に転じた背景であったと考えられる。

核能力、ミサイル開発

北朝鮮は、前記の通り、これまで二〇〇六年、二〇〇九年、二〇一三年、二〇一六年と四回にわたって核実験を行ってきた。また、これらの核実験については、前記の通り、二〇〇六年のものから、二〇〇九年、二〇一三年と出力を高めており（前述の通り、二〇一六年のものについては、二〇一三年のものと同程度との見方がなされた）、また、北朝鮮側の声明にあるように、小型化、軽量化を進めている可能性も強く、着実に能力を高めている状況であると見られる。北朝鮮の核弾頭の保有数については、八発以内、一〇発以内などの推計が示されている。[176]

北朝鮮は、核開発を進めるとともにミサイル開発も進めてきた。[177]

北朝鮮は、一九八〇年代初めにエジプトから取得したソ連製のスカッドB（液体燃料推進）のリバースエンジニアリングに着手して、八〇年代半ばにはこれを独自で生産することに成功したと見られる。[178] スカッドBは、液体燃料推進のミサイルで射程が三〇〇キロであり、これで韓国のほとんどを射程に収めた。さらに、射程距離を五〇〇キロにまで延長したスカッドCを開発し、これにより韓国全土をその射程に収めることになった。[179]

北朝鮮は、一九九〇年代までにより長射程の弾道ミサイルであるノドン（液体燃料推進）の開発に着手し、一九九三年五月に日本海に向けてのノドンの発射実験が行われた。[180] ノドンの射程は一三〇〇キロに達すると見られており、日本のほぼ全域がその射程内に入る可能性があるとされる。

次に北朝鮮は、ノドンを一段目とし、スカッドを二段目とするテポドン一号を開発した。[181] テポドン一号は、射程が一五〇〇キロ以上と見られ、一九九八年八月には日本の上空を飛び越える形で発射され、大きな衝撃を与えた。[182]

さらに北朝鮮は、二〇〇六年までに多段式ミサイルのテポドン二号を開発した。アメリカ政府は、二〇〇七年に、テポドン二号は、二段式のもので一万キロ、三段式のもので一万五〇〇〇キロの射程を持つと明らかにした。[183] 二〇〇六年六月の発射実験は、発射後数十秒後に海上に墜落し実験は失敗したものと見られる。[184] 一方、二〇〇九年四月の実験では、テポドン二号の改良・派生型と見られる銀河二号が発射された。[185] 銀河二号は日本海で第一段目を切り離し、さらに太平洋上で第二段目の切り離しにも成功した。北朝鮮は「人工衛星」打ち上げに成功したと発表したが、他国の宇宙機関からは確認されておらず、第三段目で不具合が発生し衛星の軌道投入には失敗したと見られる。[186]

二〇一二年四月に行われた実験では、事実上テポドン二号もしくはその改良型の弾道ミサイルを使用したロケットもしくはミサイル打ち上げを行った。しかし、打ち上げ後に空中分解し、打ち上げは失敗したと見られる。[187]一方、二〇一二年一二月の実験では、ブースター三段目の切り離しに成功し、「人工衛星」をあらかじめ設定した軌道に投入する技術を確保したと見られる。[188]これは、あらかじめ設定した地点に大陸間弾道ミサイル（ＩＣＢＭ）の弾頭を落下させる技術と直結している。また、北朝鮮は、二〇一六年二月、一月の核実験に引き続き、再度、「人工衛星」と称して弾道ミサイルの発射を行った。

これらにより、北朝鮮は、アメリカをはじめとする関係国が脅威を感じざるを得ない状況を作り出し、自国の核開発が持つ意味を改めて突きつけた。北朝鮮の意図は、図りがたいものがあるが、核を保有する「強国」として交渉し、安全を保証させ、地位を認めさせることを狙っているのではないかとも見られる。

注目されるのは、北朝鮮が、核爆発装置をノドンやテポドンといったミサイルに搭載可能な程度まで小型化することに成功しているかである。これを裏付ける確証は示されておらず、断定的な判断を行うことは困難であるが、二〇一四年版の韓国の国防白書は、「北の核兵器の小型化能力は相当な水準に達したと見られる」と指摘しており、今後、さらに注視していく必要がある。

また、北朝鮮は、潜水艦発射弾道ミサイルの開発に取り組んでおり、二〇一五年の五月、一二月に実験を行ったと発表した。北朝鮮が「成功」を発表した同年一二月の実験については失敗であったとの見方がなされているが、[189]この動向にも注視の必要がある。

「北朝鮮モデル」の意味合い

これらを踏まえて、核開発のモデルとして「北朝鮮モデル」の意味を考えてみると、国際社会に対して強硬な対決的な姿勢を取ってきた姿に着目しないわけにはいかない。

北朝鮮は、国際社会において最も普遍的な国際組織である国連の安保理決議に反して核・ミサイル開発を続けてきた。また、ＮＰＴからの脱退を宣言することによりその規範を遵守しない姿勢を示してきた。

一方、北朝鮮の側から見ると、核開発が進むことで、「強盛大国」への道を歩み、対内的にも金日成、金正日、金正恩の世襲による支配体制も継続・持続しており、「核」を取引材料とすることにより、アメリカ、中国、ロシアといった大国と取引や交渉を行うことができる地位を獲得しているということになる。国民の生活水準の向上に役立っているわけではないが、現支配体制の維持には役立っているということとなる。

北朝鮮は、パキスタンが辿った道を目指しているのではないかとの見方も強い。『ペニンシュラ・クエスチョン』を書いた船橋洋一は、「パキスタンは、一九九八年、核実験を実施し、核保有国となった。当初は、アメリカの経済制裁の対象とされたが、九・一一テロ後、一転、アメリカの有力な協力相手となった。そうした外交的曲芸ができるのも、パキスタンが核保有国となったため、と北朝鮮が判断しても不思議ではない」「パキスタンとの関係を深める中で、パキスタンの核抑止力形成とアメリカとの関係構築の歩みを北朝鮮は目を凝らして見ていただろう。北朝鮮は、パキスタン・モデルを目指したと思われる」と記述している。(190) 一方、「パキスタン・モデル」は、核保有を可能にするモデルかもしれないが、国際社会との間で全般にわたる調和的な関係を構築できるモデルではない。

北朝鮮は、国際社会に挑戦し続けて現在に至っている。北朝鮮は、核開発を続ければ続けるほど、自らと国際社会との距離を広げ、緊張を高めている。北朝鮮の非核化を実現するためには、そうした道を歩むことが自らにとってマイナスであることを理解させることが不可欠である。

第10章　イラン――国際社会との共存は可能か

イランの核問題は、前章で扱った北朝鮮の核開発問題とともに、国際社会が直面している当面の問題であるが、その展開は、北朝鮮の核開発問題とはかなり異なったものとなっている。(1)二〇〇二年に秘密の核活動が暴露されて以来、国際社会は、この問題と取り組んできた。イランの対応は、国際社会の期待に沿ったものとは言い難く、累次の国連安全保障理事会（安保理）決議によって制裁が科されるとともに、これに加え、各国独自の制裁措置もとられるに至った。二〇一三年八月、イランにハッサン・ローハニ政権が誕生し、国際社会との対話路線を打ち出すと、イランとEU3＋3（EU、イギリス、フランス、ドイツ、アメリカ、ロシア、中国）との間の交渉が進展し、二〇一五年七月にはイランとEU3＋3との間で、イランの核活動を長期間にわたって制限する一方、各種の制裁措置を段階的に解除するとの「包括的共同作業計画」（JCPOA）が合意された。(2)これは、歴史的な意義を有するといってよいものであり、この着実な履行によりイランの核問題解決の道筋がつけられることが期待されている。その帰趨は、単にイランの核問題を左右するのみならず、世界的な核拡散問題の行方にも大きな影響を与える。

本章では、イランの核問題の諸側面について取りまとめたい。

1　核問題の経緯

パーレビ国王時代の原子力開発

イランの原子力開発の歴史は古く、アメリカとの原子力協定の締結は一九五七年に遡る。(3) モハンマド・レザー・シャー・パーレビ国王は、イランの近代化政策を大胆に推進したが、原子力開発は、その重要な構成要素であった。(4) イランは、一九七四年に西ドイツのクラフトヴェルク社と契約を結び、ブシェールで二基の軽水炉の建設に着手した。(5) パーレビ国王の計画では、二〇基の原発を建設することとなっていた。イランは核燃料サイクルの確立を目指し、ウラン濃縮、再処理の技術の獲得にも意欲を示していた。(6)

イランは、一九七〇年二月に核不拡散条約（NPT）を批准し、一九七三年に国際原子力機関（IAEA）と包括的保障措置協定に署名した。(7) 当時、パーレビは、「今のところ核兵器が欲しいとは思っていないが、近隣諸国が核を手にするのならば、我々も核武装できるように準備しておく必要がある」と語っていた由である。(8) パーレビにとって核開発は将来の選択肢の一つであった可能性があるが、パーレビの実際の行動は抑制的なものであった模様である。(9) イギリスのジャーナリストであるデビッド・パトリカラコスは、イランの核活動についての包括的な通史である『核を持つイラン』（未邦訳）と題する著書を書いたが、その中で、パーレビが核開発について抑制的な考え方をとった背景として、通常戦力が充実していたこと、一九五九年のアメリカとの相互防衛協定でアメリカから安全の保証を得ていたため安全保障の観点から核を持つことの誘因は高くなかったこと、インドの核実験後の時期でありアメリカにおける核拡散への懸念が強かったこと、パーレビが西側先進国との関係を重視し、これらの諸国から高い評価を得ることを目指していたことを挙げた。(10)

イラン・イスラム革命の勃発

そのパーレビが、一九七九年のイラン・イスラム革命で国を追われ、イランの情勢は一変した。外国に追放されていた宗教指導者アヤトラ・ルーホラ・ホメイニ（ホメイニ師）が帰国し、イラン・イスラム共和国の最高指導者となった。ホメイニ師は、アメリカを「大悪魔」と罵倒し、イランの若者に対して「アメリカと闘争せよ」と呼びかけた。一九七九年一一月に起こったアメリカ大使館人質事件は、こうした背景で起こったものである。アメリカは、イランと断交し、両国の関係は決定的に悪化した。欧州諸国とイランとの関係も悪化した。

パーレビ国王時代の原発計画の内、イスラム革命が起こる前に実際に着工されていたのは、クラフトヴェルク社が請け負うブシェールでの二基の建設のみであり、その建設は、一基は八割、もう一基は五～七割ほど工事が進んだ段階であった。[11]イラン革命政権は、パーレビ時代の西側志向の政策を見直し、当然のことながら、ブシェールの原発建設も中止された。[12]

イラン・イラク戦争

一九八〇年九月、イラク軍がイランに攻撃を仕掛け、イラン・イラク戦争が始まった。この戦争は一九八八年まで八年間も続いたが、このイラクとの戦争は、大量破壊兵器に関するイランの立場を大きく変えるものとなった。イラクは、一九八三年からイランに対して化学兵器を使用し始めた。[13]イランは、イラクの行動を強く非難し、国際社会がイラクに厳しい措置をとることを求めたが、イラン側が期待するような厳しい措置はとられなかった。[14]イラン・イスラム革命の前、ホメイニ師は、宗教的な理由から、核兵器や他の大量破壊兵器の開発に反対しており、イランは、イラクの化学兵器による攻撃に対しても一九八四年の時点では化学兵器による報復はしないと言明していたが、一九八五年になると「われわれの自制は、国際世論がイラクに対して化学兵器の使用を止めさせるよう圧力をかけるかどうか次第である」と述べるようになった。[15]さらに、一九八七年には、イランのミールホセイン・ムサビ首相は、議会において「我が国は威力の大きい化学兵器の生産を開始している」と言明し、一九八八年八月の停戦の数カ月前の戦闘でイラクと同じように化学兵器の使用に踏み切ったと指摘された(16)。

核開発に向けての方向転換

イランは、一九八五年に核開発の方向に向かって舵を切ったのではないかと見られている(17)。前記の通り、イラクからの化学兵器攻撃を受けた二年後のことである。一九八七年には、パキスタンのアブドゥル・カディル・カーン(A・Q・カーン)のネットワークを活用して、ウラン濃縮技術の導入を開始した(18)。テヘラン原子力開発センターのプラズマ物理学者であるマスード・ナラギがA・Q・カーンのビジネス・パートナーであるゴットハルト・レルヒと折衝して機材、技術を調達する任に当たったが、ナラギは、イラン原子力エネルギー機構(AEOI)のレザ・アムロラヒ長官、ムサビ首相の指示の下で動いていた(19)。イランは、一〇〇〇万ドルを支払い、パキスタンにおける第一世代のP-1型遠心分離機を手に入れた。

この時期、イランは、イラクとの戦争のただ中にあり、ブシェール原発はイラクからの爆撃を受けて被災していた。イランの意図が民生用の原子力利用にあるのであれば、まだ発電用原子炉も完成していない中、ウラン濃縮のために巨費を投じるといったことは到底説明がつくことではなかった。一方、イランの意図が核開発にあるのであれば、発電用原子炉が開発の途上であるにかかわらず、また、戦争で巨額の費用を要する中にあっても、ウラン濃縮に向けた取り組みを進めることは、説明がつく行動であった(20)。『イランの核の野望』(未邦訳)を書いたシャフラーム・チュービンは、「イランの核兵器についての見方は、イラクとの戦争の教訓によって影響を受けた。それは、特に、自分以外は頼りにならない、いざという時の備えをしておくという点においてである」と指摘している(21)。

一九八九年頃、イランは、パキスタンと軍当局間の協力協定を結んだとされる。パキスタンのミルザ・アスラム・ベグ陸軍参謀総長がイランに対して、「パキスタンの防衛予算の一〇年分」と引き換えに核技術を提供することを約束し、これに基づき、ウラン濃縮の機材と技術の提供が行われたとA・Q・カーンは述べている(22)。

パキスタンについての第4章でも記したように、一般にカーン・ネットワークが行ったとされる活動の中には、

(1)政府、軍部の指示の下にカーンが行った活動、(2)政府、軍部の指示なくカーンが行った活動、(3)カーン自身というよりは、カーンと取引関係にある者が行った活動が入り混じっている可能性がある。前記のカーンの証言は、イランへのウラン濃縮技術の提供が政府、軍部の指示の下に行われた（前記の(1)）可能性を示唆するものである。

パートナー探し

イランは、カーン・ネットワークを通じてパキスタンからウラン濃縮のための技術と資機材の獲得を図るとともに、核燃料サイクル技術を獲得するための協力相手国を探した。必要な要件は、一つは、原子力についての高い技術レベルを持つこと、もう一つは、アメリカからの圧力に抗することができることであった[23]。

ここで重要な協力相手国として浮かびあがってきたのが中国であった。イランは、一九九〇年代前半、中国との間で、プルトニウム生産炉、ウラン転換施設（ウラン精鉱から濃縮の原材料となる六フッ化ウランを製造する施設）、加圧水型原子炉などの供与を受けるべく協議を進めた[24]。アメリカは、中国に対し、イランとの協力を止めさせるために働きかけた。中国は、これらの取引がＮＰＴ上合法なものであるとしてこれに抵抗していたが、アメリカは、一九八五年の署名以来の懸案であり、中国側が強く望んでいた米中原子力協定の発効も絡めて中国に圧力をかけた[25]。中国の対イラン原子力協力は、一九九七年一〇月の中国の江沢民国家主席のアメリカ訪問を前に、米中間の重要懸案の一つとなった。中国側は、結局、江沢民国家主席の訪米を前に、銭其琛外交部長からマデレーン・オルブライト国務長官への書簡において既存の協力については完了させるが、イランに対する新たな協力は行わないことを確認した[26]。ウラン転換施設の供与については、既に合意されていたものであったが、これによりキャンセルされた。

核燃料サイクル技術の導入とともに、巨費を投じたブシェール原発を完成させる必要があった。ドイツのクラフトヴェルク社の協力が得られず、韓国、アルゼンチン、中国に断られた後、イランは、ロシアからの協力を得ることで合意した[27]。ロシアは、核燃料サイクル施設を含め、イランとの間で幅広い協力についても合意に達したが、機微な技術の移転を伴う協力については、アメリカがロシアに働きかけを行い、これを中断させた[28]。

一九九〇年代末から二〇〇〇年代初めにかけての時期、核開発にも結びつき得るいくつもの重要プロジェクトが進められた。ウラン濃縮については、イスファハンでのウラン転換施設とナタンズでのウラン濃縮施設の二つが進められた。イスファハンのウラン転換施設は、当初、中国からの供与が想定されていたものであり、前述の通りこれはアメリカの圧力によってキャンセルされたが、イランはそれまでの時点で中国から転換プロセスや設計についての文書を入手しており、イランはこれらに基づき一九九〇年代後半から独力で建設に着手したと見られる。(29) ウラン濃縮については、一九八〇年代に調達したP-1型遠心分離機では故障の連続で成果が上がらなかったため、一九九四年にA・Q・カーンに再度アプローチをし、一九九六年にパキスタンにおける第二世代のP-2型遠心分離機を調達した。(30)

核開発に結びつき得るもう一つのプロジェクトとしては、アラクにおける重水減速炉（プルトニウムを効率的に生成するタイプの原子炉）の建設があった。一九八〇年から一九九七年までAEOIの長官の座にあったレザ・アムロラヒは、西側との関係を懸念してこの計画を進めることを躊躇していたが、一九九七年八月にその後任となったゴラムレザ・アガザデは、この計画にゴーサインを出した。(31)

さらにイランは、この時期、核爆発装置の開発のための情報収集、研究開発、資機材の調達を行っていたのではないかと指摘される。IAEAにおいて「軍事的側面の可能性」(PMD : Possible Military Dimensions）と呼ばれてきた問題である。二〇一一年一一月のIAEA事務局長報告では、二〇〇〇年代初頭までこうした核兵器関係の活動がAMAD計画と呼ばれる組織化されたプログラムの形で行われていたと指摘されている。(32)

暴露と危機

二〇〇二年八月、イランの反体制派グループがアメリカのワシントンで記者会見を行い、イランがアラクの重水製造施設やナタンズの核燃料施設を建設中であることを暴露した。(33) これが、イランの核開発問題についての国際的な議論の引き金を引くことになった。

二〇〇三年二月、ＩＡＥＡのモハメド・エルバラダイ事務局長は、保障措置担当者とともにイランを訪問した。[34]ＩＡＥＡの査察により、ナタンズに二つのウラン濃縮施設が存在すること、そこで高濃縮ウランが検出されたことなどが明らかになった。[35]アメリカはこの問題を安保理に持ち込むことを目指したが、欧州諸国、非同盟諸国側はより穏健な対応を求めたため、ＩＡＥＡ理事会は、イランに対してウラン濃縮の停止を要請する決議を採択した。[36]この決議は、アメリカの考えに比してイランの立場を考慮したものであったが、イランは、その内容を不服とし、理事会の決議採択の場から退席した。

二〇〇三年秋の決断

こうして核危機が勃発した時、イランにおいては、穏健改革派のモハンマド・ハタミが一九九七年以来、大統領の座に就いていた。ハタミは、前任のハシェミ・ラフサンジャニに引き続き、西側諸国との緊張を緩和するよう国際的関与の政策を取っていた。

イランの国内では、このＩＡＥＡ理事会の決議に対してどのような姿勢で臨むべきかについて様々な政策オプションが提起された。イランの国家安全保障最高評議会の外交委員長を務め、後に、核交渉についてのスポークスマンを務めたフセイン・ムサビアンは『イラン核危機　一つの回想録』（未邦訳）において、(1)「対決」アプローチ、(2)「原子力利用の権利主張」アプローチ、(3)「米欧との交渉」アプローチ、(4)「米欧以外との交渉」アプローチ、(5)「濃縮断念」アプローチ、(6)「現実的」アプローチなどが議論されたことを明らかにしている。[37]

イランは、ムサビアンのいう「現実的」アプローチを取ることとした。この「現実的」アプローチとは、ＩＡＥＡとの協力姿勢は維持しつつ、外交上の交渉で事態の打開を目指し、安保理への付託やそれによるイランへの制裁の発動を避けようとするものであった。[38]イランは、この方針に基づき、欧州勢と交渉を行うこととし、交渉の体制を整えた。国家安全保障最高評議会書記のローハニが交渉チームを率いることとなった。[39]イランにおいて、核問題についての最終的な決定権限は最高指導者のセイエド・アリー・ハメネイ（ハメネイ師）にあり、ハメネイ師の核問題についての姿勢は強硬なものであるとされる。(40)一方、この時、ハメネイ師は、一定の条件の下で、ハタミやローハニが「現実的」アプローチで核問題について対処することを認めたものと考えられる。

イランの政治は、最高指導者を頂点とする「聖職者による支配」という側面と「選挙に基づく大統領制」という側面の双方を持つが、核問題についての交渉は、最高指導者に最終的な決定権限はあるものの、大統領のもとで執行されるという形でこの二つの国家統治構造の相互関係の中で処理されるようになる。

交渉相手としては、「アメリカ」、「欧州諸国」、「非同盟諸国・ロシア・中国」の三つのオプションがあったが、最高指導者のハメネイ師は、アメリカとの直接交渉を認めなかったので、国際社会における影響力の観点から欧州諸国と交渉する方針となった。(41)

アメリカ政府は、二〇〇七年の国家情報評価（NIE: National Intelligence Estimate）において、「われわれは、高い確度で、イランの軍事部門が二〇〇三年の秋まで政府の指示のもとに核兵器を開発していたと見ている」「われわれは、高い確度で、二〇〇三年の秋の時点でイランが核兵器計画を中止したものと判断する」「われわれは、中程度のないし高い確度で、イランが核兵器を開発するオプションを維持しているものと見る」と記した。(42)またＩＡＥＡも、二〇一一年一一月の「軍事的側面の可能性」について評価した事務局長報告の中で、核爆発装置の開発のための活動が二〇〇三年まで組織的に行われており、その後も、そうした活動の一部が継続されている兆候があると指摘した。(43)

こうした分析からは、イランは、二〇〇三年秋までは核兵器開発を進めていたが、二〇〇三年の秋以降は、「核兵器開発オプション」は維持するものの、原子力の平和利用からは説明ができないような兵器化のプログラムは、少なくとも二〇〇三年以前のような組織的な形では行われなくなったとのシナリオが想定される。

テヘラン合意、ウラン濃縮の停止

イランの交渉チームを率いることとなったローハニは、次の五つの対応策を取るべきとの方針を取った。(44)第一に危機を制御下に置き、イランへの脅威を抑止する、第二に現行の核施設を保持する、第三に現行の核能力を改善・強化する、第四にＩＡＥＡ憲章をはじめ国際法上のイランの法的な地位を強固なものとする、第五に現在の危機を機会に転じるとの諸点である。

この五つの対応策は、ローハニからハタミに報告されたものとされるが、きわめて示唆的である。ハタミやローハニは、イランの国内政治上は穏健改革派とされ、核問題への対応においてはＩＡＥＡとの協力姿勢を維持しつつ、外交上の交渉で事態の打開を目指す「現実的」アプローチの主導者であったが、イランの核施設や核能力をどうするかといえば、これらを廃棄するというよりは、その保持、改善・強化を目指す姿勢であったことになる。

欧州諸国の方では、イギリス、フランス、ドイツの三国が事態の収拾に乗り出した。ＥＵ３と呼ばれる三カ国の取り組みは、いくつかの動機に裏打ちされていたとされる(45)。第一に、大量破壊兵器問題を抱えていたもう一つの事例であるイラクについては、二〇〇三年三月に欧州諸国（特に、フランスとドイツ）の意に沿わない形でこの問題から武力行使（イラク戦争）に至ったため、イランについては、武力の行使ではなく、外交交渉が核拡散への対抗策であることを示したいとの考えがあり、第二に、イラク戦争の際に失われたヨーロッパの連帯を構築したいとの思いがあり、第三に、イランが保有している弾道ミサイル技術を考慮すると、イランの核開発が進んだ場合に脅威を受けるのはヨーロッパであるとの危機感があった。

ＥＵ３の外相は、イランがウラン濃縮を放棄するならば、それに対する見返りを与えるとの内容の共同書簡をイラン側に送った(46)。二〇〇三年一〇月、ＥＵ３の外相は、イランを訪問し、協議が行われ、「テヘラン合意」が取りまとめられた(47)。対外的に明らかにされた声明において、イランは、ＩＡＥＡの定めるすべてのウラン濃縮活動と再処理活動の自発的停止を決定したことを三国外相に通報した。当時、ローハニとともに交渉に当たった前記のムサビアンの回想録からは、イラン側として、停止される活動の停止の範囲をできる限り限定し、また、その再開をイラン側として決定できるようにすることに注力していたことがうかがわれる(48)。

テヘラン合意において、イラン側は、「濃縮活動」を停止するとしたが、その「濃縮活動」にどの範囲までが含まれるか、遠心分離機の組み立てや部品生産、ウラン転換がこれに含まれるのかが争いの種となった。

二〇〇四年一一月、ＥＵ３は、パリにおいて、イラン側と交渉を行い、「パリ合意」がまとめられた[49]。パリ合意において、イランは、すべての濃縮関連活動、再処理関連活動を自発的に停止すること、これらには、ウラン転換など争われていた諸活動が含まれること、これらの活動の停止は、自発的な信頼醸成措置として行われるものであり、各種協力を含む長期的な取り決めの交渉が行われている間、維持されることとされた[50]。

アフマディネジャードの大統領選出

テヘラン合意に続くパリ合意は、イランの核問題を外交的に解決する希望を抱かせたが、それから一年も経たないうちに状況は悪化した[51]。パリ合意での濃縮関連活動などの停止は、長期的な取り決めについての交渉に関連づけられていたが、それが暗礁に乗り上げた。ＥＵ３側は、二〇〇五年八月、イランが軽水炉と実験炉以外の核燃料サイクル活動を追求しないとの拘束力ある約束を行うこと、ＮＰＴから脱退しないとの法的な約束を行うことなどを含む包括的提案を行ったが[52]、イラン側から直ちに拒否された。

事態の悪化のもう一つの要因は、テヘラン合意からパリ合意へのプロセスが、イランの国内で、当初の合意からの逸脱、後退と取られ、こうした交渉姿勢への批判が強まったことである。

イランにおいては、二〇〇五年六月に行われた大統領選挙で宗教保守派と貧困層からの支持を受けるマフムード・アフマディネジャードが元大統領のラフサンジャニを破って当選した[53]。アフマディネジャードは、ハタミ、ローハニの進めた核交渉を厳しく批判し、より強硬な姿勢を主張してきていた。アフマディネジャードは、大統領の座に就くと直ちに核交渉に当たる国家安全保障最高評議会書記をローハニからアリ・ラリジャニに替えた。イランの国内政治上、ラフサンジャニ、ハタミ、ローハニが穏健改革派とされるのに対し、アフマディネジャード、ラリジャニは急進保守派とされる。

ウラン濃縮の再開

アフマディネジャードの大統領着任後五カ月の二〇〇六年一月、大きな転機が訪れた。イランは二〇〇三年一〇月のテヘラン合意以降ウラン濃縮を停止していたが、二〇〇六年一月二〇日、ナタンズの濃縮施設の封印を撤去し、ウラン濃縮の「研究開発」活動を再開した[54]。一月末、この事態に対応するため、EU3に加え、安保理常任理事国の残りの国であるアメリカ、ロシア、中国の六カ国の外相がロンドンで会合した[55]。これが、イランの核問題への対処の枠組みであるEU3＋3の始まりである。アメリカは、長くイランとは交渉しないとの方針であり、特に、当時のジョージ・W・ブッシュ政権内には、イランについて体制転換を志向する声も強かったが、コンドリーザ・ライス国務長官、ウィリアム・ジョセフ・バーンズ国務副長官は、没交渉であることによって成果が得られていないことを懸念し、イランとの交渉に関与することを考えた[56]。二〇〇六年二月、IAEA理事会は、イランの状況に「深刻な懸念」を表明するとともに、その「原子力活動がもっぱら平和目的のためであるとの確信を持つことができない」としてイランの核開発問題を安保理に報告することを決定した[57]。こうして、舞台は、安保理に移ることとなった。

舞台は安保理へ

安保理は、二〇〇六年三月、イランに対して全ての濃縮活動と再処理活動を完全かつ継続的に停止することを求める内容の安保理議長声明を発出した[58]。一方、イランは、濃縮活動を続けたので、安保理は、同年七月三一日、イランの核問題に関する初めての決議となる決議一六九六を採択した[59]。安保理決議一六九六は、(1)国連憲章第七章の下で、イランに対して「研究および開発を含むすべての濃縮活動および再処理活動を停止しIAEAの検認を受ける」よう「要求」するとともに、(2)すべての国に対して、イランの濃縮活動、再処理活動および弾道ミサイル計画に寄与する可能性がある品目等の移転を監視し防止するように「要請」し、(3)イランが一カ月以内に（同年八月三一日まで）同決議を遵守しない場合には、国連憲章第四一条に基づく適切な措置（非軍事的措置）をとる意図を表明した。イランは、同決議を実施しなかったところ、安保理は、二〇〇六年一二月二三日、イランに経済制裁を課す決議一七三七を採択した[60]。これは、決議一六九六において予告されていた通り、「国際連合憲章第七章第四一条の下に行動して」との文言を含む非軍事的措置の発動であった。

イランは、その後も濃縮活動を続けたため、安保理は、二〇〇七年三月二四日には決議一七四七[61]、二〇〇八年三月三日には決議一八〇三を採択し[62]、制裁を拡大した。一方、イランは軟化の姿勢を見せず、濃縮活動を継続した。

軍事オプションと事態の悪化

このように安保理による制裁もイランの濃縮活動を止めることができない中、国際社会の側には苛立ちが募ってきた。イスラエルからは、軍事オプションの可能性が声高に主張されるようになった[63]。一方、軍事オプションにも多くの困難があった。一九八一年のイラクのオシラク研究炉への攻撃の教訓から、イランの核開発は、多くの施設に分散されており、存在が秘匿されているものもあると見られ、地下の施設への配置を含め十分な防御がなされていると想定された[64]。

二〇〇九年九月二一日、イランは、それまでＩＡＥＡに申告されていなかったフォルドゥにウラン濃縮施設を建設していたことをＩＡＥＡに通告した[65]。これは、イランの核開発に改めて大きな懸念を呼び起こすものであった。イラン側は、フォルドゥの施設をナタンズのバックアップと説明したが、遠心分離機の数量で考えればナタンズのバックアップとしての意味を持つというよりは、むしろナタンズの施設で濃縮されたウランを兵器級まで濃縮度を高めるための施設と考える方が理にかなっていると見られた[66]。また、イランは、二〇一〇年二月一〇一日までに二〇％までの濃縮に成功した旨を明らかにした[67]。

こうした動きに対し、安保理は、二〇一〇年六月九日に決議一九二九を採択し、イランに対する制裁措置を一層強化した[68]。アメリカのオバマ大統領は、同年七月一日、イランの金融・エネルギー部門と取引する企業への制裁強化を柱とする厳しい内容のイラン制裁法に署名を行った[69]。

このようにイランの濃縮に向けた動きが止まらない中、イランの核開発を止めるためにコンピューター・ウィルスによる攻撃、核科学者の暗殺など非正規の手段も用いられるようになった(70)。

二〇一二年一月二三日、ＥＵは、イランからの石油の禁輸を決めた(71)。ＥＵ３＋３とＩＡＥＡは、それぞれイランとの協議を断続的に行うが、イランの核問題の解決の糸口はなかなか見つからなかった(72)。アフマディネジャード政権は、国内の経済状況の悪化もあり、制裁の追加を避けるべく核問題の打開のための方策を探ったが、成果は上がらなかった。

ローハニの当選、交渉の進展

転機が訪れたのは、二〇一三年六月のイランの大統領選挙であった。この大統領選挙において、アフマディネジャードの後継を狙った急進保守派のサイード・ジャリリが当選するのではないかとの事前の予想を覆し、穏健改革派と目されるローハニが大統領に選出された。これは、経済運営上の問題に加え、国際的な制裁によって国民生活に影響が出てきた状況の中、変化を求める国民の声を反映したものと見られた。ローハニは、二〇〇三年、二〇〇四年にテヘラン合意、パリ合意をまとめて、ウラン濃縮活動を停止する措置をとっており、ローハニが大統領の座に就くことによって、イランの核活動への姿勢に変化が生じるかが注目されたが、八月に就任したローハニ大統領の下、イランは、核問題の解決のための積極姿勢を示した。

イランとＥＵ３＋３は核問題の解決のための交渉を進め、一一月にジュネーブで「共同作業計画」（JPOA：Joint Plan of Action）がとりまとめられた(73)。これは、イランとＥＵ３＋３が当初の六カ月の間に実施する「第一段階の措置」をとりまとめるとともに、その後に交渉されるべき「最終段階の包括的合意」の要素を記載したものである。「第一段階の措置」として、イラン側は、五％を超える濃縮活動を停止すること、二〇％濃縮ウランの五％への希釈または酸化ウランへの転換、濃縮能力増強の停止、アラク重水炉の活動の進展の禁止、ＩＡＥＡの査察の強化などの措置を約束した。これに対し、ＥＵ３＋３の側は、制裁を限定的、一時的に緩和することとした。

また、ＩＡＥＡは、同じ一一月にイランとの間で前記の「軍事的側面の可能性」の問題も視野に入れた上で、イランの核活動が平和的な性格のものであるかの検証活動を進めるための「共同宣言」に合意した。

二〇一五年七月の合意

二〇一四年一月からイラン側とＥＵ３＋３側によって前記の「第一段階の措置」が実施に移されるとともに、「最終段階の包括的合意」に向けての交渉が開始された。この交渉は、当初は、二〇一四年七月までに完了させることとなっていたが、この交渉期限は、二〇一四年一一月へ、次いで二〇一五年六月へと延長され、結局、二〇一五年七月にウィーンにおいて「包括的共同作業計画」（JCPOA : Joint Comprehensive Plan of Action）が合意された。これにより、イランは遠心分離機の稼働数を一〇年間にわたり五〇六〇基に制限し（合意前は一万九〇〇〇基を設置）、ウラン濃縮の上限を一五年間にわたり三・六七％までとするとともに貯蔵する低濃縮ウランを三〇〇キロに削減することとした（合意前は一〇トンを貯蔵）。アラク重水炉については、プルトニウムの生成を最小化し、兵器級プルトニウムが生成されないよう再設計・改修することとした。その一方で、イランによる必要な措置の履行およびＩＡＥＡによる検認に応じて、これまでに課された制裁を解除していく手続きが定められた。また、このイランとＥＵ３＋３との合意と並行して、ＩＡＥＡはイランとの間で「軍事的側面の可能性」の問題を明らかにするための「ロードマップ」に合意した。

「ロードマップ」については、ＩＡＥＡとイランとの間で作業が進められ、二〇一五年一二月に開催されたＩＡＥＡ特別理事会で「軍事的側面の可能性」の問題につき一定の決着がつけられた。また「包括的共同作業計画」については、イラン側が関連の措置をとったことで二〇一六年一月に「履行の日」を迎え、イランに課されていた関連の制裁措置が解除された。「包括的共同作業計画」が着実に実施に移されることにより、イランの核活動の制限、これが平和的な性格のものであることが確保され、イランの核保有が阻止されることが期待されている。

ミサイル開発

イランについては、核開発問題に加えてミサイル開発の問題も懸念事項であり、核開発問題を考える際、この点もあわせ考える必要がある。

イランは、一九八〇年代から北朝鮮との協力の下、ミサイル開発を進めてきた[74]。一九八〇年代に北朝鮮からスカッドB（射程三〇〇キロ）を導入してこれを改良し、シャハーブ一号とし、一九九一年に北朝鮮から購入したスカッドC（射程五〇〇キロ）を改良してシャハーブ二号とした。一九九二年には、イランは北朝鮮とノドン（射程一三〇〇キロ）に基づくミサイルの共同開発に合意し（一九九五年に北朝鮮からノドン一二基が輸入されたとされる）、これがシャハーブ三号として部隊配備されたと指摘される[75]。さらに、近年、シャハーブ三号の改良型など各種の中距離ミサイルの発射実験や人工衛星の打ち上げを行っており、これに対する懸念が示されている状況にある[76]。

イランは、核問題についての二〇一五年七月の「包括的共同作業計画」の合意の後、同年一〇月、一一月と国産で新型の弾道ミサイル・エマードの発射実験を行った[77]。これに対し、アメリカは、二〇一六年一月にイランの一一の企業と個人を対象に制裁を課すことを発表した。

2　核活動の動機

イランの核活動が究極的に何を目指しているのかは、必ずしも明らかではない。イランは、繰り返し、自国の原子力活動は平和目的のものであり、核兵器は、イランの国防戦略、国家安全保障、国防ドクトリンに位置づけを持たないことを述べている[78]。一方、イランは、前記で見てきたように、民生用原子力活動としては、到底、合理的に説明できないようなウラン濃縮や再処理に取り組んできた。

イランの核問題を分析してきたチュービンやパトリカラコスなどの専門家は、イランは、核取得の意思決定さえすれば、時を置かずしてそれを実現できる能力を備えるという意味で、「核取得能力」（breakout capability）を構築しようとしてきたのではないかとの見方をとっている。[79] これは言い換えれば、「核オプション」を保持し、核兵器を製造する能力の取得を目指しつつ、その手前で止めるという「寸止め」戦略を取ってきたのではないかとの見方である。

アメリカの国務省で長年にわたって不拡散外交の最前線に立ってきたロバート・J・アインホーンもまた、イランの「核取得能力」に着目する。アインホーンは、イランは、技術的ノウハウ、経験、核物質などの面で既に核兵器を製造するための能力を保有するに至っており、問題は、「核兵器オプション」に進もうとするかどうかの政治的な意思にあると見る。[80] そうした認識の下、アインホーンは、イランの支配層は、将来の「核兵器オプション」を維持しつつ、それを行うかどうかの決定を先に延ばし、これまでの核活動を温存しようとしているのではないかと捉えている。[81]

この「核取得能力」は、核取得の意思決定からどの程度の期間でそれを実現できるかという点に着目している点で時間に着目した概念であり、前記の「包括的共同作業計画」を策定するに当たって、アメリカをはじめとするEU3＋3側は、この時間として一年を確保するとの考え方の下に交渉に当たったものである。[82]

それでは、イランが、こうした核活動を行う原因と動機はどのようなものだろうか。

イラン・イラク戦争の体験

第一に、イラン・イラク戦争時の体験、イラクからの脅威がイランの核活動の始動の原因・背景として大きいと考えられる。前に述べたように、イランが核開発の方向に向かって舵を切ったのも、イランの核問題の核心であるウラン濃縮計画が着手されたのも、イラン・イラク戦争のさなかのことであり、イラクの化学兵器の攻撃によって大きな被害を受けた後のことであった。イラン・イラク戦争は、一九八〇年から一九八八年まで八年間続いたが、これは、一九七九年のイラン・イスラム革命によって誕生したイラン・イスラム共和国の創成期と言ってよい時期に当たる。この時期、誕生したばかりのイラン・イスラム共和国は、イラクからの侵攻を受け、国家の生存のために戦争を余儀なくされ、その上に化学兵器による攻撃まで受けたが、これらのいずれに対しても国際社会から公正な取り扱いを受けなかったと受け止めた。

一九八八年に安保理決議五八二がイラン、イラク両国に停戦を求めた際[83]、アリー・アクバル・ベラヤティ外相は、次のように述べてこれを批判した[84]。「ほとんどすべての安保理の決定は、一部のアラブ諸国と安保理の有力国の影響力によって、イラクの侵攻を抑えたり、侵攻国の軍隊をわれわれの領土から撤退させたりするためのものとはならず、イラン・イスラム共和国が侵攻国に譲歩するように圧力をかけるためのものとなった」。

こうした経験、特に、イラクからの化学兵器による攻撃とこれに対する国際社会の対応の不在は、イランに、「二度と再び」（Never Again）との思いを持たせるものであり[85]、自らの身は自ら守るべしとの考えを抱かせるものであったと考えられる[86]。また、イラクが核兵器の開発を秘密裏に行っているという情報も、イラクへの脅威感を増幅させるものであったろう[87]。

こうした姿勢は、一九八八年一〇月、イラン議会議長とともにイラン国軍司令官を務めていたラフサンジャニが革命防衛軍に対して行ったスピーチの次の一節の中で明確に表現されている[88]。「化学兵器、細菌兵器、核放射線兵器に関する訓練について申し上げたい。イラクとの戦争において、これらの兵器が決定的な威力を有していることが明らかとなった。戦争が深刻な段階に達すると道徳の教えの効果は発揮されず、世界は自らの決心を裏切り、あらゆる違反や戦場での侵略行為に目をつぶることになる。われわれは、化学兵器、細菌兵器、核放射線兵器を攻撃に用いることについても、防御に用いることについても、備えができていなければならない。今から、諸君がこの機会をつかみ、この任務を果たさなければならない」。

一方、イラクからの脅威は、イランの核活動の発端を説明するとしても、それが今日まで継続してきたことは必ずしも説明しない。脅威の対象であったイラクは、一九九一年の湾岸戦争の敗北によって弱体化し、脅威の中心であったサダム・フセインも、二〇〇三年のイラク戦争でその地位を失い、後に逮捕され、死刑を執行された。

このようにイラクからの脅威が実体的に消えた後も、イラクとの戦争の際に国際社会から受けるべき取り扱いを受けられなかったとの感情は長く残った。前記のラフサンジャニの発言には、不公正と偽善への憤りの感情、見捨てられ、裏切られたことへの恨みの感情が込められているように捉えられる。また、この発言には、イラクが使用した大量破壊兵器がいかに破壊的で効果が大きなものであったかについての冷徹な認識も示されている。[89]これらは、イラクの脅威が消えても、後に残るものであった。

安全保障環境

イラクからの脅威が低減していったといっても、イランにとっての安全保障環境は、容易なものではなかった。長年にわたるペルシャ人とアラブ人との反目、シーア派とスンニ派の宗派的対立、地域における敵対関係と勢力争いと、争いの種に事欠かない状況である。

イスラエルとは、激しい敵対関係にある。[90]イランは、イスラエルをシオニスト国家と呼び、反イスラエル政策をとってきた。アフマディネジャード大統領は、「イスラエルは世界の地図から抹殺されるべきだ」とまで公言した。イスラエルもイランに対する敵意を隠していないが、そのイスラエルが核兵器を保有していることは公然の秘密である。

さらにイランは、世界で最強の軍事力を持つアメリカと激しい敵対関係にある。[91]アメリカとの敵対関係は、一九七九年のイラン・イスラム革命にまでさかのぼり、アメリカ大使館人質事件によって抜き差しならないものとなった。イラン・イスラム革命によって成立したイラン・イスラム共和国は、「反米」を一つの基軸として成立した体制と見ることができる。アメリカの方から見ても、ジョージ・W・ブッシュ大統領は、二〇〇二年の一般教書演説で、イランを北朝鮮、イラクとともに「悪の枢軸」と名指しで批判した。アメリカは、二〇〇三年のイラク戦争において、武力でイラクのサダム・フセイン体制を崩壊させたが、イランについても体制転換を目指す声は強かった。

一方、こうしたイスラエルとの関係、アメリカとの関係は、時とともに変化してきた。時に緊張関係が強まり、時にそれが緩むということを繰り返してきており、常に、核兵器によらなければ対応できないような安全保障上の脅威が存在したというわけではないことが指摘される[92]。それに引き換え、イランの核活動の歩みは一貫して継続されてきているように思われる。それを踏まえるならば、安全保障上の要素以外にも目を向ける必要がある。

国家の威信、国内政治の要素

安全保障上の要素以外に、イランが核活動を行う動機として、ナショナリズムと国家の威信とが作用していると指摘される[93]。パーレビ時代以来、原子力開発は、イランにとって国家の威信の問題であった。古代にさかのぼる栄光の歴史と近現代の二〇〇年にわたる外国勢力への屈服の歴史をともに持つイランにとって、先端的な技術を持ち、強大な兵器を持つことは、安全保障の側面とともに、国家の威信、地域への影響力を増進する側面を持っているとされる。

イランが核活動を行うその他の動機として、国内政治上の要因が挙げられる[94]。イランの報道において「原子力は、国家の連帯を強化するための接着剤となった」と述べたものがあったが、核活動を進めることが体制としての正統性の強化の意味を持っているとされる[95]。

核活動の抑制要因

ここまでイランにとっての核活動の推進要因について見てきたが、もう一方の抑制要因についても目配りしておく必要があろう。

まず、規範的要因について言えば、最高指導者のハメネイ師は、ファトワー（イスラムの勧告）の中で「イスラム法では核弾頭の製造、保管、使用は禁じられている」としており[96]、イスラム法上の制約があるとされるが、ファトワーの規範は絶対的なものではないとの見方も存在している。次に、経済的な利害については、イランは、核活動によって国際社会から度重なる制裁を受けており、これは、イランにとって経済的に大きなマイナスとなっていることは間違いない。さらに、外交関係について言えば、イランは、核活動によって西側諸国との関係は大きく制約されたものとなっており、外交関係上のマイナスもきわめて大きなものとなっている。

こうしたことから、核活動を推進することについてのイランにとってのコストはきわめて大きなものとなっている。

チュービンやパトリカラコスは、こうした推進要因と抑制要因の相克がイランに前述の「寸止め」戦略を取らせてきたと見ている。たとえば、パトリカラコスは次のように指摘する。[97]

「核兵器能力を持つとは、兵器化の最終段階まで実際に進めることは避けつつ、実際の必要性が生じた場合には直ちにこれをできるようにしておくことで、核爆弾を持つことに伴うすべての技術的な困難を克服することを意味するが、このやり方は、いくつもの利点がある。その最も重要な点は、これによって、抑止、威信、政治的なテコといった核能力を持つ政治的なメリットを享受しつつ、NPTを脱退したり、国際社会の真のパリア国家となったり、徹底した制裁の対象となったりするといった政治的なコストを避けることができることである」。

基本政策、国家指導者の性向

イランは、対内志向型の政策を取る国の方が対外志向型の政策を取る国よりも核開発に向かいやすいというエテル・ソリンゲンの仮説の妥当例と言ってよい。[98]

それでは、「対抗的ナショナリスト」が国家指導者となっている国が核開発に向かうというジャック・ハイマンズの仮説は、イランとの関係でどのように考えればよいであろうか。

イランの国内政治上、急進保守派とされ、西側諸国やイスラエルに対して強硬な姿勢で臨んだアフマディネジャードの大統領就任時の姿を「対抗的ナショナリスト」と見ることには異論は少ないであろう。

一方、イランの国内政治上、穏健改革派とされるラフサンジャニ、ハタミ、ローハニはどうであろうか。

前記で述べた通り、ラフサンジャニは、イラン国軍司令官を務め、革命防衛軍に対し、核兵器を攻撃、防御に用いるための備えを訴えた当人である。穏健改革派とされるグループにしても、核活動についての考え方の基本において急進保守派と変わるところはないと思われる。

一方、この二つのグループの間には、核開発がもたらすコストをどのように考えるかの点において歴然とした違いがあるものと思われる(99)。穏健改革派は、ＩＡＥＡの決議や安保理の決議を無視して核活動を続けていくことでもたらされる経済上のマイナス、外交上のマイナスを無視できないものとして重視する。それを回避するために、戦術的な妥協も敢えて行おうとする。そのため、ローハニは、二〇〇三年の核危機に当たって、テヘラン合意、パリ合意をまとめたものと考えられる。一方、急進保守派は、自らの信じる原理原則にこだわり、経済上のマイナス、外交上のマイナスがあったとしても、核活動を続けるべきであると考える。その違いがあると思われる。

チュービンは、いずれもイラン・イスラム体制に忠実な保守派であることに変わりはないとの観点から、前者を現実的保守派、後者をイデオロギー保守派と呼んだ。

そのように考えてくると、イランの国内政治上の穏健改革派をハイマンズの理論枠組みに当てはめて考えてみると、「対抗的ナショナリスト」と「協調的ナショナリスト」の中間に位置する「現実的ナショナリスト」と捉えるのが適当ではないかと思える。

これに関して興味深いのは、先にも触れた通り、二〇一三年の大統領選挙によってローハニが選出された後に、イランの交渉姿勢に変化が見られたことである。ローハニが大統領になっても、最高指導者はハメネイ師であり、「核兵器取得能力を構築する」というイランの戦略目標自体には変わりがないとの見方も強いが、ローハニは、変化を求める国民の声によって選出されたと考えられ、「対抗的ナショナリスト」のアフマディネジャードに代わって「現実的ナショナリスト」のローハニが大統領に就くことによって、イランの核問題についての交渉姿勢に変化があったと見ることができよう。

3　核開発のプロセス

イランが核活動を進めるに際して用いたのは、国際社会からの隠蔽、海外からの技術導入であった。まず、国際社会からの隠蔽は、かなり効果的に行われた。イランの核開発の意思決定は、前述の通り、一九八五年と目されるが、反体制派グループの暴露によってイランの核開発問題が国際社会の関心事となる二〇〇二年までの一七年間、イランは、国際社会からの隠蔽をきわめて効果的に行った。また、二〇〇二年の反体制派グループの暴露以降も、フォルドゥのウラン濃縮施設など、国際社会から隠れて核開発を続けてきた。

海外からの技術導入としては、パキスタン、ロシア、中国の役割に注目する必要がある。ここでパキスタンとは、A・Q・カーンのカーン・ネットワークによるものであり、このネットワークを通じて調達したウラン濃縮技術がイランの濃縮活動の一つのベースになっているものと見られる。

ロシアと中国は、いずれも、イランと原子力協力を行うとともに、国際社会がイランに対して制裁を課そうとする際、それを緩和するように働きかけてきた。両国のイランに対する原子力協力に対し、アメリカは、濃縮、再処理など機微技術に関わるものなどを止めるように働きかけてきたが、どのような技術がイランの手に渡っているのかの詳細は明らかではない。

核開発におけるイラン側の対応で特徴的なことの一つはNPTに対する姿勢が挙げられる。本書で取り扱ってきた拡散国、核開発に携わっている国の多くは、NPTと距離をとってきた(100)。イスラエル、インド、パキスタンは、NPTに加入しなかった。NPTに加入することが自国の核開発と両立しないと判断したからである。北朝鮮は、一九九三年にNPTからの脱退とその保留を宣言し、NPTの定めるラインを行き来した上で、二〇〇三年に再度、脱退を宣言した。それに引き換え、イランはNPTにとどまる姿勢をとり続けており、NPT加盟国として原子力の平和利用についての「奪い得ない権利」を自らの核活動を正当化する論理として用いている。これは、前述の

「寸止め」戦略とも関連している。

4　核開発阻止のための取り組み

一方、イランの核開発を止めさせようとする国際社会の方が用いてきた手段は、核不拡散レジーム、関係国の外交交渉、制裁などである。順に見ていこう。

核不拡散レジーム

イランは、核不拡散レジームの「強み」と「弱み」の双方が現れた事例である。

「弱み」の方から見ると、イランの核活動は、同国のＮＰＴ上の義務（非核兵器国として、核兵器その他の核爆発装置を製造したり、その他の方法によって取得したりしないことなどの義務を負っている）の遵守との関係で重大な疑義があり、規範として十分に機能していないのではないかとの批判があり得る。また、ＮＰＴ上、原子力の平和利用の「奪い得ない権利」があることを盾に自国がウラン濃縮、再処理を行うことの正統性を指摘するイランの主張は、核不拡散レジームの一つの弱点を突いていると言ってもよい。

また、ＮＰＴ加入国であるので自国のすべての原子力活動を申告する包括的保障措置協定を締結していたものの、未申告の核活動を行っており、これを二〇〇二年まで把握できなかったことは、保障措置の抜け穴を突かれた形である。

さらに、カーン・ネットワークでのウラン濃縮の技術と資機材の調達も、輸出管理の仕組みの不備に乗じられたものと言ってよい。

このように、「弱み」も様々に看取されるが、核不拡散レジームが機能している側面も見逃すことはできない。イランは、北朝鮮のようにＩＡＥＡの活動を拒んでいるわけではなく、ＩＡＥＡの査察員がナタンズのウラン濃縮施設などに立ち入り、その状況把握をすることを認めてきた。イランがＩＡＥＡに存在を認め、査察員の立ち入りを認めている範囲内では、イランの核開発の状況の把握は可能となっている。ＩＡＥＡ事務局長は、三カ月に一度、ウラン濃縮の進展状況を含め、イランの核活動の詳細についてＩＡＥＡ理事会に報告してきたが、これは、ＩＡＥＡの保障措置がイランについて機能しているからであり、北朝鮮とは根本的に異なるものである。これは、イランについて核不拡散レジームが「強み」を発揮している事例であろう。

これは、イランがＮＰＴ加入国であり、ＩＡＥＡと包括的保障措置協定を締結しているからである。イランの国内には、ＮＰＴからの脱退を求めるような向きもあるが[101]、多数派とはなっていない。このようにＮＰＴ加入国であることは、核拡散防止の観点で意味を持っており、前記の包括的保障措置協定の効果として査察による監視効果が得られていることでも示されるように、ＮＰＴの枠内で行動しなければならないことは、イランの核活動の大きな制約要因となっている。ＩＡＥＡが重視するイランの核開発をめぐる様々な課題の一つに、核爆発装置の開発のための情報収集、研究開発、資機材の調達を行っていたのではないかとの問題、すなわち核活動の「軍事的側面の可能性」の問題があったが、これもまた、保障措置上の義務の不遵守の問題の一環として提起されたものである。

保障措置についての二つの課題

保障措置については、さらに二つの重要な課題がある。

一つ目は、一九九〇年代のイラク、北朝鮮の核開発問題を契機に、隠れた核開発を探知するための仕組みとして開発されたＩＡＥＡの追加議定書である[102]。イランは、ハタミ政権の時代には、二〇〇三年一〇月のテヘラン合意において、追加議定書に署名するとともに、批准手続きを開始したこと、批准までの間、同追加議定書に従ってＩＡＥＡとの協力を継続することを表明した。一方、イランは、アフマディネジャード政権の時代になると、二〇〇六年二月、今後は包括的保障措置協定のみを履行することを表明し、追加議定書の批准、履行についての態度を硬化させた。

もう一つの課題は、保障措置協定の補助取極「改正コード三・一」である。(103) これは、新たな原子力施設を建設する際、いつの時点でIAEAにこれを通知しなければならないかを明確化するものであり、国際社会に隠れて核開発を行おうとする動きを封じるためのものである。NPTの締約国である非核兵器国が締結するように求められている包括的保障措置協定においては、「新たな施設」の設計情報の提出の期限は協定の補助取極に従うとされるとともに、その提供の時期については、「新たな施設に核物質が搬入される前のできる限り早い時期」とされていた。ところが、これでは、国際社会に隠れて核開発を進める動きを早期に止めることができない点が問題とされ、一九九二年に新たな原子力施設の予備的な設計情報は、「建設または建物の許可の決定（いずれか早い方）が行われ次第、できる限り早期に」提供されるべきこととされ、イランの場合にも、二〇〇三年二月にこの補助取極の改正が行われた。ところが、イランは、二〇〇七年三月に安保理決議一七四七（イランに対する制裁決議として二番目のもの）の採択を受けて、この改正コード三・一の実施を停止する旨をIAEAに通告し、その扱いが問題とされてきた。

追加議定書と改正コード三・一は、今後、イランが国際社会に隠れて核活動を行うことがないようにするための「歯止め」として重要なものであり、「包括的共同作業計画」は、イランが追加議定書を国内の手続きに従って締結すること、改正コード三・一も実施することを定めている。

外交交渉

外交交渉としては、二〇〇三年以来のEU3（イギリス、フランス、ドイツ）の取り組み（EUも途中から参加）、二〇〇六年以来のEU3＋3（EU、イギリス、フランス、ドイツ、アメリカ、ロシア、中国）の取り組みが重要である。イランの核問題におけるEU3＋3は、北朝鮮の核問題における六者協議とともに、核問題を外交交渉で解決しようとする枠組みであり、二〇一五年七月の「包括的共同作業計画」は、EU3＋3の枠組みでイランと交渉して得られたものである。

EU3＋3は、前述の通り、もともとは、イギリス、フランス、ドイツの三国の外交イニシアティブとして出発した。アメリカは、ジョージ・W・ブッシュ第一期政権においては、イランに対して体制転換を志向する傾向が強く、イランとの交渉を行おうとしなかったが、ブッシュ第二期政権以来、イランとの交渉を容認する路線に転換し、EU3の枠組みに参加し、中ロも加わったことで、EU3＋3の枠組みが形成された。イランの立場に理解を示し、支援も行っている中国、ロシアを枠組みに取り込んでいる点が特徴である。EU3＋3は、安保理の常任理事国をすべて含んでおり、EU3＋3で決めたことを安保理の討議に反映しやすい仕組みともなっている。主要な国際プレーヤーを巻き込むことは、制裁の実施、運用の上でも重要である。[104]

アメリカから見ると、EU3＋3という枠組みは、イランと外交交渉を行うためのぎりぎりの選択としてとられたものと見ることができる。イランは、アメリカにとってイラン・イスラム革命直後に起こったアメリカ大使館人質事件以来、いわば敵性国家となっており、通常の外交交渉ができる相手ではない。イランと交渉するということ自体が、アメリカ内で紛議の的になる国である。そうした状況においては、多国間の枠組みに参加するという形が、ぎりぎりの選択であった。

一方、二〇一五年に「包括的共同作業計画」が成立したことによって、一九七九年のイラン・イスラム革命、アメリカ大使館人質事件以来のアメリカとイランとの激しい対立も新しい局面を迎えるのではないかと注目されている。

制　裁

イランは制裁を避けるため、安保理への付託を回避するよう努めてきたが、二〇〇六年に安保理への付託が行われ、それ以来、制裁はイラン核問題への対応のための重要な手段となってきた。[105]安保理決議による制裁は、二〇〇六年から二〇一〇年までに、決議一七三七（二〇〇六年）、決議一七四七（二〇〇七年）、決議一八〇三（二〇〇八年）、決議一九二九（二〇一〇年）と四つの決議がなされており、これらにより、核関連品目、ミサイル関連品目、通常兵器のイランへの移転の禁止やイランからの調達禁止、貨物検査の要請、渡航禁止、金融制裁が科されてきた。[106]また、これらに加え、アメリカ、EUの国内法によって、制裁が科されてきた。特に、二〇一〇年七月、アメリカで成立したイラン制裁法は、イランの金融・エネルギー部門と取引する企業への制裁強化を柱とする厳しい内容のものであった。

これらの制裁によって、イラン経済に甚大な影響があったと考えられる。[107] イラン経済は、原油の生産に大きく依存しており、輸出の四分の三、政府の歳入の約七割が原油の輸出によるものとされる。[108] イランの原油の生産能力は日量約四〇〇万バレルと言われ、二〇一一年には生産量は三五〇万バレルから三八〇万バレルの水準で推移してきたが、制裁の影響を受けて二〇一二年に急落し、二〇一三～一四年には三〇〇万バレルを切る水準となった。[109] 特に輸出には大きな影響が出ており、二〇一一年に日量二四三万バレルだった原油輸出量は、二〇一三年には一三二万バレルにほぼ半減した。これを受け、イランの石油・ガス収入は、二〇一一～一二年の一一八〇億ドルから二〇一三～一四年には五六〇億ドルに急減したとされる。また、金融制裁も、イランの対外経済活動の全般に及ぶ強い抑制効果を持ったとされる。

二〇一三年六月の大統領選挙において、アフマディネジャードの後継を狙った急進保守派のラリジャニではなく、穏健改革派のローハニが当選した背景にも、経済運営上の課題に加え、こうした制裁の影響があったとされる。ローハニ政権後、イランが核問題についての交渉方針を変えたのは、制裁が効果を発揮したからと言ってもよい。

イランの場合、なぜ制裁は有効であったのだろうか。次の諸点を挙げることができよう。

・イランが輸出、政府収入の大きな割合を原油に依存していることから、原油分野の制裁がイランの経済活動にとって決定的な意味を持ったこと

・アメリカのイラン制裁法は、強い権限を持つ法律であり、主要経済パートナーがこの制裁の趣旨に沿って行動したので「抜け穴」が生じなかったこと

・国内の政治体制は、一方で最高指導者が強い権限を持つ「聖職者による支配」の側面を持つが、他方で、世論も存在し「選挙による大統領制」の側面もあり、この後者によって政策変更を求める声が政治に反映する仕組

みが機能したこと

・核活動の状況がまだ核爆発能力の獲得という決定的な段階に至っていなかったこと

イランの核開発問題は、北朝鮮の核開発問題と対比されることが多いが、制裁の有効性という点で見ると、前記の諸点でイランは北朝鮮と大きな相違があり、北朝鮮に比して制裁の影響を受けやすい状況であったと考えられる。

軍事オプション

イランに対する対応として、折に触れて浮上するのが軍事オプションである[110]。特に、イスラエルにおいては、イランに対する軍事オプションを求める声が根強く存在してきた。

イランに対して軍事行動を取る可能性があると考えられているのが、イスラエルとアメリカであるが、イスラエルからの攻撃には、軍事的側面において様々な困難があることが指摘されている[111]。イスラエルからイランを攻撃するためには、トルコ、ヨルダン、イラク、サウジアラビアといった国々の空域を通らなければならない上に、長駆の攻撃にならざるを得ないところ、運用する攻撃機の航続距離の問題もある。一方、アメリカの軍事行動については、最もよく論じられるのが空からの攻撃の可能性である[112]。軍事的側面のみに着目すると、アメリカは、攻撃の強度と期間にもよるが、イスラエルが行う場合よりも規模の大きな軍事行動をとることができ、イランの核施設により大きな被害を与えることができると見られている。

一方、イスラエルが行う場合も、アメリカが行う場合も、軍事行動については、次のような様々な問題があることが指摘されている[113]。

・法的な根拠をどうするのか。国内外の政治的支持を得ることができるのか。

・関係施設の内、核開発に不可欠のものすべてを捕捉し、除去することができるのか。核開発を一時的に遅延させるだけの効果に留まるのではないか。
・軍事行動の結果、イランでナショナリズムが高進し、核活動の抑制解除、兵器化の推進に向かうといった結果とならないか。イランがNPT脱退、IAEAの査察への協力拒絶といった対応に出て、イランの核活動の監視が困難にならないか。国際的な非難によって、制裁の実施が困難にならないか。
・イラン側の反撃や対米テロ活動を招いたり、さらに大規模な軍事紛争にエスカレーションしたりすることにはならないか。

このようなことからすれば、軍事行動は、政策オプションとしては難度が高いものと見られてきている。

5　核活動の帰趨と影響

周辺地域と国際関係への影響

イランの核活動は、どのような帰趨を辿り、周辺地域と国際関係にどのような影響を与えるのであろうか。まずは、今後、「包括的共同作業計画」がどのように実施されていくのか、さらに「包括的共同作業計画」での核活動の制限の期間（それぞれの項目によって多くのものが一〇年間ないし一五年間と設定されている）以降にイランがどのような行動を取るのかが注目される。

そこで一つの重要なポイントとなるのは、前にも触れた対内志向型の政策を取る国の方が対外志向型の政策を取る国よりも核開発に向かいやすいというソリンゲンの仮説が今後もイランについて当てはまるかどうかである。「包括的共同作業計画」によって、各種の制裁が解除されていけば、イランの国際経済への参加・統合の程度は間違いなく上がることになろう。それは、国内を豊かにし、多くの受益層を生み出すことが予想される。ソリンゲンの仮説が今後も当てはまるのであれば、それは核開発に向かう動きへの抑制要因として働くはずである。果たしてそうした抑制要因は、安全保障、国家の威信、国内政治からの核開発の推進要因を上回るのかが一つの大きな鍵を握ることになろう。

一方、この問題が周辺地域と国際関係にどのような影響を与えるかは、今後、地域各国が「包括的共同作業計画」をどのように捉え、どのように行動するのかによるところが大きい。これらの点につき正確な見通しを述べることはできないが、イランが核を保有することについて、地域各国がどのような懸念を持っているかを述べることはできよう。(114)

まず、イスラエルは、イランの核保有は、国家の安全保障上の危機と受け止めている。(115) イスラエルが核を保有していることは公然の秘密だが、イスラエルは、中東地域に自分以外の核保有国が出現することを阻止することを安全保障政策の重要な柱としてきた。(116) イスラエルは、イランを「不倶戴天の敵、予測困難で、ずる賢く、国際的な脅威を引き起こす存在」と見ており、それだけに、軍事オプションの可能性がささやかれ続けてきた（イスラエルの戦略研究家は、一九九二年以来、イランの核施設を攻撃する可能性を検討してきているとの情報もある）。(117) 二〇一五年七月の「包括的共同作業計画」に対しては、イスラエルのベンヤミン・ネタニヤフ首相は、「歴史的な過ち」と強く批判した。

イランの核活動の展開によっては、中東諸国に、核拡散の連鎖が起こることも懸念される。イランが核保有をすれば、かねてからイランに強い敵意を抱いてきたサウジアラビアがパキスタンの支援を得て核開発に向かうのではないかとの観測もなされている。(118) これに加え、さらにエジプト、アラブ首長国連邦（ＵＡＥ）といった国への影響も指摘される。(119) フランスの原子力専門家のテレーズ・デルペシュは、「すでに中東や湾岸は極めて不安定な状況に陥っているが、この地域の戦略的なバランスは、核兵器を手にしたイランの出現によって大きく変わっていく。相互に根強い不信感を募らせている何人かのプレーヤーが核兵器を入手したならば、もはや地域の情勢は手に負えなくなり、大変な混乱を招きかねない」と指摘している。(120)

モデルとしてのイラン

イランの核問題の帰趨が明らかでない以上、核開発問題におけるモデルとしてのイランが持つ意味を判断するには、まだ時間が必要である。「包括的共同作業計画」の実施を通じて核保有を阻止することができれば、イランは核の野望を封じ込めたモデルとなる。一方、これが失敗し、核を持つような事態となれば、イランは国際社会の目をごまかして核開発を実現したモデルとなる。

その場合、前に述べた中東地域に対する影響だけではなく、NPT体制に対する影響も甚大なものがあるだろう。イランは、イスラエル、インド、パキスタン、北朝鮮とは異なり、NPTに背を向けて核開発を行ってきた国ではない。少なくとも表面上は、NPTの義務を遵守すると言い続け、NPT上の権利（原子力の平和利用は、「奪い得ない権利」）を主張しつつウラン濃縮活動を進めてきた。「NPT加入国であり、IAEAの検証の対象となっているイランが核を保有すれば、国際的な不拡散体制の失敗は誰の目にも明らかなものとなる」と指摘されるが[121]、そうした事態は、NPT体制の存亡に関わる根幹的な問題を提起することになろう。

それだけに、歴史的な意義を有すると言ってよい「包括的共同作業計画」がきちんと実施され、イランの核保有を阻止することができるかは重大な意味を持っている。

イランの核開発問題の帰趨は、別の意味で、日本にとっても要注意である。イランは、NPT上の「奪いえない権利」を主張する際、「日本モデル」にしばしば言及してきた[122]。これは、日本が、NPT上の核兵器国でない中、濃縮、再処理といった機微な原子力活動を行うことが許容されていることに言及しつつ、自分たちにも、同様の地位を認めるようにと求めているものである。日本がIAEAの保障措置上の義務を十全に満たしてきている一方、イランでは保障措置上の義務の不遵守が問題になり続けており、両者を一概に比較できるものではない。一方、イランが「日本モデル」を口にする以上、そして、イランが「包括的共同作業計画」によって一定の範囲の濃縮活動については国際的な認知を得ることとなっただけに、日本としても、常に自らの原子力活動について一点の曇りもなく明確にできるようにしておく必要があろう。

結論　日本としての取り組み

この章では、この本全体のまとめとして、これらの各国の事例からどのような教訓が得られるかを検討し、さらに、日本として核拡散防止のために何ができるかを考えてみたい。

1　核開発に関わる決断の決定要因

三つの観点による分析モデル

本書では、核保有に至った事例と核を断念した事例の双方について、核開発に関わる決断の決定要因を包括的に捉えるために、(1)核開発の推進要因、(2)核開発の抑制要因、(3)これらを比較考量して判断する仕組みの「三点セット」の観点から検討してきた。本書の各国の事例から、どのようなことが言えるだろうか。

安全保障上の要因

核開発の推進要因については、(1)安全保障の確保、(2)国家の威信、(3)国内政治上の要請の三つを順に見ていきたい。

まず、安全保障の確保であるが、核開発に着手した国の多くは、核の脅威にさらされるか、戦略上の相手国との間で通常戦力における劣勢を抱え、安全保障の確保が核開発の重要な原因と動機になっていた。中国は、アメリカの核の脅威が核開発の方針を決める大きな要因となったとされている。イスラエルは、スエズ戦争でソ連から核の威嚇を受け、周囲を敵意に満ちたアラブ・イスラム諸国に囲まれ、周囲から全面攻撃を受ける脅威を感じていた。インドは、国力や通常戦力において自らを凌駕していると見られた中国が核実験を行ったことが核開発を進める契機となり、隣国のパキスタンの核開発の進展が自らの核爆発能力を兵器化する大きな要因となった。パキスタンについても、第三次印パ戦争でインドに決定的な敗北を喫し、そのインドに対して通常戦力で大きな劣勢に置かれていたことから核開発を決断することとなった。

北朝鮮とイランにおいても、安全保障上の要因が核開発、核活動の重要な背景となった。北朝鮮は、自ら仕掛けた戦争とはいえ、朝鮮戦争の際、アメリカの核の脅威にさらされた。分断国家である韓国とは北緯三八度線を隔てて厳しい対立状態にあり、一九五八年以来アメリカの戦術核兵器が韓国に配備され、核兵器の運用の訓練も含まれていたとされる米韓共同訓練「チームスピリット」が毎年行われていた。北朝鮮は、独自の安全保障観を持つ国であるが、こうした状況は、北朝鮮から見れば安全保障上の脅威と映ったと考えられる。また、イランについても、隣国イラクにイラン・イラク戦争で攻め込まれ、化学兵器による攻撃を受けてその「決定的な威力」を実感せざるを得なかったことが核活動の引き金になった。核の威嚇にさらされたわけではないが、大量破壊兵器による攻撃を受けたことが一つのきっかけとなった。

これら事例の中には、安全保障を確保するためには、核開発以外の別の手段がありえたのではないかとの指摘もなされ得る。たとえば、イスラエルについて言えば、通常戦力の拡充やアメリカとの安全保障関係の強化によって対応できたのではないかとの見方も存在する。前記の通り、核の脅威(ないしはその他の大量破壊兵器による攻撃)にさらされるか、戦略上の相手国との間で通常戦力における劣勢を抱えているかが重要な要素となるが、安全保障上の要因は核開発と密接な関係を持つとはいえ、核開発に向かうかどうかには、判断の問題が介在している。

安全保障要因の欠如

一方、南アフリカ、イラク、リビアは、核の脅威ないし通常戦力における劣勢といった事情がないにもかかわらず、核開発に乗り出した事例である。

南アフリカが核開発を進めたのは、一九七〇年代であったが、当時、ナミビア、アンゴラ、南ローデシア、モザンビークといった周辺地域で対立勢力が優勢になってきたとはいうものの、核の脅威にさらされたり、通常戦力における劣勢を抱えていたりといった事情にあるわけではなかった。当時、南アフリカの立場から見た地域情勢は悪化していたが、南アフリカは、南部アフリカ地域において強大な軍事力を保持しており、周辺地域の対立勢力にしても、それを支援するソ連にしても、南アフリカに侵攻するといった可能性はほとんど考えられなかった。ところが、南アフリカは、国際的な孤立もあり、白人支配体制の継続を死守する立場から、周辺地域における情勢の悪化を自国にとっての脅威の増大と捉えた。

イラク、リビアについても、核の威嚇ないし通常戦力における劣勢といった事情にあったわけではなく、安全保障の確保以外の要因から核開発に向かった事例である。

核廃棄、核開発放棄の典型的な事例として、南アフリカとリビアの事例が挙げられるが、両者とも、このような事情から、核廃棄を進める際、「核を持たずにどうやって自国の安全を確保するのか」との問題を解決する必要性には直面しなかった。

戦争が核開発を生む

前記とも関連するが、各国の核開発の歴史を見てみると、戦争が核開発の背景となっている事例が多い。核兵器はきわめて特殊なものではあるものの兵器の一つであり、兵器は戦争のためのものである。そのことを改めて思い起こさせるように、戦争が核開発の背景となった事例が多い。

典型例は、一九七一年の第三次印パ戦争で敗北し、東パキスタンのバングラデシュとしての分離独立を認めざるを得なくなった直後に、核開発の意思を固めたパキスタンである。

往々にして忘れられがちであるが、中国の核開発には、朝鮮戦争、インドシナ戦争、第一次台湾海峡危機が背景としてあった。イスラエルの核開発は、一九五六年のスエズ戦争をきっかけとして進められた。インドの核開発には、一九六二年の中印戦争の敗北が背景の一つとしてあり、イランの核活動も、イラン・イラク戦争がその背景となった。南アフリカについても、ナミビア、アンゴラ、南ローデシア、モザンビークといった周辺地域における内戦に実質的に関与している中で核開発の決断がなされた。

国家の威信

核開発の推進要因の第二点としては、大国としてのステータスを得るという国家の威信が挙げられる。その典型と言えるのは、安全保障環境の面では必ずしも切羽詰まっていたとまでは言えないイラクやリビアの事例である。両国が核開発に着手した背景には、独裁的権力を持った指導者の特異なキャラクターとともに、イスラエルに対抗する核能力を保有することによって、アラブ諸国の中で指導的な地位を獲得することが一つの動機になった。

その他の国でも、核を保有することが国家の威信につながるとの意識が見られる。毛沢東は、「今日の世界では、人の侮りを受けたくなければ原子爆弾を持たないわけにはいかない」と述べたが、中国においては、安全保障環境とともに国家の威信も核開発の動機の一つであったと思われる。インドについても、国家の威信の影響が見られた。一方、このような姿勢は、核開発を行ったすべての国に共通するものではない。中国の対極に位置すると考えられるのは、イスラエルである。イスラエルは、国家の威信を求めて核開発を行ったわけではなく、周囲を敵意を持った中東イスラム諸国に囲まれているという事情から、核兵器の保有による国家の威信を振りかざすことはイスラエルにとってむしろ有害になると判断されている。

国内要因

核開発の推進要因の第三点は、国内政治上の要請である。この一つの形態は、核科学者、軍といった国内の核開発推進グループが政治的な影響力を持ち、その国内政治上の力学によって核開発が進められるという事例である。

インドがこうした事例の一つとして挙げられる。インドにおいては、原子力エネルギー委員会（AEC）、バーバ原子力研究センター（BARC）、国防研究開発機関（DRDC）が核開発の個別の作業を進め、政治上の判断を要する段階に至ると、それを国家指導者に求め、国家指導者がゴーサインを与えるというパターンが何度も見られた。こうした力学は、核開発推進グループ、なかでも核科学者が国内において高い権威と強い政治的影響力を持つ時に強く働く。インドの核科学者ホミ・バーバ博士はその典型的な事例である。一方、国家指導者が核科学者の提起する作業にゴーサインを与えるのは、国家指導者の方向性に合致していたからでもあるので、両者の関係は単純には判断できないことにも留意が必要である。

国内政治上の要請のもう一つの形態は、国内の支配体制を強化するために、核開発を求める事例である。これは、イラク、リビア、北朝鮮で見られた事例であり、核開発が国家の威信を高め、それによって国内の支配体制を強化するといった結びつきが見られた。

核開発の抑制要因

次に、核開発の抑制要因を見ていこう。核開発の抑制要因としては様々な要因が指摘されるが、一般的に言えば、(1)規範的な要因（核兵器は非人道的な兵器であり、持とうとすべきではないという核タブーの考え方や、核不拡散という国際的な規範の縛り）、(2)経済的な利害に関わる要因（核開発をすると、制裁などによって投資や貿易の促進にとって不利な状況を招くとの考慮）、(3)外交関係に関わる要因（主要国との関係悪化によって対外関係に不利な状況が生じ、安全保障上もマイナスとなるとの考慮）、(4)安全保障上の要因（近隣国の対抗措置によってかえって安全保障環境が悪化するとの懸念）、(5)財政上の負担の五つが重要と考えられる。

本書は、各国の中でも、核開発を進めた国を主に取り上げているが、実際には、世界の各国の中で、核開発ないしそれを疑われる計画を進めたが途中で断念した事例（韓国、台湾、オーストラリア、ブラジル、アルゼンチン、エジプトなど）や、核開発を行う能力を持つと見なされながらも核開発に着手しなかった事例（日本など）が多く存在する。これらは、前記の核開発の抑制要因をそれぞれの立場で考慮したものであった。

一方、これらの抑制要因は、核開発を進めた国を主に取り上げている本書の事例においても影響を与えている。

規範的な要因

インドの行動には、規範的な要因の影響が見られる。インドは、非暴力思想に立脚し、核兵器の非人道性を訴えたマハトマ・ガンディー以来、核兵器は非人道的な兵器であり、持とうとすべきではないという核タブーの考えが強かった。インドが、核開発を「平和的核爆発」との名目で進めた背景の一つにはこうした規範的な要因があった。インドでは、一九六四年の「平和的核爆発」に向けての研究開発の開始から、一九九八年の核実験によって核を軍事的用途に用いることを明確化するまで、三四年間という長い時間の経過があったが、この間、規範的な要因がインドの核開発にブレーキをかける作用を果たした。インドは、一貫して核廃絶を目指す立場をとっており、核不拡散条約（ＮＰＴ）に加入しなかったが、ＮＰＴを作成する過程に加わり、ＮＰＴに参加する方途を探った。こうしたインドの姿勢にも、規範的な要因の影響が見られる。

また、ウクライナも、一九八六年のチェルノブイリ原発事故の影響もあって、非核化を求める声が強かった。ウクライナにおける核放棄へのプロセスは、紆余曲折を経たものとなったが、国民感情として非核化を求める方向性が強くあったことが、最終的な核放棄に至る重要な要因であったと言えよう。

経済的な利害に関わる要因

核開発をすると、制裁などによって投資や貿易の促進にとって不利な状況を招くという経済的な利害に関わる要因は、核開発を進めた国にも抑制要因として働いた。核爆発能力を獲得した際、それを「秘匿化」した国として、イスラエル、南アフリカ、パキスタン、北朝鮮が挙げられ、「平和的核爆発」との名目を用いた国としてインドが挙げられる。これらの国のうち、南アフリカ、パキスタン、北朝鮮、インドにおいては、こうした選択をとった背景の一つには、こうした経済的な利害に関わる要因が見受けられた(1)。

また、南アフリカとリビアの核廃棄、核開発放棄には、経済関係において国際社会との関係を正常化するという動機が働いていた。南アフリカについては、国連安全保障理事会（安保理）における制裁を受けていたが、その原因は、直接的には人種差別のアパルトヘイト政策によるものであったが、アパルトヘイト政策を転換したとしても、核を廃棄してNPTに加入しなければ、国際社会における地位を回復することも、経済関係において国際社会との関係を正常化することもできないと考えられたことが核廃棄の一つの背景となった。リビアの場合、テロ行為による制裁を受けていたが、大量破壊兵器計画の放棄を行わなければ、国際社会における地位回復、経済関係における国際社会との関係の正常化は実現しないとの判断が核を含む大量破壊兵器計画の放棄につながった。

また、イランについても、二〇一三年からの核問題をめぐる国際社会との交渉の進展、二〇一五年の「包括的共同作業計画」の合意の背景には、経済関係において国際社会との関係を正常化させようとの動機が見られた。

外交関係に関わる要因

核開発をすると、主要国との関係悪化によって対外的に不利な状況が生じるとの外交関係に関わる要因も、前記の経済的な利害に関わる要因とともに各国に影響を与えてきた。

ウクライナの核放棄の一つの要因は、核保有の道を選べば主要国との関係悪化によって対外関係に不利な状況が生じるとの判断によるものであった。ウクライナは、ソ連の崩壊によって、新しい国づくりを行おうとした際、アメリカをはじめとする欧米諸国との緊密な関係を基軸とすることを目指した。ウクライナにとって、核を保有し続けるという選択は、こうした新たな友好国との関係を大きく傷つけかねないものであった。

核爆発能力を獲得した際に「秘匿化」した事例、「平和的核爆発」の名目を用いた事例では、いずれも多かれ少なかれ、こうした要因が働いている。たとえば、イスラエルは、アメリカと緊密な関係にある国がアメリカの反対を押し切って核開発を行った事例であるが、イスラエルが事実上、核を保有していながら、核爆発能力の獲得を「秘匿化」し、核保有が「公知化」したのちも、これを公認していない背景には、アメリカとの関係への考慮が一つの要因としてあったと見られる。また、パキスタンも、アメリカとの距離はイスラエルほど近かったわけではないが、「友人を困らせない」ことが核開発を進めるスピードを抑制する要因として働いた。イスラエルの事例においても、パキスタンの事例においても、核爆発能力を「秘匿化」させることは、アメリカとの関係悪化を避けるという一般的な意味にとどまらず、アメリカから軍事的、経済的支援を獲得する上においても重要であった。

安全保障のジレンマ

多くの国は、安全保障を確保する目的で核開発を行うが、それは、近隣国の対抗措置によってかえって安全保障環境の悪化を惹起する可能性がある。

安全保障の分野で「安全保障のジレンマ」という概念がある。軍備増強や同盟締結といった自国の安全を高めようと意図した国家の行動が、他国に類似の措置を促し、双方が紛争を欲していない場合でも緊張の増加を生み出し、かえって安全確保を困難にしてしまうことをいうが、核開発についても「安全保障のジレンマ」を起こす可能性がある。

イスラエルが、前述の通り、核爆発能力の獲得を「秘匿化」し、核保有が「公知化」したのちも、これを公認していないのは、核の保有を公然化させると近隣国の対抗措置によってかえって安全保障環境が悪化するとの考慮を払った事例でもある。イスラエルの「不透明」政策の背景には、こうした「安全保障のジレンマ」をできる限り避けようとする考慮があるものと見られる。このように、この「安全保障のジレンマ」への配慮は、核開発を行うか否かの判断に決定的な影響を与えるものとはなっていないが、核爆発能力の「秘匿化」「顕在化」の態様には影響を与えるものとなっている。

基本的政策の方向性

ここまで核開発の推進要因と抑制要因を見てきたが、各国が核開発を行うかどうかの判断をする際には、これらの核開発を進めようとする力学と核開発を止めようとする力学の双方の要因の比較考量がなされていると考えられる。

そして、この比較考量を行う際に、重要になってくるのが、その国の基本的政策の方向性、国家指導者の性向、政治体制といった要因である。

本書で取り扱った各国の事例の多くにおいて、対内志向型の経済政策を取る国の方が、対外志向型の経済政策を取る国よりも、核開発に向かいやすいというエテル・ソリンゲンの指摘が妥当した。中国、インドは、いずれも、後に対外志向型の経済政策を導入していくが、少なくとも、核開発を行うことを決断し、これを進めていた時には、対内志向型の経済政策を取っていた。ウクライナは、対外志向型の経済政策を志向したことが核放棄の決断とつながっていた。南アフリカ、リビアの場合、対内志向型の経済政策から脱皮し、経済関係において国際社会との関係を正常化させ、対外志向型の経済政策を取っていこうとする方向性が、核廃棄、核開発放棄につながった。イランも、このソリンゲンの指摘の妥当例といってよく、今後も、「包括的共同作業計画」の実施の中、それが引き続き当てはまるかが注目される。

このソリンゲンが着目した経済政策が対内志向型か対外志向型かが、核開発を進めようとする力学と核開発を止めようとする力学の双方の要因の比較考量の仕組みとして重要なのは、経済政策が対外志向型であればあるほど、前記で述べた核開発の抑制要因（たとえば、核不拡散という国際的な規範を破った存在と見なされる、投資や貿易の促進や対外関係に不利な状況を招くといった点）を重視せざるを得ないからである。

国家指導者の性向

本書で取り上げてきた各国の事例の多くで、「核保有は多くのマイナスをもたらすので、通常の国家指導者はそうした選択を行わず、対抗的ナショナリスト（国際関係を対抗的な性格のものと捉え、自国を他国と同等ないしよりすぐれた存在と見る者）のみがこうした方向を目指す」とのジャック・ハイマンズの指摘が当てはまる状況であった。

ハイマンズが着目した国家指導者の性向は、いくつかの意味で、核開発を進めるかどうかの判断に関わってくる。まず、ハイマンズにおいて、「対抗的」な性向とは、国際関係を「われわれ対彼ら」（us against them）と二項対立で捉える見方をさすが、そのような見方をとる場合、安全保障環境における脅威をより深刻に捉えるようになるであろう。また、ハイマンズのいう「ナショナリスト」とは、自国を他国と同等ないしよりすぐれた存在と見る者をさすが、このようなナショナリストにおいては、国家の威信を重視することになるであろう。このように、「対抗的なナショナリスト」においては、核開発の推進要因が重視されることになると考えられる。

本書で取り上げてきた各国の指導者の中で、中国の毛沢東、パキスタンのザルフィカル・アリ・ブットー、イラクのサダム・フセイン、リビアのムアンマル・アル・カダフィ、北朝鮮の金日成、金正日、金正恩は、いずれも「対抗的ナショナリスト」の性向を持っていたと考えられる。これらの指導者の下で、核開発を進めた各国の事例は、ハイマンズの指摘を裏打ちしていると言ってよい。

インドの場合、長く複雑な核開発の経緯を特定の指導者に帰することは必ずしもできないが、一九九八年に「対抗的ナショナリスト」のアタル・ビハリ・バジパイ首相が政権を担うこととなったことが、事実上の核保有を公然化させる同年の核実験につながったと見ることができる。

また、逆に、南アフリカの場合、「対抗的」指導者のP・W・ボータから「協調的」指導者のフレデリック・ウィレム・デクラークへの交代があったことが核廃棄につながった。また、リビアの場合、指導者はカダフィという同じ人物であったが、カダフィの姿勢がテロと大量破壊兵器計画に注力した「対抗的」なものから、国際社会との「協調的」な関係を重視するものに変わったことが、核開発放棄の背景にあったと見ることができる。さらに、イランの場合、二〇〇五年から二〇一三年まで大統領の座にあったマフムード・アフマディネジャードが「対抗的ナショナリスト」の性格が強かったのに対し、二〇一三年に大統領に就任したハッサン・ローハニは「対抗的ナショナリスト」と「協調的ナショナリスト」との中間に位置する「現実的ナショナリスト」であったと見られる。そうした指導者の交代が、イランの核問題への対応姿勢の変化の背景にあったと見ることができよう。

民主主義体制と独裁体制

核開発についての推進要因と抑制要因との比較考量を行う際の仕組みとして重要なもう一つが政治体制の問題、すなわち、民主主義体制であるか独裁体制であるかである。民主主義体制の特徴としては、⑴国民的な意見の集約の機会があること、⑵世論の動向によって政治が左右されること、⑶選挙の結果によって、政策の変化が起こりうることが挙げられる。これは、核の選択にどのような影響を与えるのだろうか。

民主主義国か独裁体制であるかが核の選択においてどのような影響を与えるかは単純ではない。民主主義体制の方が核開発に向かいやすい面としては、民主主義体制の場合、強いナショナリズムの声が起こる場合には、それが政策に反映されやすいということが指摘される。一方、全般的に見れば、次のように、独裁体制の方が核開発に向かいやすい面が強いのではないかと考えられる。

第一に、独裁体制においては、「対抗的ナショナリスト」が指導者となる事例が多く、こうした指導者は、核開発に向かいやすい。

第二に、独裁体制においては、対内志向型の経済政策を取る事例が多く、この場合、核開発に伴う貿易や投資への影響などのマイナス面への配慮が払われにくい。

第三に、独裁体制においては、国際的なコミットメントが軽視されがちである。一九六八年のＮＰＴの成立以降の核開発の事例の多くは、独裁体制の国がＮＰＴ上の義務を無視して進めたものである。

第四に、独裁体制においては、核開発に伴って対外的な圧力（特に、制裁）を受けても影響を受けにくい（制裁が自らの支配体制に及ばないような対応を取るとともに、国民の声が集約されない）。

本書で取り上げた事例も、今の考え方を裏打ちするものと言ってよかろう。中国、イラク、リビア、北朝鮮について、核開発が進められた時期に着目して考えてみると、はっきりとした独裁体制の特徴を持っており、前記の考え方が妥当する。

これに対し、民主主義体制の国と判断すべきは、本書で取り上げた国の中では、インド、イスラエル、南アフリカの三カ国である（さらに、本書で取り上げた国以外で民主主義体制において核を保有した国としては、アメリカ、イギリス、フランスの三カ国がある）。

これら三カ国についてさらに仔細に見ると、イスラエル、南アフリカは、選挙により与党が決まる政治体制を持っていたが、いずれも、核問題については、政治的な討議の対象からは除かれていた。また、インドは、核問題も政治的な討議の対象となった国であるが、様々な紆余曲折を経つつ核開発が進められた。

こうしたことからすると、全般的に言えば、独裁体制の国の方が核開発に向かいやすい面が強いと見ることができよう。

核開発の動機・背景と時間の経過

これまで、それぞれの国が核開発を決断したときを中心に、その際の決断の背景にあったものを見てきたが、各国の事例を考えてみると、こうした事情がその後も、そのまま妥当している国の方が少ないことに気づかざるを得ない。

安全保障環境が大きく変わった国の方が多い。中国は、アメリカの核の脅威に何度もさらされたことが核開発の方針を決める大きな要因となったが、現在では、そのような事態は考えにくい。イスラエルは、周囲をアラブ・イスラム諸国に囲まれ、戦力的に圧倒される脅威にさらされていたことから核開発を進めたが、現在では、核兵器を考慮せずとも、正規戦を戦う限り、中東では群を抜いた軍事力の持ち主となっている。イランは、イラクとの戦争がきっかけとなって核活動を開始したと見られるが、現在のイラクとの関係は、当時とは全く異なったものとなっている。インドにとって、核開発に着手した当時は「中国」の要因が強かったが、核爆発能力の兵器化の決断には

「パキスタン」の要因が強く働いた。そして現在は、また、「中国」を戦略上の相手国として強く意識しているようである。さらに、インド、パキスタンの両国にとって、自国の核開発が相手国の核開発を刺激し、それが自国の安全保障環境に影響を及ぼすという状況となっている。

南アフリカは、安全保障環境の変化をも踏まえ、核を廃棄するとの決断を行った。一方、他の国については、核兵器をいったん保有した後は、核戦力の拡充を図るという流れとなっている。

2　核開発のプロセス

次に、核開発国の視点から、核開発のプロセスを捉え、その際の特徴を把握することとしたい。特に、技術の開発・取得をどのように行ったのかを中心に見ていきたい。

核開発への外国の支援

まず、技術の取得においては、核技術を既に手にしている外国からの取得が鍵となったと言えよう。中国、イスラエル、パキスタンの事例がその顕著な例として挙げられる。中国はソ連から、イスラエルはフランスから、パキスタンは中国からの支援を受けた。これらは、いずれも、核開発が目的であることを知りつつ行われた支援である。これらのものの中で、最も包括的な内容であったのが、中国に対するソ連の支援であり、ウラン採鉱から原子爆弾の模型と図面資料に至るまでの包括的な支援の約束がなされた（ただし、ソ連の支援は途中で中断され、原子爆弾の模型と図面資料は結局提供されなかった）。

ソ連から中国、フランスからイスラエル、中国からパキスタンというこれらの三つの事例はいずれも長続きしなかった。それは、他国の核開発を支援するという究極的とも言える支援が成立するための条件がきわめてデリケートなものであり、長期にわたっての継続が容易なものではないことを示している。ソ連と中国との関係においては、ソ連が中国に核を持たせることが自国にとって有利ではないと判断し、核開発への支援を再考した。フランスとイスラエルとの関係においては、フランスでシャルル・ド・ゴール政権が誕生し、アルジェリア独立戦争の終結、アラブ諸国との関係改善を目指すに従い、イスラエルとの緊密すぎる関係が見直されることとなった。中国とパキスタンの関係については、アメリカから中国に対し、これを止めるよう強い圧力が加えられ、中国としても、安定的な対米関係を構築、維持するためには、アメリカからの要望を受け入れざるを得なかった。

これらの三つの事例が核開発への支援という点で最も顕著なものであるが、それ以外にも、核技術を既に手にしている外国からの技術の取得がなされた事例が多々見られた。たとえば、インドは、重水減速炉をカナダから（重水はアメリカから）、再処理施設をアメリカから導入した。イラクも、プルトニウム生産炉をフランスから導入し（一九八一年にイスラエルによって爆撃されたオシラク研究炉）、イタリアから再処理施設を導入した。

非正規の手段による技術調達

一方、核技術の中でも、ウラン濃縮、再処理といった機微技術については、時代があとになるに従って、核不拡散レジームがより厳しくなり、技術先進国がより厳格な姿勢で臨むようになったことで、これらを合法的に取得するのが難しくなり、非合法の手段で取引される傾向が強まってきた。

パキスタンについて見れば、一九七六年にカナダによる重水減速炉の協力が中断され、一九七八年にフランスによる再処理施設の供与が契約破棄となったのは、技術先進国が核開発につながる技術により厳格な姿勢で臨むようになった事例と言える。

このように「正面」からの技術の取得が困難となれば、「裏口」からの技術の取得が試みられることになる。その最も顕著な事例が、パキスタンがアブドゥル・カディル・カーン（A・Q・カーン）の非合法ネットワークに依存して核開発のための資機材、技術を調達するに及んだことである。そして、カーンが自国の核開発のために形成したこのネットワークが他国の核開発のために活用された。イラン、北朝鮮、リビアがカーン・ネットワークを通じてウラン濃縮のための資機材、技術情報を入手した。

パキスタン政府は、このカーン・ネットワークによる核拡散はすべてA・Q・カーンの命令と指導によるものとの説明を行ったが、政府、軍部の関与があったとの見方も根強い。当事者の証言など各種情報からは、一般にカーン・ネットワークが行ったとされる活動の中には、(1)政府、軍部の指示の下にカーンが行った活動、(2)政府、軍部の指示なくカーンが行った活動、(3)カーン自身というよりは、カーンと取引関係にあるものが行った活動が入り混じっている可能性が指摘される。カーンの証言によれば、イラン、北朝鮮との取引の主だった部分については、この(1)のカテゴリー（政府、軍部の指示の下にカーンが行った活動）に該当し、リビアの取引の主だった部分については(1)のカテゴリーのものとして開始され、その後、パキスタン国内の政変により(2)のカテゴリー（政府、軍部の指示なくカーンが行った活動）のものとなった可能性が示唆される。

自力による技術開発

さらに、外国からの技術導入を支える自国の技術水準、運営能力が無視し得ない重要性を持っている。「正面」からであれ、「裏口」からであれ、核技術を外国から取得したとしても、核開発の重要な部分は、自国独自で開発を行わなければならない。中国は、ソ連から包括的な支援の約束を得ていたが、その約束が一部しか果たされない中でソ連の支援を打ち切られ、残りの作業は自力更生で行った。また、南アフリカは、独自のウラン濃縮技術により核開発を行った。

その意味で、自国の技術水準、運営能力は、核開発の成否を決める上で大きな要因となる。その顕著な事例は、リビアであろう。リビアは、最高指導者のカダフィの指示の下、核開発に邁進し、巨額をかけてカーン・ネットワークからウラン濃縮のための資機材、技術情報、核爆発装置の図面を手に入れたが、基本的な技術水準、運営能力が欠如していたことから、それを形にすることはできなかった。

3　核開発阻止のための取り組み

それでは、今度は、核開発のプロセスを、国際社会の側から見るとどうなるだろうか。核開発を阻止するための取り組みとしては、序章で述べたように、

・核不拡散レジーム
・外交的手段（国際的な圧力）
・非外交的手段（軍事行動）

の三つが重要である。これらは、どの程度有効であり、また、どのような限界を持っていたのであろうか。

NPTの果たした役割

先行研究においては、NPTをはじめとする核不拡散レジームの有効性に大きな疑問符をつけてきたものが多いが[(2)]、本書の各国の事例を踏まえて考えてみると必ずしもそうとばかりは言えないのではないかと考えられる。

まず、核不拡散レジームの中心に位置するNPTについて見てみたいが、この条約上の核兵器国とされた五カ国（アメリカ、ロシア、イギリス、フランス、中国）以外について、核保有に向かわないとの規範を作った意味は、非常に大きなものがあったと考えられる。

NPTの採択は一九六八年七月であり、効力発生は一九七〇年三月である。本書で取り上げた各国の中で、NPTの効力発生以前に核開発に着手した国は、中国、イスラエル、インドであり、NPTの効力発生以降に核開発ないし核活動に着手した国は、パキスタン、南アフリカ、イラク、リビア、イラン、北朝鮮である。この中には、N

PTに加入しなかった国（イスラエル、インド、パキスタン）、NPT上の義務の履行が疑問視される国（イラク、リビア、イラン、北朝鮮）もあるが、それぞれの章で見てきたように、後者のNPTの効力発生以降に核開発に着手した国の方が、核開発に際するハードルは上がっていたと言ってよい。

また、本書で取り上げた以外の事例を見ると、スウェーデン、スイスも核開発の可能性を検討していたとされるが、NPTの効力発生の後は、そうした検討は終了した。オーストラリアも核開発を進めたとされるが、NPTの効力発生の前に同条約を署名し、一九七二年に批准した。これらは、NPTが強い規範力を持っていることを示していると考えられる。

このNPTの規範力は、二つの側面から捉えるべきであろう。一つは「法的拘束力としての規範力」であり、もう一つは「普遍的な価値の基準を示す規範力」である。このうち、「法的拘束力としての規範力」とは、この条約の加入国となった国が、この条約上の義務を果たし、それに反する行動をとらないように求める力である。もう一つの「普遍的な価値の基準を示す規範力」とは、条約の加入国以外の国を含め普遍的に各国が従うべき価値の基準を示し、未加入の国にもこれに加入すべき、また、これに沿った行動をとるべきとの力を働かすものである。

前者の「法的拘束力としての規範力」について言えば、イラク、リビア、イランのようにNPT上の義務の履行が疑問視される国に見られるように、限界が見られたことも事実である。[3] 一方、これらの国の事例に見られるように、NPT上の義務の不履行に対しては、安保理決議による措置を含めた厳しい措置がとられたことは、NPTの「法的拘束力としての規範力」の強さを物語るものである。

後者の「普遍的な価値の基準を示す規範力」について言えば、NPTは、現在、加入国は、一九一カ国（二〇一五年末現在）[4]となっており、国連憲章に次いで最も普遍性の高い多数国間条約となっており、NPTへの加入圧力はきわめて強い（北朝鮮は脱退を宣言しているが、その効力については議論がある）。NPTに加入していないインドとイスラエルについてもNPTへの加入を検討していた時期があり、NPTへの加入圧力が加わっていた。南アフリカ、リビアの核廃棄、核開発放棄の際に、NPTへの加入は、国際社会との関係の正常化の一つの重要な要素として考慮されたことは、NPTの「普遍的な価値の基準を示す規範力」を示すものであった。

IAEAの保障措置

次に、国際原子力機関（IAEA）の保障措置は、一定の限界もあるものの、隠れた形で核開発を行うことを困難にする仕組みとして核拡散防止のため重要な抑止力となってきている。本書で取り上げてきた事例においても、IAEA保障措置の果たしてきた役割が改めて明らかになった。たとえば、イスラエルは、アメリカのジョン・F・ケネディ政権がIAEAによる査察を求めたのに対して、これに執拗に抵抗し、アメリカ人専門家による視察でお茶を濁すことに成功した。また、イスラエルがNPTに加入することを真剣に検討していたにもかかわらず、これを断念したのは、NPTに加入する場合、自国内のすべての原子力施設に対して保障措置を認める包括的保障措置協定をIAEAとの間で締結することが必要となり、その場合、秘匿しているディモナでの核開発が明るみに出ることにならざるを得ないことを懸念したものである。これは、NPTとIAEA保障措置の限界でもあるが、逆に、NPTの成立により、それに非核兵器国として加入する国に包括的保障措置が取られることになったことが、「強い牙」となった事情をも示している。北朝鮮は、それがために、NPTの枠組みの内と外とを行ったり来たりしてきたとも見られる。

一方、IAEA保障措置にも限界があることも事実である。たとえば、イラクは、NPTに加入し、IAEAとの間で包括的保障措置協定を締結していたが、IAEAの監視の目をくぐり抜けて核開発を進めていた（北朝鮮、リビアについても同様のことが言える。また、イランについては、その疑いが指摘されている）。

一九九〇年代に、イラク、北朝鮮の核開発の事案を踏まえ、従来の包括的保障措置をさらに強化するための措置が検討され、情報提供の仕組みを強化するとともに、疑いのある際の「補完的アクセス」（いわゆる「抜き打ち査察」）を可能にする追加議定書が作成されることとなった。

イランと北朝鮮は、近年、国際社会が直面してきた核問題であるが、二〇一五年七月のイラン核合意以前の状況で比較してみると、両国の相違の一つは、ＩＡＥＡの監視の目が届いてきたかどうかである。イランは、ウラン濃縮の活動を続けてきたが、ＩＡＥＡの要員が入っているため、国際社会の側は、その規模や程度を詳細にわたって把握することが可能であった。ところが、北朝鮮は、ＮＰＴから脱退したとの立場を取っていることもあり、ＩＡＥＡの要員の立入を認めておらず、どのような核活動を行っているかの情報はきわめて限られたものとなってしまっている。

ＩＡＥＡの保障措置には限界があるが、このイランと北朝鮮との差異を考えてみれば、ＩＡＥＡの保障措置の意味の大きさが理解される。

ＮＳＧによる輸出管理

さらに、ＩＡＥＡ保障措置を補完するものとして重要なのは、原子力供給国グループ（ＮＳＧ）の輸出管理ガイドラインである。ＮＳＧとは、原子力技術を保有する各国の集まりであり、これらの国が協調して輸出管理を行い、実態として核不拡散を確保しようとするものである。これは、一九七四年のインドの核実験を契機とするものであり、ＮＰＴに加入せず、核を保有しないとのコミットメントを行わなかったインドに対し原子力技術を輸出してきたことが新たな核保有国を生んだことに対する反省によって生まれたものである。

また、ＮＳＧの成立と並行して、各国は、機微な原子力技術や原子力資機材の輸出に厳格に対応するようになった。これらによって、それ以降の核開発は著しく制約を受け、前記のような核開発への外国への支援を受けることが困難となった。たとえば、パキスタンが、「正面」からの原子力技術の導入を行うことに困難を来たし、「裏口」からの導入を企図した背景には、ＮＳＧの成立、各国の姿勢の厳格化による輸出管理レジームの強化の影響が大きい。

外交的手段――二国間交渉と多国間外交

今まで述べてきた核不拡散レジームは、いわば核不拡散のためのインフラであり、各国が核開発に向かわせないための仕組みをなすが、核開発に着手しているのではないかと考えられる時には、それへの対処を行っていくことが求められる。前者が予防型アプローチであるとすれば、後者が対処型アプローチということになる。そして、対処型アプローチの中で、まず、検討されるのが外交的手段である。序章でも述べたように、外交的手段については、「形式」と「内容」の双方を見ていく必要がある。

まず、「形式」の面では、拡散防止のための外交努力にあっては、アメリカが果たしてきた役割が大きいが、二国間交渉でこれを行うのか、多国間外交によってこれを行うのかの問題がある。

本書で取り上げてきた事例で言えば、概していうと時代が後になるにつれて多国間外交が重視される傾向にある。イスラエル、パキスタンの核開発を阻止するためのアメリカの外交努力は二国間交渉を中心とするものであったのに対し、リビアについては米英二カ国の協力による外交交渉が行われ、ウクライナの核廃棄においてはロシアなどの関係国を含めた外交交渉が行われた。北朝鮮については、一九九〇年代の第一次核危機の際にはアメリカと北朝鮮との二国間交渉が主な交渉の手段であったのに対し(5)、二〇〇〇年代の第二次核危機への対応のために、六者会合の枠組みが設定された。イランについては、ＥＵ３＋３という多国間外交の枠組みが対応してきた。

このように時代が後になるにつれて、多国間外交が重視される傾向にあるのは、冷戦後の国際秩序において、国連が果たす役割が大きくなっていることに関係していると言ってよいであろう。核開発問題は、核開発国の対応によっては、安保理の決議による措置を必要とするので、安保理の常任理事国であるロシア、中国の関与を得ておく必要がある。北朝鮮についての六者会合、イランについてのＥＵ３＋３のいずれの枠組みについても、ロシア、中国の参加を得ている。

六者会合とＥＵ３＋３

北朝鮮についての六者会合、イランについてのＥＵ３＋３の両者は、発生の成り立ちは異なるが、アメリカ主導の取り組みの限界を踏まえて行われている点は共通している。北朝鮮についての六者会合は、二〇〇〇年代前半の第二次核危機への対応として取られたものであるが、一九九〇年代の第一次核危機への対応が米朝「枠組み合意」に象徴されるように米朝の二カ国が中心となったものであり、北朝鮮に国際的な圧力をかける上で十分ではなかったことを踏まえたものであった。特に、北朝鮮と関係の深い中国を議長国として関与させ、中国に国際的な責任を果たしてもらうことを念頭に置いた取り組みであったと言える。

一方、イランについてのＥＵ３＋３は、もともとは、フランス、ドイツ、イギリスの三カ国の外交イニシアティブとして出発した。この背景としては、二〇〇〇年代に深刻化したイラクの大量破壊兵器問題への対応がアメリカを中心とする武力行使によって行われたのに対し、イラクへの対応でアメリカと路線をともにしなかったフランス、ドイツがイランに対する対応では外交イニシアティブを取ることを目指し、イギリスがこれに参加することによってＥＵ３の枠組みで外交交渉が始められた経緯がある。アメリカは、ジョージ・Ｗ・ブッシュ第一期政権においては、対イラン政策として体制転換を志向する傾向が強かったが、同第二期政権以来、イランとの交渉を容認する路線に転換し、ＥＵ３の枠組みに参加し、中ロも加わったことで、ＥＵ３＋３の枠組みが形成された。

北朝鮮についても、イランについても、それぞれの立場に理解を示し、支援も行ってきた中国、ロシアを枠組みに取り込んでいる点が特徴である。

このように中ロを枠組みに取り込んでいることは、重要なプレーヤーを枠組みに取り込む意味は持つが、その一方で、枠組みに参加する各国間の意見集約が容易ではなく、そのため、対象となる核開発懸念国に対して有効な圧力をかけられるかどうかが課題となる。

また、六者会合とＥＵ３＋３は、いずれも安保理の常任理事国をカバーしていることでは共通しているが、前者では地域の主要国が参加しているのに対し、後者では当事国のイランを除いては地域の主要国が参加していないとのメンバー構成上の相違がある。

秋山信将の指摘するように、こうした「アド・ホックな協議体」は、核不拡散レジーム（ＮＰＴ、ＩＡＥＡの保障措置、輸出管理レジーム）の制度的な制約、不完全性、強制力の欠如を補完し、安保理とも連携しつつ、同レジーム

上の危機に対応し、解決策を模索するための枠組みとして機能している。(6)

関係性のジレンマ

こうした外交的手段の「形式」は、核拡散防止のための外交努力にあって主導的な役割を果たすアメリカが核開発国とどのような関係にあるのかとも深く関連している。

ここで念頭に置くべきことの一つは、核開発をめぐる問題は、関係が希薄な国との間で起こりがちであるとのジレンマが存在することである。

外交的手段というとき、具体的には、後で触れるように、「アメ」や「ムチ」を用いることになるが、こうした外交的手段が功を奏するかどうかを考えると、核開発国とどの程度密接な関係があるかが重要となる。関係が希薄であれば、影響力を行使しようにも、そのためのレバレッジに乏しいということになる。本書で取り上げた事例の中では、アメリカにとって中国、リビア、北朝鮮、イランがこのような事例であった。たとえば、中国について言えば、一九六〇年代にアメリカが中国（中華人民共和国）の核開発を止めようとした際、アメリカは、国交も、交渉のチャネルもなかった。アメリカが、当時、最初に行ったのは、ソ連に対して協力を求めることであった。

アメリカにとって関係が稀薄な国とは、いわば敵性国家であり、外交関係はなく、制裁などの措置の対象となっている国である。そうした国の場合、外交交渉を行うこと自体に困難がつきまとう。リビアの事例は、アメリカにとって、言わば敵性国家といってよい国の核開発を外交交渉で止めさせた成功事例である。リビア側が事態の転換を望んだこと、イギリスが交渉面で役割を果たしたことが大きかったが、リビアと交渉することの是非は大きな論点であり続けた。現在の状況で言えば、アメリカにとって、北朝鮮、イランがこうした国に当たるが、こうした国と二国間交渉を行うことには、国内での反対論が強い。多国間外交は、こうしたアメリカにとって関係が稀薄な国との交渉を進めるために必要な道具立てでもある。

一方、関係が密接である場合には、レバレッジが様々にあるということになるが、別の難しさも生じる。関係が密接である場合には、核開発を止めようとするのに対し、国内において様々な議論が生じるという事態になる。アメリカにとってイスラエルがこのような事例であった。アメリカの指導者にとって、イスラエルの核問題への対応は、アメリカ国内のユダヤ・ロビーとの関係に大きく関わる問題であり、イスラエルの核開発を止めようとする際、アメリカの指導者は、アメリカ内のユダヤ・ロビーからの抵抗と反対に直面せざるを得ない状況であったとされる。

安全の保証と拡大抑止

次に外交交渉の「中味」を見ると、核開発を止めるための「アメ」としては、最も強力なものとしては、安全の保証や拡大抑止の供与が挙げられる。これらが核開発を止める措置として重要であることは、前記のように核開発の背景として多くの場合に安全保障の確保の考慮があることから当然に導かれるものである。一方、これらはどの国に対しても与えられるものではない。

一九六四年の中国の核実験の後、これがインドや日本に波及しないようにするために、アメリカにおいて議論されたのは、安全の保証を行い、拡大抑止を提供・再確認するという方法であった。日本の場合には、アメリカは核抑止を再確認し、そのことも一因となり、日本において核保有を求める声は大きなものとはならなかった。一方、インドについては、アメリカによる保証、ソ連による保証、米ソによる保証、すべての核保有国による保証、交渉中のＮＰＴに関連づけた保証など様々な方法が検討され、討議されたが、インドが非同盟政策を維持し続ける決意が強いことが限界となって成案とならず、結局、インドは「平和的核爆発」の名目で核開発を開始し、一九七四年に核実験を行うこととなった。

安全の保証が一定の役割を果たした事例としては、ウクライナの核放棄による非核化の事例が挙げられる。ウクライナが核を放棄するに際しては、ウクライナの国内には核保有を求める声が存在し、ウクライナ国内の論争において核兵器国からの安全の保証は、最も中心的なテーマの一つであった。そのような背景の中、アメリカ、ロシア、イギリスの三カ国をはじめとする核兵器国が「ブタペスト覚書」でウクライナの主権、国境の尊重などにコミットする安全の保証を行ったことはウクライナの国論をまとめる意味を持った。それだけに、二〇一四年のロシアによるウクライナ侵攻、クリミア「併合」は、核拡散防止の観点からも問題視される事例である。

集団安全保障機構が核拡散防止の上で効果的でなかったのは、パキスタンの事例である。パキスタンは、中央条約機構（CENTO）、東南アジア条約機構（SEATO）という二つのアメリカを中心とする集団安全保障機構に参加し、二国間の相互防衛条約と相互安全保障条約も結んでいたが、これらの仕組みが一九六五年、一九七一年のインドとの戦争の際に、役に立たなかったことへの失望が、核開発につながった。

核開発を止めるために用いられた措置の一つとして、武器供与のオファーが挙げられる。これも、核開発の背景の事情として、通常戦力における劣勢が挙げられることにも関連した措置である。アメリカは、パキスタンの核開発を止めるために、戦闘機の売却をオファーした。また、アメリカは、イスラエルの核開発を止め、NPTに加入させるために、戦闘機の売却をリンケージさせた。一方、こうした方策は、必ずしも有効なものとはならなかった。いかに最新式の戦闘機の売却が軍事的に大きな意味を持つものであっても、戦略的な意味から言えば、核開発と引き換えになるほど大きな交換条件とはなり得ないものである。

制　裁

核開発を止めるための「ムチ」としては、制裁が用いられることが多いが、制裁によって核開発を止めることは容易でない。「ムチ」としての制裁は、本書の対象国で言えば、南アフリカ、イラク、リビア、北朝鮮、イランにおいて広範に用いられたが、核開発を止める手段としての制裁が功を奏した場合と必ずしも効果を上げたとは言えない場合の双方が見られる。

制裁が功を奏したのは、リビアと南アフリカである。リビアに対する制裁は、一連のテロ行為を理由とするものであり、必ずしも核を含む大量破壊兵器の開発を理由として取られたものではなかったが、リビアの核開発放棄を実現する上で有効であった。リビアは原油への依存度が高く経済制裁に対する脆弱性が高かったこと、安保理決議によって多国間化された制裁の枠組みが存在したこと、核開発はうまく進んでおらず、これを放棄することのハードルは越えられないほど高いものではなかったことなどから、カダフィの側には、制裁の解除と国際社会との関係の改善を求めるようになった。南アフリカについても、制裁を受けている状況からの脱却は、アパルトヘイト政策と核政策を見直す上で、重要な動機となった。

一方、制裁が必ずしも効果を上げたとは言えないのは、イラクと北朝鮮の場合である。イラクの場合、制裁が行われたのは、湾岸戦争からイラク戦争までの時期であるが、イラクは、査察に対して非協力的姿勢をとった。経済制裁はサダム・フセイン体制を倒すことを目的にしており、査察に協力したとしても経済制裁解除にはつながらないと判断していたことなどがその原因であった。北朝鮮の場合、対外経済への依存度の低さ、主要貿易パートナーが厳しい制裁措置をとっていなかったことに加え、「従来の支配層とは異なった利害関係を持つ社会集団」が制裁によって政策変更を求めて支配層としてもその支持を得る必要が生じるといったチャネルが存在しないことから、累次の制裁も政策変更に結びつくというよりは、かえって強硬措置に結びついてきたとも指摘される。また、制裁措置は、北朝鮮の「過去の行動」に対する反応であるとともに、北朝鮮の「将来の行動」に影響を与える手段として取られるが、前者の観点から適当な措置が後者の観点から有効な措置であるかどうかは保証の限りではないとの問題が存在する。

この点で興味深いのは、イランの事例である。イランは、二〇一三年六月の大統領選挙でローハニが当選して以来、核問題の解決を求めてＥＵ３＋３との交渉を活発化させ、これが二〇一五年七月の「包括的共同作業計画」の合意につながった。これは、前記で述べた通り、国家指導者の性向とも関連する問題であるが、制裁の有効性にも関連する。イランにおいては、制裁の影響で国民の経済生活にも大きな影響が及ぶようになった。それが現実的保守派のローハニが当選した背景の事情であった。イランは、国際経済との関わりも北朝鮮とは比較にならないほど大きく、原油への依存度が高く経済制裁に対する脆弱性が高かった。また、イランは、最高指導者が強い権限を持っていることで、独裁体制に近い性格も持つが、選挙があり、世論が存在するとの点で、北朝鮮とは大きな相違がある。北朝鮮とは異なり、「従来の支配層とは異なった利害関係を持つ社会集団」が存在し、制裁によって政策変更を求め、選挙によってそうした民意が示されたことで、支配層としてもそれを勘案した行動をとることが求められたものと見ることができる。

制裁が有効であるための条件

以上の諸点から、核開発を止める手段としての制裁が効果的であるためには、次の諸点が重要であると考えられる。これらのすべてがそろわなければ制裁の効果がないと言えるわけではないが、これらの条件のうち満たされていないものがあれば、制裁の効果に影響が出ると考えるべきであろう。

・一定以上の対外経済への依存度を持ち、制裁が核開発国の経済活動にとって意味を持ちうること
・制裁には、主要経済パートナーのすべてが参加し、「抜け穴」を作らないこと
・「従来の支配層とは異なった利害関係を持つ社会集団」が存在すること。そうした社会集団が制裁によって政策変更を求め、支配層としてもその支持を得る必要があるといったチャネルが存在すること
・核開発がまだ進んだ段階まで達しておらず、核放棄のハードルが越えられないほど高くないこと
・制裁措置が「過去の行動」に対する反応として適当であるとともに、「将来の行動」に影響を与える手段として有効な措置であること

これらが重要なのは、これらが満たされることによって、制裁の効果が核開発の推進要因、抑制要因、これらを比較考量して判断する仕組みという「三点セット」に影響を持ち得るためである。これらは、また、制裁のやり方だけに関わるのではなく、核開発国の状況にも左右される。たとえば、前記の「一定以上の対外経済への依存度を持ち、制裁が核開発国の経済活動にとって意味を持ちうる」という点は、当該国の貿易パターンにもよるところで

あるが、これは、推進要因と抑制要因を比較考量して判断する仕組みの一つの要素である基本的政策に関わっている。また、前記の「従来の支配層とは異なった利害関係を持つ社会集団」が存在するかどうかは、社会が多元的な性格を持つかどうかにつながるが、これは、推進要因と抑制要因を比較考量して判断する仕組みの一つの要素である政治体制にも関わるものである。

武力の行使

核拡散防止の取り組みの中でも、その究極的な手段と言えるのは、武力の行使である。

核開発の阻止のために武力の行使が直接的な手段として行われた最も典型的な事例は、イスラエルによるイラクのオシラク研究炉攻撃（一九八一年）である。(7) イラクに対する湾岸戦争（一九九一年）は、イラクのクウェート侵攻に対する対応として行われたものであったが、イラクの大量破壊兵器開発をも阻止する効果を持った。イラク戦争（二〇〇三年）は、イラクの大量破壊兵器開発阻止のために行われたものであったが、事後の調査によれば、当時、イラクが大量破壊兵器を開発していた証拠は見つからなかった。

核開発を阻止するために武力行使が具体的に検討された事例としては、北朝鮮の第一次核危機（一九九四年）が挙げられる。この時には、アメリカが武力行使を決断する直前にジミー・カーター元大統領の訪朝により、妥協が成立した。

これら以外でも本書で取り上げた各国の事例において、武力行使によって核開発を止めるという方法は、中国の核開発以来、いくども検討されてきた。武力行使に訴えてでもイランの核開発を阻止すべきとの議論も提起されてきた。一方、武力行使には、様々な難しさがある。

法的な根拠が得られるか

第一に、法的な根拠が得られるか、国内外の政治的支持を得ることができるかの問題である。戦後の国際秩序は、国連憲章によって武力行使を原則的に禁止し、それが認められる場合を(1)自衛権の行使として行われる場合、(2)安保理決議によって「平和に対する脅威、平和の破壊及び侵略行為に関する行動」として取られる場合に厳しく限定してきた。(8) 武力行使をしようとする際には、安保理の決定を得ようとするのが通常である。これは、国連憲章第七章に基づいた措置（安保理の強制措置を定めたもの）を含む安保理決議が得られるかであるが、ロシア、中国を含む五つの安保理常任理事国（いずれも拒否権を持つ）の間で、こうした措置をとることに合意が形成される事例は、きわめて限られている。このように法的根拠の問題は、武力行使に国際的な支持が得られるかにも直結している。

こうした安保理決議が得られない場合、そのような中、核開発を阻止するために武力行使をすることについて、どのように法的根拠を与えるかは、困難な課題である。イスラエルは、一九八一年のイラクのオシラク研究炉攻撃を「自衛」を名目に行ったが、国際的な理解を得ることはできず、安保理決議によって非難されることとなった。核開発とは事例が異なるが、二〇一三年八月にシリアの化学兵器使用が指摘された際、アメリカ、フランスなどが武力行使の構えを見せたが、その際も、どのような法的根拠によってこれを理由づけするかは、簡単な問題ではなかった。

また、こうした法的根拠の問題は、国内における支持の獲得にも関係している。武力行使は、いかに核拡散防止のためとはいえ、国内的には、容易な決断ではない。特に、アメリカについて言えば、二〇〇一年の「九・一一」同時多発テロ事件以来、アフガニスタン戦争、イラク戦争をしてきて、新たな戦争を行うことには、国内的な抵抗は大きい状況にある。また、イラク戦争については、名目とされた大量破壊兵器が見つからなかったことで、それに続く武力行使についての支持を得にくくさせた面があり、前記の二〇一三年八月のシリアでの化学兵器使用が指摘された際、イギリスの議会が行政府による武力行使に同意を与えなかった原因の一つにこの点があったとされた。

武力行使自体の難しさ

第二に、武力行使自体の難しさがある。これは、軍事行動をとる場合、関係施設の内、核開発に不可欠なものすべてを捕足し、除去することができるのか、核開発計画を一時的に遅延させるだけに終わらないかの問題である。これは、中国の核開発に対する武力行使の検討以来、北朝鮮、イランに至るまで問われてきた。核開発は、単一の施設で行われているのではなく、複数の施設が関連する形で行われている。その中から、核開発に不可欠な施設のすべてを攻撃でたたくことは困難である。特に、一九八一年のイスラエルによるイラクのオシラク研究炉攻撃によって、対空防御の弱い地上の施設のみに依拠して核開発を行うことのリスクはよく知られることとなったので、核開発を行う側は、対空防御の充実、核開発施設の地下への設置、核開発施設の分散や隠蔽などの対策をとるようになった。このように、武力行使をするといっても、多くの施設を対象として全面的な攻撃を仕掛けなければ、核開発を止める効果は限定的といえる。また、情報活動の状況にもよるが、一部の隠蔽された施設を取りこぼす可能性があり、また、地下に設置された施設や防御の厚い施設への攻撃が十分な効果を上げ得ない可能性もある。比較的容易に攻撃が可能な施設に攻撃を仕掛けたとしても、核開発を一時的に遅延させる効果しかないということとなってしまう。アメリカは、北朝鮮について、一九九〇年代の第一次核危機の際は武力行使を真剣に考慮したが、二〇〇〇年代前半の第二次核危機の際には武力行使ではなく、多国間外交を志向したのは、イラク戦争の開始の時期であり、それ以上の武力紛争は避けたかったことに加え、武力行使の困難さを考慮したものとされる。また、イランに対して一部からは軍事攻撃オプションも提唱されてきたが、武力行使でイランの核開発をどこまで効果的に抑えることができるかの問題点も指摘されている。

相手国からの報復攻撃への対処

第三に、相手国からの報復攻撃への対処の問題がある。武力行使をすれば、相手国もただ黙ったままということにはならず、相手国からの報復攻撃を覚悟する必要がある。前記のように、武力行使が効果を伴うものとなるためには、大規模な攻撃にならざるを得ないとすると、相手国からの報復攻撃も、また、大規模なものとなる可能性が高く、大規模な紛争となることを覚悟する必要がでてくる。こうした見通しは、また、国内外の支持の獲得にも影響をする。

武力行使の圧力

このように様々な限界を持つ武力行使であるが、武力行使の検討が強い圧力になるとの側面があることも事実である。北朝鮮における第一次核危機の際、北朝鮮が非核化をコミットしたのは、武力行使の検討が強い圧力として機能した事例と言ってよい。また、第二次核危機の際の北朝鮮の行動にも、それ以前に行われたイラク戦争から受けた衝撃が影響しているとされている。また、イラク戦争は、リビアの核開発放棄にも、これを後押しする意味を持ったと考えられる。

4 核開発の影響

核保有を顕在化させた国、秘匿化した国

次に、核開発がどのような影響を及ぼすかを見ていこう。核開発国の側から見ていくと、核爆発能力を獲得するに至った際、核開発国は、これを対外的に明らかにするかどうかの判断に直面する。

各国の事例を見ると、核爆発能力を核実験によって確認し、これを対外的に明らかな形で行う国（＝顕在化）と、事実上、核爆発能力を獲得しても、これを核実験によって確認することを回避し、対外的に明らかにしない国（＝秘匿化）とがある。

本書で見てきた国について言うと、中国が、核開発の先行国であるアメリカ、ソ連、イギリス、フランスに引き続き核爆発能力を「顕在化」させた事例であり、それ以降に核爆発能力を獲得したイスラエル、南アフリカ、パキスタン、北朝鮮がこれを「秘匿化」した事例である。インドについては、一九七四年の時点で核爆発能力の存在は明らかにしていたものの、「平和的核爆発」を標榜していた点で、「顕在化」と「秘匿化」の中間的な形態と捉えら

れる。

本書では、「顕在化」か「秘匿化」かの決定要因についての作業仮説として五つの要因を考えてみた。第一に、安全保障上の脅威への対応のため、核の存在を対外的に示す必要性に迫られているか（「脅威対応」要因）、第二に、国家の威信などの国際的地位の観点から、核爆発能力を獲得するに至ったことを対外的にアピールすることが求められているか（「国際的地位」要因）、第三に、国際的な規範の縛りないし国内の倫理観の観点から、核の軍事利用を表立って進めることに対して規範的な制約があるか（「規範」要因）、第四に、核の存在を対外的に明らかにすることが、外交関係上、耐え難いほどのマイナスをもたらさないか（「外交」要因）、第五に、戦略上の相手国の対抗措置によってかえって安全保障環境が悪化することを回避する必要が生じないか（「対抗措置回避」要因）の五つである。これらのうち、最初の二つが「顕在化」要因となり、後の三つが「秘匿化」要因となり、これら五つの要因の状況によって、「顕在化」か「秘匿化」かが選択されることになるのではないかとの考えによるものである。

これらの五つの決定要因のうち、「顕在化」要因のみが存在し、「秘匿化」要因がなければ「顕在化」が選択され（中国）、逆に、「秘匿化」要因のみが存在し、「顕在化」要因がなければ「秘匿化」が選択された（イスラエル、南アフリカ）。「顕在化」要因と「秘匿化」要因の双方が存在する場合には、相対的により強い要因の方が選択され（パキスタン）、あるいは、両者の中間的な形態が選択された（インド）。

これらの事例のうち、「顕在化」要因と「秘匿化」要因の双方が存在した結果、「秘匿化」ないし中間的な形態が選択された国（インド、パキスタン）においては、その後、「顕在化」に転じたが、その過程において、「顕在化」要因が強まったり、「秘匿化」要因が弱まったりする状況が生じていた。

これら五つの決定要因について、前記の各国事例についての分析を通じて明らかとなった点を補足しておきたい。

第一に、「脅威対応」要因は、中国の「顕在化」の背景にあったのではないかと考えられる要因である。核の威嚇を受けていたり、通常戦力の劣勢に立たされている中、攻撃を受ける危険に迫られていたりする場合には、それに対応することが「顕在化」要因となる。こうした考えに基づき、「顕在化」をさせるのは、抑止の確立を目指す道と言ってよい。一方、核開発を行う国の多くは、安全保障上の脅威を感じて核開発に着手するが、一部の国にとっては、核は「最後の手段」であり、すべての国がこうした抑止の確立を目指してきたわけではない（たとえば、イスラエル、南アフリカ）。

第二に、「国際的地位」要因は、中国の「顕在化」、インドの「平和的核爆発」との中間的形態の採用の背景にあったと考えられる要因である。これらの二カ国の場合、もともとの核開発の推進要因として「国家の威信」が重要な要素として存在していた事例であり、「秘匿化」するのでは国家の威信を示すことにならないため、重要な「顕在化」要因となる。インドの一九九八年の「顕在化」には、核保有国としての地位を確立すべしとの考え方から、この要因の高まりが見られ、パキスタンの一九九八年の「顕在化」は、インドに対抗するとの動機からこの要因が高まったとも考えられる。

第三に、「規範」要因は、国際的な規範の縛りないし国内の倫理観に由来するものであり、インドが「平和的核爆発」との中間的形態を採用した理由の一端は、この後者の国内の倫理観に由来するものであった。前者の国際的な規範の縛りは、NPT（一九六八年成立、一九七〇年発効）によって高まり、全世界的なトレンドに影響を与えたものと考えられる。本書の分析の対象国は、国際的な規範の縛りが自国に課されるのを回避しようとする傾向が強かったものの、中国以降に核爆発能力を獲得した各国が「秘匿化」（ないし中間的形態）を選択した背景の一つには、NPTの「普遍的な価値の基準を示す規範力」が働いていた面があったと考えられる。

第四に、「外交」要因は、国際社会の主要国との関係に着目しようとするものであり、特に、アメリカとの関係が重要であった。イスラエル、パキスタンの「秘匿化」の事例で見られたように、対外関係において、アメリカとの関係が重要であり、核の存在を対外的に明らかにすることがアメリカとの関係に大きなマイナスをもたらす場合には、強い「秘匿化」要因となった。

第五に、「対抗措置回避」要因は、自らが核保有を明確化することによって、戦略上の相手国に対抗措置を促すことにならないかの問題であり、核開発を進める口実を与えたり、自国を攻撃する理由を与えたりすることもそれに含まれる。イスラエルの「秘匿化」の背景には、この要因があったと思われる。また、概して、中東、南アジアなど軍事的な緊張状態が強い場合（イスラエル、インド、パキスタン）には、核保有を明らかにすることは、安全保障上の脅威への対応となるという考慮（「脅威対応」要因）よりも、自らの手の内を明かし、戦略上の相手国に対抗措置を促すこととなってしまうとの考慮（「対抗措置回避」要因）の方が優先されたのではないかと考えられる。

このように、核開発国の「顕在化」か「秘匿化」かの選択については、本書において作業仮説として用いた「五つの決定要因」の考え方がかなりの説明力を持つと考えられる。一部の国で見られた「秘匿化」（ないし中間的形態）から「顕在化」への転換についても、五つの決定要因における変化で説明可能と言える。

核態勢

ここまで述べてきた核爆発能力の「秘匿化」「顕在化」と関わりが深いのが、核態勢の問題である。序章において見たように、本書で見てきた後発の核保有国によって取られる核態勢には、次の三つの考え方に依拠したものに大別される。

・不透明・不活性抑止（核を保有しているかもしれないという不透明な状況やいざという時に核の運用がオプションとしてあり得るとの状況によって、相手の攻撃やエスカレーションを抑止しようとする考え方）
・確証報復抑止（相手が大量破壊兵器による攻撃を行う場合、核による報復が確証的に行われることを示すことにより、これを抑止しようとする考え方。第二撃能力のみでよい。戦力レベルとしては、最小限抑止から限定的抑止まで幅があり得る）
・非対称型エスカレーション抑止（相手国の通常戦力による攻撃に対しても核使用を想定する考え方。第一撃能力を保持）

本書で見てきた各国の中で、核保有国となった各国の状況を見ると、中国は、一九六四年に核爆発能力を獲得して以来、確証報復抑止の構築を目指してきたと考えられる。

イスラエルは、一九六六年末ないし六七年に核爆発能力を獲得して以来、不透明・不活性抑止を維持していると考えられる。イスラエルの核保有は「公知化」しているが、核の存在を肯定も否定もしないという「あいまい」政策、不透明政策を一貫してとってきている。核兵器を明示的な抑止のために軍事的に位置づけているわけではなく、「最後の手段」としていざという時に核の運用がオプションとしてあり得るとの状況を確保している状況であるので、不透明・不活性抑止と位置づけられよう。また、南アフリカについても、核を保有している間は、不透明・不活性抑止であったと言えよう。

一方、インドは不透明・不活性抑止から一九九八年の核実験を機に確証報復抑止に移り、パキスタンは不透明・不活性抑止から一九九八年の核実験を機に非対称エスカレーション抑止に移ったものと考えられる。両国とも、核実験を行うことによって、核能力を「顕在化」させたので、「不透明性」に縛られる必要がなくなったが、インドは、紛争勃発時にパキスタンからの核による攻撃（パキスタンは核の先行使用もあり得るとの前提に立っている）に備える必要性、パキスタンは、インドとの間で通常戦力において劣勢に立っているため、それにも対応する必要性から、それぞれ確証報復抑止、非対称型エスカレーション抑止に移行したものと考えられる。

一方、北朝鮮が、どのような核態勢を有しているかについては、その行動の多くと同じく判断の材料に乏しい状況である。

以上を踏まえて、三つの核態勢の選択についてとりまとめると、次の点が指摘できよう。

「不透明・不活性抑止」は、核能力を「顕在化」させずに、「秘匿化」している場合にとられる選択である。イスラエルについて見られるように、核保有が実際上「公知化」することはあるが、核能力を「顕在化」させないので、核兵器を明示的な抑止のために軍事的に位置づけることは行われない。核の持つ本質的な性格は、情報の共有を基礎とする予測可能性による抑止機能であるが、核能力を「顕在化」させないので、こうした抑止機能の働きも限定的となる。

確証報復抑止は、核能力を「顕在化」させた際、戦略上の相手国との関係で、大量破壊兵器による先行攻撃（ないしその威嚇）に備える必要はあるが、通常戦力における劣勢に対応する必要性は薄い場合にとられる選択である。それに反し、非対称型エスカレーション抑止は、核能力を「顕在化」させた際、戦略上の相手国との関係で、大量破壊兵器による先行攻撃（ないしその威嚇）に備えるというよりは、通常戦力における劣勢に備える必要がある場合にとられる選択である。

もっとも、これらの三つの類型は、いずれも理念型として理解されるべきである。核能力を「顕在化」させる前の段階において、不透明・不活性抑止を基本としながら、いざという時の対応として確証報復抑止ないし非対称型エスカレーション抑止の考え方を部分的に取り込むことは可能であり、イスラエル、インド、パキスタンもそうしていたと考えられる。一方、核能力を「顕在化」させる前は、いかにこれが「公知化」していても、核戦力を組織化したり、核戦略を明確化したりすることには限界があるため、実際には、いざという時の対応として確証報復抑止ないし非対称型エスカレーション抑止の考え方を部分的に取り込むと言っても、全面的なものにはなり得ないのが現実である。

このように、それぞれの核態勢の選択においては、第一に、核爆発能力を「顕在化」させるか、「秘匿化」するか、第二に、戦略上の相手国との関係で、大量破壊兵器による攻撃を受ける蓋然性があるか、第三に、戦略上の相手国との関係で、軍事的緊張が高く、通常戦力において劣勢に置かれているかの三点が大きな要素であると考えられる。概して言えば、アメリカ、ロシア、イギリス、フランスの先発の核開発国と比較して、後発の核開発国については、核増強の姿勢が目立つ上に、不透明性が高く、そのため、不安定要素が多いと言えよう。

さらに、冷戦期には、米ソは「安全保障のジレンマ」（一方が安全保障を高めようとする行為が他方にとって脅威となる）に対応することが必要であったが、現在の国際関係においては、さらに構図は複雑となっており、「安全保障のトリレンマ」に直面しうる状況となっている。「安全保障のトリレンマ」とは、A国がB国に対して安全保障を高めようとする行為がB国のみならず、第三国であるC国にとっても脅威となるという状況であり、これが典型的に当てはまるのが、インド、中国、パキスタンの関係であるとされる。このような中、関係国間の軍拡競争を止めるのは容易ならざる課題である。

新たな核保有国への対応

次に、国際社会の側の対応について見ていきたい。

核拡散が起こり、新たな核保有国が生まれると、国際社会は、それを認めるかどうかの判断に立たされる。本書で扱ってきた事例の中で、核兵器国としての地位を認められたのは、中国である。前述の通り、一九六四年の中国の核実験も一つの契機となって、NPT作成に向けての討議が加速され、一九六八年にNPTが成立するが、その中には、「一九六七年一月一日以前に核兵器その他の核爆発装置を製造しかつ爆発させた国」に対して「核兵器国」との地位を与える規定が盛り込まれた。この規定は、米ソ両国が作成した草案に盛り込まれた規定である。アメリカにしても、ソ連にしても、中国の核開発は、歓迎できるものではなかったが、「核不拡散体制において、核兵器国と非核兵器国とを分離することは、その体制にとって不可欠のものである。そしてその分離の時期は早ければ早いほど好ましいものであった」（黒澤満）からであった[9]。そうすると、「中国への核拡散」はもはや問題にされず、むしろ、「中国以降の核拡散」や「中国からの核拡散」が問題にされるようになる。

インド、パキスタンについては、このような核兵器国としての地位を認められていない。核保有を国際社会が公認するかどうかは、前記のように、NPTによって「仕切り」がなされ、その「仕切り」が一九六七年一月一日の前か後かという形で行われたため、一九七四年に核実験を行ったインドも、一九九八年に最初の核実験を行ったパキスタンも、NPTのルールに真っ向から挑戦する形で核爆発能力を獲得することとなった。インド、パキスタンは、NPTに加入せず、NPT体制の枠外に身を置くこととなった。

イスラエルも、自らの核保有をあいまいにしたまま事実上の核保有国となったが、NPT体制の枠外に身を置いている点では、インド、パキスタンと同様である。イスラエルは、一九六六年末ないし一九六七年に核爆発能力を獲得したと見られており、場合によっては、前記の「一九六七年一月一日前」との条件を満たす可能性もあったが、そうした選択は取らなかった。北朝鮮について言えば、核保有国としての地位を認めさせようとするかのような行動が見られるが、ＮＰＴの「仕切り」から言っても、これまでの度重なる非核化のコミットメントから言っても、このようなことは認めることはできず、これまでの非核化のコミットメントに沿った行動が求められる。

拡散についての二つの見方

国際政治の研究者の中には、「拡散楽観論者」と呼ばれるグループと「拡散悲観論者」と呼ばれるグループがある。序章でも触れた通り、拡散楽観論者は、核拡散によって核兵器国の数が増えても抑止が働くので国際関係は不安定化しないと主張する。ケネス・ウォルツやジョン・ミアシャイマーがその代表格である。一方、拡散悲観論者は、核拡散によって、国際関係のリスクが高まると見る。スコット・セーガンがその代表格である。

核拡散の事例が生じても、「拡散楽観論者」は、核抑止によって安定が図られる可能性に着目する。ウォルツやミアシャイマーは、ウクライナやイランが核保有をしても、地域はむしろ安定するとの議論を展開していた。一方、政策決定者は、「拡散楽観論者」ほど、核拡散に無頓着ではいられなかった。政策決定者は、概ね「拡散悲観論」の考え方をとってきたと言ってよいが、核拡散に関する政策オプションを考える際に、「普遍的核不拡散論」と「選別的核拡散容認論」の二つの考え方があった。主にアメリカで議論されたものであるので、アメリカからの視点で議論すると、前者は、「拡散国がどのような国であれ、核を保有する国が増加するのは国際社会にとって危険なことであり、アメリカの利益に反するものであるので、そうした拡散が起こらないようにするべきである」という考え方である。一方、後者は、「拡散国がどの国であっても同じと考えるべきではなく、友好国が敵対国に対抗するために核を保有したり、アメリカの核の運用に参画したりすることは認められるべきである」という議論である。

このようにアメリカからの視点で議論すると、「選別的核拡散容認論」の考え方からすれば、イスラエルの核開発はさほど気にする問題ではないということになる。また、インドの核開発についても、イスラエルほどではないものの、北朝鮮、イランのようにアメリカと対立をしてきた国ほど懸念の度合いは高くないということになる。この考え方は、前記の「拡散悲観論」と「拡散楽観論」のはざまに位置する立場とも考えることができる。一方、「普遍的核不拡散論」の立場からすれば、友好国であるか敵対国かどうかを問わず、核拡散の事例が生じること自体が、さらなる核拡散のリスクを高めることに着目する。

本書で見てきた事例に鑑みれば、新たに核を持つ国が増えたことによって、地域の安全保障環境が改善したとは到底言えない。インドとパキスタンの両国が核保有を明確にした一九九八年以降にも、一九九九年のカルギル紛争、二〇〇一年から二〇〇二年にかけての国境紛争のように、両者の間では紛争が生じ、核戦争の危険すらも懸念される事態となった。現状で見れば、インドとパキスタンはお互いに歯止めの利かない軍拡競争の道に入り込んでいるように見える。インドとパキスタンの核保有は、核戦争が起こった時の被害・影響の甚大さを考えれば、南アジアの安全保障環境を悪化させたと見るべきであろう。また、前記でも触れたとおり、南アジアの状況は、インドとパキスタンの二国間だけで見るのではなく、中国をも含めた「中国、インド、パキスタン」の三カ国の関係を捉えなければならない。この三者間の「安全保障のトリレンマ」をも合わせて考えると、新たに核を持つ国が増えたことで地域の安全保障環境が改善するとは到底言えないであろう。

「選別的核拡散容認論」もまた、危険な要素を含んでいる。友好国の核保有を許容するという発想をとった瞬間に、世界の核不拡散レジームは、普遍性、規範性を喪失することになる。これまでNPTが限界もありつつも機能してきたのは、五つの核兵器国（アメリカ、ロシア、イギリス、フランス、中国）だけを認めて、それ以外の国が核を持つことを許さないというきわめて単純なルールを厳格に適用してきたからである。友好国の核保有を許容するという発想は、このようなNPTの存立の基盤を根本から覆すことになるであろう。前記ではアメリカからの視点の議論を紹介したが、国際場裏においては「友好国の核保有を許容する」との考え方は「誰にとっての友好国か」の議論を惹起し、国際ルールとして通用するものとはならないであろう。

核不拡散レジームへの影響

本書で見てきた各国の核開発は、核不拡散レジームに大きな影響を与えてきた。核不拡散レジームと各国の核開発との間には、核不拡散レジームが各国の核開発を制約するという関係とともに、各国の核開発が核不拡散レジームに影響を与えるという関係も存在する。

本書で取り扱ってきた各国の核開発の事例が、核不拡散レジームの時代を画するような影響を及ぼしてきたと言ってよい。一九六四年の中国の核実験は、普遍的な核拡散防止の枠組みの必要性を実感させ、一九六八年のNPTの成立の一つの契機となった。これによって、IAEAの保障措置制度は、NPT加入国については、自国のすべての核活動を申告する包括的保障措置に移行した。一九七四年のインドの核実験は、原子力供給国グループ（NSG）を発足させ、輸出管理のためのガイドラインを成立させた。一九九〇年代のイラクと北朝鮮における未申告の核活動の発覚は、「抜き打ち査察」を可能とするようなIAEAの追加議定書の仕組みを生み出すこととなった。

核戦力の強大化の誘因

中長期的な影響はどうであろうか。

中国、イスラエル、インド、パキスタンの事例において明確に示されているように、いったん核開発に成功したあとは、核戦力を拡充していく誘因が働く。

ここで核戦力の拡充とは、いくつかのチャネルがある。一つは、核爆発装置を小型化・軽量化し、威力を増大させ、さらに多様化させていくことである。本書では、核爆発能力の獲得に着目しつつ各国の核開発のプロセスを見てきたが、多くの場合、最初に開発される核爆発装置は、大きすぎたり、重すぎたりして兵器として配備するには適しないものであり、その後、これを小型化・軽量化して兵器として実用可能なものとするとの作業を行うこととなる。最初に取り組むのが、戦闘機、爆撃機から投下する核爆弾としての運用であり、次にミサイルへの組み込みを目指しての小型化・軽量化を目指すのが通例である。この過程においては、小型化・軽量化とともに、核爆発の効率を上げ、威力を増大させるための作業も行われる。ブースト型核分裂弾を開発し、さらに、水爆を開発するという流れである。さらに、ウランによって最初の核爆発を行った国はプルトニウムも、逆に、プルトニウムによって最初の核爆発を行った国はウランも使えるようにしていくとの多様化に取り組むとの動きも見られる。

もう一つのチャネルは、運搬手段の高度化・多様化である。前に述べた通り、兵器としての核爆発装置の最初の運搬手段は、戦闘機、爆撃機ということとなるのが通例である。そこから、運搬手段の高度化を目指していく事例が多い。具体的には、ミサイル開発を行い、その射程を長くし、精度を上げ、残存性を高めていく作業である。前記の核爆発装置の小型化は、運搬手段とのマッチングを念頭に置いて進められる。また、残存性の向上を図るため、潜水艦からの核兵器の運用によって、多様化を図るとの動きも見られる。

本書で見てきた国の中で、核開発を進める決断をした国、すなわち、中国、イスラエル、インド、パキスタン、北朝鮮のいずれも、こうした道を辿ってきた。一方、南アフリカはこうした核戦力の拡充には慎重な態度をとり、その後、核廃棄を選択した。

ここで注意を要するのは、核開発に拍車をかけるのは、近隣国の核開発だけではなく、その運搬手段の開発も影響を与えるということである。インドとパキスタンとの関係においては、一方の核開発の進展が他方の核開発を刺激するということだけではなく、一方のミサイル開発における新たな動きが他方の核開発の引き金となるということが起こってきた。核開発を阻止しようとする際、ミサイル開発の面にも目配りをしておく必要がある。

モデルとしての意味

また、中長期的な観点からは、核の保有に至った国や核の開発・保有を断念した国の事例は、それ以降のモデルとしての意味を持っている。

核拡散を阻止したい国際社会の側から見れば、自ら核を廃棄した「南アフリカ・モデル」は、核廃棄の成功例として重要な意義を持つ。また、交渉により核開発放棄を実現した「リビア・モデル」も、同様の観点からの有益な先例と言える。一方、アラブの春以降の政治変動を念頭に置いて考えると、「リビア・モデル」は、核を持とうとする国の立場からすれば、核開発放棄が体制転換を許すこととなったという意味で避けるべき反面教師の事例ということになる。「イラク・モデル」も、核を断念した経緯は異なるが、核を断念したことが体制の転覆を許すことになったとの含意を持ちうる事例である。「ウクライナ・モデル」も、外交交渉によって核廃棄を実現した事例ではあったものの、ブタペスト覚書による核兵器国の安全の保証がロシアによるウクライナ侵攻、クリミア「併合」への阻止要因とはならなかったことから、有益な先例とは言いがたいものとなってしまった。

核を持とうとする側からすると、国際社会の反対を押し切って核保有を実現した「パキスタン・モデル」に目が惹かれる可能性がある。パキスタンは、リビアやイラクとは異なり、核を持つことによって体制転換を回避し、また、戦略上の相手国に対して通常戦力において劣勢でありながら核を活用することで安全保障を確保できていると も見られ得る。一方、「パキスタン・モデル」は、国際社会との距離感や経済発展の状況からは、魅力ある姿にはならない。

核を保有し、かつ、国際社会との距離感や経済発展の状況から見て前向きな成果を収めているは、「インド・モデル」である。インドは、NSGにおける例外化措置など、核を保有するとともに国際社会と良好な関係を維持するという二律背反を実現しつつあるかのように見える。

国際社会として、核の保有に至った国、核の開発・保有を断念した国とどのような距離感でつき合うのかは、細心の注意を要する。今後も、核開発を目指そうとする国が現れる可能性もある中、核を持とうとする誘因はできる限り抑えることが望ましい。

5　日本としての取り組み――七つの方策

それでは、日本として、「核のない世界」に近づくため、核拡散防止のために何ができるだろうか。これまでの記述を踏まえて、七つの方策を提示したい。

NPTの維持・強化

第一の方策として、NPTの維持・強化が挙げられる。NPTは、「核兵器国と非核兵器国との間の差別を認めた不平等条約」、「実効性に限界がある」などといった批判にもかかわらず、核不拡散レジームの中心的存在であり続けている。NPTを維持・強化していくことが核拡散防止のための最も重要な方策である。

NPTの強さの根源は、アメリカ、ロシア、イギリス、フランス、中国までを「核兵器国」として公認し、それ以外の国には「非核兵器国」としてのコミットメントを求めるというきわめて単純かつ明確なルールを一貫して適用してきたことである。これについては、前記の通り様々な批判があるが、今後も、この単純かつ明確なルールを核拡散防止のための基本的な指針として活用すべきである。日本は、NPTが一九六八年に作成された後、一九七〇年にこれに署名し、一九七六年に批准した(NPTの発効は一九七〇年)。NPTについては、日本国内では様々な議論があった。「核保有国が一方的に優越的地位を確保するのは許されない」といった議論も提起された。[10] このように国内で様々な議論があったため、前記の通り、日本がNPTを署名、批准するに際しては一定の時間がかかった。一方、「核兵器の引金にかかる手が多くなればなるほど、実際にその引金が引かれる確率もまた大きくなる」という点については、広く認識されており、そうした点を踏まえて、NPTの署名、批准が進められた。[11] その考え方の根本は、今も変わらない。

核拡散防止のためにNPTを維持・強化するためには、「法的拘束力としての規範力」を高める、「普遍的な価値の基準を示す規範力」を高めるという二つの道筋がある。前者は、NPT加入国から違反の事例を生み出さないことであり、NPT上の義務の履行が疑問視される事例に対して厳しく対処することが必要である。事例によっては、制裁を課すことも検討される必要があろう。また、NPTは、「この条約の対象である事項に関連する異常な事態が自国の至高の利益を危うくしていると認める場合」に脱退できることを認めており(同条約第一〇条)、脱退はN

ＰＴ加入国に認められた権利であるが、これが乱用されれば、ＮＰＴの法的規範は弱体化してしまうので、そうした事態にならないように、脱退が認められる場合を極力限定し、脱退しようとする者にハードルを高くすることも重要である。

後者の「普遍的な価値の基準を示す規範力」を高めるためには、ＮＰＴの枠外にいて既に核保有が明らかであるか、事実上明らかとなっているイスラエル、インド、パキスタンに対しても、ＮＰＴが「普遍的な価値」であることを示し続けるとともに、これらの諸国に対しても、ＮＰＴに極力沿った行動を求め続けていかなければならない。具体的に言えば、これらの諸国に対しても、核実験を行わないこと、核軍拡を進めないこと、他の国に核拡散をしないことを求めていくことが必要である。

このようにＮＰＴの果たす役割は重要であるが、ＮＰＴに対する各国の見方、捉え方にはかなりの幅がある。核軍縮の進展の遅さやＮＰＴの普遍性の欠如（イスラエルがＮＰＴの枠外に留まっていることから、特に中東地域における問題が深刻）をめぐってＮＰＴについて関係各国間に深刻な立場の相違があるのが現状である。二〇一五年四月から五月にかけて行われたＮＰＴ運用検討会議は、中東の非大量破壊兵器地帯問題についてのアメリカとエジプトとの対立から、成果文書を採択できずに閉幕するとの事態となった。前述のように様々な対立はあるものの、核拡散防止を確保するための有効な仕組みとしてＮＰＴに代わるような存在は考え難く、日本としては、こうした対立を乗り越えてＮＰＴ体制を維持・強化するための努力を重ねていくべきである。そのためには、核軍縮のための現実的かつ実効的な措置の推進、中東地域における大量破壊兵器の問題において関係各国の信頼醸成に貢献する措置の積み重ねなどが重要である。ＮＰＴ体制において、⑴核軍縮、⑵不拡散、⑶原子力の平和利用が「三つの柱」をなすとされるが、このいずれもの柱で進展が図られないとＮＰＴ体制の有効な機能発揮が妨げられることが十分に理解される必要がある。

ＩＡＥＡの保障措置

第二の方策としては、ＩＡＥＡの保障措置の強化が挙げられる。ＩＡＥＡの保障措置は、隠れた核開発活動への抑止効果が大きく、核拡散防止のための最も重要なツールである。ＩＡＥＡの保障措置は、累次の核開発事案によって、仕組みが強化されてきており、特に重要なのは、一九九〇年代に発覚したイラク、北朝鮮の事案を踏まえて作成された追加議定書である。これは、未申告の核活動が行われないように、情報提供の仕組みを強化するとともに、疑いのある際の「補完的アクセス」（いわゆる「抜き打ち査察」）を可能にするものである。二〇一五年末現在、一二六の国と一つの国際機関（ユーラトム）が追加議定書を締結しているが、こうした追加議定書の普遍化を進めていくことが重要である。

前記のＮＰＴの維持・強化とも重なるが、保障措置上の義務の不遵守（non-compliance）ないしその疑いが生じた際に、これに厳格に対処することは、保障措置の仕組みを有効なものとしておくためにも不可欠である。近年の事例で言えば、北朝鮮、イラン、シリアについては、こうした対応が求められる事例であった(12)。また、ＩＡＥＡの保障措置を効果的・効率的にするための措置も必要であって、ＩＡＥＡで推進されている「国レベル概念」のように、核開発疑惑国に対してより多くの資源が投下されるような仕組みとしていくことが重要である。

ＩＡＥＡの保障措置の強化を進める上で、日本の果たすべき役割は大きい。日本は、大規模な原子力活動を行っており、ＩＡＥＡが全世界で行っている保障措置の活動の最大の受け入れ国である。これは、国内の原子力活動を進める際には、一つの負担ともなるが、その反面、日本の原子力活動が平和利用目的のものであることを国際的に明確に示す上で不可欠なものである。この意味で日本は、ＩＡＥＡの保障措置の重要性の「意義」を説くとともに、こうした措置受け入れの「経験」を共有することで追加議定書の普遍化を含めＩＡＥＡの保障措置の強化に貢献していくことができる立場にある。

核開発のための調達の阻止

第三の方策としては、核開発のための調達の阻止が挙げられる。このためには、ＮＳＧによる輸出管理が大きな役割を果たしている。日本は、こうした取り組みの主導国の一つであり、核拡散をめぐる状況の変化に対応しつつ、輸出管理が機能するようにしていかなければならない。ＮＳＧは、原子力資機材の輸出能力を持った国による輸出管理を行うに際してのガイドラインを定め、各国がそれを国内的に実施するとの仕組みであるが、こうした仕組みが実際に有効に機能するためには、情報と実施能力の二つが重要である。すなわち、核開発に結びつきかねない取引が行われようとしているとの情報が関係国に伝えられ、それへの取り締まりが行われるというチャネルが機能することが必要である。

この分野でも、日本の果たすべき役割は大きい。このところ、核兵器を含めた大量破壊兵器の拡散防止のための輸出管理を進める上で、アジアでの取り組みの重要性が指摘されている。これには、アジア各国の経済活動のレベルが向上し、核開発に使用可能な資機材、技術を生産できるようになってきたこと、Ａ・Ｑ・カーンのネットワークがリビアにウラン濃縮のための技術を拡散させた際、マレーシアを一つの拠点として使ったこと、「北朝鮮への拡散」だけでなく「北朝鮮からの拡散」が懸念されていることなどが背景にある。輸出管理を強化することは貿易・投資を阻害するのではないかとの捉え方も存在するが、輸出管理を強化することは貿易・投資を阻害するのではなく、むしろ信頼できる貿易・投資相手国であることをアピールすることにつながると言うべきであろう。日本としては、こうした見方について認識の醸成を図ることを含め、アジアにおける輸出管理の拡充に力を入れていくことが有用である。

個別案件における外交努力

第四の方策として、個別案件における外交努力がある。

これは、まさにイランについてＥＵ３＋３の枠組みで展開されたものであり、北朝鮮についての六者会合もその例の一つである。先にも述べた通り、こうした個別案件における外交努力は、多国間外交の形態をとるものが主流となりつつある。

北朝鮮についての六者会合のように、日本がそうした枠組みの参加国である場合には、それを通じて核拡散防止（北朝鮮の場合については、非核化）を求めていくべきであろう。

一方、イランについてのEU3＋3の枠組みのように、日本がそうした枠組みの参加国とはなっていない場合には、これを後押しするように、二国間関係を生かした働きかけを行っていくべきである。イランについてのEU3＋3の枠組みにおいても見られるところであるが、こうした少数国による外交努力の有効性は、それが国際社会の幅広い国の支持を得たものであるかどうかによって大きく異なってくる。日本が核問題対処のための枠組みの参加国となっていない場合でも、日本として緊密な二国間関係を持っている場合、貿易・投資や開発援助を通じた関係が深い場合など、役割を果たす余地が大いにある。

ここまで見てきたように、日本として核拡散防止のためになし得ることはいろいろとあるが、核開発を決断してこれを進めようとする国を止めることは容易なことではなく、国際社会としての行動が必要である。とりわけ、軍事的、政治的、経済的に大きな影響力を持つアメリカをはじめとする国際社会の主要プレーヤーとの協調が重要である。前記の事例にあるように、こうした外交努力への関わり方は、対象がどのような国についてかによっても異なってくるが、国際社会における重要なプレーヤーとして日本がこうした個別案件における外交努力に積極的に参加していくことが肝要である。

核実験の阻止

第五の方策として、核実験が行われることを阻止することがある。今日では、核開発を目指す国は、秘密裏に核爆発能力の獲得を目指すケースが多いが（「秘匿化」）、それだけが核爆発能力の獲得に至る道ではなく、核実験を行うことにより核爆発能力を獲得する事例（「顕在化」）も考え得る。また、「秘匿化」から「顕在化」に移る事例もあった。一般に、核実験によって核爆発能力の獲得が「顕在化」すると核放棄はより困難になると考えられる。「顕在化」は、当該国の中で核ドクトリンの構築や核部隊の組織化など、核戦力の制度化に結びつくのみならず、その戦略上の相手国にこれに対抗する動きを促すと考えられる。核拡散の歴史の中で、核開発を成功させた後、自ら核廃棄を進めた南アフリカの事例が核爆発能力を「顕在化」させないまま、核廃棄を行ったことは示唆的である。また、技術的に、核実験を行わなくとも初期的な核爆発能力を獲得することができる余地が高まってきていると考えられる中、核実験は、核能力の高度化（小型化・軽量化、威力の増大）のために必要とされる傾向も見られる。これを阻止するためにも、核実験をさせないことが重要である。

そのためには、核実験を行うことのコストを高めるとともに、CTBTの早期発効に努めることが重要である。CTBTの発効要件国で、まだ、批准をしていない国としては、アメリカ、中国、エジプト、イラン、イスラエル（以上の五カ国は署名済み）、北朝鮮、インド、パキスタンの八カ国が挙げられる。これらの国の批准は、いずれも容易なことではないが、中国がCTBTの国際監視制度へのデータ送信を始めたことや、イスラエルがCTBTの現地査察についてのワークショップを開催したことなど、前向きな動きもあり、これら発効要件国の批准を粘り強く働きかけることが求められる。また、CTBTの発効を待たずとも、「核実験を行わない」ことを事実上の国際規範として強固なものとしていくことも重要である。これらは、いずれも日本がこれまで国際場裏で指導力を発揮してきた分野であり、これらを通じて核実験が行われることを阻止するための努力を払っていくべきである。

核を持つことの意味を問う

第六の方策として、核を持つことの意味を問うことがある。

ここまでの方策は、核開発の抑制要因に働きかけようとするものであったが、これは、核開発の推進要因を低減させようとするものである。

これまで見てきたように、核を持とうとする国においては、安全保障上の考慮から、あるいはそれを理由として核開発に取り組む例が多い。ところが、核を持つことや核兵器を増強することが、直ちに自国の安全保障に資することとなるかは必ずしも明らかではない。核を持った国は、往々にして、量的にも質的にも核を増強しようとしがちであるが、こうした行動は、戦略上の相手国が対抗措置をとることにより、自らの安全保障にとってのマイナスにもつながりかねない。また、核兵器は、その極度の破壊力ゆえに兵器としては、その用途がきわめて限定されているものである。アメリカは、累次にわたって核態勢見直し（Nuclear Posture Review）を実施してきているが、二〇一〇年に行われた最も新しい核態勢見直しでは、核兵器の役割の低減をはっきりと打ち出している。

核の安全保障上の意味は、時に、長い影法師のように、実体の姿よりも何倍にも大きく捉えられることがある。核がどれほど安全保障に資する役割を果たすのか。核の安全保障上の意味を問いかけ、それが安易に極大化しないようにしていくことは、核拡散防止に資すると考えられる。

核軍縮の分野では、このところ、核兵器の非人道性についての議論が盛んに提起されている。核兵器が用いられることが、短期的にも、中長期的にも取り返しのつかない非人道的な影響をもたらすことに着目すべきとの議論である。これは、まさに、広島、長崎の惨禍を経験した日本が国際社会に訴えかけてきたことでもある。核兵器がもたらす惨禍を認識することは、核軍縮において重要であるが、核拡散防止にも重要である。アメリカの国務長官を務めたコリン・パウエルは、二〇〇二年にインドとパキスタンとの間で一触即発の事態となり、核の使用の可能性もささやかれる事態となった際、インドとパキスタンの首脳に対し「一九四五年の後、初めてこんな兵器を使う国になるつもりなのか。もう一度、広島、長崎の写真を見てはどうか」と言って説得したという。(13) こうした観点を各国に思い起こさせるのも、日本ならではの役割である。

さらに、核を持つことの政治的な意味を低減させることも重要である。

核を持とうとする国は、安全保障上の意味だけではなく、政治的な意味にも着目して核開発を目指す事例が多い。そこでは、核を持つことが国家の威信を高めるとの意識が見られる。ところが、核を持つことは本当に国家の威信を高めることになるのだろうか。国際的な規範に反して核兵器を保有しようとしても、国際社会から孤立し、制裁ことは、こうした政治的動機に対する一つの対抗策となる。

を受け、経済的にも取り残されることになるのが現状ではないだろうか。国家の威信をどのように捉えるかは、誰がそれを判断するかによるが、国際社会の見方として、NPT上の義務に反して核開発を行うことは、国家の威信を高めるのではなく、むしろその反対に、国際社会から白眼視される「ならず者国家」となるという理解を広げることは、こうした政治的動機に対する一つの対抗策となる。

関連政策の核拡散防止への影響

第七の方策として、関連政策の核拡散防止への影響を吟味することが挙げられる。

核拡散防止を銘打った政策だけが核兵器の拡散の防止に関わるのでなく、様々な分野の政策が核拡散防止に関わる。逆の言い方をすれば、核拡散防止のための取り組みは、関連する分野の政策によって強化されることもあれば、台なしにされることもある。本書で取り上げた事例の中では、一九八〇年代におけるパキスタンに対するアメリカの政策はその最たる例である。パキスタンへの核拡散を防止するための取り組みは、ソ連のアフガニスタン侵攻に対応するためのパキスタン支援策によって骨抜きとなってしまった。ソ連のアフガン侵攻への対応は重要な政策課題であったが、それによって核拡散防止のための政策の一貫性は失われてしまった。さらに、「アラブの春」の際、欧米諸国がリビアのカダフィ政権打倒に動いた対応も、中東の民主化との旗印の下に進めたものではあるが、核拡散防止の面ではマイナス面があった。

往々にして見られるのは、戦略的考慮や地政学的観点から二国間関係の緊密化が提起されて重要な外交上のテーマとなる時、核拡散防止についての考慮が置き去りにされるという構図である。核拡散防止に真剣に取り組む以上、そうしたことはあってはならないのであって、関連政策の核拡散防止への影響をよく吟味することが求められる。前記のソ連のアフガニスタン侵攻の例でも見られるように、およそ国際関係において核拡散防止以外にも重要な政策目標が多々存在する。そうした多くの政策目標の達成を考える中にあっても、核拡散防止のための政策の一貫性の維持を考えていかなければならない。

本書で見てきた各国の事例が明らかにしているように、核開発を進める側は、強い決意を持って長い時間をかけて少しずつこれを進めていくのが常である。したがって、これを防ごうとする側にも、強い決意に基づき長期にわたって緩みなく核拡散防止のための措置をとっていくことが求められる。核拡散防止の観点からの政策の一貫性はとれているのか。日本は、広島、長崎の惨禍を経験した国として、それを最も強く意識すべき国であると考えられる。

注

序章　四つの問題と分析枠組み

（1）たとえば、向和歌奈『核不拡散の起源――西ドイツ・スウェーデン・日本における核をめぐるプリファレンスとプライオリティを事例として』（東京大学博士学位論文、二〇一三年）は、非核を選択したこれら三カ国について、推進要因と抑制要因の双方を検討している。

（2）Scott D. Sagan, "Why Do States Build Nuclear Weapons? Three Models in Search of a Bomb," *International Security*, Vol. 21, No. 3 (Winter 1996/97). なお、セーガンは、国内政治上の要因を原子力コミュニティーの利害の観点から捉えているが、本書では、これをも含めつつ、国内の支配体制の強化につなげるといった動機も含めて捉えることとする。

（3）Jacques E. C. Hymans, *The Psychology of Nuclear Proliferation : Identity, Emotions, and Foreign Policy* (Cambridge : Cambridge University Press, 2006), p. 10. ハイマンズはここでインドを例にとりつつ、核開発の抑制要因を一三項目にわたって挙げている。

（4）Etel Solingen, The Political Economy of Nuclear Restraint, *International Security*, Vol. 19, No. 2 (Fall 1994), Etel Solingen, *Nuclear Logics : Alternative Paths in East Asia and the Middle East* (Princeton : Princeton University Press, 2007).

（5）Hymans, *The Psychology of Nuclear Proliferation*.

（6）核の選択における体制の持つ意味については、Scott D. Sagan, "The Causes of Nuclear Weapons Proliferation," *Annual Review of Political Science* (Palo Alto : Annual Reviews, 2011), pp. 237–240, Etel Solingen (ed.), *Sanctions, Statecraft, and Nuclear Proliferation* (Cambridge : Cambridge University Press, 2012), pp. 14–18, 299–301 を参照。

(7) こうした視点は、核拡散についての研究において、核兵器の取得を目指す側の「意思」に焦点を当てたものとして「需要側アプローチ」(demand-side approach) と呼ばれる。

(8) Mattew Kroenig, *Exporting the Bomb: Technology Transfer and the Spread of Nuclear Weapons* (Ithaca: Cornell University Press, 2010).

(9) こうした視点は、核拡散についての研究において、核兵器の取得を可能とする「機会」に焦点を当てたアプローチである「供給側アプローチ」(supply-side approach) の領域になる。

(10) 核不拡散レジームについての先行研究としては、秋山信将『核不拡散をめぐる国際政治——規範の遵守、秩序の変容』(有信堂、二〇一二年)、戸崎洋史「核兵器拡散防止のアプローチ——『決然たる拡散国』への対応を中心に」浅田正彦・戸崎洋史編『黒澤満先生退職記念——核軍縮不拡散の法と政治』(信山社、二〇〇八年)二八八〜二九五頁を参照。

(11) ＮＴＰの成立過程については、秋山信将「核兵器不拡散条約(ＮＰＴ)の成り立ち」秋山信将編『ＮＰＴ——核のグローバル・ガバナンス』(岩波書店、二〇一五年)一〜三一頁、黒澤満『軍縮国際法の新しい視座　核兵器不拡散体制の研究』(有信堂、一九八六年)、佐藤栄一『現代の軍備管理・軍縮——核兵器と外交　一九六五〜一九八五年』(東海大学出版会、一九八九年)三〜一五頁を参照。

(12) この一九一カ国にはバチカン市国、パレスチナ、北朝鮮(脱退を宣言しているがその効力については議論がある)を含む。

(13) ＩＡＥＡ保障措置の変遷と意義については、菊池昌廣「核拡散と検証措置」浅田・戸崎『核軍縮不拡散の法と政治』二九七〜三二三頁、坪井裕「原子力の平和利用と保障措置」神田啓治・中込良廣『原子力政策学』(京都大学学術出版会、二〇〇九年)、樋川和子「核不拡散と平和利用」秋山信将編『ＮＰＴ』一〇五〜一三二頁を参照。核拡散の個別事案へのＩＡＥＡの対応については、Mohamed Elbaradei, *The Age of Deception: Nuclear Diplomacy in Treacherous Times* (New York: Metropolitan Books, 2011), Cristine Wing, *Detect, Dismantle, and Disarm: IAEA Verification, 1992-2005* (Washington D.C.: United States Institute of Peace Press, 2013) を参照。

（14） ＮＳＧをはじめとする核不拡散のための輸出管理の変遷と意義については、国吉浩「核不拡散輸出管理」神田・中込『原子力政策学』を参照。

（15） 先行研究におけるＮＰＴをはじめとする核不拡散レジームの有効性についての議論については、Sagan, "The Causes of Nuclear Weapons Proliferation" を参照。

（16） 予防型アプローチと対処型アプローチについては、戸崎洋史「核兵器拡散防止のアプローチ」を参照。また、秋山信将は、これを核不拡散レジームとそれを補完する対応との観点で捉えている（秋山『核不拡散をめぐる国際政治』一五〜六六頁）。

（17） 「アメ」を用いるのは、「肯定的働きかけ」（positive inducement）、「ムチ」を用いるのは、「否定的働きかけ」（negative inducement）と呼ばれる。

（18） 核拡散の個別事案における外交的手段の有効性について検討したものとしては、Solingen（ed.）, *Sanction, Statecraft, and Nuclear Proliferation* を参照。

（19） この「秘匿化」の事例は、「不透明な核拡散」（opaque nuclear proliferation）との概念で捉えられてきた問題である（Avnar Cohen and Benjamin Frankel, "Opaque Nuclear Proliferation," in Benjamin Frankel（ed.）, *Opaque Nuclear Proliferation : Methodological and Policy Implications*（London : Frank Cass and Company Ltd., 1991）, pp. 14-44）。

（20） 核態勢や核ドクトリンについての先行研究は、アメリカ、ソ連など核大国についてのものが多いが、本書の対象とする新興の核保有国の核態勢や核ドクトリンについても、各国の個別事例を中心に研究が積み重ねられている。代表的なものとして次を参照。Peter R. Lavoy, Scott D. Sagan, and James J. Wirtz, *Planning the Unthinkable : How New Powers Will Use Nuclear, Biological, and Chemical Weapons*（Ithaka : Cornell University Press, 2000）, Alastair Ian Johnston, "China's New 'Old Thinking' : The Concept of Limited Deterrence," *International Security*, Vol. 20, No. 3（Winter 1995/96）, Rajesh Basrur, *Minimum Deterrence and India's Nuclear Security*（Stanford : Stanford University Press, 2006）, Vipin Narang, "Posturing for Peace : Pakinstan's Nuclear Posture and South Asian Security," *International Security*, Vol. 34, No. 3（Winter 2009/10）,

Viping Narang, *Nuclear Strategy in the Modern Era: Regional Powers and International Conflict* (Princeton: Princeton University Press, 2014), 伊豆山真里・小川伸一「インド、パキスタンの核政策」『防衛研究所紀要』第五巻第一号、二〇〇二年八月、梅本哲也「中国と核軍縮」日本国際問題研究所軍縮・不拡散促進センター編『「核兵器のない世界」に向けた課題の再検討』研究会報告書（日本国際問題研究所、二〇一一年）。

(21) この三つの類型については、ヴィピン・ナランの下記の研究を参考とした。Narang, "Posturing for Peace," Narang, *Nuclear Strategy in the Modern Era.*

(22) 不透明抑止については、Basrur, *Minimum Deterrence and India's Nuclear Security*, p. 28を参照。ヴィピン・ナランは、第三国の好意的な介入を促す対応を触媒的な核態勢と捉えており、これは、イスラエル、パキスタンが実際に行ったとされる「核のほのめかし」の事例のうち、特に、第三国に向けられたものを分析する際の概念として有益と考えられるが（Narang, "Posturing for Peace," Narang, *Nuclear Strategy in the Modern Era*）、核能力を「顕在化」させずに「秘匿化」している際の核の役割を考える際、こうした第三国に向けられたものだけに着目するのは狭きに過ぎると考えられるので、こうした対応は、不透明抑止の一つの形態と捉えるべきと考えられる。不活性抑止については、伊豆山・小川「インド、パキスタンの核政策」五一頁を参照。

(23) 確証報復抑止については、Narang, "Posturing for Peace," Narang, *Nuclear Strategy in the Modern Era* を参照。ヴィピン・ナランは、核による攻撃に対する確証報復を念頭に置いているが、特に中東の状況を考えれば、核以外の大量破壊兵器による攻撃も念頭に置く方が適当と考えられる。

(24) 相手国に核攻撃や核威嚇を思い止まらせるのに必要な最低限の損害を与える核能力を保持しようとする考え方。Johnston, "China's New 'Old Thinking'," 梅本哲也「中国と核軍縮」二九～三〇頁。

(25) 限定的な核戦争の遂行を想定する考え方。戦術核から戦略核までの各種核兵器を保有し、対価値攻撃のみならず、対兵力打撃も想定。Johnston, "China's New 'Old Thinking'," pp. 19-23, 梅本「中国と核軍縮」三〇頁。

(26) 非対称型エスカレーション抑止については、Narang, "Posturing for Peace," Narang, *Nuclear Strategy in the Modern Era*

を参照。

（27）「核拡散楽観論」の議論の例としては、下記を参照。Kenneth N. Waltz, "For Better: Nuclear Weapons Preserve an Imperfect Peace," in Scot D. Sagan and Waltz, *The Spread of Nuclear Weapons: A Debate Renewed* (New York: W. W. Norton, 2003), John J. Mearsheimer, "The Case for a Ukrainian Nuclear Deterrent," *Foreign Affairs*, Vol. 72, No. 3 (Summer, 1993), pp. 50-66（邦訳はJ・ミアシャイマー「非核化は欧州の不安定化を招く」『中央公論』一九九三年九月号）.

（28）「核拡散悲観論」の議論の例としては、下記を参照。Scot D. Sagan, "For Worth: Till Death Do Us Part," in Sagan and Waltz, *The Spread of Nuclear Weapons*, Stephen E. Miller, "The Case against a Ukrainian Nuclear Deterrent," *Foreign Affairs*, Vol. 72, No. 3 (Summer, 1993), pp. 67-80（邦訳はS・ミラー「ウクライナでは核抑止は機能しない」『中央公論』一九九三年九月号）.

（29）ここでいう「核爆発能力」の獲得は、ソナリ・シンとクリストファー・ウェイが核開発のプロセスをPursue, Explore, Acquireの三段階に分けている際のAcquireの概念に近い（Sonali Singh and Christopher R. Way, "The Correlates of Nuclear Proliferation: A Quantitative Test," *Journal of Conflict Resolution*, Vol. 48, No. 6 (December 2004)）。シンとウェイは、Acquireを「最初の核実験ないし最初の核兵器の組み立て」と捉えているが、本書においては、「核兵器」の組み立てというよりは、兵器化のいかんを考慮することなく「核爆発装置」の組み立てに着目し、「最初の核実験ないし最初の核爆発装置の組み立て」をもって核爆発能力の獲得と考えることとしたい。

（30）Shahram Chubin, *Iran's Nuclear Ambitions* (Washington D.C.: Carnegie Endowment for International Peace, 2006), p. 57, David Patrikarakos, *Nuclear Iran: The Birth of Atomic State* (London: I.B. Tauris & Co Ltd, 2012), p. 287. 二〇一五年七月一四日にイランとEU３＋３（EU、イギリス、フランス、ドイツ、アメリカ、ロシア、中国）との間で合意された「包括的共同作業計画」（ＪＣＰＯＡ）においては、核兵器一個分の核物質の取得に至るまでの時間が着目されている。

第1章　中国——歴史の転換点となった核拡散

(1) 中国の核開発についての先行研究としては、以下を参照のこと。John Wilson Lewis and Xue Litai, *China build the Bomb* (Stanford : Stanford University Press, 1988), 飯塚央子「中国における核開発——建国から中ソ国防新技術協定まで」『法学政治学論究』第三五号（一九九七年）、飯塚央子「米中ソ関係と中国の核開発——中ソ国防新技術協定締結からソ連専門家引き揚げまで」『法学政治学論究』第三九号（一九九八年）、平松茂雄『中国——核大国への道』（勁草書房、一九八六年）、平松茂雄『中国の核戦力』（勁草書房、一九九六年）、宮本信雄『中ソ対立の史的構造——米中ソの「核」と中ソの大国民族主義・意識の視点から』（日本国際問題研究所、一九八九年）。

(2) Lewis and Xue, *China build the Bomb*, pp. 38-39, 平松『中国の核戦力』一三〇～一三一頁。ソナリ・シンとクリストファー・ウェイは、核開発の段階を(1) Explore（核兵器を獲得・開発する可能性の検討）、(2) Pursuit（核兵器開発のための相当程度の努力の遂行）、(3) Acquire（核兵器能力の獲得）の三段階に分けており、中国についての Pursuit の段階が一九五五年から始まったと見ている。シンとウェイの見解については、Sonali Singh and Christopher R. Way, "The Correlates of Nuclear Proliferation : A Quantitative Test," *Journal of Conflict Resolution*, Vol. 48, No. 6 (December 2004) を参照。

(3) Lewis and Xue, *China build the Bomb*, pp. 38-39, 平松『中国の核戦力』一三〇～一三一頁。

(4) Lewis and Xue, *China build the Bomb*, p. 39.

(5) Lewis and Xue, *China Builds the Bomb*, pp. 11-39.

(6) Richard K. Betts, *Nuclear Blackmail and Nuclear Balance* (Washington, D.C. : Brookings Institution, 1987), pp. 32-37, 赤木完爾「核戦争と朝鮮戦争」赤木完爾編『朝鮮戦争——休戦五十周年の検証・半島の内と外から』（慶應義塾大学出版会、二〇〇三年）三六八～三七五頁、ジョン・L・ギャディス〔五味俊樹・坪内淳・阪田恭代・太田宏・宮坂直史訳〕『ロング・ピース——冷戦史の証言「核・緊張・平和」』（芦書房、二〇〇二年）一九九～二一一頁、ハリー・S・トルーマン〔堀江芳孝訳〕『トルーマン回顧録2——試練と希望の年月』（恒文社、一九六六年）二九六～二九九頁。

(7) Betts, *Nuclear Blackmail and Nuclear Balance*, pp. 37-47, Alexander L. George and Richard Smoke, *Deterrence in*

American Foreign Policy: Theory and Practice (New York: Columbia University Press, 1974), pp. 237-240, ギャディス『ロング・ピース』二一三〜二二一頁、ドワイト・アイゼンハワー〔仲晃・佐々木謙一訳〕『アイゼンハワー回顧録1――転換への付託 一九五三〜一九五六（新装版）』（みすず書房、二〇〇〇年）一六一〜一七二頁。

（8） John Lewis Gaddis, *Strategies of Containment: A Critical Appraisal of Postwar American Security Policy*, revised and expanded edition (Oxford: Oxford University Press, 2005), pp. 125-196, 佐々木卓也『アイゼンハワー政権の封じ込め政策――ソ連の脅威、ミサイル・ギャップ論争と東西交流』（有斐閣、二〇〇八年）、吉田文彦『核のアメリカ――トルーマンからオバマまで』（岩波書店、二〇〇九年）二七〜四八頁。こうしたアメリカの安全保障戦略の転換が中国に与えた影響については、Lewis and Xue, *China Builds the Bomb*, pp. 16-20, 平松『中国――核大国への道』四六〜五二頁参照。

（9） Betts, *Nuclear Blackmail and Nuclear Balance*, pp. 54-62, George and Smoke, *Deterrence in American Foreign Policy*, pp. 266-294, 松本はる香「台湾海峡危機［一九五四〜五五］と米華相互防衛条約の締結」『国際政治』第一一八号（一九九八年五月）。

（10） ギャディス『ロング・ピース』二二七〜二四六頁。

（11） 平松『中国の核戦力』一九頁。平松茂雄は、この毛沢東の発言を踏まえ、毛沢東は、核兵器の持つ政治的意味（核兵器保有国に政治的発言力を与え、大国としての地位を与える性格）を十分に知っていたと指摘している。

（12） 平松『中国――核大国への道』一七〇〜一七七頁。

（13） 平松茂雄『現代中国の軍事指導者』（勁草書房、二〇〇二年）一四頁。

（14） 平松『中国――核大国への道』三六〜四五頁、平松『現代中国の軍事指導者』二〜六三頁。

（15） 平松『中国――核大国への道』一六六〜一八五頁、平松『現代中国の軍事指導者』二〜一三頁。

（16） 毛沢東は、核戦争について、「半数の人が死んでもあと半数の人が残り、帝国主義は打倒され、全世界は社会主義化され、さらに何年か過ぎればまた二七億にもなり、必ずもっと多くなるであろう」という特異な戦争観を持っており、核兵器を使用することによって多くの人命が失われることへの躊躇を顧慮しない姿勢を示していた（平松『中国――核大国への道』一九四～一九五頁)。

(17) 国際的な核不拡散レジームの嚆矢といってよい部分的核実験禁止条約（ＰＴＢＴ）が中国の核開発を止めることをも念頭に置いて構想され、採択、発効したが（一九六三年八月採択、同年一〇月発効)、中国はこれに加入せず、中国の核開発を止める手段にはならなかった。この点については、本文の「3　核開発阻止のための取り組み」を参照。

(18) 平松『中国——核大国への道』一七〇～一七七頁。

(19) Etel Solingen, *Nuclear Logics: Contrasting Paths in East Asia and the Middle East* (Princeton: Princeton University Press, 2007), p. 19.

(20) Lewis and Xue, *China Builds the Bomb*, pp. 39-46, 飯塚「中国における核開発」、平松『中国の核戦力』一三一～一三八頁。

(21) Lewis and Xue, *China Builds the Bomb*, pp. 60-63, 平松『中国——核大国への道』一八五～一九〇頁。

(22) Lewis and Xue, *China Builds the Bomb*, p. 62, 平松『中国——核大国への道』一八七～一九〇頁、宮本『中ソ対立の史的構造』三三七～三五二頁。

(23) Matthew Kroenig, *Exporting the Bomb: Technology Transfer and the Spread of Nuclear Weapons* (Ithaca: Cornel University Press, 2010), pp. 119-128.

(24) Lewis and Xue, *China Builds the Bomb*, pp. 63-65, 飯塚「米中ソ関係と中国の核開発」、平松『中国の核戦力』一三八～一四一頁。

(25) Lewis and Xue, *China Builds the Bomb*, pp. 63-65, 平松『中国の核戦力』一三八～一四一頁。

(26) Lewis and Xue, *China Builds the Bomb*, pp. 64-65, 平松『現代中国の軍事指導者』一四二～一四三頁、宮本『中ソ対立の史的構造』四八三～五一〇頁、飯塚「米中ソ関係と中国の核開発」。

(27) Lewis and Xue, *China Builds the Bomb*, pp. 63-65, 飯塚「米中ソ関係と中国の核開発」、平松『中国——核大国への道』一九〇～一九五頁、平松『現代中国の軍事指導者』一三五～一四三頁、宮本『中ソ対立の史的構造』三七七～五五四頁。

(28) Lewis and Xue, *China Builds the Bomb*, pp. 63-65, 飯塚「米中ソ関係と中国の核開発」五八～七〇頁、平松『中国――核大国への道』一九〇～一九五頁、平松『現代中国の軍事指導者』一三五～一四三頁。
(29) Lewis and Xue, *China Builds the Bomb*, pp. 63-65, 飯塚「米中ソ関係と中国の核開発」五八～七〇頁、平松『中国――核大国への道』一九五～一九九頁、平松『現代中国の軍事指導者』一三五～一四三頁。
(30) Lewis and Xue, *China Builds the Bomb*, pp. 63-65, 飯塚「米中ソ関係と中国の核開発」五八～七〇頁。
(31) 飯塚「米中ソ関係と中国の核開発」五八～七〇頁、平松『中国――核大国への道』一九五～一九九頁、平松『現代中国の軍事指導者』一三五～一四三頁。
(32) 平松『現代中国の軍事指導者』一二九頁。
(33) 平松『中国の核戦力』一三八～一四一頁、宮本『中ソ対立の史的構造』四八三～六四〇頁、飯塚「米中ソ関係と中国の核開発」一五七頁。
(34) Lewis and Xue, *China Builds the Bomb*, pp. 65-72, 平松『中国――核大国への道』一九九～二〇一頁、平松『中国の核戦力』一四一～一四四頁、宮本『中ソ対立の史的構造』四二三～四五〇頁、飯塚央子「中国の核開発と国際戦略の変遷」茅原郁生編著『中国の核・ミサイル宇宙戦力』（蒼蒼社、二〇〇二年）一五七頁。
(35) Lewis and Xue, *China Builds the Bomb*, p. 65, 飯塚「米中ソ関係と中国の核開発」八〇頁。
(36) Lewis and Xue, *China Builds the Bomb*, p. 121.
(37) 平松『中国の核戦力』一四二頁。
(38) 平松『中国の核戦力』一四二頁。
(39) Lewis and Xue, *China Builds the Bomb*, p. 129.
(40) Lewis and Xue, *China Builds the Bomb*, pp. 118-134, 平松『中国の核戦力』一四一～一四三頁。
(41) Lewis and Xue, *China Builds the Bomb*, p. 113, 平松『中国の核戦力』一四四頁。
(42) Lewis and Xue, *China Builds the Bomb*, pp. 118-121, 平松『中国の核戦力』一四四～一四六頁。

（43） Lewis and Xue, *China Builds the Bomb*, p. 113.

（44） Lewis and Xue, *China Builds the Bomb*, p. 113. プルトニウム生産の作業が再開されたのは、一九六二年六月、プルトニウム生産炉の公式の運転開始は一九六七年初頭になった（Lewis and Xue, *China Builds the Bomb*, p. 112）。

（45） Lewis and Xue, *China Builds the Bomb*, p. 136, 平松『中国の核戦力』一六二頁。

（46） Lewis and Xue, *China Builds the Bomb*, pp. 137–169, 平松『中国の核戦力』一五三〜一五七頁。

（47） たとえば、平松『中国の核戦力』一五六頁。

（48） Lewis and Xue, *China Builds the Bomb*, p. 139, 平松『中国の核戦力』一五六頁。

（49） 平松『中国の核戦力』一五七〜一五九頁。

（50） Lewis and Xue, *China Builds the Bomb*, pp. 186–189, 平松『中国の核戦力』一六二〜一六三頁。

（51） 東京オリンピックは、一〇月一〇日から二四日まで開催された。

（52） Federation of American Scientists, China's Nuclear Forces Guide, November 29, 2006（http://fas.org/nuke/guide/china/nuke/index.html）, V. N. Mikhailov（ed.）, *Catalog of Worldwide Nuclear Testing*, Library of Cangress, 1999（http://www.iss-atom.ru/ksenia/catal_nt/index.htm）.

（53） Jeffrey T. Richelson, *Spying on the Bomb : American Nuclear Intelligence from Nazi Germany to Iran and North Korea*（New York : W. W. Norton and Company, 2007）pp. 142–167, William Burr and Jeffrey T. Richelson, "Whether to 'Strangle the Baby in the Cradle' : United States and the Chinese Nuclear Program, 1960–64," *International Security*, Vol. 25, No. 3（Winter 2000/01）, Gordon Chang, "JFK, China, and the Bomb," *Journal of American History*, Vol. 74, N0. 4（March 1988）. なお、前記の Whether to "Strangle the Baby in the Cradle" 論文で用いられた米政府文書は以下で公表されている。William Burr and Jefferey T. Richelson, The United States and the Chinese Nuclear Program, 1960–64, National Security Archive Electronic Briefing Book Series No. 38, January 2001（http://www2.gwu.edu/~nsarchiv/NSAEBB/NSAEBB38/）.

（54） Richelson, *Spying on the Bomb*, p. 142.

(55) Richelson, *Spying on the Bomb*, pp. 142, 145.

(56) Burr and Richelson, "Whether to 'Strangle the Baby in the Cradle'," pp. 67–68, Richelson, *Spying on the Bomb*, p. 153.

(57) Burr and Richelson, "Whether to 'Strangle the Baby in the Cradle'," p. 68.

(58) Burr and Richelson, "Whether to 'Strangle the Baby in the Cradle'," p. 69.

(59) Burr and Richelson, "Whether to 'Strangle the Baby in the Cradle'," p. 69.

(60) Burr and Richelson, "Whether to 'Strangle the Baby in the Cradle'," p. 71, Richelson, *Spying on the Bomb*, p. 154.

(61) Burr and Richelson, "Whether to 'Strangle the Baby in the Cradle'," p. 71, Richelson, *Spying on the Bomb*, p. 154.

(62) Burr and Richelson, "Whether to 'Strangle the Baby in the Cradle'," pp. 72–73, Richelson, *Spying on the Bomb*, pp, 154–155.

(63) Burr and Richelson, "Whether to 'Strangle the Baby in the Cradle'," pp. 72–73, Richelson, *Spying on the Bomb*, pp, 154–155.

(64) Burr and Richelson, "Whether to 'Strangle the Baby in the Cradle'," pp. 72–73, Richelson, *Spying on the Bomb*, pp, 154–155.

(65) Department of State (Policy Planning Council), An Exploration of the Possible Bases for Action against the Chinese Communist Nuclear Facilities, April 14, 1964 (http://www2.gwu.edu/~nsarchiv/nukevault/special/doc09.pdf).

(66) Burr and Richelson, "Whether to 'Strangle the Baby in the Cradle'," pp. 80–82.

(67) Burr and Richelson, "Whether to 'Strangle the Baby in the Cradle'," p. 87, Richelson, *Spying on the Bomb*, pp. 162–163.

(68) 黒崎輝『核兵器と日米関係――アメリカの不拡散外交と日本の選択　一九六〇～一九七六』（有志舎、二〇〇六年）四六頁。

(69) この中国政府の声明については、Lewis and Xue, *China Builds the Bomb*, pp. 241–243を参照。

(70) Evan S. Medeiros, "Evolving Nuclear Doctrine," in Paul J. Bolt and Albert S. Willner (eds.), *China's Nuclear Future* (London : Lynne Rienner Publishers, Inc., 2006) pp. 47–48.

(71) Evan S. Medeiros, "Evolving Nuclear Doctrine," pp. 47–48, 間山克彦「中国の核戦力の現状と将来」茅原編著『中国の核・ミサイル宇宙戦力』一八四頁。

(72) アメリカの核爆発能力の獲得は、最初の核実験が行われた一九四五年七月一六日。アメリカの核爆発能力は、同年八月六日の広島への原爆投下、八月九日の長崎への原爆投下によって顕在化された。

(73) Betts, *Nuclear Blackmail and Nuclear Balance*, pp. 54–62, 66–79, ギャディス『ロング・ピース』二二七〜二四六頁。

(74) 中国は、一九六四年一〇月に最初の核実験を行った際の声明において、「中国は、日増しに増大するアメリカからの核威嚇に直面し、じっと手を拱いていることができなくなった。中国が核実験を行い、核兵器を開発するのは、余儀なく行わざるを得なくなったためである」と述べた。この中国政府の声明については、Lewis and Xue, *China Builds the Bomb*, pp. 241–243 を参照。

(75) 平松茂雄は、この発言を踏まえ、毛沢東は、核兵器の持つ政治的意味（核兵器保有国に政治的発言力を与え、大国としての地位を与える性格）を十分に知っていたと指摘している（平松『中国の核戦力』一九頁）。

(76) 間山「中国の核戦力の現在と将来」一八一頁。

(77) Lewis and Xue, *China Builds the Bomb*, p. 201.

(78) 間山「中国の核戦力の現在と将来」一八一頁。

(79) この中国の四回目の核実験（ＣＨＩＣ‐４）の核爆発装置の設計図が、後年、パキスタンのアブドゥル・カディル・カーン（Ａ・Ｑ・カーン）の研究所に渡され、リビアに流出するものである。第４章参照。

(80) 黒崎『核兵器と日米関係』四九頁。

(81) トンプソン委員会については、Editorial Note, Foreign Relations of the United State, 1964–1968, Vol. XI, Arms Control and Disarmament, pp. 110–111, 黒崎『核兵器と日米関係』五〇〜五一頁を参照。

(82) ギルパトリック委員会については、Report by the Committee on Nuclear Proliferation, January 21, 1965, Foreign Relations of the United State, 1964–1968, Volume XI, Arms Control and Disarmament, pp. 173–182, Francis J. Gavin, "Blasts from the Past: Proliferation Lessons form the 1960s," *International Security*, Vol. 29, No. 3 (Winter 2004/05), 黒崎『核兵器と日米関係』四九頁を参照を参照。

(83) 黒崎『核兵器と日米関係』四九～六三頁。

(84) 黒崎『核兵器と日米関係』において、「核不拡散協定のような全世界的な核不拡散政策」を志向する動きとして紹介されている（同書四九～六三頁）。

(85) 黒崎『核兵器と日米関係』において、「『選別的』核拡散を容認する考え」として紹介されている（同書四九～六三頁）。

(86) 黒崎『核兵器と日米関係』五〇～五二頁。

(87) 黒崎『核兵器と日米関係』五三～五四頁。

(88) 黒崎『核兵器と日米関係』六〇～六三頁。

(89) 黒崎『核兵器と日米関係』五四頁。

(90) 秋山信将「核兵器不拡散条約（ＮＰＴ）の成り立ち」秋山信将編『ＮＰＴ――核のグローバル・ガバナンス』（岩波書店、二〇一五年）一～三一頁、黒澤満『軍縮国際法の新しい視座――核兵器不拡散体制の研究』（有信堂、一九八六年）、佐藤栄一『現代の軍備管理・軍縮――核兵器と外交　一九六五～一九八五年』（東海大学出版会、一九八九年）三～一五頁。

(91) 黒澤『軍縮国際法の新しい視座』三五～三九頁。

(92) 平松『中国の核戦力』八三頁。

(93) 第３章参照。

(94) 第４章参照。

(95) 台湾の核開発については以下を参照。Derek J. Mitchell, "Taiwan's Hsin Chu Program : Deterrence, Abandonment, and Honor," in Kurk M. Cambell, Robert J. Einhorn, and Mitchell B. Reiss (eds.), *The Nuclear Tipping Point : Why States Reconsider Their Nuclear Choices* (Washington, D. C. : Brookings Institution Press, 2004), pp. 293-313, Solingen, *Nuclear Logics*, pp. 100-117, Monte Bullard and Jing-dong Yuan, "Taiwan and Nuclear Weaponization : Incentives and Disincentives," in William C. Potter with Gaukhar Mukhatzhanova (eds.), *Forecasting Nuclear Proliferation in the 21th*

Century : A Comparative Perspective, Volume 2 (Stanford : Stanford University Press), pp. 182-202. 韓国の核開発については以下を参照。Jonathan D. Pollack and Mitchell B. Reiss, "South Korea : The Tyranny of Geography and the Vexations of History," in Cambell, Einhorn, and Reiss（eds.）, *The Nuclear Tipping Point*, pp. 254-292, Solingen, *Nuclear Logics*, pp. 82-99, Scot Snyder, "South Korean Nuclear Decision Making," in Potter with Mukhatzhanova（ed.）, *Forecasting Nuclear Proliferation in the 21th Century : A Comparative Perspective, Volume 2*, pp. 158-181.

(96) 黒崎『核兵器と日米関係』六〇～六三頁。

(97) 杉田弘毅『検証――非核の選択　核の現場を追う』（岩波書店、二〇〇五年）。

(98) 日本のＮＰＴに対する姿勢については、佐藤栄一・木村修三『核防条約――核拡散と不拡散の論理』（日本国際問題研究所、一九七四年）を参照。

(99) モートン・Ｈ・ハルペリン〔岡崎維徳訳〕『アメリカ新核戦略――ポスト冷戦時代の核理論』三四～六八頁。

(100) Betts, *Nuclear Blackmail and Nuclear Balance*, pp. 180-233.

(101) この項は、Robert S. Norris and Hans M. Kristensen, "Chinese Nuclear Forces, 2011," *Bulletin of the Atomic Scientists*, Vol. 67, No. 6（November /December 2011）, pp. 81-87, 阿部純一「中国の核ミサイル戦力――その発展と現状」（『東亜』二〇〇七年六月号）二四～三五頁、神保謙「ミサイル防衛と東アジア――『新しい枠組』下での米中戦略関係の展望」久保文明・赤木完爾編『アメリカと東アジア』（慶應義塾大学出版会、二〇〇四年）一五七～一八三頁などによる。

(102) Lewis and Xue, *China Builds the Bomb*, pp. 196-206.

(103) 東風五号（ＤＦ-５）については、実際の射程は、八四六〇キロ程度であり、アメリカの北西部はカバーするが、東部の主要都市、南部、南西部は射程の範囲外にあるとも指摘される。阿部「中国の核ミサイル戦力――その発展と現状」三〇頁参照。

(104) ヴィピン・ナランは、「最小限抑止」から「限定抑止」への移行の指摘もあるが、中国が確証報復抑止の構築を目指してきていることについては一貫性があると指摘している（Vipin Narang, *Nuclear Strategy in the Modern Era, Regional*

Powers and International Conflict (Princeton : Princeton University Press, 2014) pp. 121–152)。

(105) Evan S. Medeiros, "Evolving Nuclear Doctrine," p. 47.

(106) Alastair Iain Johnston, "China's New 'Old Thinking': The Concept of Limited Deterrence," *International Security*, Vol. 20, No. 3 (Winter 1995/96).

(107) Hans M. Kristensen and Robert S. Norris, "Chinese Nuclear Forces, 2015," *Bulletin of the Atomic Scientists*, Vol. 71, No. 4 (July/August 2015), Stockholm International Peace Research Institute (SIPRI), *SIPRI Yearbook 2015 : Armaments, Disarmament and International Security* (Oxford : Oxford University Press, 2015), p. 491.

(108) Robert S. Norris and Hans M. Kristensen, "Chinese Nuclear Forces, 2006," *Bulletin of the Atomic Scientists*, Vol. 62, No. 3 (May/June 2006), p. 60, Robert S. Norris and Hans M. Kristensen, "Chinese Nuclear Forces, 2010," *Bulletin of the Atomic Scientists*, Vol. 66, No. 6 (November /December 2010), p. 134.

(109) Alexei Arbatov and Vladimir Dvrkin, *The Great Strategic Triangle* (Moscow : Carnegie Moscow Center, 2013), pp. 17–19.

(110) 西田充「中国核兵器の透明性に関する一考察」『軍縮研究』第二巻（二〇一一年）。

(111) Andrea Burger and Malcom Charles, *Great Expectations* : *The P5 Process and the Non-Proliferation Treaty*, Whitehall Report 3–13, The Royal United Services Institute (RUSI), August 2013.

(112) Implementation of the Treaty on the Non-Proliferation of Nuclear Weapons : Report submitted by the People's Republic of China, NPT/CONF.2015/PC.III/13.

(113) U. S. Department of Defense, *Nuclear Posture Review*, April 2010.

(114) これは、戦略的安定性の概念上の中味にも関わる問題である。この点については、たとえば、Eldridge Colby, "Defining Strategic Stability : Reconciling Strategic Stability and Deterrence," in Eldridge A. Colby and Michael S. Garson (eds.), *Strategic Stability : Contending Interpretation*, Strategic Studies Institute and U. S. Army War College Press, February 2013

を参照。

(115) こうした「安全保障のトリレンマ」に着目する見解としては、Gregory D. Koblentz, *Strategic Stability in the Second Nuclear Age*, Council Special Report No. 71, Council on Foreign Relations, 2014を参照。なお、このコブレンツの論考の「安全保障のトリレンマ」の項は、Linton Brooks and Mira Rapp-Hooper, "Extended Deterrence, Assurance, and Reassurance in the Pacific during the Second Nuclear Age," in Ashley J. Tellis, Abraham M. Denmark, and Travis Tanner, (eds.), *Strategic Asia 2013-2014 : Asia in the Second Nuclear Age*（Washington, DC : National Bureau of Asia Research, 2013), pp. 292-293を参考としているが、これは、アメリカ、北朝鮮、中国、韓国、日本の相互関係に着目したもの。

(116) Evan S. Medeiros, *Reluctant Restraint : The Evolution of China's Nonproliferation Policies and Practices, 1980-2004*（Stanford : Stanford University Press, 2007), pp. 71-75, 小川伸一「中国の核軍備管理・軍縮政策」茅原編著『中国の核・ミサイル宇宙戦力』二三四〜二三五頁、平松『中国の核戦力』八三〜八五頁。

(117) 一九九一年の海部総理の李鵬総理との会談の冒頭、海部総理から「核不拡散条約（ＮＰＴ）への参加を要請したい」と求めたのに対し、李鵬総理は、「中国は原則的にＮＰＴ参加を決定した」と応じた（霞山会編『日中関係基本資料集——一九四九年〜一九九七年』（霞山会、一九九八年）七六六頁）。Evan S. Medeiros, *Reluctant Restraint*, pp. 74-75, 平松『中国の核戦力』八三〜八五頁。

(118) 平松『中国の核戦力』三九頁。中国の核実験の回数については、四七回とする見方もある（Mikhailov, *Catalog of Worldwide Nuclear Testing*）。

(119) 小川伸一「中国の核軍備管理・軍縮政策」二四一〜二四四頁。

(120) Feroz Hassan Khan, *Eating Grass : The Making of the Pakistani Bomb*（Stanford : Stanford University Press, 2012), pp. 171-173, Evan S. Medeiros, *Reluctant Restraint*, p. 39.

(121) Evan S. Medeiros, *Reluctant Restraint*, p. 40, Thomas C. Reed and Danny B. Stillman, *The Nuclear Express : A Political Histrory of the Bomb and Its Proliferation*（Minneapolis : Zenith Press, 2009) pp. 249-250, Kahn, *Eating Grass*, p. 188.

（122）Reed and Stillman, *The Nuclear Express*, pp. 252-253.

（123）Medeiros, *Reluctant Restraint*, pp. 65-71.

（124）David Patrikarakos, *Nuclear Iran : The Birth of an Atomic State* (London : I.B. Tauris & Co Ltd, 2012), p. 135, Medeiros, *Reluctant Restraint*, pp. 58-60.

（125）Patrikarakos, *Nuclear Iran*, pp. 136-137, Medeiros, *Reluctant Restraint*, pp. 81-82.

第2章　イスラエル――最も不透明な核保有国

（1）イスラエルの核開発についての先行研究としては、以下を参照のこと。Avner Cohen, *Israel and the Bomb* (New York : Columbia University Press, 1998), Avner Cohen, *The Worst Kept Secret : Israel's Bargain with the Bomb* (New York : Columbia University Press, 2010), Zeev Maoz, "The Mixed Blessing of Israel's Nuclear Policy," *International Security*, Vol. 28, No. 2 (Fall 2003), Etel Solingen, *Nuclear Logics : Contrasting Paths in East Asia and the Middle East* (Princeton : Princeton University Press, 2007), pp. 187-212, 木村修三「イスラエルの核と中東の国際関係」山田浩・吉川元編『なぜ核はなくならないのか』（法律文化社、二〇〇〇年）八三～九八頁、セイモア・ハーシュ〔山岡洋一訳〕『サムソン・オプション』（文藝春秋、一九九二年）。

（2）Cohen, *Israel and the Bomb*, pp. 52-60, ハーシュ『サムソン・オプション』四三～五九頁。

（3）スエズ戦争については以下を参照。マーティン・ギルバード〔千本健一郎訳〕『イスラエル全史　下』（朝日新聞出版、二〇〇九年）七～四一頁、ハイル・ヘルツォーグ〔滝川義人訳〕『図解　中東戦争――イスラエル建国からレバノン侵攻まで』（原書房、一九九〇年）一〇九～一四〇頁、鳥井順『中東軍事紛争史　Ⅱ――一九四五～一九五六』（第三書館、一九九五年）三〇五～四四五頁、ヘンリー・キッシンジャー〔岡崎久彦監訳〕『外交　下』（日本経済新聞社、一九九六年）一〇九～一四九頁。ただし、これらの文献には、スエズ戦争とイスラエルの核開発との関わりについては記述されていない。

(4) 鳥井『中東軍事紛争史 Ⅱ』四二二〜四二三頁。

(5) Cohen, *Israel and the Bomb*, pp. 53-54.

(6) Cohen, *Israel and the Bomb*, p. 54.

(7) ハーシュ『サムソン・オプション』四六〜四七頁。

(8) Cohen, *Israel and the Bomb*, p. 55.

(9) Cohen, *Israel and the Bomb*, p. 55.

(10) ハーシュ『サムソン・オプション』五五頁。

(11) Cohen, *Israel and the Bomb*, p. 58.

(12) Cohen, *Israel and the Bomb*, p. 58.

(13) Cohen, *Israel and the Bomb*, pp. 58-59.

(14) Cohen, *Israel and the Bomb*, p. 59.

(15) ハーシュ『サムソン・オプション』五五〜五六頁。

(16) ソナリ・シンとクリストファー・ウェイは、核開発の段階を、(1) Explore（核兵器を獲得・開発する可能性の検討）、(2) Pursuit（核兵器開発のための相当程度の努力の遂行）、(3) Acquire（核兵器能力の獲得）の三段階に分けており、イスラエルについてのPursuitの段階が一九五八年から始まったと見ている。これは、ディモナの核施設の着工を一九五八年と捉えていることによるものと考えられる。シンとウェイの見解については、Sonali Singh and Christopher R. Way, "The Correlates of Nuclear Proliferation: A Quantitative Test," *Journal of Conflict Resolution*, Vol. 48, No. 6 (December 2004) を参照。

(17) Cohen, *Israel and the Bomb*, pp. 12, 25.

(18) Cohen, *Israel and the Bomb*, pp. 10, 12-14.

(19) Cohen, *Israel and the Bomb*, p. 14.

(20) Cohen, *Israel and the Bomb*, p. 10, ハーシュ『サムソン・オプション』三一頁。
(21) Cohen, *Israel and the Bomb*, p. 10.
(22) Cohen, *Israel and the Bomb*, p. 10.
(23) Cohen, *Israel and the Bomb*, pp. 9–14.
(24) Cohen, *Israel and the Bomb*, p. 12.
(25) Cohen, *Israel and the Bomb*, p. 12.
(26) ハーシュ『サムソン・オプション』二九頁。
(27) ハーシュ『サムソン・オプション』三〇頁。
(28) ハーシュ『サムソン・オプション』二九〜三〇頁。
(29) Cohen, *Israel and the Bomb*, p. 48.
(30) Cohen, *Israel and the Bomb*, pp. 63-73, ハーシュ『サムソン・オプション』七五頁。
(31) ハーシュ『サムソン・オプション』五九頁。
(32) フランス以外からの協力としては、重水のノルウェーからの調達が挙げられる（ハーシュ『サムソン・オプション』九六、一二八頁）。
(33) Matthew Kroenig, *Exporting the Bomb: Technology Transfer and the Spread of Nuclear Weapons* (Ithaca: Cornel University Press, 2010), pp. 67–110.
(34) Cohen, *Israel and the Bomb*, pp. 73-75, ハーシュ『サムソン・オプション』八五〜八七頁、シャルル・ドゴール〔朝日新聞外報部訳〕『希望の回想』（朝日新聞社、一九七一年）三六九頁。
(35) Cohen, *Israel and the Bomb*, pp. 73-74, ハーシュ『サムソン・オプション』八六〜八七頁。
(36) Cohen, *Israel and the Bomb*, p. 74.
(37) ドゴール『希望の回想』三六七頁、ハーシュ『サムソン・オプション』八六〜八七頁。

(38) Cohen, *Israel and the Bomb*, pp. 74-75.
(39) Cohen, *Israel and the Bomb*, p. 74.
(40) Cohen, *Israel and the Bomb*, p. 75.
(41) ハーシュ『サムソン・オプション』八七頁。
(42) Cohen, *Israel and the Bomb*, pp. 148-151.
(43) Cohen, *Israel and the Bomb*, pp. 148-149.
(44) Cohen, *Israel and the Bomb*, p. 149.
(45) Cohen, *Israel and the Bomb*, p. 149.
(46) Cohen, *Israel and the Bomb*, p. 116.
(47) Robert S. Norris, William M. Arkin, Hans M. Kristensen and Joshua Handler, "Israli Nuclear Forces, 2002," *Bulletin of Atomic Scientists*, Vol. 58, No. 5 (September/October 2002), p. 74.
(48) Cohen, *Israel and the Bomb*, p. 232, "Norris, Arkin, Kristensen and Handler, Israli Nuclear Forces, 2002," p. 74.
(49) Cohen, *Israel and the Bomb*, p. 335, "Norris, Arkin, Kristensen and Handler, Israli Nuclear Forces, 2002," p. 74.
(50) Cohen, *Israel and the Bomb*, p. 244.
(51) Cohen, *Israel and the Bomb*, p. 233.
(52) たとえば一九六三年一〇月にシモン・ペレスがケネディ大統領からの詰問に応えてこのフォーミュラを用いた説明を行ったほか（Cohen, *Israel and the Bomb*, pp. 147-148）、一九六五年三月にアメリカ・イスラエルの間で合意された「了解覚書」において、このフォーミュラが用いられた（Cohen, *Israel and the Bomb*, p. 207）。
(53) Cohen, *Israel and the Bomb*, p. 150.
(54) Cohen, *Israel and the Bomb*, pp. 1, 231-232.
(55) Cohen, *Israel and the Bomb*, pp. 231-232.

（56） Cohen, *Israel and the Bomb*, p. 336.

（57） Avner Cohen, "Nuclear Arms in Crisis under Secrecy : Israel and the Lessons of the 1967 and 1973 Wars," in Peter R. Lavoy, Scot D. Sagan, and James J. Wirtz（eds.）, *Planning the Unthinkable : How New Powers Will Use Nuclear, Biological, and Chemical Weapons*（Ithaka : Cornell University Press）, pp. 110-112.

（58） Cohen, Nuclear Arms in Crisis under Secrecy, pp. 110-111.

（59） 第三次中東戦争については以下を参照。ギルバート『イスラエル全史　下』一〇三～一五三頁、ヘルツォーグ『図解中東戦争全史』一四一～一九〇頁、マイケル・B・オレン〔滝川義人訳〕『第三次中東戦争全史』（原書房、二〇一二年）。

（60） Cohen, *Israel and the Bomb*, p. 273.

（61） Cohen, *Israel and the Bomb*, p. 274.

（62） Timothy McDonnel, "Nuclear pursuits : Non-P5 nuclear-armed states, 2013," *Bulletin of the Atomic Scientists*, Vol. 69, No. 1（January/February 2013）, p. 66.

（63） Cohen, Nuclear Arms in Crisis under Secrecy, pp. 112-117.

（64） Cohen, Nuclear Arms in Crisis under Secrecy, pp. 115-117.

（65） Cohen, *Israel and the Bomb*, pp. 85-97, Jeffrey T. Richelson, *Spying on the Bomb : American Nuclear Intelligence from Nazi Germany to Iran and North Korea*（New York : W. W. Norton and Company, 2007）, pp. 247-253, ハーシュ『サムソン・オプション』八八～一〇〇頁。

（66） ハーシュ『サムソン・オプション』八八～九一頁。

（67） Cohen, *Israel and the Bomb*, p. 99.

（68） Cohen, *Israel and the Bomb*, p. 99.

（69） Cohen, *Israel and the Bomb*, p. 100.

（70） Cohen, *Israel and the Bomb*, p. 101.

(71) Cohen, *Israel and the Bomb*, pp. 115–119.
(72) Cohen, *Israel and the Bomb*, pp. 156–159.
(73) Cohen, *Israel and the Bomb*, p. 157.
(74) Cohen, *Israel and the Bomb*, p. 158.
(75) Cohen, *Israel and the Bomb*, pp. 121–134.
(76) Cohen, *Israel and the Bomb*, pp. 134–136, 153–154.
(77) Cohen, *Israel and the Bomb*, pp. 154–155.
(78) Cohen, *Israel and the Bomb*, p. 162.
(79) Cohen, *Israel and the Bomb*, p. 162.
(80) Cohen, *Israel and the Bomb*, p. 162.
(81) Cohen, *Israel and the Bomb*, p. 162.
(82) Cohen, *Israel and the Bomb*, pp. 162–163.
(83) Cohen, *Israel and the Bomb*, pp. 164–170.
(84) Cohen, *Israel and the Bomb*, pp. 177–180.
(85) Cohen, *Israel and the Bomb*, pp. 176–177.
(86) Cohen, *Israel and the Bomb*, pp. 177–178.
(87) Cohen, *Israel and the Bomb*, pp. 177–194, 300, 331–333.
(88) ハーシュ『サムソン・オプション』一三六〜一三八頁。
(89) Cohen, *Israel and the Bomb*, p. 331.
(90) Cohen, *Israel and the Bomb*, pp. 293–321.
(91) Cohen, *Israel and the Bomb*, pp. 295–297.

（92）Cohen, *Israel and the Bomb*, p. 293.

（93）Cohen, *Israel and the Bomb*, p. 295.

（94）Cohen, *Israel and the Bomb*, pp. 299-301.

（95）Cohen, *Israel and the Bomb*, p. 300.

（96）Cohen, *Israel and the Bomb*, p. 300.

（97）Cohen, *Israel and the Bomb*, pp. 300-303.

（98）Cohen, *Israel and the Bomb*, p. 303.

（99）Cohen, *Israel and the Bomb*, p. 305.

（100）Cohen, *Israel and the Bomb*, pp. 305-306.

（101）Cohen, *Israel and the Bomb*, pp. 316-319. 両者のやり取りは、一一月四日、八日、一二日と連続して行われ、これらの会談についての米政府文書は、二〇〇六年四月に秘密指定が解除され、公開された。Avner Cohen, Israel Crossed the Threshold, National Security Archive Electronic Briefing Book No. 189, April 2006（http://www2.gwu.edu/˜nsarchiv/NSAEBB/NSAEBB189/index.htm）を参照のこと。

（102）このやり取りは一一月一二日の会談におけるもの。この会談の米側記録は、次の通り公開されている。Department of Defense（Office of Assistant Secretary of Defense）, Memorandum of Conversation, Subject : Negotiations with Israel-F-4 and Advanced Weapons, November 12, 1968（http://www2.gwu.edu/˜nsarchiv/NSAEBB/NSAEBB189/IN-03c.pdf）.

（103）ハーシュ『サムソン・オプション』一五四〜一五九、二二八〜二三七頁。

（104）ニクソン政権初期におけるイスラエルの核問題への対応に関する米政府文書の一部が二〇〇六年四月および二〇一四年九月に秘密指定が解除され、公開された。Cohen, Israel Crossed the Threshold, William Burr and Avner Cohen, Israel Crossed the Threshold II : The Nixon Administration Debates the Emergence of the Israeli Nuclear Program, National Security Archive Electronic Briefing Book No. 485, September 2014（http: //www2. gwu. edu/˜nsarchiv/nukevault/

ebb485/）を参照のこと。これらを踏まえた分析としては、Hans M. Kristensen and Robert S. Norris, "Israeli nuclear weapons, 2014," *Bulletin of the Atomic Scientists*, Vol. 70, No. 6 (November/December, 2014), pp. 97–100.

(105) Cohen, Israel Crossed the Threshold, Burr and Cohen, Israel Crossed the Threshold II.

(106) Cohen, Israel Crossed the Threshold, Burr and Cohen, Israel Crossed the Threshold II.

(107) Cohen, Israel Crossed the Threshold, Burr and Cohen, Israel Crossed the Threshold II.

(108) このニクソンとゴルダ・メイアとの間の会談については、Cohen, *Israel and the Bomb*, pp. 336-337, Cohen, *The Worst-kept Secret*, pp. 23-33 を参照。なお、二〇〇六年四月および二〇一四年九月に秘密指定が解除され、公開された米政府文書は、この会談の前後の文書を含んでいるが、この会談の記録自体は含まれていない。

(109) この首脳会談の約一〇日後、キッシンジャーは、ニクソンへのメモの中で、「貴大統領は、ゴルダ・メイアとの内密の会談において、われわれの懸念していることはイスラエルが核兵器を目に見える形で導入したり、核実験を行ったりすることであることを強調した」と記述している。このメモは、二〇〇六年四月に秘密指定が解除され、公開された文書の中に含まれている。White House, Memorandum, Kissinger to Nixon, Subject : Discussion with the Israelis on Nuclear Matters, October 7, 1969.（http://www2.gwu.edu/˜nsarchiv/NSAEBB/NSAEBB189/IN-22.pdf）

(110) イスラエルのラビン駐米大使は、首脳会談の約五カ月後の一九七〇年二月二三日に、キッシンジャーに対し、「大統領とゴルダ・メイアとの会談に鑑み、イスラエルとしてＮＰＴに署名する考えがないことを大統領にお知らせしておきたい」旨を述べた。White House, Memorandum of Conversation between Kissinger and Rabin, February 23, 1970.（http://nsarchive.gwu.edu/NSAEBB/NSAEBB189/IN-28.pdf.）

(111) キッシンジャーは、一〇月八日のニクソンに宛てたメモでラビン大使からの連絡を報告し、対応振りを諮った。White House, Memorandum, Kissinger to Nixon, October 8, 1969.（http://nsarchive.gwu.edu/NSAEBB/NSAEBB189/IN-23.pdf）

(112) キッシンジャーは、一一月六日のニクソンに宛てたメモでこのような対応につき諮った。なお、ラビン大使からは、「核兵器国」「非核兵器国」とは、ＮＰＴ上の意味で用いているとの補足説明がなされていた。White House, Memoran-

dum, Kissinger to Nixon, Subject: Israel's Nuclear Program, November 6, 1969.（http://www2.gwu.edu/~nsarchiv/NSAEBB/NSAEBB189/IN-25.pdf）

(113) Cohen, *Israel and the Bomb*, pp. 324-325. 一方、次の文献は、核実験阻止に向けたアメリカの外交努力の側面を強調している。Or Rabinowitz, *Bargaining on Nuclear Tests: Washington and Its Cold War Deals* (Oxford: Oxford University Press, 2014), pp. 70-105, Or Rabinowitz and Nicholas L. Miller, "Keeping the Bombs in the Basement: U.S. Nonproliferation Policy Toward Israel, South Africa, and Pakistan," *International Security*, Vol. 40, No. 1 (Summer 2015), pp. 47-86.

(114) Cohen, *Israel and the Bomb*, p. 161.

(115) Cohen, *Israel and the Bomb*, pp. 148-151.

(116) F-4ファントム以前にも、地対空ミサイル・ホーク、M-48戦車、攻撃機A-4スカイホークなどの供与がなされている。

(117) Cohen, *Israel and the Bomb*, p. 3.

(118) Cohen, *The Worst-kept Secret*, pp. 34-55.

(119) Cohen, *The Worst-kept Secret*, pp. 35-36.

(120) Cohen, *The Worst-kept Secret*, pp. 37-39.

(121) アブナー・コーエンも、別の文脈で「暗黙のパートナーとしてのアメリカ」を「あいまい」政策の一つの背景として指摘している（Cohen, *The Worst-kept Secret*, pp. 48-49）。

(122) コーエンは、「ソ連、イギリス、フランスとは異なり、また、後の中国やインドとも異なり、イスラエルは、（核開発によって）大国としての地位を希求するところはなかった」と指摘している（Cohen, *Israel and the Bomb*, p. 5）。

(123) 第四次中東戦争については以下を参照。ギルバート『イスラエル全史　下』二〇四～二六三頁、ヘルツォーグ『図解中東戦争全史』二一八～三一一頁、アブラハム・ラビノビッチ〔滝川義人訳〕『ヨムキプール戦争全史』（並木書房、二〇〇八年）。

（124）ハーシュ『サムソン・オプション』二七二～二九〇頁。

（125）ハーシュ『サムソン・オプション』二七二頁。

（126）キッシンジャーは回想録の中で、ディニッツ大使から緊急の武器援助の要請があったことは記述しているが、核兵器の使用の示唆については記述していない（H・A・キッシンジャー〔読売新聞・読売調査本部訳〕『キッシンジャー　激動の時代②——火を噴く中東』（小学館、一九八二年）一〇二～一〇七頁）。

（127）ヴィピン・ナランは、この事例を触媒的な核態勢（第三国の好意的な介入を期待する対応）の典型的な事例と捉えている。Vipin Narang, "Posturing for Peace? Pakistan's Nuclear Postures and South Asia Stability," *International Security*, Vol. 34, No. 3 (Winter 2009/10), pp. 41-43, Viping Narang, *Nuclear Strategy in the Modern Era: Regional Powers and International Conflict* (Princeton: Princeton University Press, 2014), pp. 16-17, 187-191. なお、ナランのいう触媒的な核態勢について、リチャード・J・ハークネットは、「核の保険」との概念で捉えている（Richard J. Harknett, "Nuclear Weapons and Territorial Integrity in the Post-Cold World," in K. R. Dark (ed.), *New Studies in Post-Cold War Security* (Aldershot: Dartmouth Publishing Company, 1996), pp. 51-61）。

（128）Avner Cohen, "Nuclear Arms in Crisis under Secrecy," pp. 118-122, Viping Narang, *Nuclear Strategy in the Modern Era: Regional Powers and International Conflict,* (Princeton: Princeton University Press, 2014), pp. 16-17, 187-191.

（129）ヴェラ事件については、以下を参照のこと。Richelson, *Spying on the Bomb*, pp. 285-316, ハーシュ『サムソン・オプション』三二五～三四〇頁。

（130）Richelson, *Spying on the Bomb*, p. 316.

（131）ヴァヌヌ事件については、以下を参照のこと。Cohen, *The Worst-kept Secret*, pp. 104-106, 131-136, Richelson, *Spying on the Bomb*, pp. 361-367, ハーシュ『サムソン・オプション』二三九～二五三、三六五～三七五頁、マイケル・バー＝ゾウハー〔上野元美訳〕『モサド・ファイル——イスラエル最強スパイ列伝』（早川書房、二〇一三年）三一二～三二九頁。

（132）Stockholm International Peace Research Institute (SIPRI), *SIPRI Yearbook 2015: Armaments, Disarmament and*

International Security (Oxford: Oxford University Press, 2015), p. 507. 下記も参照のこと。Hans M. Kristensen and Robert S. Norris, "Israel nuclear weapons, 2014," *Bulletin of the Atomic Scientists*, Vol. 70, No. 6 (November/December, 2014), pp. 97–115.

(133) SIPRI, *SIPRI Yearbook 2015*, p. 507.

(134) SIPRI, *SIPRI Yearbook 2015*, pp. 507–508.

(135) Narang, *Nuclear Strategy in the Modern Era*, pp. 199–206.

(136) Narang, *Nuclear Strategy in the Modern Era*, pp. 181–199. ヴィピン・ナランは、第三国の好意的な介入を促す対応を触媒的な核態勢と捉えており、これは、イスラエル、パキスタンが実際に行ったとされる「核のほのめかし」の事例のうち、特に、第三国に向けられたものを分析する際の概念として有益と考えられる。一方、核爆発能力を「顕在化」させずに「秘匿化」している際の核の役割を考える際、こうした第三国に向けられたものだけに着目するのは狭きに過ぎると考えられるので、こうした対応は、不透明抑止の一つの形態と捉えるべきと考えられる。

(137) ヴィピン・ナランは、これをもって、イスラエルが確証報復抑止の核態勢をとるようになったものと指摘している（Narang, *Nuclear Strategy in the Modern Era*, pp. 199–206）。一方、イスラエルの核は、明示的な抑止のために軍事的に位置づけられているわけではなく、「最後の手段」としていざという時に核の運用がオプションとしてあり得るとの状況を確保するという性格は変わっていないことからすれば、潜水艦への核装備だけで、核態勢が根本的に変わったと見ることには無理があるのではないかと思われる。イスラエルの核が「最後の手段」であるというのは、「最後の手段」として用いることがあり得るとの前提に立っていることであり、その意味で、通常兵器に対する非対称型エスカレーション抑止、大量破壊兵器に対する確証報復抑止の要素も「最後の手段」としては元来より内包されていると見ることができる。核態勢の判断としては、序章でも述べた通り、核兵器の最も中核的な機能として何を想定していたのかによって判断すべきであり、現状は、核兵器を明示的な抑止のために軍事的に位置づけているわけではなく、「最後の手段」としていざという時に核の運用がオプションとしてあり得るとの状況を確保している状況であるので、確証報復抑止や非対称型エスカレーション抑止というよりは、不透明・不活性抑止と位置づけることが適当と考えられる。

(138) Maoz, "The Mixed Blessing of Israel's Nuclear Policy," pp. 60–61.

(139) Maoz, "The Mixed Blessing of Israel's Nuclear Policy," pp. 64–69.

(140) オシラク爆撃の際、メナヒム・ベギン首相が「敵が我が国に矛先を向けた大量破壊兵器の開発を行うことをわれわれは決して認めない」との立場を述べたことから、ベギン・ドクトリンとも呼ばれる。

(141) イスラエルは、化学兵器禁止条約を締結していない。

(142) 木村修三「イスラエルの核と中東の国際関係」九四〜九七頁、黒澤満『軍縮国際法』(信山社、二〇〇三年)一六八〜一六九頁、戸崎洋史「中東の核兵器拡散問題と対応」秋山信将編『NPT――核のグローバル・ガバナンス』(岩波書店、二〇一五年)一四二〜一四四頁。

(143) Paulo Foradori and Martin B. Malin (eds.), *A WMD-Free Zone in the Middle East: Regional Perspectives*, Harvard Kennedy School, Belfer Center for Science and International Affairs, November 2013, Bernd W. Kubbig and Chiristian Weidlich, *A WMD/DVs Free Zone for the Middle East: Taking Stock, Moving Forward towards Cooperative Security*, Peace Research Institute Frankfurt, 2015, 戸崎「中東の核兵器拡散問題と対応」一四九〜一五四頁。

(144) Maoz, The Mixed Pressing of Israel's Nuclear Policy, pp. 69–72.

(145) Cohen, *The Worst-kept Secret*, pp. 88–146, 木村修三「イスラエルの核と中東の国際関係」八七〜八九頁。

(146) Cohen, *Israel and the Bomb*, pp. 343–349, Cohen, *The Worst-kept Secret*, pp. 147–203, Maoz, "The Mixed Blessing of Israel's Nuclear Policy," p. 76.

第3章　インド――「平和的核爆発」から核ドクトリンへ

(1) インドの核開発についての先行研究は数多くあるが、主要なものとして以下を参照のこと。Itty Abraham, *The Making of the Indian Atomic Bomb: Science, Secrecy, and the Postcolonial State* (London: Zed Books: 1998), Raj Chengappa,

Weapons of Peace : The Secret Story of India's Quest To Be a Nuclear Power（New Delhi : Harper Collins Publishes India, 2000）, Sumit Ganguly, "India's Pathway to Pokharan II : The Prospects and Sources of New Delhi's Nuclear Weapons Program," *International Security*, Vol. 23, No. 4（Spring 1999）, pp. 148-177, Jacques E. Hymans, *The Psychology of Nuclear Proliferation : Identity, Emotions, and Foreign Policy*（Cambridge : Cambridge University Press : 2006）, pp. 171-203, George Perkovich, *India's Nuclear Bomb : The Impact on Global Proliferation*（Berkley and Los Angeles : University of California Press, 1999）, 伊豆山真理・小川伸一「インド、パキスタンの核政策」『防衛研究所紀要』第五巻第一号（二〇〇二年八月）四二～七二頁、岩田修一郎『核拡散の論理――主権と国益をめぐる国家の攻防』（勁草書房、二〇一〇年）二七～五一頁。

（2） Perkovich, *India's Nuclear Bomb*, p. 13.

（3） Perkovich, *India's Nuclear Bomb*, pp. 27-28.

（4） Perkovich, *India's Nuclear Bomb*, p. 28.

（5） Perkovich, *India's Nuclear Bomb*, p. 13.

（6） 岩田『核拡散の論理』三〇頁。

（7） Perkovich, *India's Nuclear Bomb*, pp. 13, 448-449, 岩田『核拡散の論理』三〇頁。ただし、パーコヴィッチは、ネルーについて、マハトマ・ガンディーと並んで「人道主義と核兵器に対する道徳的な反対運動」を体現する人物と捉えられたが、その実像は一般の捉え方よりももっと複雑なものであったとしている。

（8） Perkovich, *India's Nuclear Bomb*, pp. 31-34.

（9） Perkovich, *India's Nuclear Bomb*, p. 65.

（10） Perkovich, *India's Nuclear Bomb*, pp. 66-85.

（11） India's Nuclear Weapons Program, On to Weapons Development : 1960-1967（The Nuclear Weapons Archive website, March 30, 2001）（http://nuclearweaponarchive.org/India/IndiaWDevelop.html）

(12) ソナリ・シンとクリストファー・ウェイは、核開発の段階を(1) Explore（核兵器を獲得・開発する可能性の検討）、(2) Pursuit（核兵器開発のための相当程度の努力の遂行）、(3) Acquire（核兵器能力の獲得）の三段階に分けており、インドにおいては、Pursuit（核兵器開発のための相当程度の努力の遂行）の段階が一九六四年から始まったと捉えているが、この「平和的核爆発」の準備の意思決定に着目しているものと考えられる。シンとウェイの見解については、Sonali Singh and Christopher R. Way, "The Correlates of Nuclear Proliferation: A Quantitative Test," *Journal of Conflict Resolution*, Vol. 48, No. 6 (December 2004) を参照。

(13) 「平和的核爆発」については、黒澤満『軍縮国際法の新しい視座——核兵器不拡散体制の研究』（有信堂、一九八六年）四五〜四八頁、Perkovich, *India's Nuclear Bomb*, p. 35を参照。この問題は、一九九〇年代の包括的核実験禁止条約（CTBT）の作成過程においても、一つの論点となった（黒澤満『軍縮国際法』（信山社、二〇〇三年）二四二〜二四四頁）。

(14) Perkovich, *India's Nuclear Bomb*, pp. 83-85.

(15) Perkovich, *India's Nuclear Bomb*, p. 85.

(16) India's Nuclear Weapons Program, Smiling Buddha: 1974 (The Nuclear Weapons Archive website, November 8, 2001) (http://nuclearweaponarchive.org/India/IndiaSmiling.html).

(17) Perkovich, *India's Nuclear Bomb*, pp. 122-123, India's Nuclear Weapons Program, On to Weapons Development: 1960-1967.

(18) Perkovich, *India's Nuclear Bomb*, pp. 139-142, India's Nuclear Weapons Program, India's First Bomb: 1967-1974 (The Nuclear Weapons Archive website, March 30, 2001) (http://nuclearweaponarchive.org/India/IndiaFirstBomb.html).

(19) India's Nuclear Weapons Program, India's First Bomb: 1967-1974.

(20) Perkovich, *India's Nuclear Bomb*, pp. 139-142.

(21) Chengappa, *Weapons of Peace*, p. 112, India's Nuclear Weapons Program, India's First Bomb: 1967-1974.

(22) Perkovich, *India's Nuclear Bomb*, p. 171.

(23) Chengappa, *Weapons of Peace*, pp. 116–118, India's Nuclear Weapons Program, India's First Bomb : 1967–1974.

(24) Perkovich, *India's Nuclear Bomb*, pp. 171–173.

(25) Perkovich, *India's Nuclear Bomb*, pp. 173–176.

(26) Perkovich, *India's Nuclear Bomb*, pp. 173–174.

(27) Perkovich, *India's Nuclear Bomb*, pp. 173–174.

(28) Perkovich, *India's Nuclear Bomb*, pp. 173–174.

(29) Perkovich, *India's Nuclear Bomb*, p. 176.

(30) パーコヴィッチは、ジャグジバン・ラム国防大臣については実施の五日前に知らされたが、核実験を実施するか否かについて相談されることはなく、スワラン・シン対外関係大臣は、実施の二日前に知らされたに過ぎないとしている（Perkovich, *India's Nuclear Bomb*, p. 174）。一方、チェンガッパは、ラム国防大臣については、事後になって初めて知ったとしている（Chengappa, *Weapons of Peace*, p. 12）。

(31) Perkovich, *India's Nuclear Bomb*, p. 175.

(32) Perkovich, *India's Nuclear Bomb*, pp. 178–189.

(33) India's Nuclear Weapons Program, India's First Bomb : 1967–1974.

(34) Perkovich, *India's Nuclear Bomb*, pp. 190–193, India's Nuclear Weapons Program, The Long Pause : 1974–1989（The Nuclear Weapons Archive website, March 30, 2001）（http://nuclearweaponarchive.org/India/IndiaPause.html）.

(35) Chengappa, *Weapons of Peace*, p. 207, India's Nuclear Weapons Program, The Long Pause : 1974–1989.

(36) India's Nuclear Weapons Program, The Long Pause : 1974–1989.

(37) Perkovich, *India's Nuclear Bomb*, pp. 199–204.

(38) Perkovich, *India's Nuclear Bomb*, pp. 200–201.

(39) Perkovich, *India's Nuclear Bomb*, pp. 239–241.

(40) Perkovich, *India's Nuclear Bomb*, pp. 240–241.

(41) Perkovich, *India's Nuclear Bomb*, p. 241.

(42) Perkovich, *India's Nuclear Bomb*, p. 241.

(43) Perkovich, *India's Nuclear Bomb*, p. 242.

(44) Jeffrey T. Richelson, *Spying on the Bomb : American Nuclear Intelligence from Nazi Germany to Iran and North Korea* (New York : W. W. Norton and Company, 2007), p. 428.

(45) Perkovich, *India's Nuclear Bomb*, pp. 244–249, India's Nuclear Weapons Program, The Long Pause : 1974–1989.

(46) Perkovich, *India's Nuclear Bomb*, pp. 244–245.

(47) India's Nuclear Weapons Program, The Long Pause : 1974–1989.

(48) ラジブ・ガンディー首相は、一九八八年六月、第三回国連軍縮特別総会において包括的な核軍縮提案を行った。Chengappa, *Weapons of Peace*, pp. 330–331.

(49) Chengappa, *Weapons of Peace*, p. 331.

(50) Chengappa, *Weapons of Peace*, pp. 331–336, India's Nuclear Weapons Program, The Momentum Builds : 1989–1998 (The Nuclear Weapons Archive website, March 30, 2001) (http://nuclearweaponarchive.org/India/IndiaMomentum.html), Hymans, The Psycology of Nuclear Proliferation, pp. 189–193.

(51) Chengappa, *Weapons of Peace*, p. 332.

(52) India's Nuclear Weapons Program, The Momentum Builds : 1989–1998.

(53) Perkovich, *India's Nuclear Bomb*, pp. 306–313.

(54) India's Nuclear Weapons Program, The Momentum Builds : 1989–1998.

(55) Chengappa, *Weapons of Peace*, pp. 390–395, Perkovich, *India's Nuclear Bomb*, pp. 367–371, Hymans, *The Psycology of Nuclear Proliferation*, pp. 193–195.

(56) Chengappa, *Weapons of Peace*, pp. 390-395, Perkovich, *India's Nuclear Bomb*, pp. 367-371, Richelson, *Spying on the Bomb*, pp. 430-432. インドの核実験準備は、アメリカに探知され、クリントン大統領からラオ首相に対し、核実験を行わないよう申し入れが行われたが、チェンガッパによると、アメリカ側からの申し入れが行われる前に、ラオは、核実験を行わないとの判断を固めていたとされる。

(57) Chengappa, *Weapons of Peace*, pp. 29-34, Perkovich, *India's Nuclear Bomb*, pp. 371-376.

(58) India's Nuclear Weapons Program, The Momentum Builds : 1989-1998.

(59) India's Nuclear Weapons Program, Operation Shaketi : 1998（The Nuclear Weapons Archive website, March 30, 2001）(http://nuclearweaponarchive.org/India/IndiaShakti.html).

(60) いずれもインド側発表によるもの。

(61) Perkovich, *India's Nuclear Bomb*, pp. 66-85.

(62) Perkovich, *India's Nuclear Bomb*, p. 417.

(63) Perkovich, *India's Nuclear Bomb*, p. 439.

(64) 中印関係については、堀本武功「アンビバレントな印中関係――協調と警戒」天児慧・三船恵美編著『膨張する中国の対外関係――パクス・シニカと周辺国』（勁草書房、二〇一〇年）、高木誠一郎「中国の南アジア――冷戦後の中印関係を中心として」日本国際問題研究所編『南アジアの安全保障』（日本国際問題研究所、二〇〇五年）を参照。

(65) 印パ関係については、広瀬崇子「印パ対立の構造」日本国際問題研究所編『南アジアの安全保障』（日本国際問題研究所、二〇〇五年）を参照。

(66) Perkovich, *India's Nuclear Bomb*, pp. 409-411.

(67) Perkovich, *India's Nuclear Bomb*, pp. 446-455.

(68) Perkovich, *India's Nuclear Bomb*, p. 448.

(69) Perkovich, *India's Nuclear Bomb*, p. 448.

(70) Perkovich, *India's Nuclear Bomb*, p. 439.

(71) Perkovich, *India's Nuclear Bomb*, pp. 447-448, Scott D. Sagan, "Why Do States Build Nuclear Weapons？Three Models in Search of a Bomb," *International Security*, Vol. 21, No. 3 (Winter 1996/97), pp. 65-69.

(72) Sagan, "Why Do States Build Nuclear Weapons ?," pp. 65-69. なお、序章でも触れたように、セーガンは、国内政治上の要因を原子力コミュニティの利害の観点から捉えているが、本書では、この点のみならず国内の支配体制の強化につなげるといった動機も含めて捉えている。

(73) Perkovich, *India's Nuclear Bomb*, pp. 448-450.

(74) 岩田『核拡散の論理』三〇頁。

(75) インディラ・ガンディーは一九七四年の核実験の際の首相であるが、同人も核兵器への嫌悪感を持っていたとされる。Perkovich, *India's Nuclear Bomb*, p. 244.

(76) 一方、同じジャナタ党でも、デサイ首相の下で外相を務めたバジパイはこうした思想の対極にあり、後に一九九八年の核実験を主導した。ジャナタ党は、一九八〇年の総選挙で敗北した後に分裂し、パジパイなどのジャナタ党右派がヒンドゥー至上主義の下に再建したのがインド人民党である。一九九八年の核実験は、同党が政権の座に就くことによって実施されたもの。

(77) パーコヴィッチは、こうした傾向について「ガンディー、ネルー的な非暴力の遺産」との表現を用いて説明している。Perkovich, *India's Nuclear Bomb*, pp. 14, 74-76, 82, 448-449.

(78) Hymans, *The Psychology of nuclear Proliferation*, pp. 195-203.

(79) 秋山信将『核不拡散をめぐる国際政治——規範の遵守、秩序の変容』(有信堂、二〇一二年) 六一〜六三頁。

(80) 黒崎輝『核兵器と日米関係——アメリカの不拡散外交と日本の選択　一九六〇〜一九七六』(有志舎、二〇〇六年) 六〇〜六三頁。

(81) Perkovich, *India's Nuclear Bomb*, pp. 86-88, Andrew B. Kennedy, "India's Nuclear Odyssey: Implicit Umbrellas,

Diplomatic Disappointments, and the Bomb," *International Security*, Vol. 36, No. 2 (Fall 2011). なお、Joyce Battle, India and Pakistan – On Nuclear Threshold, Nuclear Security Archive Electronic Briefing Book No. 6 (http://www2.gwu.edu/~nsarchiv/NSAEBB/NSAEBB6/index.html) が紹介している米政府の関連文書も参照のこと。

(82) この二つの考え方の相違、相克については、Perkovich, *India's Nuclear Bomb*, pp. 99-100, 黒崎『核兵器と日米関係』四九〜六三頁参照。

(83) 秋山信将「核兵器不拡散条約（NPT）の成り立ち」秋山信将編『NPT 核のグローバル・ガバナンス』（岩波書店、二〇一五年）一五頁。

(84) Perkovich, *India's Nuclear Bomb*, p. 103, 黒澤『軍縮国際法の新しい視座』一六五〜六六頁。ここで挙げたインドの立場は、一九六五年の五月四日のジュネーブ軍縮委員会（CD）において表明されたもの。

(85) Perkovich, *India's Nuclear Bomb*, pp. 103-105.

(86) Perkovich, *India's Nuclear Bomb*, pp. 125-145.

(87) 秋山信将も、一九七四年のインドの核実験によって、「『平和のための原子力』路線の挫折とNSGによる輸出規制強化、国際核燃料サイクル評価（INFCE）による濃縮・再処理の拡散防止の試み（と失敗）の時代」に入ると捉えている（秋山「核不拡散をめぐる国際政治」六一〜六三頁）。

(88) Perkovich, *India's Nuclear Bomb*, p. 191, 国吉浩「核不拡散輸出管理」神田啓治・中込良廣『原子力政策学』（京都大学学術出版会、二〇〇九年）三一五〜三四一頁。

(89) 国吉「核不拡散輸出管理」三二六〜三二八頁。

(90) Richelson, *Spying on the Bomb*, pp. 234-235, 441-445. なお、Jefferey Richelson (ed.), U.S. Intelligence and the Indian Bomb, Nuclear Security Archive Electronic Briefing Book No. 187, April 2006 (http://www2.gwu.edu/~nsarchiv/NSAEBB/NSAEBB187/index.htm), William Burr, The Nixon Administration and the Indian Nuclear Program, 1972-1974, Nuclear Security Archive Electronic Briefing Book No. 367, December 2011 (http://www2.gwu.edu/~nsarchiv/nukevault/

ebb367/index.htm）が紹介している米政府の関連文書も参照のこと。

(91) 次の文献は、一九九五年の核実験の検討の際などにおけるアメリカの核実験阻止に向けた努力の側面を強調している。Or Rabinowitz, *Bargaining on Nuclear Tests : Washington and Its Cold War Deals* (Oxford : Oxford University Press, 2014), pp. 168–197.

(92) Perkovich, *India's Nuclear Bomb*, pp. 42–47, 66–83.

(93) Perkovich, *India's Nuclear Bomb*, p. 82.

(94) Perkovich, *India's Nuclear Bomb*, pp. 83–84.

(95) Perkovich, *India's Nuclear Bomb*, pp. 83–85.

(96) Perkovich, *India's Nuclear Bomb*, p. 295.

(97) Wahenguru Pal Singh Sindhu, "India's Nuclear Use Doctrine," in Peter R. Lavoy, Scott D. Sagan, and James J. Wirtz (eds.), *Planning the Unthinkable : How New Powers Will Use Nuclear, Biological, and Chemical Weapons* (Ithaka : Cornell University Press, 2000), pp. 130, 137–138, Perkovich, *India's Nuclear Bomb*, pp. 409–411.

(98) Perkovich, *India's Nuclear Bomb*, pp. 448–449.

(99) Perkovich, *India's Nuclear Bomb*, pp. 405–407.

(100) Perkovich, *India's Nuclear Bomb*, pp. 438–443. パーコヴィッチは、「国際的立場と自律性への希求」を一九九八年の核実験の実施の背景として指摘している。

(101) Perkovich, *India's Nuclear Bomb*, pp. 480–482, 伊豆山・小川「インド、パキスタンの核政策」五〇〜六〇頁。

(102) 伊豆山・小川「インド、パキスタンの核政策」五〇頁。

(103) Perkovich, *India's Nuclear Bomb*, p. 480.

(104) インド政府のプレス・リリースは、以下を参照。http://pib.nic.in/archieve/lreleng/lyr2003/rjan2003/04012003/r040120033.html

（105） Hans M. Kristensen and Robert S. Norris, "Indian Nuclear Forces, 2015," *Bulletin of the Atomic Scientists*, Vol. 71, No. 5 (September/October 2015). なお、Stockholm International Peace Research Institute (SIPRI), *SIPRI Yearbook 2015: Armaments, Disarmament and International Security* (Oxford: Oxford University Press, 2015), p. 496 はインドの保有する核弾頭の数を約九〇～一一〇発と見ている。

（106） Hans M. Kristensen and Robert S. Norris, "Indian Nuclear Forces, 2015," SIPRI, *SIPRI Yearbook 2015*, pp. 497–501, 松本太『ミサイル不拡散』（文春新書、二〇〇七年）一六〇～一六四頁。

（107） ヴィピン・ナランは、インドが一九七四年以来、確証報復による核態勢をとってきたと捉えているが（Narang, *Nuclear Strategy in the Modern Era*, pp. 95-96）、一九八〇年代後半に核兵器を運用し得る体制の構築や核の兵器化に着手する以前は、核戦力としての実体が必ずしも存在していない。一九八〇年代後半以降、核戦力の形成期に入るが、一九九八年の核実験までは核を軍事目的に用いることを対外的に明らかにしていないため、一九九八年までは不透明・不活性抑止の核態勢と捉えるのが適当と考えられる。

（108） 一九九九年八月の核ドクトリン草案は確証報復抑止の考え方をとっていると考えられる。

（109） 岩田『核拡散の論理』は、通常戦力におけるインドの優位は、陸軍で三倍、海軍で五倍、空軍で五倍としている（同書四六頁）。

（110） P. R. Chari, Pervaiz Iqbal Cheema and Stephen P. Cohen, *Four Crises and a Peace Process: American Engagement in South Asia* (Washington, D.C.: Brookings Institution Press, 2007), p. 120.

（111） Chari, Cheema and Cohen, *Four Crises and a Peace Process*, pp. 118–148.

（112） 「核拡散楽観論」の議論の例としては、Sumit Ganguly, "Nuclear Stability in South Asia," *International Security*, Vol. 33, No. 2 (Fall 2008), pp. 45-70, Kenneth N. Waltz, "For Better: Nuclear Weapons Preserve an Imperfect Peace," in Scott D. Sagan and Waltz, *The Spread of Nuclear Weapons: A Debate Renewed* (New York: W. W. Norton, 2003).

（113） 「核拡散悲観論」の議論の例としては、S. Paul Kapur, "Ten Years of Instability in a Nuclear South Asia," *International*

Security, Vol. 33, No. 2 (Fall 2008), pp. 71–94, Scot D. Sagan, "For Worth : Till Death Do Us Part," in Sagan and Waltz, *The Spread of Nuclear Weapons*.

(114) 伊豆山、小川は、インド内の議論を⑴不活性抑止論、⑵最大限抑止論、⑶中間派の三つに分け、⑴不活性抑止論者はパキスタンを第一義的な脅威と規定し、⑵最大限抑止論者はパキスタンの脅威を核政策の立案上考慮する必要はないと考え、主要な脅威を中国とするが、戦略的な自立性の確保のために米ロに対する抑止も必要と考え、⑶中間派は、中国を第一の、パキスタンを第二義的な脅威と見ていると分析している（伊豆山・小川「インド、パキスタンの核政策」五一頁）。

(115) 伊豆山、小川は、海上発射ミサイルによる核戦力の構築に熱心なのは、最大限抑止論者であり、次いで中間派であると分析している（伊豆山・小川「インド、パキスタンの核政策」五二頁）。

(116) インド、中国、パキスタンの間の安全保障のトリレンマに着目する見解としては、Gregory D. Koblentz, *Strategic Stability in the Second Nuclear Age*, Council Special Report No. 71 (New York : Council on Foreign Relations, 2014) を参照。なお、このコブレンツの論考のトリレンマの項は、Linton Brooks and Mira Rapp-Hooper, "Extended Deterrence, Assurance, and Reassurance in the Pacific during the Second Nuclear Age," in Ashley J. Tellis, Abraham M. Denmark, and Travis Tanner, eds., *Strategic Asia 2013-2014 : Asia in the Second Nuclear Age* (Washington, DC : National Bureau of Asia Research, 2013), pp. 292-293 を参考としているが、これは、アメリカ、北朝鮮、中国、韓国、日本の相互関係に着目したもの。

(117) Koblentz, *Strategic Stability in the Second Nuclear Age*, p. 30.

(118) 岩田『核拡散の論理』三八頁。

(119) 米印合意およびそれに引き続くＮＳＧにおけるインド例外化については、不拡散の観点からの懐疑論と核不拡散レジームへの関与を得るとの観点からこれを評価する見方に分かれる。前者としては、浅田正彦「米印原子力協力合意と核不拡散体制」坂元茂樹編著『国際立法の最前線——藤田久一先生古希記念』（有信堂高文社、二〇〇六年）、黒澤満「米印原子力協力合意と核不拡散」『海外事情』第五四巻一〇号（二〇〇六年）、秋山信将『核不拡散をめぐる国際政治——規範の遵守、秩序の変容』（有信堂、二〇一二年）一五七～一九八頁。後者としては、近藤俊介「核軍縮を目標に信頼醸成と相互協力を」『エネルギーレビュー』二〇〇九年二月号。福井康人「米印合意の功罪」『外務省調査月報』第四号（二〇〇九年）も参照のこと。

第４章　パキスタン――二つの危険な核拡散

（1）パキスタンの核開発についての先行研究としては、以下を参照。Sanima Ahmed, "Pakistan's Nuclear Weapons Program: Turning Points and Nuclear Choices," *International Security*, Vol. 23, No. 4 (Spring 1999), pp. 178-204, Feroz Hassan Khan, *Eating Grass: The Making of the Pakistani Bomb* (Stanford: Stanford University Press, 2012), S. Paul Kapur, "Ten Years of Instability in a Nuclear South Asia," *International Security*, Vol. 33, No. 2 (Fall 2008), pp. 71-94, 会川晴之『独裁者に原爆を売る男たち――核の世界地図』（文春新書、二〇一三年）、岩田修一郎『核拡散の論理――主権と国益をめぐる国家の攻防』（勁草書房、二〇一〇年）五三～八〇頁、ダグラス・フランツ、キャスリン・コリンズ〔早良哲夫訳〕『核のジハード――カーン博士と核の国際闇市場』（作品社、二〇〇九年）、スティーブ・ワイツマン、ハーバート・クロスニー〔大原進訳〕『イスラムの核爆弾――中東に迫る大破局』（日本経済新聞社、一九八一年）。

（2）Khan, *Eating Grass*, pp. 85-88, フランツ、コリンズ『核のジハード』四七～五〇頁。

（3）Khan, *Eating Grass*, p. 7.

（4）Khan, *Eating Grass*, pp. 85-88.

（5）Khan, *Eating Grass*, pp. 87-88.

（6）ソナリ・シンとクリストファー・ウェイは、核開発の段階を(1) Explore（核兵器を獲得・開発する可能性の検討）、(2) Pursuit（核兵器開発のための相当程度の努力の遂行）、(3) Acquire（核兵器能力の獲得）の三段階に分けており、パキスタンにおいては、Pursuit（核兵器開発のための相当程度の努力の遂行）の段階が一九七二年から始まったと捉えているが、このムルタン会議に着目しているものと考えられる。シンとウェイの見解については、Sonali Singh and Christopher

R. Way, "The Correlates of Nuclear Proliferation : A Quantitative Test," *Journal of Conflict Resolution*, Vol. 48, No. 6 (December 2004) を参照。

(7) Khan, *Eating Grass*, p. 61.

(8) Khan, *Eating Grass*, pp. 58–63.

(9) Khan, *Eating Grass*, pp. 63–65.

(10) Khan, *Eating Grass*, p. 65.

(11) Khan, *Eating Grass*, p. 70.

(12) Khan, *Eating Grass*, p. 9.

(13) Khan, *Eating Grass*, pp. 79–81.

(14) ザルフィカル・アリ・ブットーの人となりについては、ワイツマン、クロスニー『イスラムの核爆弾』七一～七五頁参照。

(15) ヘンリー・キッシンジャー〔斎藤弥三郎他訳〕『キッシンジャー秘録　第三巻――北京へ飛ぶ』(小学館、一九八〇年) 三九六頁。

(16) ワイツマン、クロスニー『イスラムの核爆弾』七二頁。

(17) Ahmed, "Pakistan's Nuclear Weapons Program," pp. 179, 183.

(18) Khan, *Eating Grass*, pp. 110–112, フランツ、コリンズ『核のジハード』五一～五四頁、ワイツマン、クロスニー『イスラムの核爆弾』八九～一一六頁。

(19) Khan, *Eating Grass*, pp. 97–98.

(20) Khan, *Eating Grass*, pp. 110–112, フランツ、コリンズ『核のジハード』五一～五四頁、ワイツマン、クロスニー『イスラムの核爆弾』八九～一一六頁。

(21) Wyn Q. Bowen, *Libya and Nuclear Proliferation : Stepping Back from the Brink*, Adelfi paper 480, Routledge, 2006, pp.

30-31, Khan, *Eating Grass*, p. 111, フランツ、コリンズ『核のジハード』五一〜五四頁、ワイツマン、クロスニー『イスラムの核爆弾』八九〜一一六頁。
(22) Khan, *Eating Grass*, pp. 117-123.
(23) Khan, *Eating Grass*, pp. 100-129.
(24) Khan, *Eating Grass*, p. 100.
(25) 国吉浩「核不拡散輸出管理」神田啓治・中込良廣編『原子力政策学』（京都大学学術出版会、二〇〇九年）三二一〜三二二頁、牧野守邦「核兵器関連の輸出管理レジーム」浅田正彦編『兵器の拡散防止と輸出管理制度——制度と実践』（有信堂高文社、二〇〇四年）二一一〜二三頁。
(26) Khan, *Eating Grass*, p. 100, 国吉「核不拡散輸出管理」三二二頁、牧野「核兵器関連の輸出管理レジーム」二三頁。
(27) Khan, *Eating Grass*, pp. 100-129.
(28) Khan, *Eating Grass*, p. 105.
(29) Khan, *Eating Grass*, p. 114.
(30) Khan, *Eating Grass*, pp. 127-128.
(31) Khan, *Eating Grass*, pp. 129-134, ワイツマン、クロスニー『イスラムの核爆弾』二四三〜二四九頁。
(32) カーンの人となりについては、フランツ、コリンズ『核のジハード』を参照。
(33) フランツ、コリンズ『核のジハード』六二〜八一頁。
(34) フランツ、コリンズ『核のジハード』九一〜九六頁。
(35) Khan, *Eating Grass*, p. 129, フランツ、コリンズ『核のジハード』八七〜八八頁。
(36) Khan, *Eating Grass*, pp. 136-137, フランツ、コリンズ『核のジハード』八九〜九〇頁、ワイツマン、クロスニー『イスラムの核爆弾』二四六〜二四九頁。
(37) Khan, *Eating Grass*, p. 136.

(38) フランツ、コリンズ『核のジハード』九〇頁、ワイツマン、クロスニー『イスラムの核爆弾』二四七頁。

(39) ワイツマン、クロスニー『イスラムの核爆弾』二四七頁。

(40) Khan, *Eating Grass*, pp. 171-173, Matthew Kroenig, *Exporting the Bomb: Technology Transfer and the Spread of Nuclear Weapons* (Ithaka: Cornel University Press, 2010), pp. 112-119, Evans S. Medeiros, *Reluctant Restraint: The Evolution of China's Nonproliferation Politics and Practices, 1980-2004* (Stanford: Stanford University Press, 2007), p. 39.

(41) Kroenig, *Exporting the Bomb*, pp. 112-119, Medeiros, *Reluctant Restraint*, pp. 39-40, 50-52, 65-67.

(42) ワイツマン、クロスニー『イスラムの核爆弾』二五二頁。

(43) Ahmed, "Pakistan's Nuclear Weapons Program," p. 185.

(44) Zahar Iqbal Cheema, "Pakistan's Nuclear Use Doctrine and Command and Control," in Peter R. Lavoy, Scott D. Sagan, and James J. Wirtz (eds.), *Planning the Unthinkable: How New Powers will Use Nuclear, Biolobical, and Chemical Weapons* (Ithaca: Coenell University Press, 2000), p. 162.

(45) ワイツマン、クロスニー『イスラムの核爆弾』二五五頁。

(46) ワイツマン、クロスニー『イスラムの核爆弾』二五六～二五八頁。

(47) ワイツマン、クロスニー『イスラムの核爆弾』二五九～二六二頁。

(48) ワイツマン、クロスニー『イスラムの核爆弾』二五七頁。

(49) Khan, *Eating Grass*, pp. 154-155.

(50) フランツ、コリンズ『核のジハード』九七～九九頁。

(51) Khan, *Eating Grass*, pp. 162-173, フランツ、コリンズ『核のジハード』一〇二～一一二頁。

(52) フランツ、コリンズ『核のジハード』一一三頁。

(53) フランツ、コリンズ『核のジハード』一二五頁。

(54) フランツ、コリンズ『核のジハード』一二五頁。

（55）フランツ、コリンズ『核のジハード』一三四～一三五頁。

（56）フランツ、コリンズ『核のジハード』一三四～一三五頁。

（57）フランツ、コリンズ『核のジハード』一三七頁。

（58）レーガン政権におけるパキスタンの核開発問題についての米政府文書の一部が秘密指定解除され、公開されている。下記を参照のこと。William Burr, New Documents Spotlight Reagan-era Tensions over Pakistani Nuclear Program, National Security Archive Electronic Briefing Book No. 377, April 2012.（http://www2.gwu.edu/~nsarchiv/nukevault/ebb377/）

（59）この首脳会談の記録は公開されていない。一方、次の米政府文書には、この首脳会談でレーガンがジアウル・ハクに求めた内容が言及されている。Arms Control and Disarmament Agency, Memorandum for the Assistant to the President for National Security Affairs by Director of ACDA, June 16 1986（https://www.documentcloud.org/documents/347039-doc-20-6-16-86.html）。この首脳会談についてパキスタン側の情報に基づいての記述がなされているものとしては、Khan, *Eating Grass*, p. 214。なお、フランツ、コリンズ『核のジハード』一三八、一五六頁も参照のこと。

（60）次の米政府文書には、ジアウル・ハクがレーガンに伝えた内容が言及されている。Department of State, Briefing Book, Visit of Prime Minister Junejo of Pakistan, July 15-21, 1986, n. d.（https: //www. documentcloud. org/documents/347040-doc-21-7-15-86-briefing-book.html）では、ジアウル・ハクがレーガンに原子力開発計画を抑制したものとすることを述べたことが言及されている。Department of State, Memorandum from Richard Murphy, Assistant Secretary for Near East and South Asian Affairs to Secretary of State, Action Plan on Pakistan Nuclear And Security Problems, n. d.（https://www.documentcloud.org/documents/347043-doc-23-4-9-87.html）では、ジアウル・ハクがレーガンを困らせることはしないと述べたことが言及されている。Khan, *Eating Grass*, p. 214 は、ジアウル・ハクが核実験を行わないことを述べたとしている。

（61）Khan, *Eating Grass*, p. 214.

（62）Khan, *Eating Grass*, p. 214.

(63) Khan, *Eating Grass*, pp. 174-190.

(64) Khan, *Eating Grass*, pp. 184-185.

(65) Khan, *Eating Grass*, p. 189.

(66) Medeiros, *Reluctant Restraint*, p. 40.

(67) Khan, *Eating Grass*, pp. 171-173, Evans S. Medeiros, *Reluctant Restraint*, pp. 39-40.

(68) Pakistan's Nuclear Weapons Program, Development (The Nuclear Weapon Archive website, January 2, 2002) (http://nuclearweaponarchive.org/Pakistan/PakTests.html).

(69) Vipin Narang, "Posturing for Peace ? : Pakistan's Nuclear Postures and South Asian Stability," *International Security*, Vol. 34, No. 3 (Winter 2009/10), p. 48.

(70) Narang, "Posturing for Peace ?," p. 48.

(71) シンとウェイは、パキスタンの核爆発能力の獲得（Aquire）のタイミングを一九八七年と捉えている（Singh and Way, "The Correlates of Nuclear Proliferation"）。サニア・アーメッドは、ベグ陸軍参謀総長の発言に依拠しつつ一九八八年までの時期に核爆発装置を組み立てる能力を獲得したとしている（Sanima Ahmed, "Pakistan's Nuclear Weapons Program : Turning Points and Nuclear Choices," *International Security*, Vol. 23, No. 4, (Spring 1999), p. 188）。

(72) Arms Control and Disarmament Agency, Memorandum for the Assistant to the President for National Security Affairs by Director of ACDA, June 16 1986. (https://www.documentcloud.org/documents/347039-doc-20-6-16-86.html).

(73) Department of State, Memorandum from Richard Murphy, Assistant Secretary for Near East and South Asian Affairs to Secretary of State, Action Plan on Pakistan Nuclear And Security Problems," n. d. (https://www.documentcloud.org/documents/347043-doc-23-4-9-87.html).

(74) Khan, *Eating Grass*, p. 226, フランツ、コリンズ『核のジハード』一六七〜一六八頁。

(75) Khan, *Eating Grass*, pp. 227-228.

（76）Khan, *Eating Grass*, p. 254.

（77）フランツ、コリンズ『核のジハード』二〇〇〜二〇一頁。

（78）Khan, *Eating Grass*, pp. 254-255, フランツ、コリンズ『核のジハード』二〇四〜二〇六頁。

（79）Khan, *Eating Grass*, p. 185.

（80）Khan, *Eating Grass*, p. 185.

（81）Khan, *Eating Grass*, p. 190.

（82）Khan, *Eating Grass*, pp. 185-186.

（83）Khan, *Eating Grass*, p. 189.

（84）Khan, *Eating Grass*, p. 186.

（85）P. R. Chari, Pervaiz Iqbal Cheema and Stephen P. Cohen, *Four Crises and a Peace Process : American Engagement in South Asia*（Washington D. C.: Brookings Institute Press, 2007）, pp. 80-117.

（86）Khan, *Eating Grass*, p. 230. この事案については、Narang, "Posturing for Peace," pp. 52-55, Chari, Cheema and Cohen, *Four Crises and a Peace Process*, pp. 99-108 も詳しく記述している。

（87）Khan, *Eating Grass*, p. 232.

（88）このA・Q・カーンの発言は、一九八七年一月に行われ、同三月に報道された。この事案については、以下を参照。Khan, *Eating Grass*, pp. 225-226, Chari, Cheema and Cohen, *Four Crisis and a Peace Process*, pp. 66-67.

（89）Narang, "Posturing for Peace," pp. 41-43.

（90）Khan, *Eating Grass*, p. 230.

（91）Khan, *Eating Grass*, pp. 232-233.

（92）Khan, *Eating Grass*, p. 256, フランツ、コリンズ『核のジハード』二三一頁。

（93）Khan, *Eating Grass*, p. 256, フランツ、コリンズ『核のジハード』二三〇〜二三一頁。

(94) フランツ、コリンズ『核のジハード』二一一〜二一三頁。

(95) A・Q・カーンが二〇一一年九月に明らかにした「一三頁の告白書」による(http://www.foxnews.com/world/2011/09/15/aq-khans-thirteen-page-confession/)。一九八九年、パキスタンのベナジール・ブットー首相がイランを訪問してラフサンジャニ大統領と会談した際、ブットーはラフサンジャニから軍当局間で締結された核技術提供についての協定を政府首脳として再確認したいと求められたとされる(フランツ、コリンズ『核のジハード』二一〇〜二一一頁)。なお、A・Q・カーンのネットワークによるイランとの取引は、一九八七年から一九九九年にかけて行われたとされる(Khan, *Eating Grass*, pp. 367-368)。その最初の取引は一九八七年に行われたと指摘されており、伝えられる両国の軍当局間の協力協定に先だって行われていることになる。

(96) Khan, *Eating Grass*, p. 235.

(97) Kahn, *Eating Grass*, pp. 238-242.

(98) Kahn, *Eating Grass*, pp. 242-247.

(99) Kahn, *Eating Grass*, p. 242.

(100) Kahn, *Eating Grass*, pp. 246-247, 368-369.

(101) A・Q・カーンの「一三頁の告白書」による。会川晴之『独裁者に原爆を売る男たち——核の世界地図』(文春新書、二〇一三年)四八〜四九頁も参照。

(102) 松本太『ミサイル不拡散』(文春新書、二〇〇七年)一五七頁。

(103) A・Q・カーンの「一三頁の告白書」による。A・Q・カーンのネットワークによるリビアとの取引は、一九八四年の最初の接触、一九八九年から一九九一年にかけての技術情報の取引、一九九五年以降の大規模な資機材、技術情報の取引と広範な期間にわたるとされる(第7章参照)。ベナジール・ブットーが首相を務めたのは一九八八年から一九九〇年、一九九三年から一九九六年の二度であるので、前記の一九八四年の最初の接触はその時期に先立って行われていることになる。

（104）Khan, *Eating Grass*, pp. 260–261.

（105）Khan, *Eating Grass*, pp. 267–268.

（106）Khan, *Eating Grass*, p. 273.

（107）Khan, *Eating Grass*, pp. 274–278.

（108）Khan, *Eating Grass*, p. 278.

（109）Khan, *Eating Grass*, p. 273, Ahmed, "Pakistan's Nuclear Weapons Program," pp. 194–195.

（110）Khan, *Eating Grass*, pp. 280–282. 実際には一ないし二回の爆発で、爆発規模は最大でも一五キロトンであったと推測されている（日本国際問題研究所軍縮・不拡散センター編『インド・パキスタンの核実験——内容、目的、動機および国際社会の反応』（日本国際問題研究所、軍縮・不拡散センター、一九九九年）九頁）。

（111）Khan, *Eating Grass*, p. 282. 実際には一ないし三キロトンの爆発規模であったとの見方がなされている（日本国際問題研究所軍縮・不拡散センター編『インド・パキスタンの核実験』九頁）。

（112）五月三〇日に行われた核実験については、当時、パキスタンが保有していないプルトニウムによる核爆弾の実験であり、北朝鮮の代理実験であったのではないかとの指摘もなされている。次を参照。Seongwhun Cheon, "Assessing the Threat of North Korea's Nuclear Capability," *The Korean Journal of Defense Analysis*, Vol. XVIII, No. 3（Fall 2006）, p. 49, David Sanger and William Broad, "Pakistan May Have Aided North Korea A-test," *New York Times*, Feb 27, 2004.

（113）Cheema, "Pakistan's Nuclear Doctrine and Command and Control," p. 162.

（114）Cheema, "Pakistan's Nuclear Doctrine and Command and Control," p. 163, フランツ、コリンズ『核のジハード』一九八〜一九九頁。

（115）一方、次の文献は、核実験阻止に向けたアメリカの外交努力の側面を強調している。Or Rabinowitz, *Bargaining on Nuclear Tests : Washington and Its Cold War Deals*（Oxford : Oxford University Press, 2014）, pp. 137–167, Or Rabinowitz and Nicholas L. Miller, "Keeping the Bombs in the Basement : U. S. Nonproliferation Policy Toward Israel, South Africa, and

Pakistan," *International Security*, Vol. 40, No. 1 (Summer 2015), pp. 47-86.

(116) Kahn, *Eating Grass*, p. 261.

(117) Cheema, "Pakistan's Nuclear Doctrine and Command and Control" p. 161. 一九八二年一二月、ジアウル・ハク大統領は訪米してレーガン大統領と会談したが、その後に「友人を困らせない」ために核開発を抑制するように指示したとされる(Kahn, *Eating Grass*, p. 214)。

(118) Kahn, *Eating Grass*, pp. 214-215, 253-255.

(119) Kahn, *Eating Grass*, p. 214.

(120) Kahn, *Eating Grass*, pp. 253-255.

(121) Kahn, *Eating Grass*, p. 226.

(122) Kahn, *Eating Grass*, pp. 269-283.

(123) Kahn, *Eating Grass*, p. 273, Ahmed, "Pakistan's Nuclear Weapons Program," p. 190.

(124) Ahmed, "Pakistan's Nuclear Weapons Program," p. 191.

(125) Khan, *Eating Grass*, pp. 351-352.

(126) Walter C. Ledwig III, "A Cold Start for Hot Wars?: The Indian Army's New Limited War Doctrine," *International Security*, Vol. 32, No. 3 (Winter 2007/08), pp. 158-190.

(127) Michael Krepon, *Pakistan's Nuclear Strategy and Deterrence Stability* (Washington DC: The Stimson Center, 2012) (http://www.stimson.org/images/uploads/research-pdfs/Krepon_-_Pakistan_Nuclear_Strategy_and_Deterrence_Stability.pdf).

(128) Hans M. Kristensen and Robert S. Norris, Pakistan's Nuclear Forces, 2011, *Bulletin of Atomic Scientists*, Vol. 67, No. 4 (July/August 2011), p. 91.

(129) Hans M. Kristensen and Robert S. Norris, "Pakistani Nuclear Forces, 2015," *Bulletin of the Atomic Scientists*, Vol. 71, No. 6

(November/December, 2015), pp. 59-66. なお、Stockholm International Peace Research Institute (SIPRI), *SIPRI Yearbook 2015: Armaments, Disarmament and International Security* (Oxford: Oxford University Press, 2015), p. 502は、パキスタンの保有する核弾頭の数を一〇〇〜一二〇発と見ている。

(130) Kristensen and Norris, "Pakistan's Nuclear Forces, 2011," p. 91.

(131) Kristensen and Norris, "Pakistani Nuclear Forces, 2015," p. 61.

(132) Kristensen and Norris, "Pakistan's Nuclear Forces, 2011," p. 94.

(133) Kristensen and Norris, "Pakistani Nuclear Forces, 2015," SIPRI, *SIPRI Yearbook 2015*, pp. 503-506.

(134) Kristensen and Norris, "Pakistani Nuclear Forces, 2015."

(135) Narang, "Posturing for Peace?," pp. 49-64, Vipin Narang, *Nuclear Strategy in the Modern Era: Regional Powers and International Conflict* (Princeton: Princeton University Press, 2015), pp. 57-91. 不透明抑止をとっていた際にも、核の先行使用はオプションの一つであったが（Kahn, *Eating Grass*, p. 230）、この時期においては、最も主要な抑止の機能は不透明性に依拠していたと判断される。

(136) Kahn, *Eating Grass*, pp. 359-376, フランツ、コリンズ『核のジハード』三九六〜四〇六頁。

(137) 会川晴之は、カーンの「核の闇市場」の活動は、一九八四年にリビアへの売り込みから始まったと指摘している（会川『独裁者に原爆を売る男たち』八三頁）。ムシャラフ大統領は、後の回想録で、カーンのこうした活動は一九八七年にさかのぼるとしている（Pervez Musharraf, *In the line of Fire: A Memoir* (New York: Free Press, 2006), p. 293)。

(138) Musharraf, *In the line of Fire*, pp. 292-293, フランツ、コリンズ『核のジハード』三九五〜三九六頁。

(139) Musharraf, *In the line of Fire*, p. 295, フランツ、コリンズ『核のジハード』四〇〇頁。

(140) Musharraf, *In the line of Fire*, p. 294, フランツ、コリンズ『核のジハード』三九九頁。

(141) フランツ、コリンズ『核のジハード』三九六、四〇二頁、会川『独裁者に原爆を売る男たち』二四四〜二四六頁。

(142) Kroenig, *Exporting the Bomb*, pp. 135-139.

(143) A・Q・カーンの「一三頁の告白書」による。

(144) この三つの類型のうち、政府、軍部の指示の下にカーンが行った活動についても、指示を行った政治指導者がその後、政変などで地位を退き、それにもかかわらず相手国との取引が継続した場合には、新たな政府指導者の下では、政府の指示なくカーンが行った活動となった可能性がある。

(145) Musharraf, *In the line of Fire*, p. 293, フランツ、コリンズ『核のジハード』三九六頁。

(146) Musharraf, *In the line of Fire*, p. 291.

(147) Kristensen, and Norris, "Pakistan's Nuclear Forces, 2011," p. 94.

(148) 船橋洋一『ザ・ペニンシュラ・クエスチョン』(朝日新聞社、二〇〇六年)一九七〜一九八頁。

第5章　南アフリカ——アパルトヘイト国家からの脱却

(1) Speech by the State President, Mr. F. W. De Klerk, to a Joint Session of Parliament, 24 March 1993, United Nations, A/CN. 10/179, 26 April 1993.

(2) 南アフリカの核開発と核廃棄についての先行研究としては、以下を参照のこと。Peter Liberman, "The Rise and Fall of the South African Bomb," *International Security*, Vol. 26, No. 2 (Fall 2001), pp. 45–86, Michell Reiss, *Bridled Ambition : Why Countries Constrain Their Nuclear Capabilities* (Washington D. C. : The Woodrow Wilson Center Press, 1995), pp. 7–43, Helen E. Purkitt and Stephen F. Burgess, *Southern Africa's Weapons of Mass Destruction* (Bloomington : Indiana University Press, 2005), Waldo Stumpf, Birth and Death of the South African Nuclear Weapons Program, Presentation given at the conference "50 Years After Hiroshima", organized by USPID (Unione Scienziati per il Disarmo) and held in Castiglincello, Italy, 28 September to 2 October, 1995, Christine Wing and Fiona Simpson, *Detect Dismantle and Disarm : IAEA Verification, 1992–2005* (Washington, DC, : United States Institute of Peace Press, 2013), pp. 71–100, 太田正利「南アフリカ共和国をめぐる『核』問題」今井隆吉・田久保忠衛・平松茂雄編『ポスト冷戦と核』(勁草書房、一九九五年)二三八

〜二六三頁、国末憲人「南アフリカの核廃棄」山田浩・吉川元編『なぜ核はなくならないのか——核兵器と国際関係』（法律文化社、二〇〇〇年）一四一〜一五六頁、堀部純子「『核の巻き返し（Nuclear Rollback）』決定の要因分析——南アフリカを事例として」『国際公共政策研究』第一一巻第一号（二〇〇六年九月）三二三〜三三八頁。

(3) レナード・トンプソン〔宮本正興・吉國恒雄・峯陽一訳〕『南アフリカの歴史（最新版）』（明石書店、二〇〇九年）三三三〜三三七頁。

(4) 青木一能『アンゴラ内戦と国際政治の力学』（芦書房、二〇〇一年）一五頁、青木一能「ナミビア独立問題の推移と現状」日本国際政治学会編『国際政治』第八八号（一九八八年五月）四七頁。

(5) 堀部「『核の巻き返し』決定の要因分析」三二五〜三二六頁。

(6) 堀部「『核の巻き返し』決定の要因分析」三二六〜三二七頁。

(7) Wing and Simpson, *Detect, Dismantle, and Disarm* p. 98.

(8) Purkitt and Burgess, *Southern Africa's Weapons of Mass Destruction*, p. 41.

(9) Liberman, "The Rise and Fall of the South African Bomb," p. 50, Purkitt and Burgess, *Southern Africa's Weapons of Mass Destruction*, p. 41. Reiss, *Bridled Ambition*, p. 8.

(10) Liberman, "The Rise and Fall of the South African Bomb," p. 50.

(11) Purkitt and Burgess, *Southern Africa's Weapons of Mass Destruction*, p. 41.

(12) Liberman, "The Rise and Fall of the South African Bomb," p. 52. ソナリ・シンとクリストファー・ウェイは、核開発の段階を(1) Explore（核兵器を獲得・開発する可能性の検討）、(2) Pursuit（核兵器開発のための相当程度の努力の遂行）、(3) Acquire（核兵器能力の獲得）の三段階に分けて各国の状況を分析しているが、南アフリカについてPursuit の段階が一九七四年から始まったと捉えている。シンとウェイの見解については、Sonali Singh and Christopher R. Way, "The Correlates of Nuclear Proliferation: A Quantitative Test," *Journal of Conflict Resolution*, Vol. 48, No. 6 (December 2004) を参照。

(13) 堀部「『核の巻き返し』決定の要因分析」三二八頁。

(14) 堀部「『核の巻き返し』決定の要因分析」三二八頁。この時点では、アメリカの情報コミュニティは、南アフリカの核開発が差し迫った段階に至っているとは捉えていなかった。Jeffrey Richelson (ed.), U. S. Intelligence and the South African Bomb, National Security Archive Electronic Briefing Book, No. 181 (http://www2.gwu.edu/~nsarchiv/NSAEBB/NSAEBB181/index.htm).

(15) Reiss, *Bridled Ambition*, pp. 9–10.

(16) International Atomic Energy Agency (IAEA), The Denuclearization of South Africa, Report by the Director General, GC (XXXVII)/1075, 9 September, 1993, p. 5, Stumpf, Birth and Death of the South African Nuclear Weapons Program.

(17) Reiss, *Bridled Ambition*, pp. 9–10.

(18) Jeffrey T. Richelson, *Spying on the Bomb : American Nuclear Intelligence from Nazi Germany to Iran and North Korea* (New York : W. W. Norton & Company, 2007), pp. 277–282.

(19) Liberman, "The Rise and Fall of the South African Bomb," p. 53.

(20) Liberman, "The Rise and Fall of the South African Bomb," p. 49.

(21) Liberman, "The Rise and Fall of the South African Bomb," p. 53.

(22) Liberman, "The Rise and Fall of the South African Bomb," p. 53.

(23) 一九八四年に新憲法が施行されて大統領制に移行し、ボータは大統領に選出された。

(24) Liberman, "The Rise and Fall of the South African Bomb," p. 53.

(25) IAEA, The Denuclearization of South Africa, p. 5, Stumpf, Birth and Death of the South African Nuclear Weapons Program. なお、前記のシンとウェイも、南アフリカが一九七九年に Acquire(核兵器能力の獲得)の段階に至ったと捉えている。

(26) IAEA, The Denuclearization of South Africa, p. 5, Liberman, "The Rise and Fall of the South African Bomb," p. 54.

（27） Liberman, “The Rise and Fall of the South African Bomb,” p. 54.

（28） Liberman, “The Rise and Fall of the South African Bomb,” p. 54, Purkitt and Burgess, *Southern Africa's Weapons of Mass Destruction*, p. 63.

（29） Stumpf, Birth and Death of the South African Nuclear Weapons Program.

（30） Liberman, “The Rise and Fall of the South African Bomb,” p. 55.

（31） Liberman, “The Rise and Fall of the South African Bomb,” p. 55.

（32） Liberman, “The Rise and Fall of the South African Bomb,” p. 56, Reiss, *Bridled Ambition*, pp. 15-17, Stumpf, Birth and Death of the South African Nuclear Weapons Program.

（33） Sasha Polakow-Suransky, *The Unspoken Alliance : Israel's Secret Relationship with Apartheid South Africa* (New York : Vintage Books, 2010), pp. 75-104.

（34） Polakow-Suransky, *The Unspoken Alliance*, pp. 121-125.

（35） Liberman, “The Rise and Fall of the South African Bomb,” p. 62, Polakow-Suransky, *The Unspoken Alliance*, pp. 51, 71.

（36） Vipin Narang, “Posturing for Peace ? Pakistan's Nuclear Postures and South Asia Stability,” *International Security*, Vol. 34, No. 3 (Winter 2009/10), pp. 41-43, Viping Narang, *Nuclear Strategy in the Modern Era : Regional Powers and International Conflict* (Princeton : Princeton University Press, 2014).

（37） Richard J. Harknett, “Nuclear Weapons and Territorial Integrity in the Post-Cold World,” in K. R. Dark (ed.), *New Studies in Post-Cold War Security* (Aldershot : Dartmouth Publishing Company, 1996), pp. 51-61.

（38） Liberman, “The Rise and Fall of the South African Bomb,” p. 62. ただし、軍の内部では、ターゲットを特定し、運搬手段を検討する作業はなされていたとされる。Reiss, *Bridled Ambition*, p. 16.

（39） ただし、後述のように、一九八八年にカラハリ砂漠の核実験場の状況を再チェックしたのは、「核のほのめかし」とまではいかないものの、それに近い構えを見せたものと捉えられよう。

（40）　金七紀男『ポルトガル史（増補新版）』（彩流社、二〇一〇年）二四七～二六四頁、青木『アンゴラ内戦と国際政治の力学』三八～三九頁。

（41）　青木『アンゴラ内戦と国際政治の力学』四一～八五頁。アンゴラの独立運動組織としては、ＭＰＬＡとＵＮＩＴＡの他に、アメリカとザイールの支援を受けるアンゴラ民族解放戦線（ＦＮＬＡ）があった。

（42）　青木『アンゴラ内戦と国際政治の力学』七三～七七頁。

（43）　Speech by the State President, Mr. F. W. De Klerk, to a Joint Session of Parliament, 24 March 1993.

（44）　Liberman, "The Rise and Fall of the South African Bomb," p. 61.

（45）　トンプソン『南アフリカの歴史』三七七頁。

（46）　トンプソン『南アフリカの歴史』三八六頁。

（47）　S/RES/418, 4 November 1977, トンプソン『南アフリカの歴史』三七七頁。

（48）　Liberman, "The Rise and Fall of the South African Bomb," p. 46.

（49）　Liberman, "The Rise and Fall of the South African Bomb," pp. 69–70.

（50）　一九七七年一一月、国連安全保障理事会（安保理）は決議四一八で南アフリカへの武器禁輸の措置をとったが（S/RES/418, 4 November 1977）、その前文には、「南アフリカが核兵器を製造する段階にあることを深く懸念し」との文言が含まれている。

（51）　次の文献は、核実験阻止に向けたアメリカの外交努力の側面を強調している。Or Rabinowitz, *Bargaining on Nuclear Tests : Washington and Its Cold War Deals* (Oxford : Oxford University Press, 2014), pp. 106–136, Or Rabinowitz and Nicholas L. Miller, "Keeping the Bombs in the Basement : U. S. Nonproliferation Policy Toward Israel, South Africa, and Pakistan," *International Security*, Vol. 40, No. 1 (Summer 2015), pp. 47–86.

（52）　リーバーマンは「エテル・ソリンゲンの理論からは、一九七〇年代の南アフリカの国家主義的な政府は国際的な圧力を顧慮しようとせず、強い姿勢をとっているとの内外の評判を求めることが予想される」と指摘している。Liberman, "The

Rise and Fall of the South African Bomb," pp. 47–48, 70–71.

(53) トンプソン『南アフリカの歴史』三九〇頁。

(54) Liberman, "The Rise and Fall of the South African Bomb," p. 61

(55) Liberman, "The Rise and Fall of the South African Bomb," p. 56.

(56) Reiss, *Bridled Ambition*, pp. 13–14.

(57) 青木『アンゴラ内戦と国際政治の力学』一〇一～一〇三頁。

(58) トンプソン『南アフリカの歴史』四二七頁。

(59) Liberman, "The Rise and Fall of the South African Bomb," p. 73.

(60) Liberman, "The Rise and Fall of the South African Bomb," pp. 73–74.

(61) Reiss, *Bridled Ambition*, p. 17.

(62) Reiss, *Bridled Ambition*, p. 17.

(63) Reiss, *Bridled Ambition*, p. 17.

(64) Reiss, *Bridled Ambition*, pp. 18–19.

(65) Reiss, *Bridled Ambition*, p. 19. なお、当時、アメリカの情報コミュニティの関係機関の間では、南アフリカがＩＡＥＡに対する申告を誠実に実施するかについて見方が分かれていた。Jeffrey Richelson (ed.), U. S. Intelligence and the South African Bomb, National Security Archive Electronic Briefing Book, No. 181 (http://www2.gwu.edu/~nsarchiv/NSAEBB/NSAEBB181/index.htm).

(66) Speech by the State President, Mr. F. W. De Klerk, to a Joint Session of Parliament, 24 March 1993.

(67) Wing and Simpson, *Detect,* Dismantle, *and Disarm,* pp. 85–100.

(68) Reiss, *Bridled Ambition*, p. 19.

(69) Liberman, "The Rise and Fall of the South African Bomb," pp. 72–74.

(70) Liberman, "The Rise and Fall of the South African Bomb," p. 66.

(71) 青木『アンゴラ内戦と国際政治の力学』一〇六～一一三頁。

(72) このような見方については、たとえば、Reiss, *Bridled Ambition*, pp. 20-21, 国末「南アフリカの核廃棄」一五一～一五二頁、堀部「『核の巻き返し』決定の要因分析」三三五頁参照。

(73) 黒澤満『軍縮国際法』(信山社、二〇〇三年)一六五～一六七頁。

(74) アフリカ非核兵器地帯については、梅林宏道『非核兵器地帯——核なき世界への道筋』(岩波書店、二〇一一年)七二～七九頁参照。

(75) 「新アジェンダ連合」については、黒澤満『核軍縮と世界平和』(信山社、二〇一一年)八五～八七頁、ダラ・マッキンバー「新アジェンダ連合の非核・核軍縮政策」広島平和研究所編『二一世紀の核軍縮——広島からの発信』(法律文化社、二〇〇二年)三八九～四〇六頁、西田充「再検討プロセスにおけるグループ・ポリティックス」秋山信将『NPT——核のグローバル・ガバナンス』(岩波書店、二〇一五年)四八～五一頁参照。なお、スロベニアも一九九八年六月のグループ結成時のメンバーであったが、同年中に脱退した。スウェーデンは、二〇一三年に脱退した。

(76) 一部には、南アフリカは、以前の経験を生かして、再度、核保有に向かうのではないかとの見方があるが、安全保障環境などからすれば、その可能性は低いと見られる。Jean du Preez and Thomas Maettig, "From Pariah to Nuclear Poster Boy: How Plausible Is a Reversal," in William C. Potter with Gaukhar Mukhatzhanova (eds.), *Forecasting Nuclear Proliferation in the 21st Cencury: A Comparative Perspective Volume 2* (Stanford: Stanford University Press, 2010), pp. 302-334.

第6章　イラク——武力行使による核開発阻止

(1) イラクの核開発についての先行研究としては、以下を参照のこと。Hal Brands and David Palkki, "Saddam, Israel, and the Bomb: Nuclear Alarmism Justified?," *International Security*, Vol. 36, No. 1 (Summer 2011), pp. 133-166, Målfrid

Braut-Hegghammer, "Revisiting Osirak: Preventive Attacks and Nuclear Proliferation Risks," *International Security*, Vol. 36, No. 1 (Summer 2011), pp. 101-132, Etel Solingen, *Nuclear Logic: Contrasting Paths in East Asia and the Middle East* (Princeton: Princeton University Press, 2007), pp. 143-163, Christine Wing and Fiona Simpson, *Detect Dismantle and Disarm: IAEA Verification, 1992-2005* (Washington, DC.: United States Institute of Peace Press, 2013), pp. 9-40, ハンス・ブリックス〔伊藤真訳〕『イラク――大量破壊兵器査察の真実』（株式会社ＤＨＣ、二〇〇四年）、スティーブ・ワイスマン、ハーバート・クロスニー〔大原進訳〕『イスラムの核爆弾――中東に迫る大破局』（日本経済新聞社、一九八一年）。

（2）チャールズ・トリップ〔大野元裕訳〕『イラクの歴史』（明石書店、二〇〇四年）二八四～二八六頁。このバース党による政権は、一九六三年の第一次バース党政権に次ぐものであるので、第二次バース党政権と呼ばれる。

（3）Braut-Hegghammer, "Revisiting Osirak," p. 106.

（4）Braut-Hegghammer, "Revisiting Osirak," p. 106.

（5）Braut-Hegghammer, "Revisiting Osirak," p. 105.

（6）Braut-Hegghammer, "Revisiting Osirak," p. 107.

（7）ワイスマン、クロスニー『イスラムの核爆弾』一五三～一五八頁。

（8）Jeffrey T. Richelson, *Spying on the Bomb: American Nuclear Intelligence from Nazi Germany to Iran and North Korea* (New York: W. W. Norton & Company, 2007), p. 318.

（9）Braut-Hegghammer, "Revisiting Osirak," p. 107, ワイスマン、クロスニー『イスラムの核爆弾』一五三～一五八頁。ソナリ・シンとクリストファー・ウェイは、核開発の段階を(1) Explore（核兵器を獲得・開発する可能性の検討）、(2) Pursuit（核兵器開発のための相当程度の努力の遂行）、(3) Acquire（核兵器能力の獲得）の三段階に分けており、イラクについてのExploreの段階が一九七六年から始まったと見ているが、フランスとの協力による研究炉、イタリアとの協力による再処理施設の二つのプロジェクトの開始の時点に着目しているものと考えられる。後述の通り、シンとウェイはPursuitの段階の開始を一九八三年と捉えているので、シンとウェイによれば、イスラエルのオシラク研究炉攻撃は、Pursuit

に至らない段階で行われたものということとなる。シンとウェイの見解については、Sonali Singh and Christopher R. Way, "The Correlates of Nuclear Proliferation: A Quantitative Test," *Journal of Conflict Resolution*, Vol. 48, No. 6 (December 2004) を参照。

(10) 「タンムーズ」とは、七月の意味であり、バース党が一九六八年七月に政権に就いたことにちなんでこの名前がつけられた。

(11) Braut-Hegghammer, "Revisiting Osirak," p. 107, ワイスマン、クロスニー『イスラムの核爆弾』一五八〜一六五頁。

(12) Richelson, *Spying on the Bomb*, pp. 321-322, ワイスマン、クロスニー『イスラムの核爆弾』九〜四二頁。

(13) S/RES/487, 19 June 1981.

(14) Braut-Hegghammer, "Revisiting Osirak," pp. 110-115, ワイスマン、クロスニー『イスラムの核爆弾』四一六〜四二七頁。

(15) Braut-Hegghammer, "Revisiting Osirak," pp. 110-115.

(16) Braut-Hegghammer, "Revisiting Osirak," pp. 116-122.

(17) Braut-Hegghammer, "Revisiting Osirak," p. 116.

(18) Braut-Hegghammer, "Revisiting Osirak," pp. 116-117. 前記のシンとウェイは、核開発の Pursuit（核兵器開発のための相当程度の努力の遂行）の段階が一九八三年から始まったと見ている。

(19) Braut-Hegghammer, "Revisiting Osirak," p. 118.

(20) Braut-Hegghammer, "Revisiting Osirak," pp. 118, 123.

(21) Braut-Hegghammer, "Revisiting Osirak," pp. 122-126.

(22) Richelson, *Spying on the Bomb*, p. 323.

(23) Braut-Hegghammer, "Revisiting Osirak," p. 124.

(24) Braut-Hegghammer, "Revisiting Osirak," pp. 115-127.

(25) ボブ・ウッドワード〔石山鈴子・染田谷茂訳〕『司令官たち』（文藝春秋、一九九一年）二三五〜四八六頁。

(26) Richelson, *Spying on the Bomb*, p. 355.
(27) Braut-Hegghammer, "Revisiting Osirak," p. 125.
(28) Braut-Hegghammer, "Revisiting Osirak," p. 126.
(29) Braut-Hegghammer, "Revisiting Osirak," p. 126.
(30) Braut-Hegghammer, "Revisiting Osirak," p. 126.
(31) Braut-Hegghammer, "Revisiting Osirak," p. 126.
(32) Brands and Palkki, "Saddam, Israel, and the Bomb," p. 161. なお、イラクは、湾岸戦争に際し、一九九一年一月から二月にかけて累次にわたりスカッド・ミサイルをイスラエルに撃ち込んだ。これは、「シリアとエジプトをはじめとするアラブ諸国の撤退など連合軍の足並みの乱れをもたらすであろうイスラエルの反撃を期待していた可能性があった」と評された（トリップ『イラクの歴史』三七三頁）。一方、このイラクからのスカッド・ミサイルによる攻撃に対し、イスラエルは自制を持って対応し、イラクに対して反撃を加えることを手控えた。そのため、これは、湾岸戦争の全体の行方に特段の影響を与えないままに終わった。
(33) S/RES/687, 8 April 1991.
(34) Richelson, *Spying on the Bomb*, pp. 451-454, ブリックス『イラク』四九頁。
(35) Richelson, *Spying on the Bomb*, pp. 457-459, ブリックス『イラク』四九～五〇頁。
(36) Richelson, *Spying on the Bomb*, pp. 466-469, ブリックス『イラク』五五～五六頁。
(37) ブリックス『イラク』五四～五五頁。
(38) ブリックス『イラク』五七～六三頁。
(39) ブリックス『イラク』六三～六五頁。
(40) ブリックス『イラク』六五～六七頁。
(41) ブリックス『イラク』六七～七〇頁。

(42) ボブ・ウッドワード〔伏見威蕃訳〕『攻撃計画——ブッシュのイラク戦争』（日本経済新聞社、二〇〇四年）三三一～一一一頁、三浦瑠麗『シビリアンの戦争——デモクラシーが攻撃的になるとき』（岩波書店、二〇一二年）一四四～一四六頁。
(43) ウッドワード『攻撃計画』一一二～一二六頁。
(44) Richelson, *Spying on the Bomb*, pp. 471–474, Mohamed Elbaradei, *The Age of Deception : Nuclear Diplomacy in Treacherous Times* (New York : Metropolitan Books, 2011) pp. 62–64, ブリックス『イラク』三三四～三三九頁。
(45) Richelson, *Spying on the Bomb*, pp. 474–475, Elbaradei, *The Age of Deception*, pp. 60–62, ブリックス『イラク』三三六～三三七頁。
(46) Richelson, *Spying on the Bomb*, pp. 475–480.
(47) Richelson, *Spying on the Bomb*, pp. 483–484, ウッドワード『攻撃計画』二五三～二六〇頁。
(48) S/RES/1441, 8 November 2002.
(49) ブリックス『イラク』三四〇～三四三頁。エルバラダイは、回想録の中で、イラク戦争は「不必要な戦争」であったとしている（Elbaradei, *The Age of Deception*, pp. 48–88）。
(50) ブリックス『イラク』三三八～三四〇頁。Elbaradei, *The Age of Deception*, p. 63.
(51) この経緯は、安保理のあり方としても、大きな論議の的となった。松浦博司『国連安全保障理事会——その限界と可能性』（東信堂、二〇〇九年）七～九頁。
(52) Richelson, *Spying on the Bomb*, pp. 496–497.
(53) Richelson, *Spying on the Bomb*, pp. 497–498.
(54) Richelson, *Spying on the Bomb*, pp. 501–502, Iraq Survey Group (ISG), Comprehensive Report of the Special Advisor to the DCI on Iraq's WMD, Central Intelligence Agency, 2004.
(55) Brands and Palkki, "Saddam, Israel, and the Bomb," pp. 141–146.
(56) Brands and Palkki, "Saddam, Israel, and the Bomb," pp. 146–157.

（57） Brands and Palkki, "Saddam, Israel, and the Bomb," pp. 146–157.

（58） Brands and Palkki, "Saddam, Israel, and the Bomb," pp. 136–138.

（59） Solingen, *Nuclear Logic*, p. 145.

（60） Brands and Palkki, "Saddam, Israel, and the Bomb," pp. 134–135.

（61） Iraq Survey Group（ISG）, Comprehensive Report of the Special Advisor to the DCI on Iraq's WMD.

（62） Solingen, *Nuclear Logic*, p. 161.

（63） Solingen, *Nuclear Logic*, pp. 143–163.

（64） Bruce W. Jentleson and Christopher A. Whytock, "Who 'Won' Libya ? : The Force–Diplomacy Debate and Its Implication for Theory and Policy," *International Security*, Vol. 30, No. 3（Winter 2005/06）, pp. 47–48.

（65） ブリックス『イラク』三八八頁。

（66） S/RES. 678, 29 November 1990.

（67） 坪井裕「原子力の平和利用と保障措置」神田啓治・中込良廣『原子力政策学』（京都大学学術出版会、二〇〇九年）二九一〜二九六頁。

（68） 二〇一五年末現在、追加議定書の締結国は一二六カ国、一国際機関（ユーラトム）となっている。

第7章　リビア——テロ支援国家からの脱却

（1） リビアの核開発と核開発放棄についての先行研究としては、下記を参照のこと。Wyn Q. Bowen, *Libya and Nuclear Proliferation : Stepping Back from Brink*, Adelphi Paper 480, Routledge, 2006, Bruce W. Jentleson and Christer A. Whytock, "Who 'Won' Libya ? The Force–Diplomacy Debate and Its Implication for Theory and Policy," *International Security*, Vol. 30, No. 3（Winter 2005/06）, pp. 47–86, Etel Solinge, *Nuclear Logic : Contrasting Path in East Asia and the Middle East*（Princeton, N. J. : Princeton University Press, 2007）, pp. 213–228, David D. Palkki and Shane Smith, "Contrasting Causal

Mechanisms : Iraq and Libya," in Etel Solingen (ed.), *Sanctions*, Statecraft, and Nuclear Proliferation (Princeton, N.J.: Cambridge University Press, 2012), pp. 261-294. Christine Wing and Fiona Simpson, *Detect Dismantle and Disarm : IAEA Verification, 1992-2005* (Washington, D.C.: United States Institute of Peace Press, 2013), pp. 101-138.

(2) 本文でも言及したウィン・ボーウェンはリビアの核開発を三期に分けているが、その第一期を一九六九年から始まると見ている（Bowen, *Libya and Nuclear Proliferation*, pp. 25-31）。また、本文記述のカダフィ大佐とエジプトのナセル大統領のやりとりも一九六九年のものである。なお、ソナリ・シンとクリストファー・ウェイは、核開発の段階を⑴ Explore（核兵器を獲得・開発する可能性の検討）、⑵ Pursuit（核兵器開発のための相当程度の努力の遂行）、⑶ Acquire（核兵器能力の獲得）の三段階に分けており、リビアについての Pursuit の段階が一九七〇年から始まったと見ている。シンとウェイの見解については、Sonali Singh and Christopher R. Way, "The Correlates of Nuclear Proliferation : A Quantitative Test," *Journal of Conflict Resolution*, Vol. 48, No. 6 (December 2004) を参照。

(3) Bowen, *Libya and Nuclear Proliferation*, pp. 25-45.

(4) Bowen, *Libya and Nuclear Proliferation*, pp. 25-31.

(5) スティーブ・ワイスマン、ハーバート・クロスニー〔大原進訳〕『イスラムの核爆弾――中東に迫る大破局』（日本経済新聞社、一九八一年）九三～九八頁。

(6) Bowen, *Libya and Nuclear Proliferation*, p. 8, ワイスマン、クロスニー『イスラムの核爆弾』九五～九六頁。

(7) Bowen, *Libya and Nuclear Proliferation*, p. 8.

(8) Bowen, *Libya and Nuclear Proliferation*, pp. 30-31, ダグラス・フランツ、キャスリン・コリンズ〔早良哲夫訳〕『核のジハード――カーン博士と核の国際闇市場』（作品社、二〇〇九年）五一～五四頁、ワイスマン、クロスニー『イスラムの核爆弾』八九～一一六頁。

(9) Bowen, *Libya and Nuclear Proliferation*, pp. 27-28.

(10) Bowen, *Libya and Nuclear Proliferation*, pp. 28-29.

(11) Bowen, *Libya and Nuclear Proliferation*, pp. 28-29.
(12) 川西晶大「リビアに対する経済制裁とその帰結」『レファレンス』六八二号（二〇〇七年一一月）一〇九頁。
(13) 川西「リビアに対する経済制裁とその帰結」一一六頁。
(14) Bowen, *Libya and Nuclear Proliferation*, pp. 31-36.
(15) Bowen, *Libya and Nuclear Proliferation*, p. 36.
(16) 川西「リビアに対する経済制裁とその帰結」一〇九～一一〇頁。
(17) 川西「リビアに対する経済制裁とその帰結」一〇九頁。
(18) 川西「リビアに対する経済制裁とその帰結」一〇九頁。アメリカはこの空爆について国連憲章第五一条の自衛権を援用した。
(19) 川西「リビアに対する経済制裁とその帰結」一〇九～一一〇頁。
(20) S/RES731, 21 January 1992, 川西「リビアに対する経済制裁とその帰結」一一一頁。
(21) S/RES748, 31 march 1992, 川西「リビアに対する経済制裁とその帰結」一一二頁。
(22) S/RES883, 11 November 1993, 川西「リビアに対する経済制裁とその帰結」一一二～一一三頁。
(23) Bowen, *Libya and Nuclear Proliferation*, pp. 36-43.
(24) フランツ、コリンズ『核のジハード』一八八～二六〇頁。
(25) 会川晴之『独裁者に原爆を売る男たち――核の世界地図』（文春新書、二〇一三年）八一頁。
(26) Wing and Simpson, *Detect, Dismantle, and Disarm*, p. 109.
(27) Wing and Simpson, *Detect, Dismantle, and Disarm*, p. 111.
(28) フランツ、コリンズ『核のジハード』二六二頁。
(29) Ａ・Ｑ・カーンが二〇一一年九月に明らかにした「一三頁の告白書」による（http://www.foxnews.com/world/2011/09/15/aq-khans-thirteen-page-confession/）。Ａ・Ｑ・カーンのネットワークによるリビアとの取引は一九八四年の最初の接触、一九八九年から一九九一年にかけての技術情報の取引、一九九五年以降の大規模な資機材、技術情報の取引と広範な期間にわたるとされる。ベナジール・ブットーが首相を務めたのは一九八八年から一九九〇年、一九九三年から一九九六年の二度であるので、前記の一九八四年の最初の接触はその時期に先立って行われていることになる。

(30) フランツ、コリンズ『核のジハード』二六二〜二六三頁。

(31) Bowen, *Libya and Nuclear Proliferation*, pp. 37–43, Wing and Simpson, *Detect, Dismantle, and Disarm*, pp. 111–112, フランツ、コリンズ『核のジハード』二六〇〜二六三頁。

(32) この核兵器の設計図は、中国が一九六六年の核実験の際に用いたCHIC-4型と呼ばれる核爆発装置の発展型のもの（原型の重量が約一トンであるのに対し、この発展型は四五三キロに軽減）とされる（Bowen, *Libya and Nuclear Proliferation*, p. 43, フランツ、コリンズ『核のジハード』三八〇頁）。

(33) 川西「リビアに対する経済制裁とその帰結」一一六頁。

(34) 川西「リビアに対する経済制裁とその帰結」一一六頁。

(35) Bowen, *Libya and Nuclear Proliferation*, p. 41, フランツ、コリンズ『核のジハード』三七三〜三七四頁。

(36) 太田博「中東の核」今井隆吉・田久保忠衛・平松茂雄編著『ポスト冷戦と核』（勁草書房、一九九五年）二一一頁。

(37) Bowen, *Libya and Nuclear Proliferation*, p. 21.

(38) Solingen, *Nuclear Logic*, pp. 215–216.

(39) Solingen, *Nuclear Logic*, p. 215.

(40) Solingen, *Nuclear Logic*, pp. 219–221.

(41) Solingen, *Nuclear Logic*, p. 216.

(42) Solingen, *Nuclear Logic*, pp. 164–186.

(43) Bowen, *Libya and Nuclear Proliferation*, pp. 59–60.

(44) Bowen, *Libya and Nuclear Proliferation*, pp. 60–61.

（45）Bowen, *Libya and Nuclear Proliferation*, p. 61.

（46）Bowen, *Libya and Nuclear Proliferation*, p. 62.

（47）Bowen, *Libya and Nuclear Proliferation*, p. 65.

（48）S/RES1507, 12 September 2003.

（49）イラク戦争がどの程度リビアの核開発放棄の要因となったかについては議論がある。Bowen, *Libya and Nuclear Proliferation*, pp. 63–64, 川西「リビアに対する経済制裁とその帰結」一二二頁。

（50）Bowen, *Libya and Nuclear Proliferation*, p. 66, フランツ、コリンズ『核のジハード』三六三～三六五頁。

（51）川西「リビアに対する経済制裁とその帰結」一一八頁。会川は、カーン・ネットワークのメンバーであるティナー一家からＣＩＡへの情報提供が「ＢＢＣチャイナ」差し押さえの端緒となったと指摘している（会川『独裁者に原爆を売る男たち』一一五頁）。

（52）Bowen, *Libya and Nuclear Proliferation*, p. 7, フランツ、コリンズ『核のジハード』三六八頁。

（53）Bowen, *Libya and Nuclear Proliferation*, p. 7, フランツ、コリンズ『核のジハード』三六八頁。

（54）Bowen, *Libya and Nuclear Proliferation*, p. 75, Christine Wing and Fiona Simpson, *Detect, Dismantle, and Disarm*, pp. 124–126.

（55）Bowen, *Libya and Nuclear Proliferation*, p. 76, Wing and Simpson, *Detect, Dismantle, and Disarm*, pp. 126–128.

（56）Bowen, *Libya and Nuclear Proliferation*, pp. 76–77, Wing and Simpson, *Detect, Dismantle, and Disarm*, pp. 128–132.

（57）Solingen, *Nuclear Logic*, pp. 219–228.

（58）Solingen, *Nuclear Logic*, pp. 222–223.

（59）Solingen, *Nuclear Logic*, pp. 223–224.

（60）Solingen, *Nuclear Logic*, pp. 223–224.

（61）Solingen, *Nuclear Logic*, p. 228.

(62) Palkki and Smith, "Contrasting Causal Mechanisms," p. 276.

(63) Solingen, *Nuclear Logic*, p. 215.

(64) Palkki and Smith, "Contrasting Causal Mechanisms," p. 273.

(65) Jentleson and Whytock, "Who 'Won' Libya ?," pp. 57-61.

(66) Jentleson and Whytock, "Who 'Won' Libya ?," pp. 61-67.

(67) Jentleson and Whytock, "Who 'Won' Libya ?," pp. 67-74.

(68) Jentleson and Whytock, "Who 'Won' Libya ?," p. 48.

(69) Jentleson and Whytock, "Who 'Won' Libya ?," p. 48.

(70) Bowen, *Libya and Nuclear Proliferation*, p. 64.

(71) Bowen, *Libya and Nuclear Proliferation*, pp. 76-79, 川西「リビアに対する経済制裁とその帰結」一〇八、一一八頁。

(72) Solingen, *Nuclear Logic*, p. 228.

(73) Richard N. Haas, "The Unraveling : How to Respond to a Disordered World," *Foreign Affairs* (November/December 2014), p. 74.

第8章　ウクライナ——ソ連解体の決算

(1) ウクライナの核廃棄についての先行研究としては、以下を参照のこと。William J. Long and Suzette R. Grillot, "Ideas, Beliefs, and Nuclear Policies : The Cases of South Africa and Ukraine," *The Nonproliferation Review*, Spring, 2000, William C. Potter, *The Politics of Nuclear Renunciation : The Cases of Belarus, Kazakhstan, and Ukraine* (Washington D. C. : The Henry L. Stimson Center, 1995), Michell Reiss, *Bridled Ambition : Why Countries Constrain Their Nuclear Capabilities* (Washington D. C. : The Woodrow Wilson Center Press, 1995), pp. 90-129, Nikolai Sokov, "Ukraine : A Post-nuclear Country," in William C. Potter with Gaulkar Mukhatzhanova (eds.), *Forecasting Nuclear Proliferation in the 21th Century :*

A Comparative Perspective, Volume 2 (Stanford : Stanford University Press, 2010), pp. 255-281, 浅田正彦「ソ連邦の崩壊と核兵器問題」（一）『国際法外交雑誌』第九二巻第六号（一九九四年二月）、浅田正彦「ソ連邦の崩壊と核兵器問題」（二・完）『国際法外交雑誌』第九三巻第一号（一九九四年四月）、新井弘一「ウクライナの核問題」今井隆吉・田久保忠衛・平松茂雄『ポスト冷戦と核』（勁草書房、一九九五年）、末澤恵美「ウクライナの核廃絶」『ウクライナの現代政治』（北海道大学スラブ研究センター、二〇〇〇年）、塚本勝也・工藤仁子・須江秀司「核武装と非核の選択――拡大抑止が与える影響を中心に」『防衛研究所紀要』一一巻第二号（二〇〇九年一月）。

（2）三カ国の対比については、Potter, *The Politics of Nuclear Renunciation*, Reiss, *Bridled Ambition*, pp. 89-182, 塚本・工藤・須江「核武装と非核の選択」を参照。

（3）Reiss, *Bridled Ambition*, pp. 91-92.

（4）カザフスタンには核弾頭の一四％、運搬手段の六％が、ベラルーシには核弾頭の一％、運搬手段の三％が置かれていた（小川伸一『「核」――軍備管理・軍縮の行方』（芦書房、一九九六年）一五一頁）。

（5）ソ連崩壊とウクライナの独立前後の動きについては次を参照。中井和夫『ウクライナ・ナショナリズム――独立のディレンマ』（東京大学出版会、一九九八年）二二一～二五〇頁、藤森信吉「ウクライナ――政権交代としての『オレンジ革命』」『民主化革命とは何だったのか――グルジア、ウクライナ、クルグスタン』（北海道大学スラブ研究センター、二〇〇六年）。

（6）新井「ウクライナの核問題」一一三～一一四頁。

（7）新井「ウクライナの核問題」一一三頁。

（8）Reiss, *Bridled Ambition*, p. 92, 末澤「ウクライナの核廃絶」三頁。

（9）Reiss, *Bridled Ambition*, p. 92, 末澤「ウクライナの核廃絶」三頁。

（10）末澤「ウクライナの核廃絶」三頁。

（11）一九九一年一二月、日本政府が新井弘一を政府特使としてウクライナに派遣した際、ウクライナ側は、このような核政策を説明した。新井「ウクライナの核問題」一一三頁。

(12) Reiss, *Bridled Ambition*, pp. 92-93.

(13) Reiss, *Bridled Ambition*, p. 93. 各国の規定振りについては相違があり、ウクライナについては一九九四年末までとの期限が付されたが、ベラルーシについては期限は付されておらず、カザフスタンについては戦略核の廃棄についての規定自体がなかった（浅田「ソ連邦の崩壊と核兵器問題」（一））。

(14) 浅田正彦は、このような事態を「事実上の拡散」と「承継による拡散」とによる危険と捉えた（浅田「ソ連邦の崩壊と核兵器問題」（二））。

(15) 小川『「核」――軍縮・軍備管理のゆくえ』二〇四～二二二頁。

(16) ミハイル・ゴルバチョフ（工藤精一郎訳）『ゴルバチョフ回想録　下』（新潮社、一九九六年）は、ゴルバチョフ大統領が、ソ連の大統領職を辞任する前に、ブッシュ大統領に電話をした際、核兵器使用の権限をロシア共和国大統領に委譲することを定める大統領令に署名したことを説明し、核兵器管理体制は安心できる体制に置かれることを伝達したことを記している（同書七二三～七二五頁）。

(17) 小川『「核」――軍縮・軍備管理のゆくえ』一五〇～一五一頁。

(18) 小川『「核」――軍縮・軍備管理のゆくえ』一五〇～一五一頁。

(19) Reiss, *Bridled Ambition*, pp. 93, 97.

(20) Reiss, *Bridled Ambition*, p. 94.

(21) Reiss, *Bridled Ambition*, p. 94.

(22) Reiss, *Bridled Ambition*, p. 94, 新井「ウクライナの核問題」一一六頁。

(23) Potter, *The Politics of Nuclear Renunciation*, pp. 20-21, Reiss, *Bridled Ambition*, pp. 94-95, 新井「ウクライナの核問題」一一七～一一八頁。

(24) 塚本・工藤・須江「核武装と非核の選択」三三二頁。

(25) Potter, *The Politics of Nuclear Renunciation*, pp. 21, 42-45.
(26) 新井「ウクライナの核問題」一一七～一一八頁。
(27) Reiss, *Bridled Ambition*, pp. 95-96.
(28) Reiss, *Bridled Ambition*, p. 95.
(29) Reiss, *Bridled Ambition*, p. 96.
(30) Reiss, *Bridled Ambition*, p. 96.
(31) Reiss, *Bridled Ambition*, pp. 97, 123.
(32) 小川『「核」――軍縮・軍備管理のゆくえ』一五一頁。
(33) Reiss, *Bridled Ambition*, p. 97, ジェームズ・A・ベーカーⅢ〔仙名紀訳〕『シャトル外交――激動の四年 下』（新潮文庫、一九九七年）六四八～六四九頁。
(34) Reiss, *Bridled Ambition*, p. 98, 小川『「核」――軍縮・軍備管理のゆくえ』一五二頁。
(35) Reiss, *Bridled Ambition*, pp. 99-100, 小川『「核」――軍縮・軍備管理のゆくえ』一五二頁。
(36) 一九九二年五月にカザフスタン、同年一〇月にアメリカ、一一月にロシア、一九九三年二月にベラルーシがSTART-1を批准した。
(37) Reiss, *Bridled Ambition*, pp. 99-105, 小川『「核」――軍縮・軍備管理のゆくえ』一五二～一五五頁。
(38) 新井「ウクライナの核問題」一一八頁。
(39) Reiss, *Bridled Ambition*, p. 112, 新井「ウクライナの核問題」一一八～一一九頁。
(40) Reiss, *Bridled Ambition*, pp. 100-104, 末澤「ウクライナの核廃絶」九～一〇頁。
(41) Reiss, *Bridled Ambition*, pp. 104-105.
(42) John J. Mearsheimer, The Case for a Ukrainian Nuclear Deterrent, *Foreign Affairs*, Vol. 72, No. 3 (Summer, 1993), pp. 50-66. 邦訳はJ・ミアシャイマー「非核化は欧州の不安定化を招く」『中央公論』一九九三年九月号。

(43) Stephen E. Miller, The Case against a Ukrainian Nuclear Deterrent, *Foreign Affairs*, Vol. 72, No. 3 (Summer, 1993), pp. 67-80. 邦訳はS・ミラー「ウクライナでは核抑止は機能しない」『中央公論』一九九三年九月号。

(44) Reiss, *Bridled Ambition*, p. 106.

(45) Reiss, *Bridled Ambition*, pp. 107-112.

(46) Reiss, *Bridled Ambition*, pp. 112-113, 小川『「核」――軍縮・軍備管理のゆくえ』一五三頁、末澤「ウクライナの核廃絶」九〜一〇頁。

(47) Reiss, *Bridled Ambition*, pp. 114-117, 新井「ウクライナの核問題」一二四〜一二五頁、末澤「ウクライナの核廃絶」一一頁。

(48) Reiss, *Bridled Ambition*, p. 121, 末澤「ウクライナの核廃絶」一二頁。

(49) フランス、中国も、同様の内容のコミットメントを行っている。Reiss, *Bridled Ambition*, p. 121.

(50) Memorandum on Security Assurances in Connection with Ukraine's accession to the Treaty on the Non-Proliferation of Nuclear Weapons sign by Ukraine, the Russian Federation, the United Kingdom of Great Britain and Northern Ireland and the United States of America, United Nations, A/49/765, S/1994/1399, 19 December 1994. この文書のタイトルは、「ウクライナのNPT加入に関連した安全の保証についての覚書」であり、「安全の保証」(security assurances) という用語が用いられている。これは、武力攻撃がなされた際の共同対処といったレベルの「安全の保障」(security guarantee) ではなく、独立や主権の尊重、武力行使や核兵器の使用を行わないといったレベルのコミットメントによる「安全の保証」(security assurances) に止まっていることに留意が必要である。核問題の観点からは、ここでの核兵器を使用しないとのコミットメントは、「消極的安全保証」に当たる。

(51) Reiss, *Bridled Ambition*, p. 121.

(52) Long and Grillot, Ideas, Beliefs, and Nuclear Policies, pp. 34-36.

(53) 前記の通り、「ブタペスト覚書」には、ウクライナの独立、主権、現行の国境の尊重、ウクライナに対する武力の威嚇ないし武力の不行使などの内容の安全の保証が盛りこまれている。なお、「ブタペスト覚書」には、核兵器を使用しないとの「消極的安全保証」も盛りこまれているが、核兵器が使用されたわけではないので、核兵器についての「消極的安全保証」の違反が問題となるわけではない。

（54）ウクライナに関するG7首脳声明（二〇一四年三月一二日）。

第9章　北朝鮮——危機の連鎖

（1）北朝鮮の核問題についての先行研究は数多くあるが、主なものとしては、以下を参照のこと。Joseph S. Bermudez Jr., *North Korea's Development of a Nuclear Weapons Strategy*, The US-Korea Institute at the Paul H. Nitze School of Advanced International Studies, Johns Hopkins University, 2015, Victor Cha, *The Impossible State: North Korea, Past and Future* (New York: HarperCollins Publishers, 2012), pp. 247-314, The International Institute of Strategic Studies (IISS), *North Korea's Weapons Programs: A Net Assessment* (London: The International Institute of Strategic Studies, 2004), The International Institute for Strategic Studies (IISS), *North Korean Security Challenges: A Net Assessment* (London: The International Institute for Strategic Studies, 2011), Michael J. Mazarr, *North Korea and the Bomb: A Case Study in Nonproliferation* (New York: St. Martin's Press, 1995), Beth Nikitin, *North Korea's Nuclear Weapons: Technical Issues*, Congressional Research Service, April 3, 2013, Charles L. Pritchard, *Failed Diplomacy: The Tragic Story of How North Korea Got the Bomb* (Washington D.C.: The Brookings Institution Press, 2007), Leon V. Sigal, *Disarming Stranger: Nuclear Diplomacy with North Korea* (Princeton: Princeton University Press, 1998), Etel Solingen, *Nuclear Logics: Contrasting Paths in East Asia and the Middle East* (Princeton: Princeton University Press, 2007), pp. 118-140, Joel S. Wit, Daniel B. Poneman, and Robert L. Gallucci, *Going Critical: The First North Korean Nuclear Crisis* (Washington D.C.: Brookings Institution Press, 2004), 岩田修一郎『核拡散の論理　主権と国益をめぐる国家の興亡』（勁草書房、二〇一〇年）一〜二七頁、ドン・オーバードーファー〔菱木一美訳〕『二つのコリア（特別最新版）——国際政治の中の朝鮮半島』

（共同通信社、二〇〇七年）、ケネス・キノネス〔山岡邦彦・山口瑞彦訳〕『北朝鮮――アメリカ務省担当官の交渉記録』（中央公論新社、二〇〇〇年）、斎藤直樹『北朝鮮危機の歴史的構造――一九四五～二〇〇〇』（論創社、二〇一三年）、春原剛『米朝対立――核危機の十年』（日本経済新聞社、二〇〇四年）、平岩俊司『北朝鮮――変貌を続ける独裁国家』（中公新書、二〇一三年）、船橋洋一『ペニンシュラ・クエスチョン』（朝日新聞社、二〇〇六年）、道下徳成『北朝鮮　瀬戸際外交の歴史――一九六六～二〇一三年』（ミネルヴァ書房、二〇一三年）。

（2）IISS, *North Korea's Weapons Program*, p. 34, オーバードーファー『二つのコリア』二九六～二九八頁。

（3）Bermudez, *North Korea's Development of a Nuclear Weapons Strategy*, p. 8, Mazarr, *North Korea and the Bomb*, pp. 17-21, 岩田『核拡散の論理』一一頁。朝鮮戦争におけるアメリカの核威嚇については、以下を参照。Richard K. Betts, *Nuclear Blackmail and Nuclear Balance* (Washington D.C.: Brookings Institution, 1987), pp. 32-47, Alexander L. George and Richard Smoke, *Deterrence in American Foreign Policy: Theory and Practice* (New York: Columbia University Press, 1974), pp. 237-240, 赤木完爾「核戦争と朝鮮戦争」赤木完爾編『朝鮮戦争――休戦五〇周年の検証・半島の内と外から』（慶應義塾大学出版会、二〇〇三年）三六八～三七五頁、ジョン・L・ギャディス〔五味俊樹・坪内淳・阪田恭代・太田宏・宮坂直史訳〕『ロング・ピース――冷戦史の証言「核・緊張・平和」』（芦書房、二〇〇二年）一九九～二二一頁、ハリー・S・トルーマン〔堀江芳孝訳〕『トルーマン回顧録2――試練と希望の年月』（恒文社、一九六六年）二九六～二九九頁、ドワイト・アイゼンハワー〔仲晃・佐々木謙一訳〕『アイゼンハワー回顧録1――転換への付託　一九五三～一九五六（新装版）』（みすず書房、二〇〇〇年）一六一～一七二頁。

（4）オーバードーファー『二つのコリア』二九七頁。一方、A・Q・カーンは、二〇一一年九月に明らかにした「一三頁の告白書」において、北朝鮮が一九五〇年代半ばにソ連からプルトニウム二〇〇キロと核兵器の設計図を入手したと北朝鮮の関係者から聞いた旨を述べるとともに、その核兵器の設計図を見たが、「完璧な核兵器であり、パキスタンのものよりも技術的に優れたもの」であったと述べている（http://www.foxnews.com/world/2011/09/15/aq-khans-thirteen-page-confession/）。会川晴之『独裁者に原爆を売る男たち――核の世界地図』（文春新書、二〇一三年）一六頁も参照。

（5）オーバードーファー『二つのコリア』二九七〜二九八頁。オーバードーファーによれば、北朝鮮は、一九七四年にも再度、中国に核開発についての援助を求めたが、この際も、中国はこれに応じなかったとのことである。

（6）IISS, *North Korea's Weapons Program*, p. 34.

（7）オーバードーファー『二つのコリア』二九四〜二九五頁。

（8）オーバードーファー『二つのコリア』二九五頁。

（9）Seongwhun Cheon, "Assessing the Threat of North Korea's Nuclear Capability," *The Korean Journal of Defense Analysis*, Vol. XVIII, No. 3 (Fall 2006) pp. 38-48.

（10）オーバードーファー『二つのコリア』二九九〜三〇〇頁。

（11）Mazarr, *North Korea and the Bomb*, p. 41, オーバードーファー『二つのコリア』二九九頁。

（12）オーバードーファー『二つのコリア』二九九頁。

（13）斎藤『北朝鮮』二七三〜二七五頁。

（14）Mazarr, *North Korea and the Bomb*, p. 44, オーバードーファー『二つのコリア』三〇一〜三〇二頁。

（15）オーバードーファー『二つのコリア』三〇二頁。

（16）オーバードーファー『二つのコリア』三〇二〜三〇六頁。

（17）Mazarr, *North Korea and the Bomb*, pp. 59-63, 黒澤満『核軍縮と国際法』（有信堂、一九九二年）二五七〜二六九頁、小川伸一『「核」――軍備管理・軍縮の行方』（芦書房、一九九六年）二〇四〜二二二頁。

（18）George H. W. Bush and Brent Scowcroft, *A World Transformed* (New York : Alfred A. Knopf, 1998), pp. 544-547. なお、ここで、スコウクロフトは、韓国に配備されていた戦術核を撤去するように韓国側から要請があったと指摘している。

（19）オーバードーファー『二つのコリア』三〇七〜三〇八頁。

（20）オーバードーファー『二つのコリア』三〇六〜三〇七頁。

（21）Mazarr, *North Korea and the Bomb*, p. 66, オーバードーファー『二つのコリア』三〇七〜三〇八頁。

（22）オーバードーファー『二つのコリア』三〇五～三〇六、三〇八頁。
（23）Mazarr, *North Korea and the Bomb*, p. 70, オーバードーファー『二つのコリア』三一一～三一四頁。
（24）オーバードーファー『二つのコリア』三一四頁。
（25）オーバードーファー『二つのコリア』三〇九頁。
（26）Mazarr, *North Korea and the Bomb*, pp. 79-95, オーバードーファー『二つのコリア』三一四～三一五頁。
（27）長崎へ投下された原爆において、プルトニウムが六・一キロ用いられたこと、製造工程での避けることのできない損失が発生することから八キロとされているものであるが、近時、より少ない量でも核爆発装置を製造できるとも指摘されている。
（28）Mazarr, *North Korea and the Bomb*, pp. 96-99, オーバードーファー『二つのコリア』三一五～三一七頁、道下『北朝鮮』一二九頁。
（29）Mazarr, *North Korea and the Bomb*, pp. 102-105, オーバードーファー『二つのコリア』三一八～三一九頁、道下『北朝鮮』一二九頁。
（30）Mazarr, *North Korea and the Bomb*, p. 104, オーバードーファー『二つのコリア』三一八～三一九頁。
（31）S/RES/825, May 11 1993.
（32）IISS, *North Korea's Weapons Program*, p. 73, 道下『北朝鮮』一三一頁。
（33）スカッドBの射程は三〇〇キロ、これを改良したスカッドC（弾頭重量を減らすことで射程を延長）の射程は五〇〇キロと見られている（IISS, *North Korea's Weapons Program*, pp. 64, 67）。
（34）IISS, *North Korea's Weapons Programs*, 2004, pp. 71-74, 松本太『ミサイル不拡散』（文春新書、二〇〇七年）九三頁。
（35）Mazarr, *North Korea and the Bomb*, pp. 120-121, Wit, Poneman and Galluchi, *Going Critical*, pp. 51-56, オーバードーファー『二つのコリア』三三三～三三六頁、キノネス『北朝鮮』一四三～一六四頁、道下『北朝鮮』一三二頁。
（36）Wit, Poneman and Galluchi, *Going Critical*, p. 53, 道下『北朝鮮』一三二頁。

(37) Mazarr, *North Korea and the Bomb*, pp. 121–122, Wit, Poneman and Galluchi, *Going Critical*, pp. 58–63, オーバードーファー『二つのコリア』三三三〜三三五頁、キノネス『北朝鮮』一八五〜一九二頁、道下『北朝鮮』一三一〜一三二頁。
(38) Segal, *Disarming Strangers*, pp. 90–95.
(39) オーバードーファー『二つのコリア』三四二〜三四三頁、道下『北朝鮮』一三三〜一三六頁。
(40) 道下『北朝鮮』一三四〜一三五頁。
(41) オーバードーファー『二つのコリア』三三八〜三四一頁、道下『北朝鮮』一三三〜一三六頁。
(42) Wit, Poneman and Galluchi, *Going Critical*, pp. 136–139, オーバードーファー『二つのコリア』三五四頁、キノネス『北朝鮮』二八二〜二八七頁、道下『北朝鮮』一三七〜一三八頁。
(43) Wit, Poneman and Galluchi, *Going Critical*, pp. 147–149, オーバードーファー『二つのコリア』三五五頁、キノネス『北朝鮮』二八八〜二九〇頁、道下『北朝鮮』一三八頁。
(44) Wit, Poneman and Galluchi, *Going Critical*, p. 147, オーバードーファー『二つのコリア』三五五〜三五六頁、道下『北朝鮮』一三九〜一四〇頁。
(45) Wit, Poneman and Galluchi, *Going Critical*, pp. 169–175, オーバードーファー『二つのコリア』三五八〜三六四頁、道下『北朝鮮』一三九〜一四〇頁。
(46) オーバードーファー『二つのコリア』三六〇〜三六四頁、道下『北朝鮮』一四〇頁。
(47) Wit, Poneman and Galluchi, *Going Critical*, p. 205, オーバードーファー『二つのコリア』三二八〜三二九頁、道下『北朝鮮』一四三頁。
(48) Wit, Poneman and Galluchi, *Going Critical*, pp. 210–211, 道下『北朝鮮』一四三頁。
(49) Wit, Poneman and Galluchi, *Going Critical*, pp. 211–212, 道下『北朝鮮』一四三頁。
(50) 道下『北朝鮮』一四五頁。
(51) Wit, Poneman and Galluchi, *Going Critical*, p. 227, オーバードーファー『二つのコリア』三八二〜三八五頁、道下『北朝

鮮』一四六頁。

(52) Wit, Poneman and Galluchi, *Going Critical*, p. 227, オーバードーファー『二つのコリア』三八五～三八七頁。

(53) Wit, Poneman and Galluchi, *Going Critical*, pp. 228-231, オーバードーファー『二つのコリア』三八七～三八九頁、道下『北朝鮮』一四頁。

(54) Wit, Poneman and Galluchi, *Going Critical*, pp. 295-330, オーバードーファー『二つのコリア』四〇九～四一九頁、道下『北朝鮮』一四八～一四九頁。

(55) Wit, Poneman and Galluchi, *Going Critical*, pp. 421-423, オーバードーファー『二つのコリア』四一六～四一七頁、道下『北朝鮮』一四八～一四九頁。

(56) 道下『北朝鮮』一六〇頁。

(57) IISS, *North Korea's Weapons Programs*, 2004, p. 39, 斎藤『北朝鮮』四三二～四三四頁。

(58) IISS, *North Korea's Weapons Programs*, 2004, pp. 39-42.

(59) 船橋洋一は、北朝鮮がウラン濃縮に着手した動機について、(1)抑止力理論（核による抑止力を持たないとアメリカに政権を転覆させられる）、(2)時間稼ぎ理論（「枠組み合意」は、核開発のための時間稼ぎに過ぎなかった）、(3)保険理論（アメリカが再び敵対的な姿勢に転じ、プルトニウム施設が攻撃によって破壊された時のための保険として必要であった）の三つの見方を示しつつ、それらの要因が重なっていた可能性を指摘している（船橋『ペニンシュラ・クエスチョン』一九五～二〇一頁）。

(60) Feroz Hassan Khan, *Eating Grass: The Making of the Pakistani Bomb* (Stanford: Stanford University Press, 2012), pp. 246-247, 368-369.

(61) A・Q・カーンの「一三頁の告白書」による。会川『独裁者に原爆を売る男たち』四八～四九頁も参照。

(62) 船橋『ペニンシュラ・クエスチョン』一八五頁。

(63) IISS, *North Korea's Weapons Programs*, pp. 74-78, 道下『北朝鮮』一七三～一七四頁。

(64) IISS, *North Korea's Weapons Programs*, p. 75, 松本『ミサイル不拡散』九六～九七頁。
(65) 道下『北朝鮮』一六三～一九三頁、斎藤『北朝鮮』四六九～四七二頁、松本『ミサイル不拡散』一一二～一一六頁。
(66) 船橋『ペニンシュラ・クエスチョン』二一九～二六五頁。
(67) 斎藤『北朝鮮』三九〇～三九三頁。
(68)「枠組み合意」においては、アメリカは二〇〇三年を目途に軽水炉二〇〇〇メガワットを供与すべく所要の措置をとることとする一方、北朝鮮は黒鉛減速炉と関連施設を凍結（軽水炉完成までに解体）することとしたが、凍結されない核施設については軽水炉の供与契約の締結後に保障措置の継続性のための査察が行われるとするに留まった。
(69) 船橋『ペニンシュラ・クエスチョン』二四四～二四五頁。
(70) 船橋『ペニンシュラ・クエスチョン』一七三頁。
(71) 船橋『ペニンシュラ・クエスチョン』一七三、二四五頁。
(72) 船橋『ペニンシュラ・クエスチョン』一七二～一七四頁。ブッシュ政権による北朝鮮についての政策レビューについては、Pritchard, *Failed Diplomacy*, pp. 4-7 に詳しい。
(73) 船橋『ペニンシュラ・クエスチョン』一四六～二一一頁、道下『北朝鮮』二三五～二三六頁。
(74) 船橋『ペニンシュラ・クエスチョン』一六九～一七〇頁。
(75) 船橋『ペニンシュラ・クエスチョン』一六一～一七〇頁。
(76) Pritchard, *Failed Diplomacy*, pp. 40-43, 船橋『ペニンシュラ・クエスチョン』一六三、二一四～二六五頁、道下『北朝鮮』二三六頁。
(77) Pritchard, *Failed Diplomacy*, p. 43, 道下『北朝鮮』二三六頁。
(78) Pritchard, *Failed Diplomacy*, p. 43, 道下『北朝鮮』二三六頁。
(79) 船橋『ペニンシュラ・クエスチョン』二五三～二五八頁。
(80) 船橋『ペニンシュラ・クエスチョン』二五〇～二五一頁。一方、北朝鮮は、イラク戦争によって、アメリカの圧倒的な力を見せつけられたこと、大量破壊兵器についての査察を受け入れたにもかかわらず攻撃を受けたことで大きな衝撃を受けたのではないかと指摘される（平岩『北朝鮮』一六三～一六四頁）。

（81） Pritchard, *Failed Diplomacy*, pp. 62-65, 船橋『ペニンシュラ・クエスチョン』五二六～五三八頁。

（82） Pritchard, *Failed Diplomacy*, pp. 101-102.

（83） Pritchard, *Failed Diplomacy*, p. 102, 船橋『ペニンシュラ・クエスチョン』五二六～五五二頁、道下『北朝鮮』二三八～二三九頁。

（84） 船橋『ペニンシュラ・クエスチョン』五八八～五八九頁、道下『北朝鮮』二四一頁。

（85） Pritchard, *Failed Diplomacy*, pp. 119-127, 船橋『ペニンシュラ・クエスチョン』五九六～六三八頁、道下『北朝鮮』二四三～二四四頁。

（86） このアメリカの閉幕宣言の全文は、Pritchard, *Failed Diplomacy*, pp. 191-193 に採録されている。

（87） Pritchard, *Failed Diplomacy*, pp. 123-124, 船橋『ペニンシュラ・クエスチョン』六一三～六一七頁、道下『北朝鮮』二四四～二四五頁。ヒル国務次官補自身は、回想録の中で、「適当な時期」についての記述は、「助けになる」ものであったと記述している（Christopher R. Hill, *Outpost : Life on the Frontlines of American Diplomacy* (New York : Simon & Shuster, 2014), p. 239）。

（88） 船橋『ペニンシュラ・クエスチョン』六三七頁、道下『北朝鮮』二四四～二四五頁。

（89） 道下『北朝鮮』二四四頁、平岩『北朝鮮』一六七頁。

（90） 平岩『北朝鮮』一六七～一六八頁。

（91） 道下『北朝鮮』二四六～二四七頁、平岩『北朝鮮』一六八頁。

（92） S/RES/1695, 15 July 2006, 道下『北朝鮮』二四七頁、平岩『北朝鮮』一六八頁。なお、この安保理決議一六九五の作成に際しては、日本がアメリカとともに決議案の起草国となった（松浦博司『国連安全保障理事会――その限界と可能性』（東信堂、二〇〇九年）一〇～一一頁）。

(93) Emma Chanlett-Avery and Sharon Squassoni, *North Korea's Nuclear Test : Motivations, Implications, and U. S. Options*, Congressional Research Service, October 24, 2006, pp. 1-5, Nikitin, *North Korea's Nuclear Weapons*, pp. 15-16, 道下『北朝鮮』二四七～二四八頁、平岩『北朝鮮』一六八～一六九頁。

(94) IISS, *North Korean Security Challenges*, p. 117, Nikitin, *North Korea's Nuclear Weapons*, p. 15, Stockholm International Peace Research Institute (SIPRI), *SIPRI Yearbook 2014 : Armaments, Disarmament and International Security* (Oxford : Oxford University Press, 2014), p. 347.

(95) 道下『北朝鮮』一二九～一六六、二四一頁。

(96) Report submitted to the Senate Select Committee by Central Intelligence Agency, 18 August 2003 (http://www.fas.org/irp/congress/2003_hr/021103qfr-cia.pdf).

(97) S/RES/1718, 14 October 2006, Pritchard, *Failed Diplomacy*, p. 153, 道下『北朝鮮』二四八頁、平岩『北朝鮮』一六九頁。なお、この安保理決議一七一八の作成に際しても、日本がアメリカとともに決議案の起草国となった（松浦『国連安全保障理事会』一〇～一一頁)。

(98) Pritchard, *Failed Diplomacy*, pp. 153-157.

(99) Pritchard, *Failed Diplomacy*, pp. 157-158.

(100) Pritchard, *Failed Diplomacy*, pp. 158-160, IISS, *North Korean Security Challenges*, p. 84, Nikitin, *North Korea's Nuclear Weapons*, p. 18, 道下『北朝鮮』二四九～二五〇頁、平岩『北朝鮮』一七一頁。

(101) 道下『北朝鮮』二五〇頁、平岩『北朝鮮』一七二頁。

(102) Pritchard, *Failed Diplomacy*, pp. 158-160, IISS, *North Korean Security Challenges*, pp. 85-86, Nikitin, *North Korea's Nuclear Weapons*, p. 18, 道下『北朝鮮』二五〇頁、平岩『北朝鮮』一七二頁。

(103) IISS, *North Korean Security Challenges*, pp. 86-88, Nikitin, *North Korea's Nuclear Weapons*, pp. 18-20, 道下『北朝鮮』二五一頁、平岩『北朝鮮』一七三頁。

(104) Nikitin, *North Korea's Nuclear Weapons*, pp. 20-26, 道下『北朝鮮』二五一～二五二頁、Pritchard, *Failed Diplomacy*, pp. 153-157.

(105) IISS, *North Korean Security Challenges*, p. 88, 平岩『北朝鮮』一八〇～一八五頁。

(106) 平岩『北朝鮮』一八四頁。

(107) S/PRST/2009/7, 13 April 2009, IISS, *North Korean Security Challenges*, p. 88, 平岩『北朝鮮』一八五～一八六頁。

(108) IISS, *North Korean Security Challenges*, pp. 88-89, 平岩『北朝鮮』一八七頁。

(109) IISS, *North Korean Security Challenges* : p. 117, Mary Beth Nikitin, *North Korea's Nuclear Weapons Technical Issues*, April 2013, Congressional Research Service, p. 14, 平岩『北朝鮮』一八七～一八八頁。

(110) IISS, *North Korean Security Challenges*, p. 117, Nikitin, *North Korea's Nuclear Weapons*, pp. 14-15, SIPRI, *SIPRI Yearbook 2014*, p. 347.

(111) IISS, *North Korean Security Challenges*, pp. 117-118.

(112) S/RES/1874, 12 June 2009.

(113) 平岩『北朝鮮』一八八～一八九頁。

(114) Nikitin, *North Korea's Nuclear Weapons*, pp. 27-28, 平岩『北朝鮮』二一〇～二一一頁。

(115) 米国務省の発表では、北朝鮮が対話の雰囲気を向上させ、非核化へのコミットメントを示すためにこれらの措置をとることに合意したとしている（http://www.state.gov/r/pa/prs/ps/2012/02/184869.htm）。一方、平岩『北朝鮮』は米朝交渉が続いている間、北朝鮮がこれらの措置をとることとなったと捉えている（同書二一〇～二一一頁）。

(116) Nikitin, *North Korea's Nuclear Weapons*, p. 27, 平岩『北朝鮮』二一〇～二一一頁。

(117) Nikitin, *North Korea's Nuclear Weapons*, p. 16, 平岩『北朝鮮』二一三～二一四頁。

(118) Nikitin, *North Korea's Nuclear Weapons*, p. 16, 平岩『北朝鮮』二二〇～二二二頁

(119) 平岩『北朝鮮』二二二頁。

(120) Nikitin, *North Korea's Nuclear Weapons*, p. 16, 平岩『北朝鮮』二三三頁。

(121) Nikitin, *North Korea's Nuclear Weapons*, p. 14, Verification Science Interview with Paul Richards, "Seismic Detective Work : CTBTO Monitoring System 'Very Effective'" in Detecting North Korea's Third Nuclear Test, *CTBTO Spectrum*, No. 20 (July 2013), SIPRI, *SIPRI Yearbook 2014*, p. 347.

(122) Nikitin, *North Korea's Nuclear Weapons*, p. 14.

(123) S/RES/2094, 7 March 2013.

(124) Mary Beth D. Nikitin, *North Korea's January 6, 2016 Nuclear Test*, CRS Insight IN 10428, Congressional Research Service, January 7, 2016.

(125) Choi He-suk, "Estimates differ on size of N. K. blast," *The Korean Herald*, 14 February, 2016.

(126) S/RES/2270, 2 March 2016.

(127) Mazarr, *North Korea and the Bomb*, pp. 17–21, 岩田『核拡散の論理』一〇～一四頁。

(128) 岩田『核拡散の論理』一一頁。

(129) Bermudez, *North Korea's Development of a Nuclear Weapons Strategy*, p. 8, Mazarr, *North Korea and the Bomb*, pp. 17–21, 岩田『核拡散の論理』一一頁。

(130) Robert Norris, William Arkin and William Burr, "Where They Were," *The Bulletin of Atomic Scientists*, Vol. 55, No. 6 (November 1999).

(131) 岩田『核拡散の論理』一一頁。

(132) 斎藤『北朝鮮』二五〇頁。

(133) Mazarr, *North Korea and the Bomb*, p. 18.

(134) 道下『北朝鮮』一五八～一五九、二六〇～二六一頁。

(135) Mazarr, *North Korea and the Bomb*, pp. 19, 21–24, 岩田『核拡散の論理』一一頁。

(136)　オーバードーファー『二つのコリア』二三六〜二九三頁。
(137)　Mazar, *North Korea and the Bomb*, pp. 19, 30-32.
(138)　平岩『北朝鮮』一九〇〜一九七頁。
(139)　たとえば、孫賢鎮がこれらの事案の背景として、朝鮮半島の緊張を高めることにより金正恩体制の「体制安定化（政権強固化）」を図る意図があったと指摘している（孫賢鎮「金正恩体制下の北朝鮮――核と拉致問題を中心に」『広島平和研究』第二号（二〇一五年）一二三頁）。
(140)　たとえば、James Person and Ju-min Park, "North Korea nuclear test paves way for rare party congress," *Reuters*, 18 January, 2016 を参照。
(141)　岩田『核拡散の論理』一四頁。
(142)　Chanlett-Avery and Squassoni. *North Korea's Nuclear Test*, p. 6.
(143)　Solingen, *Nuclear Logic*, p. 138.
(144)　Solingen, *Nuclear Logic*, pp. 122-123.
(145)　Solingen, *Nuclear Logic*, pp. 138-140.
(146)　ただし、前述の通り、北朝鮮はソ連からプルトニウムおよび核兵器の設計図を入手していた旨、A・Q・カーンが証言している。
(147)　オーバードーファー『二つのコリア』二九九頁。
(148)　Solingen, *Nuclear Logics*, p. 129.
(149)　岩田『核拡散の論理』一五〜一八頁、船橋『ペニンシュラ・クエスチョン』七三二〜七三八頁、道下『北朝鮮』二五二〜二五八頁。
(150)　岩田『核拡散の論理』一六頁、道下『北朝鮮』二五三〜二五四頁。
(151)　船橋『ペニンシュラ・クエスチョン』七三四〜七三五頁、道下『北朝鮮』二五三頁。

(152) 船橋『ペニンシュラ・クエスチョン』二四九～二五二、七三二～七三四頁、道下『北朝鮮』二五二～二五八頁。

(153) Mirosrav Ninchic, "Positive incentive, positive results? Rethinking US counter-proliferation policy," in Etel Solingen (ed.), *Sanctions, Statecraft, and Nuclear Proliferation* (New York: Cambridge University Press, 2012), p. 128.

(154) 船橋『ペニンシュラ・クエスチョン』二四九～二五三頁、道下『北朝鮮』二五六～二五八頁。

(155) 船橋『ペニンシュラ・クエスチョン』二五一頁。

(156) 浅田正彦「北朝鮮の核開発と国連の制裁――三つの制裁決議をめぐって」『海外事情』二〇一三年六月号、一一五頁。

(157) Stephan Haggard and Marcus Noland, "Engaging North Korea: The Efficacy of Sanction and Inducement," in Solingen (ed.), *Sanctions, Statecraft, and Nuclear Proliferation*, pp. 238–245.

(158) Ninchic, "Positive incentives, positive results?," pp. 132–133.

(159) 道下『北朝鮮』一二九～一六六、二四一頁。

(160) Report submitted to the Senate Select Committee by Central Intelligence Agency, 18 August 2003 (http://www.fas.org/irp/congress/2003_hr/021103qfr-cia.pdf).

(161) Segal, *Disarming Strangers*, pp. 90–95.

(162) Joseph S. Bermudez Jr., "The Democratic People's Republic of Korea and Unconventional Weapons," in Peter R. Lavoy, Scott D. Sagan, and James J. Wirtz (eds.), *Planning the Unthinkable: How New Powers Will Use Nuclear, Biological, and Chemical Weapons*, (Ithaka: Cornell University Press, 2000), p. 189.

(163) 斎藤『北朝鮮』三六頁。

(164) 本文記載の通り北朝鮮が核爆発能力を獲得したタイミングは必ずしも明らかとなっているわけではないが、ここでは、多くの論者が核爆発能力の獲得がなされた時期として想定している第一次核危機の前後の時期を想定する。

(165) 道下徳成は、第一次核危機（一九九二～九四年）の時期に北朝鮮が核実験を行わなかった背景として、外交的に逆効果となったとの点に加え、核兵器を爆発させる技術的能力がなかった、少量しかないプルトニウムを使用するのを躊躇したとの可能性を挙げている（道下『北朝鮮』一五六頁）。

(166) Wit, Poneman and Galluci, *Going Critical*, p. 205, オーバードーファー『二つのコリア』三二八〜三二九頁、道下『北朝鮮』一四〇頁。

(167) 道下徳成は、第一次核危機（一九九三〜九四年）の時期に北朝鮮が核実験を行わなかった背景の一つとして、核実験が外交的に逆効果を生み出すかもしれないと考えた可能性を挙げている（道下『北朝鮮』一五六頁）。道下は、二〇〇六年の核実験によって「顕在化」をさせたことによって、それまで「核保有についての曖昧性」を外交的に利用し、関係各国も核保有を疑いながらも、「北朝鮮が核兵器を保有しているとは限らない」との前提で交渉を進め、また、政治的な妥協を受け入れる余地がある状況があったのに反し、核保有が明確になったことで、各国が北朝鮮と関係を改善したり、北朝鮮に経済支援を与えたりするにあたっての国内政治的な敷居ははるかに高くなったと評している（道下『北朝鮮』二六五頁）。

(168) 船橋洋一は、第二次核危機に至るまでの時期、アメリカ政府内に、北朝鮮は核実験を行わないとの観測があったとしつつ、その理由として、南北関係が修復不可能となること、中国からの支援が得られなくなるとの観測を挙げた（船橋『ペニンシュラ・クエスチョン』二四八頁）。

(169) Chanlett-Avery and Squassoni, *North Korea's Nuclear Test*, p. 6.

(170) 船橋『ペニンシュラ・クエスチョン』五八九〜五九四頁、道下「北朝鮮」二四一頁。

(171) 船橋『ペニンシュラ・クエスチョン』五九二頁。

(172) Chanlett-Avery and Squassoni, *North Korea's Nuclear Test*, p. 5.

(173) ＢＤＡ問題が起こった後、核実験の前に、北朝鮮の金桂冠外務次官は、「六者協議（の再開）が遅れるのも悪くない。その間に、われわれはより多くの抑止力を備えるだろう。それが嫌なら金融制裁を解除すべきだ」「米国は敵視政策を行動で示した。われわれは圧力には屈しない。米国が圧力をかけるなら、われわれは超強硬（対応）に出る」と強硬姿勢を示していた（平岩『北朝鮮』一六七頁）。

(174) Chanlett-Avery and Sharon Squassoni, *North Korea's Nuclear Test*, pp. 5-6. 北朝鮮は、核実験の後、「米国のせいで核実験を行ったが、対話と協議を通じた朝鮮半島の非核化実現の意思には依然として変化はない。……もし、米国がわれわれを引き続き苦しめ、圧力を加えるのであれば、それを宣戦布告とみなし、相次いで物理的な対抗措置を講じていくことになるであろう」との声明を発表した（道下『北朝鮮』二四七〜二四八頁）。

(175) 船橋『ペニンシュラ・クエスチョン』二五一頁。

(176) Hans M. Kristensen and Robert S. Norris, "Worldwide Deployment of Nuclear Weapons, 2014," *Bulletin of the Atomic Scientists*, Vol. 70, No. 5 (September/October 2014), Stockholm International Peace Research Institute (SIPRI), *SIPRI Yearbook 2015 : Armaments, Disarmament and International Security* (Oxford : Oxford University Press, 2015), p. 509.

(177) IISS, *North Korea's Weapons Programs*, pp. 63-84, Stockholm International Peace Research Institute, *SIPRI Yearbook 2014 : Armaments, Disarmament and International Security* (Oxford : Oxford University Press, 2014), pp. 511-514, 松本太『ミサイル不拡散』八四〜一一八頁、道下『北朝鮮』一八二〜一八四頁。

(178) IISS, *North Korea's Weapons Programs*, pp. 64-66, 72, 松本『ミサイル不拡散』八六〜八七、九一頁。

(179) IISS, *North Korea's Weapons Programs*, pp. 66-67, 72, 松本『ミサイル不拡散』九一頁。

(180) IISS, *North Korea's Weapons Programs*, pp. 71-74, 松本『ミサイル不拡散』九三〜九六頁。

(181) IISS, *North Korea's Weapons Programs*, pp. 74-78, 松本『ミサイル不拡散』九六〜九七頁。

(182) IISS, *North Korea's Weapons Programs*, pp. 78-80, 松本『ミサイル不拡散』九七〜九九頁。

(183) 松本『ミサイル不拡散』九七〜九九頁、道下『北朝鮮』二六五頁。

(184) SIPRI, *SIPRI Yearbook 2015*, p. 513, 平岩『北朝鮮』一六八頁、道下『北朝鮮』二四六〜二四七頁。

(185) 平岩『北朝鮮』一頁。

(186) SIPRI, *SIPRI Yearbook 2015*, p. 513, 平岩『北朝鮮』一頁。

(187) SIPRI, *SIPRI Yearbook 2015*, p. 513, 平岩『北朝鮮』二一〇〜二一五頁。

(188) SIPRI, *SIPRI Yearbook 2015*, p. 513, 平岩『北朝鮮』二三一〜二三三頁。

(189) Emma Chanlett-Avery, Ivan E. Rinehart and Mary Beth D. Nikitin, *North Korea : U. S. Relations, Nuclear Diplomacy, and International Situation*, Congressional Research Service, January 15, 2016, p. 15.

(190) 船橋『ペニンシュラ・クエスチョン』一九七〜一九八頁。

第10章　イラン――国際社会との共存は可能か

(1) イランの核問題についての先行研究の主なものとしては、下記を参照のこと。Shahram Chubin, *Iran's Nuclear Ambitions* (Washington D. C.: Carnegie Endowment for International Peace, 2006), Robert J. Einhorn, *Preventing a Nuclear-Armed Iran : Requirements for a Comprehensive Nuclear Agreement*, Brookings Arms Control and Non-Proliferation Series Paper 10, March 2014, Joachim Krause (ed.), *Iran's Nuclear Program : Strategic Implication* (London : Routledge, 2012), Seyed Hossein Mousavian, *The Iranian Nuclear Crisis : A Memoir* (Washington D. C.: Carnegie Endowment for International Peace, 2012), David Patrikarakos, *Nuclear Iran : The Birth of an Atomic State* (London : I. B. Tauris & Co Ltd, 2012), Kenneth M. Pollack, *Unthinkable : Iran, the Bomb, and American Strategy* (New York : Simon and Schuster, 2013), Etel Solingen, *Nuclear Logic : Contrasting Path in East Asia and the Middle East* (Princeton : Princeton University Press, 2007), pp. 164-186, Gaulkar Mukhatzhanova, "Pride and Prejudice : Understanding Iran's Nuclear Program," in William C. Potter with Gaulkar Mukhatzhanova (eds.), *Forecasting Nuclear Proliferation in the 21th Century : A Comparative Perspective, Volume 2* (Stanford : Stanford University Press, 2010), テレーズ・デルペシュ〔早良哲夫訳〕『イランの核問題』(集英社新書、二〇〇八年)、浅田正彦「イランの核問題と国際社会の対応」『法学論叢』第一七〇巻第四・五・六号(二〇一二年三月)、岩田修一郎『核拡散の論理――主権と国益の攻防』(勁草書房、二〇一〇年)八一〜一〇七頁。

(2) この合意においては合意の一方の主体は「E３／EU＋３」と表記されており、これは合意の主体を正確に表現するものであるが、煩瑣になるので本書においては「EU３＋３」という用語を用いる。

（3） Patrikarakos, *Nuclear Iran*, p. 15.

（4） Patrikarakos, *Nuclear Iran*, p. 87.

（5） Patrikarakos, *Nuclear Iran*, pp. 35-38. なお、クラフトヴェルク社は、シーメンス社とＡＥＧテレフンケン社との合弁会社。

（6） Patrikarakos, *Nuclear Iran*, pp. 42-47, 70-82.

（7） Patrikarakos, *Nuclear Iran*, p. 55.

（8） Scott Sagan, "Keeping the Bomb Away From Teheran," *Foreign Affairs*, Vol. 85. Number 5 (September/October 2006), pp. 45-74. 邦訳は、スコット・D・セーガン「イランの核武装をいかに阻止するか」『論座』二〇〇六年一〇月号、二五八〜二七〇頁。

（9） 一九七〇年代の終わり頃に、アメリカの情報機関がパーレビ政権下の核開発の秘密計画の可能性について探知したとの情報がある（Solingen, *Nuclear Logics*, p. 164）が、明確な確認はなされていない。

（10） Patrikarakos, *Nuclear Iran*, pp. 64-67, 80-82, 88-89.

（11） Patrikarakos, *Nuclear Iran*, p. 98.

（12） Patrikarakos, *Nuclear Iran*, pp. 98, 103.

（13） 鳥井順『イラン・イラク戦争』（第三書館、一九九〇年）五三八頁。

（14） ケネス・M・ポラック〔佐藤陸雄訳〕『パージアン・パズル（上）』（小学館、二〇〇六年）三九九〜四〇〇頁。

（15） 鳥井『イラン・イラク戦争』五三八頁。

（16） 鳥井『イラン・イラク戦争』五三八〜五四〇頁。

（17） Patrikarakos, *Nuclear Iran*, p. 284. デペルシュ『イランの核問題』三三頁。ソナリ・シンとクリストファー・ウェイは、核開発の段階を⑴ Explore（核兵器を獲得・開発する可能性の検討）、⑵ Pursuit（核兵器開発のための相当程度の努力の遂行）、⑶ Acquire（核兵器能力の獲得）の三段階に分けており、イランについての Pursuit の段階が一九八五年から始まったと見ている。シンとウェイの見解については、Sonali Singh and Christopher R. Way, "The Correlates of Nuclear Proliferation : A Quantitative Test," *Journal of Conflict Resolution*, Vol. 48, No. 6 (December 2004) を参照。

(18) Patrikarakos, *Nuclear Iran*, pp. 123-125, ダグラス・フランツ、キャスリン・コリンズ〔早良哲夫訳〕『核のジハード――カーン博士と核の国際闇市場』(作品社、二〇〇九年) 一九〇～一九五頁。

(19) Patrikarakos, *Nuclear Iran*, p. 124, フランツ、コリンズ『核のジハード』一九〇～一九五頁。ナラギは、一九九二年にアメリカに亡命し、カーン・ネットワークとの取引を含むイランの核開発計画についてアメリカに情報提供を行った(同書二三八頁)。

(20) Patrikarakos, *Nuclear Iran*, p. 126.

(21) Chubin, *Iran's Nuclear Ambitions*, pp. 7-8.

(22) A・Q・カーンが二〇一一年九月に明らかにした「一三頁の告白書」による (http://www.foxnews.com/world/2011/09/15/aq-khans-thirteen-page-confession/)。一九八九年、パキスタンのベナジール・ブットー首相がイランを訪問してラフサンジャニ大統領と会談した際、ラフサンジャニはブットーに対し、軍当局間で締結された核技術提供についての協定を政府首脳として再確認したいと求めたとされる(フランツ、コリンズ『核のジハード』二一〇～二一一頁)。

(23) Patrikarakos, *Nuclear Iran*, p. 134.

(24) Patrikarakos, *Nuclear Iran*, p. 135.

(25) Evan S. Medeiros, *Reluctant Restraint : The Evolution of China's Nonproliferation Politics and Practices* (Stanford : Stanford University Press), pp. 58-65.

(26) Medeiros, *Reluctant Restraint*, pp. 81-82, Patrikarakos, *Nuclear Iran*, pp. 136-137, ジェームズ・マン〔鈴木主税訳〕『米中奔流』(共同通信社、一九九九年) 五三二～五三五頁。

(27) Patrikarakos, *Nuclear Iran*, p. 139.

(28) Patrikarakos, *Nuclear Iran*, pp. 137-141.

(29) Patrikarakos, *Nuclear Iran*, p. 158.
(30) Patrikarakos, *Nuclear Iran*, pp. 158–159, フランツ、コリンズ『核のジハード』二三六～二三九頁。
(31) Patrikarakos, *Nuclear Iran*, p. 164.
(32) IAEA GOV/2011/65.
(33) Patrikarakos, *Nuclear Iran*, pp. 175–176.
(34) Mohamed Elbaradei, *The Age of Deception : Nuclear Diplomacy in Treacherous Times* (New York : Metropolitan Books, 2011), pp. 112–116.
(35) IAEA GOV/2003/63.
(36) IAEA GOV/2003/69, Patrikarakos, *Nuclear Iran*, pp. 182–188.
(37) Mousavian, *The Iranian Nuclear Crisis*, pp. 80–86.
(38) Mousavian, *The Iranian Nuclear Crisis*, pp. 80–86.
(39) ローハニは、二〇一三年六月に行われた大統領選挙で勝利し、同年八月に大統領に就任した。
(40) Mousavian, *The Iranian Nuclear Crisis*, p. 460.
(41) Mousavian, *The Iranian Nuclear Crisis*, p. 99.
(42) National Intelligence Council, "Iran : Nuclear Intentions and Capabilities," National Intelligence Estimate, November 2007 (http://graphics8.nytimes.com/packages/pdf/international/20071203_release.pdf).
(43) IAEA GOV/2011/65. なお、ＩＡＥＡは二〇〇九年一二月から天野之弥事務局長の体制となった。
(44) Patrikarakos, *Nuclear Iran*, pp. 191–192.
(45) デルペシュ『イランの核問題』六〇～六一頁。
(46) Patrikarakos, *Nuclear Iran*, p. 194.
(47) Patrikarakos, *Nuclear Iran*, pp. 196–199, Statement by the Iranian Government and Visiting EU Foreign Ministers, 21

October 2003.

(48) Mousavian, *The Iranian Nuclear Crisis*, pp. 100–111.

(49) Patrikarakos, *Nuclear Iran*, pp. 207–209. この合意には、英仏独の三カ国に加え、EUも参加しているので、E3/EUと表記するのが正確であるが、煩瑣となるのでEU3と表記する。

(50) INFCIRC/637, 26 November, 2004.

(51) Patrikarakos, *Nuclear Iran*, pp. 217–221.

(52) INFCIRC/651, 8 August, 2005.

(53) Patrikarakos, *Nuclear Iran*, pp. 216–217.

(54) Patrikarakos, *Nuclear Iran*, p. 226.

(55) Patrikarakos, *Nuclear Iran*, p. 227.

(56) Patrikarakos, *Nuclear Iran*, pp. 210–215.

(57) IAEA GOV/2006/14. Patrikarakos, *Nuclear Iran*, pp. 227–228.

(58) S/PRST/2006/15, 29 March, 2006. 浅田「イランの核問題と国際社会の対応」一四三頁。

(59) S/RES/1696, 31 July, 2006. 浅田「イランの核問題と国際社会の対応」一四三〜一四六頁。

(60) S/RES/1737, 23 December, 2006. David Patrikarakos, *Nuclear Iran*, p. 232, 浅田「イランの核問題と国際社会の対応」一四六〜一四八頁。

(61) S/RES/1747, 24 March, 2007. David Patrikarakos, *Nuclear Iran*, p. 233, 浅田「イランの核問題と国際社会の対応」一四八頁。

(62) S/RES/1803, 3 March, 2008. David Patrikarakos, *Nuclear Iran*, p. 234, 浅田「イランの核問題と国際社会の対応」一四八〜一四九頁。

(63) Patrikarakos, *Nuclear Iran*, pp. 238–240.

（64） Patrikarakos, *Nuclear Iran*, pp. 239–240.

（65） Patrikarakos, *Nuclear Iran*, pp. 252–253.

（66） Patrikarakos, *Nuclear Iran*, pp. 253–254.

（67） IAEA GOV/2010/10, 18 February 2010, para12. Patrikarakos, *Nuclear Iran*, p. 260.

（68） S/RES/1929, 9 June, 2010. Patrikarakos, *Nuclear Iran*, p. 259, 浅田「イランの核問題と国際社会の対応」一四九頁。なお、ブラジルとトルコは、二〇一〇年五月にイランとの間でイランの一二〇〇キロの低濃縮ウラン（ＬＥＵ）を国外（トルコ）に持ち出し、代わりに二〇％濃縮ウラン（イランの医療用研究炉の燃料用）をイランに提供するという合意に達したばかりであり、制裁は効果的でなく、外交的努力を害するとして反対した。

（69） Patrikarakos, *Nuclear Iran*, p. 263.

（70） Patrikarakos, *Nuclear Iran*, pp. 264–270. なお、David Sanger, *Confront and Conceal : Obama's Secret Wars and Surprising Use of American Power* (New York : Broadway Books, 2013), pp. 140–239 も参照のこと。

（71） Patrikarakos, *Nuclear Iran*, p. 272.

（72） Patrikarakos, *Nuclear Iran*, pp. 272–279.

（73） Einhorn, *Preventing a Nuclear-Armed Iran*, pp. 16–18, 45–47.

（74） Steven A. Hildreth, *Iran's Ballistic Missile and Space Launch Programs*, Congressional Research Service, December 6, 2012, 松本太『ミサイル不拡散』（文春新書、二〇〇七年）一三七～一四九頁。

（75） 松本『ミサイル不拡散』一三九頁。

（76） Hildreth, *Iran's Ballistic Missile and Space Launch Programs*, デルペシュ『イランの核問題』六一、六六～六七頁。

（77） Kenneth Katzman, *Iran : Politics, Gulf Security, and U. S. Policy*, Congressional Research Service, February 23, 2016, pp. 25–26.

（78） Chubin, *Iran's Nuclear Ambitions*, p. 57.

(79) Chubin, *Iran's Nuclear Ambitions*, p. 137, Patrikarakos, *Nuclear Iran*, p. 287.

(80) Einhorn, *Preventing a Nuclear-Armed Iran*, p. 20.

(81) Einhorn, *Preventing a Nuclear-Armed Iran*, pp. 12-15.

(82) 核兵器1個分の核物質の取得に要する時間に着目している。

(83) S/RES/582, 24 February 1986.

(84) Patrikarakos, *Nuclear Iran*, p. 129, Solingen, *Nuclear Logics*, pp. 165-166.

(85) Patrikarakos, *Nuclear Iran*, p. 129.

(86) Patrikarakos, *Nuclear Iran*, p. 284.

(87) 岩田『核拡散の論理』九二頁。

(88) Patrikarakos, *Nuclear Iran*, p. 130.

(89) Patrikarakos, *Nuclear Iran*, p. 130.

(90) Solingen, *Nuclear Logics*, p. 167.

(91) Solingen, *Nuclear Logics*, pp. 166-167.

(92) Solingen, *Nuclear Logics*, pp. 165-170.

(93) Chubin, *Iran's Nuclear Ambitions*, p. 56, Einhorn, *Preventing a Nuclear-Armed Iran*, p. 13, Patrikarakos, *Nuclear Iran*, p. 286.

(94) Chubin, *Iran's Nuclear Ambitions*, p. 26.

(95) Chubin, *Iran's Nuclear Ambitions*, p. 56.

(96) Pollack, *Unthinkable*, pp. 58-60.

(97) Patrikarakos, *Nuclear Iran*, p. 287.

(98) Solingen, *Nuclear Logic*, pp. 164-186.

(99) Solingen, *Nuclear Logic*, pp. 164-186.

(100) 岩田『核拡散の論理』一〇二頁。

(101) Solingen, *Nuclear Logic*, p. 182.

(102) 浅田「イランの核問題と国際社会の対応」一二一〜一二八頁。

(103) 浅田「イランの核問題と国際社会の対応」一一四〜一二一頁。

(104) 秋山信将は、ＥＵ３＋３の枠組みについて、核不拡散レジーム（ＮＰＴ、ＩＡＥＡの保障措置、輸出管理レジーム）の制度的な制約、不完全性、強制力の欠如を補完し、安保理とも連携しつつ、同レジーム上の危機に対応し、解決策を模索するためのアド・ホックな協議体として機能していると捉えている（秋山『核不拡散をめぐる国際政治』一〇三〜一三〇頁）。

(105) イランへの制裁とその有効性について論じたものとしては、以下を参照。Alireza Nader, "Influencing Iran's Decision on the Nuclear Program," in Etel Solingen (ed.), *Sanctions, Statecraft, and Nuclear Proliferation* (Cambridge University Press, 2012), pp. 211-231, Keith Crane, "Iran and International Sanctions: Elements of Weakness and Resilience," in Joachim Krause (ed.), *Iran's Nuclear Program: Strategic Implication*, Routledge, 2012, pp. 111-122, Kirsten Wiegand, "Serious Damage or Temporary Irritation? Sanctions and Their Impact on Iran's Energy Sector," in Krause (ed.), *Iran's Nuclear Program*, pp. 123-136, 秋山『核不拡散をめぐる国際政治』一三一〜一五六頁。

(106) 浅田「イランの核問題と国際社会の対応」一四二〜一五二頁。

(107) Nader, "Influencing Iran's Decision on the Nuclear Program".

(108) Crane, "Iran and International Sanctions," p. 115.

(109) 増野伊登「核交渉に翻弄されるイラン石油・天然ガス事業の現状と展望」『石油・天然ガスレビュー』二〇一五年三月。(https://oilgas-info.jogmec.go.jp/pdf/5/5714/201503_017a.pdf)

(110) イランへの軍事行動の可能性とその問題点について論じたものとしては、以下を参照。Pollack, *Unthinkable*, pp.

183-275, Richard L. Russell, “Military options for preventing a nuclear Iran,” in Krause (ed.), *Iran's Nuclear Program*, pp. 137-158.

(111) Pollack, *Unthinkable*, pp. 183-223.

(112) Pollack, *Unthinkable*, pp. 229-266.

(113) Pollack, *Unthinkable*, pp. 183-275, Russell, “Military options for preventing a nuclear Iran.”

(114) Chubin, *Iran's Nuclear Ambitions*, pp. 127-133, Karl-Heinz Kamp, “What If ; Learning to Live with a Nuclear Iran,” in Krause (ed.), *Iran's Nuclear Program*, pp. 159-171, Suzanne Maloney, *Thinking the Unthinkable : The Gulf States and The Prospect of A Nuclear Ira*n, Brookings Institute, January 2013, デルペシュ『イランの核問題』。

(115) Chubin, *Iran's Nuclear Ambitions*, pp. 130-133, Kamp, “What If ; Learning to Live with a Nuclear Iran,” p. 161, デルペシュ『イランの核問題』一三一～一三九頁。

(116) Chubin, *Iran's Nuclear Ambitions*, p. 131.

(117) Chubin, *Iran's Nuclear Ambitions*, pp. 130-131.

(118) デルペシュ『イランの核問題』一五一、一五九頁。

(119) Kamp, “What If ; Learning to Live with a Nuclear Iran,” p. 164.

(120) デルペシュ『イランの核問題』二〇一頁。

(121) Kamp, “What If ; Learning to Live with a Nuclear Iran,” p. 166.

(122) Chubin, *Iran's Nuclear Ambitions*, p. 60.

結論　日本としての取り組み

(1) これらは、核開発を行うかどうかの問題というよりは、核開発を行うとの決断を行った先の段階で、これを「秘匿化」するか「顕在化」させるかの問題であるが、これらの国において「秘匿化」「顕在化」の判断の際にこうした経済的な利害に関わる要因が見受けられたことは、核開発を行うとの決断を行う際にも、経済的な理解に関わる要因が抑制要因として存在していたことを物語っているものと考えられる。

（2）先行研究におけるNPTをはじめとする核不拡散レジームの有効性についての議論については、Scott D. Sagan, "The Causes of Nuclear Weapons Proliferation," *Annual Review of Political Science* (Palo Alto : Annual Reviews, 2011) を参照。

（3）北朝鮮については、一九九三年にNPTからの脱退を宣言し（その後、これを中止する旨表明）、二〇〇三年に改めて脱退を宣言したが、その効力については議論がある。

（4）この一九一カ国には国連加盟国一八九カ国に加え、バチカン市国、パレスチナを含む。北朝鮮については、前記の通り、脱退を宣言しているが、その効力については議論があるので、前記の加入国数には含められている。NPTに加入していない国としては、インド、パキスタン、イスラエル、南スーダンが挙げられる。

（5）一九九四年の米朝枠組み合意は、米朝間の二国間交渉の結果であるが、これを実現するためには、朝鮮半島エネルギー開発機構（KEDO）という多国間の仕組みが必要となった。

（6）秋山信将『核不拡散をめぐる国際政治――規範の遵守、秩序の変容』（有信堂、二〇一二年）一〇三～一三〇頁。

（7）イスラエルは、二〇〇七年九月にシリアの核施設を攻撃したが、これも核開発を阻止する目的のものであったとされる。

（8）これら以外に、人道的介入、「保護する責任」により、武力行使を容認するとの考え方があるが、必ずしも国際法上確立しているとは言いがたい状況にある。

（9）黒澤満『軍縮国際法の新しい視座――核兵器不拡散体制の研究』（一九八六年、有信堂）三九頁。

（10）佐藤栄一・木村修三編著『核防条約』（日本国際問題研究所、一九七四年）一三一頁。

（11）佐藤・木村編著『核防条約』一八七頁。

（12）シリアについても、核開発疑惑が指摘され、保障措置上の問題点が解消していない。

（13）『朝日新聞』二〇一三年七月一〇日朝刊、同七月一一日朝刊。

主要文献案内

概説書

核拡散問題についての邦文での概説書としては①から④までが参考となる。①は本書でも取り上げた北朝鮮、インド、パキスタン、イランについての個別研究を含んでいる。②は本書の校正作業中に出版された著作であり、パキスタン、イランについての現地取材を生かした記述が充実している。③と④は各国ごとの個別研究を集めた編著。

①岩田修一郎『核拡散の論理――主権と国益をめぐる国家の興亡』（勁草書房、二〇一〇年）

②会川晴之『核に魅入られた国家――知られざる拡散の実態』（毎日新聞出版、二〇一六年）

③今井隆吉・田久保忠衛・平松茂雄編『ポスト冷戦と核』（勁草書房、一九九五年）

④納家政嗣・梅本哲也編『大量破壊兵器不拡散の国際政治学』（有信堂高文社、二〇〇〇年）

英語文献では⑤と⑥が核拡散の通史を描いている。⑥はインテリジェンスの観点から核拡散を捉えている点が特徴である。各国の個別研究を含む著書としては、核廃棄を行った国を中心とする比較研究である⑦が参考になる。また、核の開発・保有を断念した各国の個別研究を集めた編著である⑧も有用である。

⑤ Thomas C. Reed and Annu B. Stillman, *The Nuclear Express: A Political History of the Bomb and its Proliferation* (Minneapolis: Zenith Press, 2009)

⑥ Jeffrey T. Richelson, *Spying on the Bomb: American Nuclear Intelligence from Nazi Germany to Iran and North Korea* (New York: W. W. Norton and Company, 2007)

⑦ Michell Reiss, *Bridled Ambition: Why Countries Constrain Their Nuclear Capabilities* (Washington D.C.: The Woodrow

Wilson Center Press, 1995)

⑧ Kurt M. Cambell, Robert J. Einhorn, and Mitchell B. Reiss (eds.), *The Nuclear Tipping Point : Why States Reconsider Their Nuclear Choices* (Washington D. C.: Brookings Institution Press, 2004)

核拡散防止の理論

核開発を行う国がなぜそれを行うのかについては、⑨が古典的な論文である。同じ著者による⑩は核拡散問題に関する様々な研究についてのレビュー論文。何が核開発を行う国とそれ以外を分けるのかについて、核開発の推進要因である動機や目的の議論よりもさらに広い視点で捉えたものとして⑪と⑫が挙げられる。⑫は東アジア諸国と中東諸国を対比しているが、本書の対象としている国としては、前者から北朝鮮、後者からイラク、イラン、イスラエル、リビアが取り上げられており、いずれの国についての記述も参考になる。また、核技術を既に手にしている外国からの協力に着目した研究として⑬を挙げておきたい。

⑨ Scott D. Sagan, "Why Do States Build Nuclear Weapons ? Three Models in Search of a Bomb," *International Security*, Vol. 21, No. 3 (Winter 1996/97)

⑩ Scott D. Sagan, "The Causes of Nuclear Weapons Proliferation," *Annual Review of Political Science*, (Palo Alto : Annual Reviews, 2011)

⑪ Jacques E. C. Hymans, *The Psychology of Nuclear Proliferation : Identity, Emotions, and Foreign Policy* (Cambridge : Cambridge University Press, 2006)

⑫ Etel Solingen, *Nuclear Logics : Alternative Paths in East Asia and the Middle East* (Princeton : Princeton University Press, 2007)

⑬ Mattew Kroenig, *Exporting the Bomb, Technology Transfer and the Spread of Nuclear Weapons* (Ithaca : Cornell University Press, 2010)

核開発を阻止するための取り組みとしては、核不拡散条約（ＮＰＴ）が重要であるが、ＮＰＴの形成過程については⑭、ＮＰ

Ｔをめぐる様々な論点については⑮を参照のこと。この⑮は二〇一五年ＮＰＴ運用検討会議を前に刊行されたもので、新しい情報が盛りこまれている。⑯には核軍縮とともに核不拡散をテーマとする様々な論文が収録されているが、その中でも、戸崎洋史論文「核兵器拡散防止のアプローチ」は、核拡散防止のための様々な政策手段を整理する際に有益である。⑰には、原子力に関する政策課題についての様々な論文が収録されている。保障措置と輸出管理については、⑮の中の樋川和子論文「核不拡散と平和利用」、⑯の中の菊地昌廣論文「核拡散問題と検証措置」、⑰の中の坪井裕論文「原子力の平和利用と保障措置」、国吉浩論文「核不拡散輸出管理」が参考となる。国際原子力機関（ＩＡＥＡ）が各国の事例（イラク、北朝鮮、南アフリカ、リビア）にどのように対応したかの分析として⑱、核拡散を阻止するための核不拡散レジームの研究として⑲、制裁を含む外交的手段の有効性について論じたものとして⑳が挙げられる。また、核拡散防止を考える上では、アメリカの不拡散政策が大きな役割を果たすが、この点については、前記の①の第7章「アメリカの核不拡散政策」、⑯の中の石川卓論文「米国の核不拡散政策」が参考となる。冷戦期を中心にイスラエル、南アフリカ、パキスタン、インドへのアメリカの外交努力を分析したものとして㉑が挙げられる。

⑭黒澤満『軍縮国際法の新しい視座——核兵器不拡散体制の研究』（有信堂、一九八六年）
⑮秋山信将編『ＮＰＴ——核のグローバル・ガバナンス』（岩波書店、二〇一五年）
⑯浅田正彦・戸崎洋史編『黒澤満先生退職記念——核軍縮不拡散の法と政治』（信山社、二〇〇八年）
⑰神田啓治・中込良廣編『原子力政策学』（京都大学学術出版会、二〇〇九年）
⑱Christine Wing and Fiona Simpson, *Detect Dismantle and Disarm: IAEA Verification, 1992–2005* (Washington D.C.: United States Institute of Peace Press, 2013)
⑲秋山信将『核不拡散をめぐる国際政治——規範の遵守、秩序の変容』（有信堂、二〇一二年）
⑳Etel Solingen (ed.), *Sanction, Statecraft, and Nuclear Proliferation* (Cambridge: Cambridge University Press, 2012)
㉑Or Rabinowitz, *Bargaining on Nuclear Tests: Washington and Its Cold War Deals* (Oxford: Oxford University Press, 2014)

核開発の影響については、核開発国が核爆発能力を獲得した際にそれを「顕在化」させるか「秘匿化」させるかの論点があるが、この「秘匿化」を「不透明な核拡散」（opaque nuclear proliferation）との概念で捉えた㉒、「顕在化」と「秘匿化」の問題を分析した㉓を挙げておきたい。また、本書の対象とする後発の核保有国の核態勢や核ドクトリンについての研究として㉔と㉕を挙げておきたい。核開発の影響を考える際、核拡散によって核兵器国の数が増えても抑止が働くので国際関係は不安定化しないと捉える「拡散楽観論者」と核拡散によって国際間のリスクが高まると見る「拡散悲観論者」との論争があるが、この二つの立場の間の論争を端的に示したものとして㉔が参考になる。

㉒ Avner Cohen and Benjamin Frankel, "Opaque Nuclear Proliferation," in Benjamin Frankel (ed.), *Opaque Nuclear Proliferation : Methodological and Policy Implications*（London : Frank Cass and Company Ltd., 1991）

㉓北野充「核爆発能力の『顕在化』と『秘匿化』とその決定要因」『軍縮研究』第六号（二〇一五年）

㉔ Peter R. Lavoy, Scott D. Sagan, and James J. Wirtz (eds.), *Planning the Unthinkable : How New Powers Will Use Nuclear, Biological, and Chemical Weapons*（Ithaka : Cornell University Press, 2000）

㉕ Viping Narang, *Nuclear Strategy in the Modern Era : Regional Powers and International Conflict*（Princeton : Princeton University Press, 2014）

㉖ Scot D. Sagan and Kenneth Waltz, *The Spread of Nuclear Weapons : A Debate Renewed*（New York : W. W. Norton, 2003）

中国

中国の核開発の過程については㉗が古典的著作であり、必読文献である。㉘と㉙は日本の先覚的研究者による著書。㉚は中ソ対立がなぜ生じたかを歴史的に跡づける中で、中国の核開発へのソ連の関わりを描いた大著である。㉛と㉜も幅広い視点を踏まえており有用である。

㉗ John Wilson Lewis and Xue Litai, *China build the Bomb*（Stanford : Stanford University Press, 1988）

㉘平松茂雄『中国――核大国への道』（勁草書房、一九八六年）

㉙平松茂雄『中国の核戦力』（勁草書房、一九九六年）

㉚宮本信雄『中ソ対立の史的構造——米中ソの「核」と中ソの大国民族主義・意識の視点から』（日本国際問題研究所、一九八九年）

㉛飯塚央子「中国における核開発——建国から中ソ国防新技術協定まで」『法学政治学論究』第三五号（一九九七年）

㉜飯塚央子「米中ソ関係と中国の核開発——中ソ国防新技術協定締結からソ連専門家引き揚げまで」『法学政治学論究』第三九号（一九九八年）

中国の核開発を阻止するためのアメリカの対応については㉝、中国の核開発を受けてのアメリカでの政策議論については㉞（第1章）が参考となる。

㉝ William Burr and Jeffrey T. Richelson, “Whether to ‘Strangle the Baby in the Cradle’: United States and the Chinese Nuclear Program, 1960–64,” *International Security*, Vol. 25. No. 3 (Winter 2000/01)

㉞黒崎輝『核兵器と日米関係——アメリカの不拡散外交と日本の選択　一九六〇～一九七六』（有志舎、二〇〇六年）

中国の核戦力については、㉟が各種の分析を収録しており有用である。中国の核ドクトリンを分析した研究は数多いが、特に参考となるものとして㊱から㊴までを挙げておきたい。㊵は中国の核の不透明性の原因を分析しつつ、透明性向上を求めることの意義を政策的に位置づけた論文。中国の軍縮・不拡散政策については㉟に収録されている小川伸一論文「中国の核軍備管理・軍縮政策」と㊵を参照のこと。

㉟茅原郁生編著『中国の核・ミサイル宇宙戦力』（蒼蒼社、二〇〇二年）

㊱ Evan S. Medeiros, “Evolving Nuclear Doctrine,” in Paul J. Bolt and Albert S. Willner (eds.), *China’s Nuclear Future* (London: Lynne Rienner Publishers, Inc., 2006)

㊲ Alastair Iain Johnston, “China’s New ‘Old Thinking’: The Concept of Limited Deterrence,” *International Security*, Vol. 20, No. 3 (Winter 1995/96)

㊳神保謙「ミサイル防衛と東アジア——『新しい枠組』下での米中戦略関係の展望」久保文明・赤木完爾編『アメリカと東アジア』（慶應義塾大学出版会、二〇〇四年）

㊴梅本哲也「中国と核軍縮」財団法人日本国際問題研究所・軍縮不拡散促進センター『「核兵器のない世界」に向けた仮題の再検討』（財団法人日本国際問題研究所・軍縮不拡散促進センター、二〇一一年）

㊵西田充「中国核兵器の透明性に関する一考察」『軍縮研究』第二号（二〇一一年）

㊶Evan S. Medeiros, *Reluctant Restraint: The Evolution of China's Nonproliferation Policies and Practices, 1980-2004* (Stanford: Stanford University Press, 2007)

イスラエル

イスラエルの核開発については㊷が古典的著作であり、必読文献である。同じ著者がイスラエルの核のあいまい政策、不透明政策について分析した㊸はその続編とも言うべきもの。前記の⑦に収録されている同じ著者の"Nuclear Arms in Crisis under Secrecy"論文は一九六七年の第三次中東戦争、一九七三年の第四次中東戦争における核兵器についての対応を分析している。㊹は調査報道で著名なジャーナリストがイスラエルの核開発の歴史を跡づけている。㊺は核兵器、核のあいまい政策、不透明政策がイスラエルにもたらしたものを分析している。

㊷Avner Cohen, *Israel and the Bomb* (New York: Columbia University Press, 1998)

㊸Avner Cohen, *The Worst Kept Secret: Israel's Bargain with the Bomb* (New York: Columbia University Press, 2010)

㊹セイモア・ハーシュ〔山岡洋一訳〕『サムソン・オプション』（文藝春秋、一九九二年）

㊺Zeev Maoz, "The Mixed Blessing of Israel's Nuclear Policy," *International Security*, Vol. 28, No. 2 (Fall 2003)

イスラエルの核問題は、NPTの文脈でも中東非大量破壊兵器地帯設置構想をめぐる問題として提起されている。この問題については㊻と㊼が参考となる。また、前記の⑯に収録されている戸崎洋史論文「中東の核兵器拡散問題と対応」も参照のこと。

㊻Paulo Foradori and Martin B. Malin (eds.), *A WMD-Free Zone in the Middle East: Regional Perspectives*, Harvard Kennedy School, Belfer Center for Science and International Affairs, November 2013

㊼Bernd W. Kubbig and Chiristian Weidlich, *A WMD/DVs Free Zone for the Middle East: Taking Stock, Moving Forward towards Cooperative Security*, Peace Research Institute Frankfurt, 2015

インド

インドの核開発については㊽が古典的著作であり、必読文献である。㊾はインドのジャーナリストによるものであり、インド国内の動きが丁寧に記述してある。㊿は一九六四年の中国の核実験の後、インドを核開発に向かわせないようにするためのアメリカの政策努力について分析している。(51)はインドの一九九八年の核実験に至る過程を分析している。(52)は南アジアにおける安全保障環境においてインド、パキスタンの核が持つ意味につきインドの観点を踏まえて論じている。(53)はインドの核政策についての分析として有用である。(54)はインド、パキスタン両国の核政策を分析している。インド、中国、パキスタンの間の安全保障のトリレンマに着目する見解としては(55)を参照のこと。

㊽ George Perkovich, *India's Nuclear Bomb : The Impact on Global Proliferation* (Berkley and Los Angeles : University of California Press, 1999)

㊾ Raj Chengappa, *Weapons of Peace : The Secret Story of India's Quest To Be a Nuclear Power* (New Delhi : Harper Collins Publishes India, 2000)

㊿ Andrew B. Kennedy, "India' s Nuclear Odyssey : Implicit Umbrellas, Diplomatic Disappointments, and the Bomb," *International Security*, Vol. 36, No. 2 (Fall 2011)

(51) Sumit Ganguly, "India's Pathway to Pokharan II : The Prospects and Sources of New Delhi's Nuclear Weapons Program," *International Security*, Vol. 23, No. 4 (Spring 1999)

(52) Sumit Ganguly, "Nuclear Stability in South Asia," *International Security*, Vol. 33, No. 2 (Fall 2008)

(53) Rajesh Basrur, *Minimum Deterrence and India's Nuclear Security* (Stanford : Stanford University Press, 2006)

(54) 伊豆山真理・小川伸一「インド、パキスタンの核政策」『防衛研究所紀要』第五巻第一号（二〇〇二年八月）

(55) Gregory D. Koblentz, *Strategic Stability in the Second Nuclear Age*, Council Special Report No. 71, Council on Foreign

Relations, 2014

パキスタン

パキスタンの核開発については(56)が包括的に記述している。(57)は一九八一年刊行と古い著作であるが、パキスタンが核開発に向かっていった一九七〇年年代の動きを活写している。(58)はパキスタンの核開発の開始から一九九八年の核実験までの流れを描いている。(59)は南アジアにおける安全保障環境においてインド、パキスタンの核が持つ意味につきパキスタンの観点を踏まえて論じている。パキスタンの核開発を考える際は、A・Q・カーンが果たした役割を考えざるを得ないが、この観点からは(60)と(61)が参考となる。

(56) Feroz Hassan Khan, *Eating Grass : The Making of the Pakistani Bomb* (Stanford : Stanford University Press, 2012)

(57) スティーブ・ワイツマン、ハーバート・クロスニー〔大原進訳〕『イスラムの核爆弾――中東に迫る大破局』（日本経済新聞社、一九八一年）

(58) Sanima Ahmed, "Pakistan's Nuclear Weapons Program : Turning Points and Nuclear Choices," *International Security*, Vol. 23, No. 4 (Spring 1999)

(59) S. Paul Kapur, "Ten Years of Instability in a Nuclear South Asia," *International Security*, Vol. 33, No. 2 (Fall 2008)

(60) ダグラス・フランツ、キャスリン・コリンズ〔早良哲夫訳〕『核のジハード――カーン博士と核の国際闇市場』（作品社、二〇〇九年）

(61) 会川晴之『独裁者に原爆を売る男たち――核の世界地図』（文春新書、二〇一三年）

パキスタンの核ドクトリン、核態勢については、前記の㉔に収録されている Zahar Iqbal Cheema による "Pakistan's Nuclear Use Doctrine and Command and Control" 論文と(62)、(63)が参考となる。インドの項で紹介した(54)はパキスタンの核政策についての分析としても有用である。(64)は一九八七年から二〇〇二年までの一五年間にインドとパキスタンとの間で起こった四つの危機を分析しているが、核兵器がどのような役割を果たしたのかについても触れている。

⑫ Vipin Narang, "Posturing for Peace : Pakinstan's Nuclear Posture and South Asian Security," *International Security*, Vol. 34, No. 3 (Winter 2009/19)

⑬ Michael Krepon, *Pakistan's Nuclear Strategy and Deterrence Stability*, Stimson Center, 2012

⑭ P. R. Chari, Pervaiz Iqbal Cheema and Stephen P. Cohen, *Four Crises and a Peace Process : American Engagement in South Asia* (Washington, D. C.: Brookings Institute Press, 2007)

南アフリカ

南アフリカの核開発と核廃棄を分析した論文としては、まず⑮を挙げたい。⑯は核のみならず、生物・化学兵器、ミサイルを含め南アフリカの大量破壊兵器の開発と廃棄を分析したもの。⑰は南アフリカの核廃棄の要因分析を試みたもの。また、前記の⑧の南アフリカの章（第２章）も事実関係を丹念に記述しており参考となる。⑱は南アフリカとイスラエルの核を含む協力関係を取り扱った著書として興味深い。前記の⑱の南アフリカについての章（第３章）は、南アフリカの核廃棄をＩＡＥＡの側から捉えたものとして参考になる。

⑮ Peter Liberman, "The Rise and Fall of the South African Bomb," *International Security*, Vol. 26, No. 2 (Fall 2001)

⑯ Helen E. Purkitt and Stephen F. Burgess, *Southern Africa's Weapons of Mass Destruction* (Bloomington : Indiana University Press, 2005)

⑰ 堀部純子「『核の巻き返し（Nuclear Rollback）』決定の要因分析――南アフリカを事例として」『国際公共政策研究』第一一巻第１号、二〇〇六年九月

⑱ Sasha Polakow-Suransky, *The Unspoken Alliance : Israel's Secret Relationship with Apartheid South Africa* (New York : Vintage Books, 2010)

イラク

イラクの核開発については、同時期に発表された⑲と⑳とがイラク戦争後に得られた新資料をも活用した研究として有用である。パキスタンの項で紹介した㊾もオシラク研究炉攻撃までの経緯を理解するには貴重な材料である。湾岸戦争については⑪を参照。湾岸戦争からイラク戦争までの動きを知るためには⑫が参考となる。イラク戦争については⑬を参照。前記の⑱のイラクについての章（第1章）はイラクの核問題への対応をＩＡＥＡの側から捉えたものとして参考になる。

㊾ Målfrid Braut-Hegghammer, “Revisiting Osirak : Preventive Attacks and Nuclear Proliferation Risks,” *International Security* Vol. 36, No. 1（Summer 2011）

㊼ Hal Brands and David Palkki, “Saddam, Israel, and the Bomb : Nuclear Alarmism Justified ?,” *International Security*, Vol. 36, No. 1（Summer 2011）

㉑ボブ・ウッドワード〔石山鈴子・染田谷茂訳〕『司令官たち』（文藝春秋、一九九一年）

㉒ハンス・ブリックス〔伊藤真訳〕『イラク――大量破壊兵器査察の真実』（株式会社ＤＨＣ、二〇〇四年）

㉓ボブ・ウッドワード〔伏見威蕃訳〕『攻撃計画――ブッシュのイラク戦争』（日本経済新聞社、二〇〇四年）

リビア

リビアの核開発と核開発放棄の経緯については、㉔がよくまとまっている。リビアへの制裁と核開発放棄との関わりについては㉕と㉖が参考となる。また、前記の⑳に収録されている David D. Palkki と Shane Smith による “Contrasting Causal Mechanisms : Iraq and Libya” 論文もリビアへの制裁と核開発放棄との関わりを見る上で有益である。前記の⑱のリビアについての章（第4章）は、リビアの核開発放棄をＩＡＥＡの側から捉えたものとして参考になる。

㉔ Wyn Q. Bowen, *Libya and Nuclear Proliferation : Stepping Back from Brink*, Adelphi Paper 480, Routledge, 2006

㉕ Bruce W. Jentleson and Christer A. Whytock, “Who ‘Won’ Libya ? The Force-Diplomacy Debate and Its Implication for Theory and Policy,” *International Security*, Vol. 30, No. 3（Winter 2005/06）

⑯川西晶大「リビアに対する経済制裁とその帰結」『レファレンス』二〇〇七年一一月号

ウクライナ

ソ連崩壊からウクライナの核放棄に至る過程については、⑰の分析が充実している。また、前記の⑦のウクライナについての記述（第4章）も事実関係を丹念に記述しており参考となる。邦文での文献としては、ソ連邦の崩壊によって生み出された新たなタイプの核拡散問題を国際法の観点から分析した⑱、日本政府の特使としてウクライナとの協議を行った外交官による⑲、ウクライナ政治の研究者による⑳が有用である。ウクライナが核放棄に至る前の「拡散楽観論者」と「拡散悲観論者」との論争については、㉑と㉒とを参照のこと。

⑰ William C. Potter, *The Politics of Nuclear Renunciation: The Cases of Belarus, Kazakhstan, and Ukraine* (The Henry L. Stimson Center, 1995)
⑱浅田正彦「ソ連邦の崩壊と核兵器問題（一）」『国際法外交雑誌』第九二巻第六号（一九九四年二月）、浅田正彦「ソ連邦の崩壊と核兵器問題（二・完）」『国際法外交雑誌』第九三巻第一号（一九九四年四月）
⑲新井弘一「ウクライナの核問題」今井隆吉・田久保忠衛・平松茂雄『ポスト冷戦と核』（勁草書房、一九九五年）
⑳末澤恵美「ウクライナの核廃絶」『ウクライナの現代政治』（北海道大学スラブ研究センター、二〇〇〇年二月）
㉑ John J. Mearsheimer, "The Case for a Ukrainian Nuclear Deterrent," *Foreign Affairs*, Vol. 72, No. 3 (Summer, 1993). 邦訳はJ・ミアシャイマー「非核化は欧州の不安定化を招く」『中央公論』一九九三年九月号
㉒ Stephen E. Miller, "The Case against a Ukrainian Nuclear Deterrent," *Foreign Affairs*, Vol. 72, No. 3 (Summer, 1993). 邦訳はS・ミラー「ウクライナでは核抑止は機能しない」『中央公論』一九九三年九月号

北朝鮮

北朝鮮の核問題については、まず、第一次核危機に焦点を当てたものとして、㉓から㉗が挙げられる。㉓は練達のジャーナリ

ストが第二次世界大戦後の南北分断後の朝鮮半島の歴史を描いたものであるが、第一次核危機についての記述が充実している。(84)と(85)はそれぞれ国際安全保障問題の研究者、東アジア・北朝鮮問題の専門家による第一次核危機の分析である。(86)は北朝鮮との交渉の最前線に立った米国務省の北朝鮮担当者による回想録であり、(87)は第一次核危機への対応に当たったアメリカの実務レベルの政策担当者による共著である。

(83)ドン・オーバードーファー〔菱木一美訳〕『二つのコリア（特別最新版）――国際政治の中の朝鮮半島』（共同通信社、二〇〇七年）

(84) Michael J. Mazar, *North Korea and the Bomb : A Case Study in Nonproliferation* (New York : St. Martin's Press, 1995)

(85) Leon V. Sigal, *Disarming Stranger : Nuclear Diplomacy with North Korea* (Princeton : Princeton University Press, 1998)

(86)ケネス・キノネス〔山岡邦彦・山口瑞彦訳〕『北朝鮮――アメリカ国務省担当官の交渉記録』（中央公論新社、二〇〇〇年）

(87) Joel S. Wit, Daniel B. Poneman, and Robert L. Gallucci, *Going Critical : The First North Korean Nuclear Crisis* (Washington D.C.: Brookings Institutions Press, 2004)

一方、第二次核危機に焦点を当てたものとしては、(88)から(90)までが挙げられる。(88)は各国の幅広い関係者へのインタビューを通じて第二次核危機とそれへの対応をビビッドに描写している。(89)はアメリカの朝鮮半島和平協議担当大使を務めた著者による回想録。(90)は、アメリカの六者会合の首席代表を務めた著者による回想録。また、(91)は二〇〇六年、二〇〇九年、二〇一三年の三回の北朝鮮の核実験後に国連安全保障理事会（安保理）が採択した制裁決議について分析したもの。

(88)船橋洋一『ペニンシュラ・クエスチョン』（朝日新聞社、二〇〇六年）

(89) Charles L. Pritchard, *Failed Diplomacy : The Tragic Story of How North Korea Got the Bomb* (Washington D.C.: The Brookings Institution, 2007)

(90) Christopher R. Hill, *Outpost : Life on the Frontlines of American Diplomacy* (New York : Simon and Shuster, 2014)

(91)浅田正彦「北朝鮮の核開発と国連の制裁――三つの制裁決議をめぐって」『海外事情』二〇一三年六月号

第一次核危機と第二次核危機の双方を含めより広い時間的枠組みで捉えたものとしては(92)から(95)が参考となる。(92)はイギリスのシンクタンクによる分析レポート。(93)は一九九二年の米朝協議から二〇〇三年の六者会合の開始までのアメリカの対北朝鮮外交の変遷を描いている。(94)は南北分裂後の北朝鮮の通史であり、コンパクトであるがずっしりとした重みがある。(95)は核危機やミサイル発射などの北朝鮮の瀬戸際外交を事案ごとに横断的に分析したもの。

(92) The International Institute for Strategic Studies, *North Korean Security Challenges : A Net Assessment*（London : The International Institute for Strategic Studies, 2011）

(93)春原剛『米朝対立――核危機の十年』（日本経済新聞社、二〇〇四年）

(94)平岩俊司『北朝鮮――変貌を続ける独裁国家』（中公新書、二〇一三年）

(95)道下徳成『北朝鮮　瀬戸際外交の歴史――一九六六～二〇一二』（ミネルヴァ書房、二〇一三年）

イラン

イランの核活動についての最も包括的な通史は(96)である。(97)はイランの核活動を幅広い観点から分析した好著。(98)は二〇〇二年から二〇〇五年まで核交渉に携わったイラン外交官による回想録であり、イラン側の考え方がよく示されている。(99)は各国にとってイラン核問題が持つ意味が幅広くまとめられている。(100)ではイラン核問題に伴い安保理でどのような対応がとられたかが整理されている。(101)と(102)はアメリカの中央情報局（ＣＩＡ）分析官、国家安全保障会議（ＮＳＣ）地域担当部長を務めた著者によるものであるが、前者が米・イラン関係の歴史を時代ごとに整理する中で二〇〇二年以来の核問題の発生を記述している（二〇〇四年時点）のに対し、後者がイラン核問題への対応策を論じたもの（二〇一三年のローハニ大統領の誕生の前の時点）である。(103)はアメリカで不拡散政策に長く関わってきた著者が二〇一三年一一月の「共同作業計画」（ＪＰＯＡ）の合意の後にとりまとめた分析。(103)は二〇一五年七月に合意された「包括的共同作業計画」（ＪＣＰＯＡ）についての解説と分析。

(96) David Patrikarakos, *Nuclear Iran : The Birth of an Atomic State*（London : I.B. Tauris & Co Ltd, 2012）

(97) Shahram Chubin, *Iran's Nuclear Ambitions*（Washington. D. C.: Carnegie Endowment for International Peace, 2006）

(98) Seyed Hossein Mousavian, *The Iranian Nuclear Crisis : A Memoir*（Washington D.C.: Carnegie Endowment for International

Peace, 2012)
(99)テレーズ・デルペシュ〔早良哲夫訳〕『イランの核問題』(集英社新書、二〇〇八年)
(100)浅田正彦「イランの核問題と国際社会の対応」『法学論叢』第一七〇巻第四・五・六号(二〇一二年三月)
(101)ケネス・M・ポラック〔佐藤陸雄訳〕『パージアン・パズル(上)(下)』(小学館、二〇〇六年)
(102)Kenneth M. Pollack, *Unthinkable : Iran, the Bomb, and American Strategy* (New York : Simon and Schuster, 2013)
(103)Robert J. Einhorn, *Preventing a Nuclear-Armed Iran : Requirements for a Comprehensive Nuclear Agreement*, Brookings Arms Control and Non-Proliferation Series Paper 10, March 2014
(104)Gary Samore (ed.), *The Iran Nuclear Deal : A Definitive Guide*, Belfer Center for Science and International Affairs, Harvard University, August 2015

あとがき

本書は、筆者が外務省において核軍縮・不拡散問題を担当する中、自分の知見を深めるために行った各国の事例についての検討・分析をベースにとりまとめたものである。

こうした検討・分析の作業を行ったのは、外務本省で軍縮不拡散・科学部長を務めた二〇一二年九月から二〇一四年七月までの時期、国際原子力機関（ＩＡＥＡ）、包括的核実験禁止条約（ＣＴＢＴ）などを所管するウィーン国際機関代表部大使に転任した二〇一四年夏以降の時期に当たる。ウィーンに転任した二〇一四年夏の時点において、原稿のほとんどは書き上がっていたが、イランの核問題についての交渉の進展、ロシアのウクライナ侵攻への対応などの新しい動きもあり、新任地のウィーンにおいて二〇一五年七月末までかけて改稿を重ねて一応の完成稿とした。

本書で取り扱った各国の核問題のいくつかのものは現実に動いており、区切りをつけることは容易ではなかったが、イランの核問題についてイランとＥＵ３＋３との間の「包括的共同作業計画」（ＪＣＰＯＡ）が二〇一五年七月一四日にウィーンでまとまったことをもって一つの区切りとした（その後、二〇一六年一月の北朝鮮の四度目の核実験、イラン核合意後の進展などにつき補足を行った）。

このような各国の事例研究を始めたのは、二〇一二年九月に軍縮不拡散・科学部長を拝命して核軍縮・不拡散問題を担当する立場になったものの、核拡散に至った各国の事例についても、核拡散防止に成功した各国の事例についても、自分の知識が限られていることについての反省からであった。中国の核は、日本の安全保障を考える際、真剣に考えないわけにはいかない重要なものであるが、中国の核について詳細な知識を持っていたわけではなかった。中国が一九六四年に核実験を行ったことは知っていても、中国がどのような経緯で核開発に成功したのか、国際社会はどのようにそれに対応しようとしたのか、その後、中国の核ドクトリンと核戦力はどのように発展してきたのかについての知識は限られていた。インドに対して核不拡散条約（NPT）への加入を求め、CTBTの署名、批准を求めるのが日本の外交方針であるが、インドがどのような経過で核開発を進めてきたのか、一九七四年の核実験と一九九八年の核実験にはそれぞれどのような意味があったのかの詳細についての知識は欠けていた。また、核拡散防止の成功事例として、南アフリカ、リビア、ウクライナが挙げられることが多かったが、これらの国の核の断念がどのような経緯で進められたのかについて十分な知識を持っていたわけではなかった。

中国、インド、パキスタン、イスラエル、イランといった国との間では、二国間の軍縮・不拡散協議を行っていた。日本は外務省の軍縮不拡散・科学部長が、相手は先方の外務省の軍縮・国際安全保障の担当局長が軍縮・不拡散の様々な論点について協議をするものである。相手は自国の核開発・核活動の事情について知悉している。意味のある協議を行うためには、自分もこれらの国の事情について知識を蓄えておきたいと思った。

導きの糸となったのは、本書で取り上げた多くの国について、核開発の経緯をとりまとめた古典とも言える先行研究が存在していたことである。たとえば、中国について言えばJohn Wilson Lewis and Xue Litai, *China build the Bomb* (Stanford : Stanford University Press, 1988) であり、インドであればGeorge Perkovich, *India's Nuclear Bomb : The Impact on Global Proliferation* (Berkley and Los Angeles : University of California Press, 1999) であり、イスラエルであればAvner Cohen, *Israel and the Bomb* (New York : Columbia University Press, 1998) といった書籍である。最初は、自分の関心国について、こうした古典的著作を読んでいこうという気持ちで勉強を始めたが、自分なりの分析枠組みで各国の事情を捉えてみたいと思ったことから、関連の文献を参照しつつ検討・分析の作業を進めることとなった。

本書のテーマは核拡散防止であるが、これを自分なりの研究テーマとしたのは、軍縮不拡散・科学部長に着任した直後に、この分野を長年手がけてきた外務省の先輩の一人から、「日本の外務省で核の問題を扱う以上、大事なのは不拡散だとと思うよ」という言葉をいただいたこともも影響している。この言葉をいただいてからだいぶ時間がかかったが、自分なりの宿題レポートのつもりでもある。

日本においては、核の問題については否定の感情から入る議論が少なくない。筆者としても、広島、長崎の惨禍を思うと、こうした気持ちを出発点とすることは重要なことと思う。一方、実際に核を持とうとする国、核を増強することで自国の安全保障を図ろうとする国が存在することを考えると、冷徹な国際政治の力学の中で通用する措置でなければ核拡散防止といっても有効な対応策にはならないのではないかと感じていた。そのためには、まず、核を持とうとする国が何を考えて核を持とうとし、そのために、どのような手段を講じたかを知ることから、それを阻止する方法を考えるべきだと思った。この本は、及ばずながら、そうした思索の産物である。

筆者は学術研究を専門とする者ではないが、実務家として自らが担当している業務を分析的に捉える作業には強い関心を抱いてきた。それは、そうした作業を行うことで自分の担当業務をより深く把握することができると信じるからであるが、一方でそうした作業が当該分野の学術研究に何がしかの貢献があるとすれば望外の喜びである。

この本の原稿をとりまとめるに当たっては、多くの方々にお世話になった。軍縮不拡散・科学部とウィーン国際機関代表部の同僚とは、仕事を通じて様々な意見交換をし、また、インプットをいただいたが、特に軍備管理・軍縮課の西田充氏、不拡散・科学原子力課（現在はイラク大使館）の樋川和子氏からは、各国の事情や参照すべき文献などについて貴重なご示唆をいただいた。その他多くの同僚から、事実関係の確認などで助力をいただいた。心から謝意を表したい。

日本軍縮学会からは、二〇一四年の研究大会において発表の機会をいただいた。本書で取り扱った論点の中から、核爆発能力の「顕在化」と「秘匿化」の問題について発表させていただき、出席者の方々から、貴重なコメントを頂戴した。このような機会をいただいた日本軍縮学会会長（当時）の浅田正彦京都大学教授、研究大会でモデレーターを務めていただいた秋山信将一橋大学教授、この発表を元にした学会誌『軍縮研究』への論考の寄稿でお世話になった菊地昌廣氏、広瀬訓長崎大学教授をはじめとする関係者の方々に深甚な謝意を申し上げたい。

内外の研究者の方々との意見交換からも、多くを学ばせていただいた。前記の方々に加え、黒澤満大阪女学院大学教授、藤原帰一東京大学教授、スコット・D・セーガン教授（スタンフォード大学）、ウィリアム・ポッター教授（モントレー国際研究所ジェームズ・マーティン不拡散研究センター所長）、ジョージ・パーコヴィッチ氏（カーネギー平和財団副会長）には、いろいろな機会を通じて議論をさせていただき、貴重なご意見をお伺いさせていただいたことを感謝申し上げたい。

この原稿が書物の形となったのは、ミネルヴァ書房編集部の田引勝二氏のおかげである。出版事情が厳しい中、核拡散防止のため各国の事例の比較研究をするという専門的かつ学術的なテーマの本書について出版の機会をいただき、一緒に本作りの作業をしていただいた。田引氏のお力なくして、この本は生まれなかった。心から御礼申し上げたい。

本書のための校正作業を行っていた二〇一六年一月、北朝鮮が四度目の核実験を行った。核拡散防止に取り組むことの重要性を改めて感じさせられた。そのために、本書が少しでも役に立てばと願っている。

二〇一六年一月末

北野　充

主要関連年表

一九四五	7月アメリカ、世界初の核実験。8月広島、長崎への原爆投下。
一九四九	8月ソ連、初の核実験。
一九五〇	6月朝鮮戦争勃発（～一九五三年七月休戦）。
一九五二	10月イギリス、初の核実験。
一九五三	12月アイゼンハワー大統領、「平和のための原子力」演説。
一九五四	9月第一次台湾海峡危機（～一九五五年二月）。
一九五五	1月中国共産党、核開発を決定。9月インド、カナダと重水減速炉の建設につき合意。
一九五六	10～11月第二次中東戦争（スエズ戦争）。
一九五七	7月国際原子力機関（ＩＡＥＡ）設立。10月イスラエル、フランスとディモナの核施設の建設について合意か。
一九五八	8月第二次台湾海峡危機（～同年一〇月）。
一九五九	6月ソ連、中国に核開発への協力の延期を通告。
一九六〇	2月フランス、初の核実験。7月ソ連、中国に専門家の引き揚げを通告。
一九六二	10月キューバ危機。11月中印戦争。
一九六三	8月部分的核実験禁止条約（ＰＴＢＴ）署名（同年一〇月発効）。

一九六四	10月中国、初の核実験。11月インド、「平和的核爆発」に向けての研究開発の開始を決定。
一九六六	5月イスラエルのエシュコル首相、同国は中東地域に核兵器を持ち込む最初の国にならないとの立場を議会で表明。年末イスラエル、核爆発装置のすべての部品の開発、実験を終了か。
一九六七	6月第三次中東戦争（これに先立ち、イスラエルは核兵器を組み立てか）。
一九六八	7月核不拡散条約（ＮＰＴ）、署名のために開放。イラクでバース党がクーデターで政権樹立（第二次バース党政権）。
一九六九	1月リビアでカダフィがクーデターで政権樹立。9月ニクソン大統領とゴルダ・メイア首相との首脳会談（イスラエルの核問題について討議）。
一九七〇	2月日本、ＮＰＴに署名。3月ＮＰＴ発効。
一九七一	3月南アフリカ、「平和的核爆発」についての研究開発に秘密裏に着手。12月第三次印パ戦争（パキスタン敗北、バングラデシュ独立）。
一九七二	1月パキスタンのザルフィカル・アリ・ブットー大統領、ムルタン会議で核開発につき科学者に協力を求める。
一九七三	10月第四次中東戦争（イスラエル、「核のほのめかし」か）。
一九七四	4月ポルトガルで政変、南部アフリカ地域の植民地の独立容認の方針に転換。5月インド、初の核実験（「平和的核爆発」）。8月ザンガー委員会、合意文書（トリガーリスト）を作成（公表は、同年九月）。この年、南アフリカ、核爆発装置の開発と核実験場の建設に着手。
一九七五	4月主要原子力供給国によるロンドン会合。12月Ａ・Ｑ・カーン、オランダを引き払い、パキスタンに帰国。
一九七六	6月日本、ＮＰＴを批准。8月イラク、フランスと研究炉二基（オシラク、イリス）の建設につき合意。
一九七七	8月南アフリカ、「コールド・テスト」の準備を探知されて中止（その後、「核抑止力」の開発に着手）。
一九七八	1月原子力供給国グループ（ＮＳＧ）ガイドライン公表。

一九七九	2月イラン・イスラム革命。11月南アフリカ、最初の核爆発装置を完成。12月ソ連、アフガニスタンに侵攻。
一九八〇	9月イラン・イラク戦争（〜一九八八年八月）。この年、北朝鮮、寧辺に五メガワット黒鉛減速炉の建設を開始。
一九八一	6月イスラエル、イラクのオシラク研究炉を攻撃。
一九八三	3月パキスタン、「コールド・テスト」に成功か。この年、イラク、イランに対し化学兵器使用を開始。
一九八五	12月北朝鮮、ＮＰＴ加入。この年、イラン、核開発を開始か。
一九八六	11月パキスタン、核兵器の製造が実質的に完了したとの報道。
一九八七	4月イラク、核開発を研究開発段階から兵器化段階に移行。12月米ソ、中距離核戦力（ＩＮＦ）全廃条約に署名。
一九八九	3月インド、核爆発能力を兵器化する作業に着手か。9月南アフリカでデクラークが大統領に就任。11月ベルリンの壁崩壊。
一九九〇	2月南アフリカでデクラーク大統領が核廃棄を指示。3月カシミールをめぐる緊張（〜五月、パキスタン、「核のほのめかし」か）。8月イラクのクウェート侵攻。10月Ｇ・Ｈ・Ｗ・ブッシュ大統領、パキスタンが核兵器を保有していないとの保証ができないとし、対パキスタン援助を停止。
一九九一	1〜4月湾岸戦争。4月安保理決議六八七によりイラクにおける大量破壊兵器の廃棄、国連大量破壊兵器廃棄特別委員会（ＵＮＳＣＯＭ）の設置を決定。7月南アフリカ、ＮＰＴに加入。米ソ、第一次戦略兵器削減条約（ＳＴＡＲＴ-１）に署名。10月南北首脳会談。12月南北非核化共同宣言。ソ連邦の崩壊（ウクライナ、ベラルーシ、カザフスタンに所在する核兵器の扱いが問題に）。
一九九二	1月北朝鮮、ＩＡＥＡとの保障措置協定に署名。3月中国、ＮＰＴ加入。5月ＳＴＡＲＴ-１議定書（リスボン議定書）。
一九九三	2月ＩＡＥＡ理事会、北朝鮮に特別査察を要求。3月北朝鮮、ＮＰＴ脱退宣言（第一次核危機）。南アフリカ、核兵器の開発・廃棄を公表。11月アメリカの国家情報評価、北朝鮮が一個ないし二個の核兵器を保有していると分析。

一九九四	4月南アフリカで全人種参加の総選挙（同年五月、ネルソン・マンデラが大統領に就任）。6月米政府、北朝鮮への軍事オプションを検討との報道、カーター元大統領、北朝鮮訪問。10月米朝「枠組み合意」。12月ブタペスト覚書（ウクライナの安全を保証）、ウクライナＮＰＴ加入。
一九九五	3月日米韓、朝鮮半島エネルギー開発機構（ＫＥＤＯ）設立協定に署名。
一九九六	4月アフリカ非核兵器地帯条約（ペリンダバ条約）署名（二〇〇九年七月発効）。9月包括的核実験禁止条約（ＣＴＢＴ）採択、署名開放。
一九九七	5月ＩＡＥＡ理事会においてモデル追加議定書を採択。
一九九八	3月インドでインド人民党が政権の座に就く。5月インド、パキスタンが核実験を実施。
一九九九	2月インドとパキスタンによるラホール宣言。5～7月カルギル紛争。12月安保理決議一二八四によりイラク問題について国連監視検証査察委員会（ＵＮＭＯＶＩＣ）を設置。
二〇〇一	9月アメリカ同時多発テロ事件。
二〇〇二	8月イラン核疑惑が発覚。10月ケリー米国務次官補の訪朝、ウラン濃縮疑惑。
二〇〇三	1月北朝鮮、二度目のＮＰＴ脱退宣言（第二次核危機）。3月イラク戦争（～同年五月（主要戦闘の終了宣言））。8月北朝鮮核問題で六者会合が開始。9月リビア向けのウラン濃縮のための機材を積んだ「ＢＢＣチャイナ」号の差し押さえ。10月イラン核問題で「テヘラン合意」。12月リビア、核開発放棄を宣言。
二〇〇四	2月パキスタン、「カーン・ネットワーク」につき公表。
二〇〇五	6月イラン大統領選挙でアフマディネジャードが当選。9月六者会合、北朝鮮の核兵器・核計画の放棄などについての共同声明。アメリカ、バンコ・デルタ・アジアに金融制裁。
二〇〇六	1月イラン、ウラン濃縮活動を再開。2月ＩＡＥＡ理事会、イラン核問題を安保理に報告することを決定。10月北朝鮮、最初の核実験。
二〇〇七	1月六者会合、「初期段階の措置」についての共同声明。10月六者会合、「第二段階の措置」についての共同声明。

二〇〇八	9月NSG総会においてインド例外化を決定。
二〇〇九	5月北朝鮮、二度目の核実験。
二〇一一	2月リビア、事実上の内戦状態に。8月反カダフィ勢力がリビア首都を制圧。12月金正日が死去、金正恩が後継者に。
二〇一三	2月北朝鮮、三度目の核実験。6月イラン大統領選挙でローハニが当選。11月イラン核問題で「共同作業計画」（JPOA）に合意。
二〇一四	3月ロシアのウクライナ侵攻。
二〇一五	7月イラン核問題で「包括的共同作業計画」（JCPOA）に合意。
二〇一六	1月北朝鮮、四度目の核実験。

《著者紹介》

北野　充（きたの・みつる）

1957年　東京都生まれ。

1980年　東京大学文学部卒業。同年，外務省入省。

1997年　ジュネーブ大学（国際問題高等研究所）修士。

2012〜14年　外務省軍縮不拡散・科学部長。

現　在　在ウィーン国際機関日本政府代表部特命全権大使。

著　作　『パブリック・ディプロマシー――「世論の時代」の外交戦略』共編著，PHP 研究所，2007 年。

『ビジネスパーソンのためのツイッター時代の個人「発信」力』ディスカヴァー・トゥエンティワン，2010 年。

『パブリック・ディプロマシー戦略――イメージを争う国家間ゲームにいかに勝利するか』共編著，PHP 研究所，2014 年，など。

核拡散防止の比較政治

――核保有に至った国，断念した国――

2016 年 7 月 20 日　初版第 1 刷発行　〈検印省略〉

定価はカバーに
表示しています

著　者　北　野　　充

発行者　杉　田　啓　三

印刷者　林　　初　彦

発行所　株式会社　ミネルヴァ書房

607-8494　京都市山科区日ノ岡堤谷町 1

電話代表　(075)581-5191

振替口座　01020-0-8076

太洋社・新生製本

ISBN978-4-623-07646-8

Printed in Japan

人名索引

あ 行

アーミテージ，リチャード　186
アイゼンハワー，ドワイト・D　18, 19, 45, 53, 61, 87
アインホーン，ロバート・J　255
アガザデ，ゴラムレザ　245
アスピン，レス　197
アフマディネジャード，マフムード　249, 250, 252, 257, 259, 260, 266, 280
アムロラヒ，レザ　243, 245
アユーブ・カーン，ムハンマド　101, 102, 104
李明博（イミョンバク）　223
ヴァヌヌ，モルデハイ　66
ウォルツ，ケネス　10, 307
ウォンキ，ポール・C　56
ウスマニ，イシュラト・フセイン　100
エシュコル，レヴィ　49, 54, 56, 57, 65
エリツィン，ボリス　194
エルバラダイ，モハメド　161, 246
オーバードーファー，ドン　208, 211
オバマ，バラク　223
オベイディ，マーディ　157, 162
オルブライト，マデレーン　244

か 行

カーター，ジミー　53, 109, 111, 112, 124, 215, 230, 297
カーン，アブドゥル・カディル（A・Q・カーン）　15, 98, 104, 108, 109, 112, 114, 115, 117-120, 122, 123, 129, 130, 175, 176, 217, 228, 243, 244, 261, 284, 285, 315
カーン，グラム・イシャク　115
カーン，フェローズ・ハッサン　99-101, 117, 118, 120, 125
カーン，ムニール・アーマド　100, 115
カダフィ，ムアンマル・アル　106, 120, 171-173, 176-180, 182, 184-188, 280, 295
カメル，フセイン　156, 159, 167
カラーマト，ジェハンギル　15, 120, 217
ガルーチ，ロバート　212
姜錫柱（カンソクジュ）　212, 219
カンター，アーノルド　211
ガンディー，インディラ　76-78, 80, 85
ガンディー，マハトマ　74, 85, 91, 276
ガンディー，ラジブ　80, 83-85
キッシンジャー，ヘンリー　57, 58, 65, 103, 109-111
キドワイ，カリド　127
金日成（キムイルソン）　208, 210, 215, 225, 227, 280
金桂冠（キムゲグァン）　219, 222
金正日（キムジョンイル）　219, 227, 280
金正恩（キムジョンウン）　223, 227, 280
金泳三（キムヨンサム）　212, 232
金容淳（キムヨンスン）　211
ギルパトリック，ロズウェル　33
クーヴ・ド・ミュルヴィル，モーリス　47
クラフチュク，レオニド　193, 194
クリストファー，ウォーレン　197
クリントン，ビル　82, 180, 186, 197, 201, 212, 218
クローニグ，マシュー　3, 130
ケイ，デビッド　158, 159
ケネディ，ジョン・F　27, 30, 53, 54, 57, 59, 60, 65, 110, 288
ケリー，ジェイムズ　219
小泉純一郎　220
江沢民　39, 244
コーエン，アブナー　42, 50, 52, 63
コリンズ，キャスリン　176

ゴルバチョフ，ミハイル　149, 190, 192, 210

さ　行

斎藤直樹　225
サイミントン，スチュアート　109
サラバイ，ヴィクラム　76
ジアウル・ハク，ムハンマド　110, 111, 113-115, 120, 122, 125, 176
シャストリ，ラル・バハデュル　75, 76, 84
ジャファル，ジャファル・ディア　157
シャリフ，ナワズ　94, 121
ジャリリ，サイード　252
ジャルード，アブドゥル・サラーム　173
シャルガム，アブドゥル・ラフマン　182
周恩来　18, 173
蔣経国　28
ジョゼフ，ロバート　221
ジョンソン，リンドン　29, 30, 55-57, 59, 60, 65
ジョンソン，ロバート　29, 30
シン，スワラン　77
スコウクロフト，ブレント　210
スミス，ジェーン　185
セーガン，スコット　2, 10, 85, 307
セスナ，ホミ　76
銭其琛　244
ソリンゲン，エテル　2, 21, 86, 144, 164, 165, 179, 180, 227, 259, 268, 279

た　行

ダヤン，モシェ　66
タルボット，ストローブ　121
チェイニー，ディック　186
チェルネンコ，コンスタンティン　208
チェンガッパ，ラジ　76
チュービン，シャフラーム　243, 254, 259, 260
ディニッツ，シムチャ　65
デ・ヴィリエ，ダウィッド　146
デ・ウェット，カール　137
デクラーク，フレデリック・ウィレム　135, 142, 145-151, 180, 280
デサイ，モラルジ　78, 85
デルペシュ，テレーズ　269
ド・ゴール，シャルル　47, 284
ドブルイニン，アナトリー　28
トルーマン，ハリー・S　19, 61
トルブコ，ウラジミール　194, 199
トンプソン，レウェリン　33
トンプソン，レナード　136, 144, 146

な　行

ナセル，ガマール・アブドゥル　41, 42, 49, 172, 178
ナラギ，マスード　243
ナラン，ヴィピン　117, 140
ニアジ，M・Z　120, 176
ニクソン，リチャード　57-59, 65
ニンチック，ミロスラフ　231, 234
ネルー，ジャワハルラル　74, 75, 85
ノーランド，マーカス　233
盧泰愚（ノテウ）　210
盧武鉉（ノムヒョン）　220, 232

は　行

ハークネット，リチャード・J　140
パーコヴィッチ，ジョージ　75, 76, 91
ハーシュ，セイモア　48, 65
バーバ，ホミ　74, 75, 275
パーレビ，モハンマド・レザー・シャー　241, 242, 258
バーンズ，ウィリアム・ジョセフ　250
ハイザー，ジョン　138
バイズ，アンドレ　140, 141
ハイマンズ，ジャック　2, 21, 104, 144, 165, 180, 228, 259, 260, 280
パウエル，コリン　318
ハガード，スティーブン　233
バジパイ，アタル・ビハリ　81-83, 86, 92,

94, 280
ハタミ，モハンマド　246-248, 259, 263
パトリカラコス，デビッド　241, 254, 259
ハメネイ，セイエド・アリー（ハメネイ師）　246, 247, 258, 260
ハリソン，セリグ　211
ハリマン，アヴェレル　28
パルキ，デビット　185
バンディ，マクジョージ　28
平松茂雄　24
ヒル，クリストファー　221, 222
黄長燁（ファンジャンヨップ）　217
フォード，ジェラルド・R　109, 124
フォルスター，バルタザール・ヨハネス　136-139
フセイン，サダム　133, 154, 156, 159-166, 170, 186, 256, 257, 280
ブッシュ，G・H・W　80, 118, 186, 192, 194, 201, 209
ブッシュ，ジョージ・W　97, 160, 161, 181, 182, 186, 218, 220, 257, 265, 291
ブットー，ザルフィカル・アリ　99, 101-105, 109-111, 120, 122, 173, 176, 280
ブットー，ベナジール　115, 120, 122, 176, 177
船橋洋一　219, 220, 232, 239
フランツ，ダグラス　176
ブリックス，ハンス　167
ブルガーニン，ニコライ　42
フルシチョフ，ニキータ　22, 23, 25, 193
ブレア，トニー　182
ベグ，ミルザ・アスラム　115, 118, 243
ベラヤティ，アリー・アクバル　256
ベルルスコーニ，シルヴィオ　186
ペレス，シモン　43, 47, 140
ベングリオン，ダヴィッド　42, 45-47, 49, 54, 63, 65
彭徳懐　18, 20, 21
ボーウェン，ウィン　172
ボータ，P・W　138, 139, 144, 146, 148, 280
ホメイニ，アヤトラ・ルーホラ（ホメイニ師）　242

ま・や 行

マーダー，マンヤ　50
マオズ，ジーブ　68, 70
マンデラ，ネルソン　146, 147, 151
ミアシャイマー，ジョン　10, 196, 199, 307
ミラー，スティーブン　196
ムサビ，ミールホセイン　242, 243
ムサビアン，フセイン　246, 248
ムシャラフ，パルヴェーズ　94, 129, 130
ムバラクマンド，サマール　118
メイア，ゴルダ　54, 57, 58, 65, 66
毛沢東　18, 20-23, 25, 32, 280
モディ，ナレンドラ　92
モレ，ギー　43
ヤヒア・カーン，アガ・ムハンマド　101, 104

ら 行

ライス，コンドリーザ　250
ラオ，ナラシンハ　81
ラスク，ディーン　29
ラパツキー，アダム　34
ラビン，イツハク　56, 58
ラフサンジャニ，ハシェミ　246, 249, 256, 257, 259
ラマンナ，ラジャ　76
ラム，ジャグジバン　77
ラリジャニ，アリ　249, 266
リータイ，シュー　18
リーバーマン，ピーター　142, 143
ルイス，ジョン　18
ルイス，ミッチェル　147
レーガン，ロナルド　113, 114, 124, 125, 186
レルヒ，ゴットハルト　243
ローハニ，ハッサン　240, 247, 248, 252, 259, 260, 266, 280, 295

事項索引

あ 行

「あいまい」政策，あいまいさ　49-51, 62, 63, 66, 111, 125
アパルトヘイト　135, 136, 142-144, 146, 147, 150-152, 277, 295
アフガニスタン戦争　70, 298
アメリカ大使館人質事件　242, 257, 265
アラク　245, 252, 253
アラブ・イスラエル紛争　44, 68
アラブの核爆弾　177, 178
アラブの春　187, 311
アルジェリア独立戦争　43, 46, 284
安全の保証　6, 45, 87, 89, 197-199, 202, 293
安全保障　2, 8, 9, 21, 31, 32, 44-46, 58, 64, 70, 71, 80, 82, 83, 92, 94-96, 102-104, 125, 131, 139, 142-144, 149, 150, 163, 178, 179, 185, 193-195, 197, 199, 200, 224, 225, 231, 235, 254, 257, 258, 269, 271-275, 278, 280, 282, 293, 301, 305, 308, 311, 317, 318
――のジレンマ　95, 278, 305
――のトリレンマ　73, 95, 305, 308
安定・不安定の逆説　163
安全保障理事会（安保理）　212, 230, 233, 246, 250, 251, 265, 277, 290, 291
安保理議長声明　223, 250
安保理決議　167, 168, 186, 239, 240, 260, 298
――418　142
――487　155, 167
――582　256
――678　167
――687　158
――731　175
――748　175
――825　212
――883　175
――1441　161, 168
――1507　181
――1695　221
――1696　250
――1718　222, 223, 233
――1737　251, 265
――1747　251, 264, 265
――1803　251, 265
――1874　233
――1929　251, 265
――2087　223
――2094　224, 233
――2270　224, 233
イスファハン　245
（イスラエル）兵器開発庁(RAFAEL)　50
イラク原子力エネルギー委員会(IAEC)　154, 156, 159
イラク戦争　70, 153, 161, 166-170, 181, 184, 186, 220, 248, 297, 298
イラク調査グループ(ISG)　162, 164
イラクのクウェート侵攻　157, 166, 297
イラン・イスラム革命　163, 242, 255, 257, 265
イラン・イラク戦争　70, 155, 163, 242, 255, 272, 274
イラン原子力エネルギー機構(AEOI)　243, 245
イラン制裁法　251, 266
イラン・リビア制裁法(ILSA)　177, 183
（インド）原子力エネルギー委員会(AEC)　74, 76, 84, 275
（インド）国防研究開発機関（DRDC）　84, 275
インドシナ戦争　273
印パ戦争

（第１次）　83
（第２次）　83, 102, 293
（第３次）　83, 98, 99, 101, 102, 272, 273, 293
ヴァヌヌ事件　66
ヴォルテックス・チューブ遠心分離法　136
ウラン，ウラン濃縮，濃縮，濃縮ウラン，ウラン濃縮施設　11, 22, 25, 26, 42, 74, 78, 79, 106-113, 119, 120, 128, 129, 136-139, 156-160, 162, 175, 176, 183, 210, 216, 217, 219, 223, 224, 228, 230, 232, 241, 243-248, 250-253, 255, 261-263, 270, 283-285, 310, 315
ウラン転換施設　39, 244, 245
遠心分離機　108, 157, 175, 177, 217, 245, 251, 253
遠心分離法　156, 157, 174
オシラク研究炉　154, 155, 284
——攻撃　69, 78, 153, 155, 156, 166-168, 251, 297-299

か　行

カーン調査研究所（KRL）　109, 114, 115, 119, 123
カーン・ネットワーク　117, 123, 129, 130, 175-177, 217, 228, 243, 244, 261, 262, 284, 285
改正コード３・１　264
化学兵器　69, 158, 159, 165, 169, 182, 242, 243, 255, 256, 272, 298
核開発の推進要因　1, 2, 6, 7, 21, 45, 63, 85, 103, 104, 143, 150, 165, 179, 202, 227, 258, 259, 269, 271, 279, 280, 296, 317
核開発の放棄　167, 171, 177, 179, 182-188, 273, 280, 294, 300, 310
核開発の抑制要因　1, 2, 6, 7, 21, 46, 63, 85, 103, 104, 143, 150, 165, 179, 200, 202, 227, 258, 259, 268, 271, 275, 276, 279, 296, 317
拡散に対する安全保障構想（PSI）　182
拡散悲観論者　9, 10, 94, 95, 307
拡散楽観論者　9, 94, 95, 307
核実験　5, 23, 29, 34, 39, 48, 52, 57, 58, 60, 74-77, 79, 81, 97, 113, 120, 125, 140, 207, 222, 223, 233, 316
（インド・1974年）　39, 73, 76-79, 83, 89, 106-108, 123, 124, 137, 138, 241, 289, 293, 306
（インド・1998年）　73, 81-86, 91-93, 96, 121, 126, 130, 276, 280, 304
（北朝鮮・2006年）　221, 223, 237
（北朝鮮・2009年）　223, 226, 237
（北朝鮮・2013年）　224, 237
（北朝鮮・2016年）　224, 226, 237
（中国・1964年）　17, 26, 35, 36, 82, 87-89, 100, 208, 293, 306, 309
（パキスタン・1998年）　98, 105, 121, 130, 239, 304, 306
核実験モラトリアム　39
核取得能力，核取得オプション　12, 154, 254, 255
確証報復抑止　9, 36, 93, 303-305
核セキュリティー　130, 210
核態勢，核ドクトリン，核戦略　8, 9, 30, 31, 67, 92, 93, 127-129, 139, 140, 303-305, 317
拡大抑止　6, 35, 45, 87, 293
核の威嚇　18, 19, 31, 32, 35, 36, 42, 43, 91, 142, 145, 149, 163, 184, 207, 224, 225, 271, 301
核の保険　140
核のほのめかし　66, 67, 117, 128, 140, 145
「核の抑制」政策　113, 116, 118, 121, 125, 126
核廃棄　135, 142, 145-152, 171, 273, 280, 283, 310
核爆発能力の獲得　7, 11, 31, 32, 36, 50-52, 60, 62, 66, 67, 87, 114, 125, 139, 144, 158, 173, 221, 234, 235, 267, 277, 278, 300, 303, 306, 316

核不拡散条約(NPT)　4, 5, 12, 17, 34, 35, 38, 39, 41, 55-61, 69, 73, 88, 89, 96-98, 102, 103, 106, 123, 137, 143, 146, 147, 150, 151, 165, 169, 174, 179, 191, 195-199, 207-209, 211, 216, 218, 220, 221, 227, 228, 241, 244, 249, 261-264, 270, 276, 281, 286-289, 291, 302, 306, 309, 312-314, 319
——からの脱退　212, 213, 216, 220, 227, 229, 230, 239, 261, 268, 289, 312
——の無期限延長　81
——運用検討会議（2010年）　70
——運用検討会議（2015年）　70
核不拡散法　111, 115
核不拡散レジーム　3-5, 10, 12, 17, 21, 30, 35, 52, 60, 74, 87-89, 97, 106, 122, 123, 150, 168, 169, 207, 229, 262, 263, 284, 286, 289, 291, 308, 309, 312
核兵器の非人道性　318
核放棄　189, 190, 193, 198, 199, 203, 276, 277, 279, 293, 296, 311
カシミール　80, 83, 94, 104, 105, 112, 117, 126
ガス拡散法　156
カフタ　78, 79, 112
カラチ発電所（KANUPP）　107, 110
カルギル紛争　83, 94, 95, 308
ガンバレル型　26, 113, 137
規範　2, 8, 21, 31, 46, 85, 91, 165, 179, 200, 227, 229, 258, 275, 287, 301, 302, 308, 312, 318
基本的政策の方向性　2, 150, 183, 185, 279
キューバ・ミサイル危機　53
共同作業計画(JPOA)　252
金融制裁　221, 222, 231, 233, 234, 236
クリミア　189, 193, 199, 202, 294, 311
軍事行動／軍事オプション／武力の行使　7, 17, 27, 29, 30, 42, 153, 166-169, 214, 230, 232, 235, 251, 267, 269, 286, 297-299
軍事的側面の可能性　245, 247, 253, 263
軽水炉　208, 209, 214-216, 220, 221, 230, 235, 241, 249
研究炉，研究用原子炉　42, 43, 74, 77, 89, 155, 174, 208, 228
顕在化　7-9, 31, 32, 36, 49, 59, 62, 64, 66, 90, 91, 116, 118, 121, 125, 126, 138, 144, 145, 234-236, 278, 300-305, 316
原子力供給国グループ(NSG)　5, 39, 89, 97, 106, 289, 309, 311, 315
——ガイドライン　90, 106, 289, 315
限定的抑止　9, 37, 303
公知化　64, 66, 67, 126, 278, 304, 305
コールド・テスト　80, 114, 116, 118, 138, 145, 157
黒鉛減速炉，黒鉛炉　208, 211, 214-216, 218, 228, 230
国際原子力機関(IAEA)　4, 56, 97, 100, 109, 147, 155, 158, 159, 161, 169, 174, 209, 211, 213-215, 218, 219, 221, 222, 228, 229, 241, 245-248, 251, 252, 260, 262-264, 268, 270, 288, 289, 291, 309, 314
——事務局長　161, 263
——事務局長報告　245, 247
——理事会　169, 212, 246, 263
国内政治　2, 85, 103, 164, 234, 258, 271, 274, 275
国連監視検証査察委員会(UNMOVIC)　160, 167
国連大量破壊兵器廃棄特別委員会(UNSCOM)　158-161
国家指導者の性向　2, 279, 280, 295
国家の威信　2, 8, 21, 31, 64, 84, 96, 103, 164, 226, 258, 259, 271, 274, 280, 301, 302, 318

さ　行

最小限抑止　9, 31, 37, 92, 127, 303
再処理，再処理施設　23, 25, 26, 43, 46, 74-76, 86, 89, 100, 109-111, 113, 124, 174, 210, 214, 215, 241, 250, 261, 262, 284
サイミントン修正条項　109, 113, 115, 124
サクレー　42

査察，査察員　53-55, 58, 211, 214, 219, 221, 229, 246, 263, 268, 288
ザンガー委員会　39, 106
実存的抑止　37
シャスマ　107, 109-111
重水減速炉，重水炉　42, 74, 75, 86, 100, 107, 136, 245, 252, 253, 284
消極的安全保証　31, 92
初期段階の措置　222, 232
触媒的な核態勢　117, 140
シリアの原子力施設への攻撃　69
水爆　76, 224, 311
スエズ戦争　→中東戦争（第２次）
制裁　6, 185, 186, 214, 215, 230-233, 251, 262, 265, 268, 292, 294-296, 318
政策の一貫性　124, 319
政治体制　2, 279, 281, 282, 296
積極的働きかけ　230-232, 234
先行不使用　31, 92, 93, 127
選別的核拡散容認論　33, 34, 88, 307, 308
戦略兵器削減条約（第１次）(START-1)　192, 194, 196-198, 201, 209
——議定書（リスボン議定書）　195, 201
ソ連のアフガニスタン侵攻　78, 104, 112, 124, 319
ソ連の崩壊　190-193

た　行

対外志向型の政策　2, 144, 150, 165, 180, 227, 259, 268, 279
対抗的指導者　151
対抗的ナショナリスト　2, 21, 86, 104, 143, 144, 165, 180, 227, 259, 280, 281
体制転換　160, 186, 250, 257, 265, 291, 311
対内志向型の政策　21, 86, 143, 144, 165, 180, 183, 184, 227, 259, 268, 279, 281
第二段階の措置　222, 232
台湾海峡危機
（第１次）　19, 273
（第２次）　35
多角的核戦力(MLF)構想　24, 28, 34
タジュラ原子力研究センター(TNRC)　174, 183
チームスピリット　212, 214, 225, 272
チェルノブイリ原発事故　191, 200, 276
中印戦争　35, 75, 82, 274
中央条約機構(CENTO)　100, 105, 294
中東戦争
（第１次）　44
（第２次）　44-44, 274
（第３次）　51, 52, 55, 163
（第４次）　65, 117, 140, 163
「中東地域に核兵器を持ち込む最初の国にならない」　49-51, 56, 62
中東非大量破壊兵器地帯　70, 313
朝鮮戦争　18, 19, 207, 224, 272, 273
朝鮮半島核危機
（第１次）　208, 212, 219, 225, 229, 230, 232, 235, 236, 290, 297, 300
（第２次）　219, 220, 225, 230, 232-234, 290, 300
朝鮮半島エネルギー開発機構(KEDO)　216, 219, 230
追加議定書　169, 263, 264, 288, 309, 314
通常戦力，通常兵器　9, 20, 21, 45, 48, 49, 70, 96, 100, 127, 128, 131, 149, 225, 241, 271-273, 294, 301, 305, 311
ディモナ　44, 46-49, 53-56, 58, 64, 288
テヘラン合意　247-249, 252, 263
テロ，テロリズム，テロ行為，テロ事件　70, 171, 174, 175, 179, 183, 277, 294
テロ支援国家指定の解除　187, 222
電磁アイソトープ分離法　156-158
東南アジア条約機構(SEATO)　100, 105, 294
透明性　37, 39
特定査察　229
特別査察　212
独立国家共同体(CIS)　190-192

な　行

ナタンズ　245, 246, 251, 262
南北基本合意書　210
南北首脳会談　210, 213
南北非核化共同宣言　211, 216, 225
「ニュールック」戦略　19, 48
ネオリアリズム　178, 179

は　行

バーバ原子力研究センター(BARC)　76, 84, 275
パキスタン原子力エネルギー委員会(PAEC)　100, 107, 109, 115, 119, 123
爆縮型　26, 114, 156, 159
パリ合意　249, 252
非核化　189, 191-193, 196-202, 213, 222, 225, 232, 276, 307, 316
比較考量して判断する仕組み　2, 6, 21, 92, 104, 144, 150, 271, 296, 297
非核三原則（ウクライナ）　191
非対称型エスカレーション抑止　9, 128, 303-305
秘匿化　7-9, 31, 32, 59, 62-64, 66, 90, 91, 125, 126, 139, 144, 234-236, 276-278, 300-305, 316
ブースト型核分裂弾　32, 36, 78, 79, 81, 121, 310
フォルドゥ　251, 261
武器供与　6, 56, 61, 65, 66, 294
ブシェール　241-244
ブタペスト覚書　198, 202, 293, 311
不透明・不活性抑止　9, 67, 93, 117, 128, 303-305
「不透明」政策，不透明性　41, 59, 62, 63, 66, 128, 278, 304
部分的核実験禁止条約(PTBT)　5, 27, 28, 30, 53, 60
普遍的核不拡散論　33, 34, 88, 307
プルトニウム　25, 26, 42, 74, 76, 86, 89, 107, 111, 128, 155, 156, 174, 208, 211, 212, 214, 216, 218, 219, 221, 223, 224, 229, 253, 310
プルトニウム生産炉　23, 25, 43, 46, 244, 284
プレスラー修正条項　115, 116, 118
米朝共同声明（1993 年 6 月）　213, 230
平和的核爆発　73-76, 78, 82, 84-86, 89-91, 106, 137, 138, 142, 276, 277, 293, 300, 302
ペリンダバ条約　151
包括的核実験禁止条約(CTBT)　5, 39, 81, 120, 302, 317
包括的共同作業計画(JCPOA)　240, 253-255, 264, 265, 268-270, 277, 295
包括的保障措置協定　4, 56, 90, 147, 209, 228, 241, 262-264, 288, 309
補完的アクセス　288, 314
保障措置／保障措置協定　4, 5, 39, 97, 100, 113, 155, 169, 174, 211, 213, 218, 220, 229, 263, 264, 270, 288, 289, 291, 309, 314
ホット・テスト　116, 125, 126
ホロコースト　44, 45, 63, 70

ま　行

マルクール　43
ミサイル　32, 33, 36, 49, 66-68, 79, 83, 91, 93, 119, 120, 128, 158, 159, 183, 207, 212, 217, 218, 221, 223, 224, 228, 232, 233, 237, 238, 248, 254, 310
南アフリカ軍備公社(ARMSCOR)　139, 140, 146
（南アフリカ）原子力エネルギー委員会(AEB)　137, 146

や　行

輸出管理，輸出管理レジーム　5, 106, 262, 289, 291, 301, 315
寧辺　208, 215, 220, 230, 232

ら　行

ラホール宣言　94, 95

六者会合　6, 205, 219-223, 230-232, 234, 290, 291, 315
——共同声明（2005年9月）　220, 225, 230, 231, 236
ロシアによるウクライナ侵攻　189, 294, 311
ロッカビー事件　175, 177, 180, 181, 184

わ　行

枠組み合意　215, 216, 218, 219, 225, 230, 235, 291
湾岸戦争　70, 153, 166-169, 297

欧　文

A-7攻撃爆撃機　109
AEB　→（南アフリカ）原子力エネルギー委員会
AEC　→（インド）原子力エネルギー委員会
AEOI　→イラン原子力エネルギー機構
ARMSCOR　→南アフリカ軍備公社
BARC　→バーバ原子力研究センター
BBCチャイナ号　181, 184
CENTO　→中央条約機構
CIRUS　74
CIS　→独立国家共同体
CTBT　→包括的核実験禁止条約
DRDC　→（インド）国防研究開発機関
EU3　248, 249, 264, 291
EU3＋3　6, 240, 250, 252, 255, 264, 290, 291, 295, 315
F-4ファントム　61
F-16　116
IAEA　→国際原子力機関
IAEC　→イラク原子力エネルギー委員会
ILSA　→イラン・リビア制裁法
ISG　→イラク調査グループ
JCPOA　→包括的共同作業計画
JPOA　→共同作業計画
KANUPP　→カラチ発電所
KEDO　→朝鮮半島エネルギー開発機構
KRL　→カーン調査研究所
MLF構想　→多角的核戦力構想
NPT　→核不拡散条約
NSG　→原子力供給国グループ
PAEC　→パキスタン原子力エネルギー委員会
PTBT　→部分的核実験禁止条約
RAFAEL　→（イスラエル）兵器開発庁
SEATO　→東南アジア条約機構
START-1　→戦略兵器削減条約（第1次）
TNRC　→タジュラ原子力研究センター
UNMOVIC　→国連監視検証査察委員会
UNSCOM　→国連大量破壊兵器廃棄特別委員会
Yプラント　136, 138, 139